Becker, J.; Dietzgen, J.; Engels, F.; Marx, K.

Briefe und Auszüge von Becker, Dietzgen, Engels, Marx

an Sorge und Andere

Becker, J.; Dietzgen, J.; Engels, F.; Marx, K.

Briefe und Auszüge von Becker, Dietzgen, Engels, Marx

an Sorge und Andere

Inktank publishing, 2018

www.inktank-publishing.com

ISBN/EAN: 9783747753699

Briefe und Auszüge aus Briefen von Joh. Phil. Becker, Jos. Dietzgen, Friedrich Engels, Karl Marx u. A. an F. A. Sorge und Andere

Stuttgart 1906
Verlag von J. H. W. Dietz Nachfolger

Inhalts-Verzeichnis.

Erste Abteilung 1867 bis 1883, bis zum Tode von Karl Marx.

Zur Einleitung.

Es werden hiermit der Öffentlichkeit eine Reihe von Briefen und Auszügen aus Briefen übergeben, die mehr oder weniger Bezug nehmen auf die moderne Arbeiterbewegung, auf die Taktik und innere Angelegenheiten der sozialistischen Parteien, auf deren Führer, auf politische Ereignisse diesseits und jenseits des Ozeans und dergleichen — im letzten Drittel des neunzehnten Jahrhunderts.

Die Briefe erscheinen in chronologischer Ordnung und in zwei Abteilungen:

1867 bis 1883
bis zum Tode von Karl Marx;
1884 bis 1895
bis zum Tode von Friedrich Engels.

Neben den notwendigen Anmerkungen zu den Briefen mußte häufig ein kleines Exposé der bezüglichen zeitgenössischen und parteigenössischen Ereignisse gegeben werden, das indessen keinen Anspruch darauf erhebt, vollständig und umfassend zu sein.

Persönliches war meistens nicht zu vermeiden, wenn man die Briefe nicht bis zur Verstümmelung schädigen wollte.

Unwesentliches ist ausgelassen worden, wo es tunlich erschien. Die Zahl der aus der Zeit von 1867 bis 1895 zur Verfügung stehenden Briefe übersteigt mehrere Hundert, von denen nur 217 in die vorliegende Sammlung aufgenommen wurden.

Die Originale der Briefe, ein oder zwei Briefe an Bolte ausgenommen, werden in nicht zu ferner Zeit der großen New York Public Library übergeben und können dort später zur Einsicht genommen werden.

Aufrichtiger Dank gebührt Herrn Dr. L. Wischnewetzky, Frau Florence Kelley Wischnewetzky, Karl Speyer und Hermann Schlüter für die bereitwillige Aushändigung wichtiger Briefe, und Karl Kautsky und Franz Mehring für wertvollen Rat und Beistand.

August 1906.

F. A. Sorge
Hoboken, New Jersey
U. S. A.

Nachschrift. Der erst kürzlich erschlossene literarische Nachlaß von Joseph Weydemeyer, Hermann Meyer und Sigfried Meyer enthält zahlreiche Briefe von Marx, Engels, Freiligrath und anderen aus den fünfziger und sechziger Jahren des letzten Jahrhunderts. Eine Veröffentlichung dieser Sachen ist ebenfalls in Aussicht genommen.

Erste Abteilung

1867 bis 1883

bis zum Tode von Karl Marx

1

Joh. Ph. Becker an Sorge.

Genf, 30. Mai 1867.

Lieber Sorge!

Wie sehr hat es mich gefreut, endlich wieder ein Lebenszeichen von einem Detachement der alten Garde aus Amerika zu erhalten. Wenn ich auch früher von Chicago, Boston, Philadelphia und Cincinnati Briefe erhielt, so ist der Deinige doch der erste, den ich seit Eurer Abreise[1] von New York empfing. Es hat mich oft genug betrübt, daß weder unser Kamm[2] noch sonst einer der vielen einen Laut von sich hören ließ. Wie gerne und wie schnell hätte ich geantwortet, da es nie meine Gewohnheit war, die Erfüllung solcher Pflicht zu versäumen, und zwar nicht bloß der Freundschaft, die ich hochhalte, sondern auch der allgemeinen Sache wegen, die ich über alles stelle. Was mich anbelangt, so habe ich inzwischen nie aufgehört, nach Kräften und soviel es die Umstände ermöglichten, für die Allgemeinheit zu wirken, zuweilen in mehr hervorstechender Weise in deutschen, schweizerischen und italienischen Angelegenheiten (1860 war ich mit in Neapel), 1862 war ich Miturheber des internationalen Demokratenkongresses, woraus 1864 die Internationale Arbeiterassoziation hervorging und ich dadurch einen systematisch kosmopolitisch-kommunistischen Wirkungskreis erhielt.

Wenn ich Euch sage, daß dieser Brief seit 1861 der 2886ste, worunter ganze Abhandlungen über unsere Frage, so könnt Ihr schon daraus, abgesehen von den zahlreichen Aufrufen, Rundschreiben, Zeitungsartikeln (namentlich in dem „Nordstern" in Hamburg), der Abfassung von Statuten und Programmen, der Herausgabe mehrerer größerer und kleinerer Schriften, der Redaktion des „Vorboten", der Organisierung und Leitung von Arbeitergewerbsgenossenschaften, Euch einen Begriff meiner fortgesetzten Tätigkeit machen. Freilich muß ich deshalb, da ich dies alles unentgeltlich tue, mir und meiner Familie große Entbehrungen auferlegen und als wahrer Proletarier leben. Indessen liegt für mich ein großer Trost, ja Genuß in der Tatsache, daß meine Wirksamkeit auch in weiten Kreisen mehr und mehr Anerkennung und Gewicht erhält und der Welt einigen realen Nutzen bringen wird.

Die Taktik, welche ich anwende, den Kommunismus aus seiner Sektenstellung heraus auf das breite Feld der Allgemeinheit zu heben, so daß Nicht- oder unbewußte Kommunisten erst merken, wo und was sie sind, wenn sie darauf stehen, bewährt sich immer mehr. Erst heute erhielt ich dafür wieder einen Beweis mit der Nachricht, daß sich in Zürich auf die von mir verfaßten und im „Vorboten" Nr. 12, 1866 beginnend veröffentlichten Statuten eine Arbeitergewerbsgenossenschaft gegründet hat.

Der Eintritt Eures Klubs in unsere Assoziation ist sehr willkommen, aber Eure Mitwirksamkeit darf sich keineswegs darauf beschränken. Obwohl Euch unsere Generalstatuten (Nr. 9 „Vorbote" 1866) und noch mehr unsere Zentralstatuten der Sektionsgruppe deutscher Sprache (Nr. 5 „Vorbote" 1867) einige Anleitungen geben, so will ich sie Euch hiermit doch noch ergänzen. Ihr sucht nämlich 15 bis 20 der intelligenteren, grundsätzlichsten und energischsten Arbeiter, womöglich die Haupthähne der verschiedenen deutschen Vereine zur Konstituierung einer Sektion der Internationalen Arbeiterassoziation zusammenzubringen. Ist dies geschehen (und dem hiesigen Zentralkomitee hiervon die Anzeige gemacht), so ladet Ihr alle Arbeitergesellschaften in einem angemessenen Schreiben ein, Eurer Sektion als kooperierende Gesellschaften beizutreten und (siehe die Statuten) daß jeder derselben einen Delegierten mit Sitz und Stimme Eurem Sektionskomitee beifügen möge. Damit bewerkstelligt Ihr die organische Verknüpfung aller Arbeitervereine und erhaltet die Gelegenheit, die tüchtigsten Mitglieder derselben für den direkten Eintritt in die Sektion zu gewinnen. Hat man einmal die leitenden Kräfte um sich vereinigt und auf den rechten Standpunkt gestellt, so folgt, wenn sich die Zeit erfüllen soll, die Masse von selbst. Aber auch das außerhalb den Vereinen stehende Arbeiterelement muß man in den Kreis der Bewegung hineinzuziehen suchen, indem man zuweilen allgemeine Arbeiterversammlungen beruft und daselbst klar und geschickt Grundsätze, Zweck, Mittel und Wege der Internationalen Arbeiterassoziation auseinandersetzt und zum Anschluß auffordert. Habt Ihr einmal in New York festen Boden, so sucht in den anderen Städten Nordamerikas die gleiche mit der Eurigen verknüpfte Organisation hervorzurufen und inzwischen auch den anglo-amerikanischen Arbeitern den Anstoß zu geben, das gleiche zu tun. Indessen darf man aber ebensowenig, als man irgend einen Schritt gegen die kommunistischen Grundsätze machen darf, dieselben, ehe die Zeit gekommen, an den Laden hängen und Ostentation machen.

Jede Sektion kann ihre Lokalstatuten nach ihren örtlichen Verhältnissen einrichten; nur dürfen sie in keiner Weise den General- und Zentralstatuten widersprechen.

Unsere Sektionen müssen allerwärts in jeder Arbeiterangelegenheit die Initiative behaupten, das anregende, organisierende und belehrende Element sein. Jede durch ihre Veranlassung gegründete Gewerbsgenossenschaft muß zugleich eine politische und sozialökonomische — eigentlich kommunistische — Erziehungsanstalt sein. Jede Sektion muß darauf hinwirken, daß ihre geistig selbständigen Mitglieder in allen Arbeitergesellschaften an der Spitze stehen. Aus Eurem Klub müßt Ihr in möglichst großer Anzahl als Aktivmitglieder zur Sektion eintreten und überdies als beigetretene, das heißt mitgenössische Gesellschaft einen Delegierten aus Eurer Mitte in das Sektionskomitee schicken, um Meister der Situation zu bleiben. Im Deutschen Arbeiterbildungsverein[3] in New York hat es, wie ich gewiß weiß, einige gute Kräfte, die Ihr zu gewinnen suchen müßt. Einige, und zwar jetzt die tonangebenden Arbeiter in diesem Verein sind an der durch den „Sozialdemokrat"[4] ins Schlepptau der Monarchie und des Junkertums gebrachten Lassallesschöpfung krank, können aber vielleicht durch klaren Wein leicht kuriert werden . . .

Ihr erseht nun aus den Zentralstatuten, daß eine Sektion für jedes ihrer Mitglieder ein Exemplar des „Vorboten" bestellen muß, weshalb Ihr die Monatsbeiträge derselben gleich von vornherein so bestimmen müßt, daß das Abonnement für alle jedes Halbjahr von der Sektionskasse bezahlt wird. Indessen dürft Ihr Euch aber nicht bloß auf die Verbreitung unseres Organs unter den Mitgliedern beschränken, sondern müßt in allen Kreisen unter den Deutschen, soweit Eure Verbindungen reichen, Abonnenten zu machen suchen. Damit bereitet Ihr das Feld für uns vor und gewinnen wir an moralischem Einfluß und stärken unsere Kasse zu materieller Kraft. Nun, Ihr seid ja in all solchen Dingen alt und erfahren genug, ohne daß ich Euch da lange den Schulmeister zu machen brauche. Die Hauptsache ist, daß in alle unsere Bestrebungen Übereinstimmung und Einheit kommt. Wenn nur jeder von denen, die die Sache einmal begreifen, seine Schuldigkeit tut, so sind wir in einigen Jahren eine unüberwindliche Weltmacht. Darum mutig und beharrlich vorwärts, damit wir auch noch etwas erleben. Für die Sache wäre es von außerordentlichem Wert, und für mich persönlich von entzückender Freude, wenn Ihr es durch rasches Handeln dahin bringen könntet, daß einer von Euch alten Kameraden, Du oder Kamm, als deutsch-amerikanischer Delegierter auf unserem nächsten Kongreß in Lausanne (am 2. September beginnend) erscheinen würde. Da wir auf ein Wiedersehn im Himmel verzichten, so müssen wir danach trachten, uns „diesseits" nochmals zu umarmen ...

... Was macht denn Sigel und andere durch den Krieg zu Würde, „Ruhm und Ehre" gelangte Deutsche? Wie verhalten sich die deutschen Republikaner zur Arbeiterbewegung? Wie kann man sie, wenn auch nolens volens, und nur zu unserem materiellen Vorteil, mit hineinziehen? Wir haben dieselben mit der Befreiung Deutschlands, was doch auch unsere spezielle Aufgabe ist, am Herzblatt zu packen! Könnte man mit einem öffentlichen Aufruf an diese Biedermänner etwas bewirken? Wie steht es mit Willich? Kurz, schreibt über alles und alle. Habt Ihr einmal eine Sektion, so wird unser Verkehr ein um so geregelter sein. Nun, so schafft frisch darauf los und sei Du mit meinem alten Freunde Kamm ... brüderlich gegrüßt von Eurem

Joh. Ph. Becker.

* * *

[1] Von Genf, wo Sorge zwei Jahre als Flüchtling gelebt hatte.

[2] F. Kamm hatte im Verein mit Kinkel und Schurz 1848 und 1849 in Bonn und Umgegend gewirkt und dann zwei Jahre in Genf mit seiner Familie gelebt, ehe er nach den Vereinigten Staaten ging. Er starb im Mai 1867.

[3] Becker meint damit den damals in New York bestehenden Allgemeinen Deutschen Arbeiterverein.

[4] Der „Sozialdemokrat" in Berlin — unter v. Schweitzer.

* * *

Der häufig erwähnte „Vorbote", Organ der Internationalen Arbeiterassoziation in deutscher Sprache, erschien von 1866 bis 1871 in Genf unter der Redaktion von Joh. Ph. Becker.

Im Jahre 1865 hatte der Kommunistenklub von New York Verbindungen angeknüpft mit einem in New York bestehenden Verein von Lassalleanern, und im Winter von 1866 bis 1867 hatten die Lassalleaner nebst einigen alten Anhängern des Weitlingschen und des Amerikanischen Arbeiterbundes und anderen den Allgemeinen Deutschen Arbeiterverein von New York gegründet. Dieselben Elemente und die noch aktiven Mitglieder des Kommunistenklubs bildeten 1867 die Soziale Partei, in deren Exekutivkomitee auch W. Weitling berufen wurde.

2

W. Weitling an das Exekutivkomitee der Sozialen Partei.

New York, 12. Februar 1868.

Da meine Verhältnisse mir nicht gestatten, an Ihren Verhandlungen teilzunehmen, so bitte ich Sie, meinen Platz durch Ergänzungswahl auszufüllen.

Überhaupt spricht meine dreißigjährige Erfahrung dafür, daß mit dem Einzwängen von Mitteln und Zwecken einer erhabenen Sache in parlamentarischen Formenkram nicht allein nichts erreicht, sondern der Sache auch geschadet wird.

Ergebenst Wm. Weitling.

* * *

Die Soziale Partei hatte 1868 in der Stadt New York eine Wahlbewegung ins Werk gesetzt und eine ansehnliche Stimmenzahl erreicht, aber anderweitig Erfahrungen — mit sich hervordrängenden Elementen — gemacht, die eine Fortsetzung des Experiments für längere Zeit verboten.

3

Joh. Ph. Becker an Sorge.

Genf, 1. März 1868.

Lieber alter Freund!

Endlich komme ich daran, im Drange der Assoziationsgeschäfte und des häuslichen Ungemachs Dein liebes Schreiben vom 6. Febr. zu beantworten und mir auch ein wenig das Herz zu erleichtern. Die „Vorboten" wirst Du immer richtig erhalten, und Dich, soweit das in einem so kleinen Blättchen möglich ist, über unsere Bestrebungen orientiert haben. Trotzdem daß die Bewegung an Kraft, Ausdehnung und klarerer Erkenntnis gewonnen hat, ist unsere hiesige Zentralkasse in einem bedauerlichen Zustande, denn wir erhalten bei den allgemeinen Notverhältnissen mehr Stoßseufzer als Monatsbeiträge und „Vorbote"-Abonnementsgelder. Während an das Zentralkomitee eine erfolgreiche Propaganda als Aufgabe gestellt ist, kann es nur mit Mühe das Organ aufrecht erhalten. Ich muß hierzu die meisten Opfer bringen, um, wenn sich die Verhältnisse nicht bald gründlich bessern, selbst das größte Opfer zu sein. Zuweilen wundere ich mich selbst, in diesem Kampfe nicht schon völlig aufgerieben zu sein. Daher bitte ich Dich und alle dortigen Genossen, unserer Zentralkasse möglichst schnell mit Beiträgen an die Hand zu gehen.

Es soll mich unendlich freuen, wenn Du Deinen Plan durchsetzen kannst, uns dieses Jahr hier zu besuchen; wir werden Dir alle Freuden darbringen und Dich ein doppelt gutes Andenken von Genf über den Ozean mitnehmen lassen . . .

Du hast wohl recht, wenn Du sagst, die Eltern sind trotz aller Erziehungsbemühungen, welche sie anwenden, nicht Herr der Lebensrichtung, die ihre Kinder annehmen. Das beweist eben, daß die zeitweiligen Zustände die Generation erziehen und daß es kein rationelles Erziehungswesen geben kann, solange nicht an die Stelle der Einzelwirtschaft des Egoismus die Gemeinwirtschaft des Kommunismus getreten ist. —

Sei doch so gut und sende mir für den „Vorboten" einen kurzen Bericht über die Wirksamkeit Eurer Sektion, was aus der projektierten Gründung einer zweiten Sektion in New York geworden ist und welchen Anklang die Internationale Arbeiterassoziation in Amerika gewinnt. Es existiert jetzt auch eine Sektion, wie es scheint mehr amerikanischen Elements, in Chicago.

War mit Eurem dortigen deutschen Allgemeinen Bildungsverein [1] nichts anzufangen und für (führt) Weber noch das große Wort darin?

Wie geht es jetzt unserem Vogt und Meyer dort? [2] In Berlin ist jetzt auch schreckliches Elend unter der Arbeiterklasse und in Magdeburg und seiner sonst so fruchtbaren Umgebung so groß wie in Ostpreußen.

In Sachsen hatten wir auf Neujahr gute Aussichten auf Abonnenten auf den „Volksboten", allein mit dem Erscheinen vom „Demokratischen Wochenblatt" [3] Liebknechts, das schon zur Gründung viel Opfer erheischte, verschwanden sie vorläufig wieder. Indessen hält sich Liebknecht sehr wacker und nützt so unserer Sache mittelbar.

Hier ist die Arbeiterklasse bald Meister der Situation und werden nicht viele Jahre vergehen, bis sie völlig Meister der Gesetzgebung und Staatsverwaltung wird. Wir haben aber auch zu der gemachten noch ein schönes Stück Arbeit durchzumachen, wo ich natürlich fest und unablässig dabei sein muß.

Ich bin vom Zentralkomitee beauftragt, Euch alle brüderlich zu grüßen und diesem Briefe, soweit er nicht persönliche Beziehungen enthält, den Charakter offizieller Mitteilung zu geben.

Einliegendes Briefchen mache gefälligst unter Kuvert und sende es an Ph. Reiter in San Francisco. Füge einige Zeilen bei, um ihn für unsere Sache zu gewinnen . . .

Seid alle herzlichst gegrüßt

Joh. Ph. Becker.

* * *

[1] Becker meinte den oben erwähnten Allgemeinen Deutschen Arbeiterverein, der nunmehr auch der Nationalen Arbeiterunion als Labor Union Nr. 5 und der Internationalen Arbeiterassoziation als Sektion beigetreten war und sein Quartier im 10. Wardhotel hatte. Der erwähnte Weber, damals eingefleischter Lassalleaner, zog sich zurück.

[2] Vogt und Meyer waren zwei tüchtige Vorkämpfer der Internationalen Arbeiterassoziation und noch nicht lange in Amerika.

[3] Das „Demokratische Wochenblatt" zu Leipzig erschien 1868 und 1869 und war der Vorläufer des „Volksstaat".

* * *

Im Jahre 1868 gaben die Vereinigten deutschen Gewerkschaften New Yorks ein Blatt heraus, die „Arbeiterunion" genannt, in erster Linie zur Verteidigung der Forderung des Achtstundentags, im Anfang als Wochenblatt und ein Jahr später als tägliches Blatt. Redakteur des letzteren war A. Douai, ein fähiger Schriftsteller, der aber in das Kelloggsche Geldsystem, die Heilung der sozialen Übel durch die Fabrikation von Papiergeld, vernarrt war und später viel Unheil damit anrichtete.

4

Karl Marx an K. Speyer.

23. November 1868.
1, Modena Villa, Maitland Park,
Haverstock Hill, London.

Herrn K. Speyer, Sekretär der deutschen Arbeiterbildungsvereine.

Werter Freund!

Es ist mir mitgeteilt worden, daß der Verein ein Sendschreiben an die deutschen Arbeiter zu erlassen beschlossen hat, dessen Motiv „die Massenvereinigung der deutschen Arbeiter von Süd und Nord als Folge des Berliner Kongresses vom 6. September" sein soll. Unter diesen Umständen bin ich gezwungen, hiermit meinen Austritt aus dem Arbeiterverein zu erklären.

Ein solches Sendschreiben bezweckt offenbar, oder schließt ein, eine öffentliche Parteiergreifung des Londoner Deutschen Arbeiterbildungsvereins für Schweitzer und seine Organisation gegen die Organisation des Nürnberger Kongresses, die den größten Teil von Süddeutschland nebst verschiedenen Teilen Norddeutschlands umfaßt. Da ich in Deutschland als Mitglied, in der Tat ältestes Mitglied des Vereins bekannt bin, würde man mich, trotz aller möglichen Gegenversicherung, für diesen Schritt verantwortlich machen.

Sie müssen aber einsehen, daß ich keine solche Verantwortlichkeit übernehmen kann.

Erstens: Während der Streitigkeit der Nürnberger Organisation, repräsentiert durch Liebknecht, Bebel usw., und der Berliner Organisation, repräsentiert durch Schweitzer, haben sich beide Parteien schriftlich an mich gewandt. Ich habe geantwortet, daß ich als Sekretär des Generalrats der Internationalen Arbeiterassoziation für Deutschland die Stellung des Unparteiischen behaupten muß. Ich habe beiden Teilen geraten, wenn sie sich nicht amalgamieren können und wollen, Mittel und Wege zu suchen, um friedlich neben einander für den gemeinsamen Zweck zu wirken.

Zweitens: Auf einen Brief des Herrn v. Schweitzer an mich habe ich ihm ausführlich auseinandergesetzt, warum ich weder die Art und Weise, worin der Berliner Kongreß bewerkstelligt worden, noch die von ihm angenommenen Statuten billigen kann.

Drittens: Der Nürnberger Kongreß hat sich direkt an die Internationale Arbeiterassoziation angeschlossen. Der Hamburger Kongreß — wovon der Berliner Kongreß eine Fortsetzung war — hat sich nur indirekt durch Sympathieerklärung angeschlossen wegen der Hindernisse, welche die preußische Gesetzgebung in den Weg stelle. Trotz dieser Hindernisse hat jedoch der neugebildete Berliner Demokratische Arbeiterverein, der zur Nürnberger Organisation gehört, sich öffentlich und offiziell an die Internationale Arbeiterassoziation angeschlossen.

Ich wiederhole, daß der Beschluß des Vereins mir unter diesen Umständen keine andere Wahl läßt, als meinen Austritt aus demselben zu erklären. Sie sind wohl so gütig, diese meine Zeilen dem Verein mitzuteilen.

Ihr ergebener Karl Marx.

* * *

Der Adressat vorstehenden Briefes (K. Speyer) teilt ferner mit:

„Ich ging zu Marx ins Haus und erklärte ihm, daß wir mit dem Schreiben an die deutschen Genossen nur den Zweck im Auge hätten, diese in ihrem Bestreben, die gewerkschaftliche Bewegung in Deutschland (das heißt die moderne) anzufachen, zu ermutigen, da wir darin einen großen Fortschritt erblickten und eine Wendung in der deutschen Bewegung, welche von segensvoller Wirkung sein werde. Marx machte einige Änderungen mehr redaktioneller Natur, er hatte sich wohl den Inhalt anders vorgestellt, und er ersuchte mich, seine Austrittserklärung nicht einzureichen. . . ."

5

Joh. Ph. Becker an Sorge.

Genf, 31. Juli 1869.

Lieber Freund Sorge!

. . . Der deutsche Sozialistenkongreß in Eisenach[1] macht mir viel Arbeit und bereite ich mich überdies vor, in einigen Tagen dahin abzureisen. Es wird dort stürmisch hergehen und wenn auch noch nicht direkt zu einem ersprießlichen Resultat gelangend, für die Sache im allgemeinen von großem Vorteil sein. Alles ist eben im Gärungsprozeß begriffen und kann es dabei nicht immer ganz säuberlich hergehen. Es ist nur dafür zu sorgen, daß es eine Rein- und keine Faulgärung gibt, daß klarer Wein und kein trüber Essig dabei herauskommt. An Herkulesarbeit fehlt es nicht, und wir wollen hoffen, daß sich allmählich die Kraft, die nur in vereinter und gemeinschaftlicher Wirksamkeit zu suchen und zu finden ist, einstellen wird.

Die Organisation unseres internationalen Kongresses[2] lastet auch großenteils auf mir und muß ich mich deshalb im Hin- und Herweg nach und von Eisenach in Basel aufhalten, um dann einige Tage nach meiner Rückkehr hierher zum Kongreß dorthin abzugehen. Und da soll ich noch Denkschriften ausarbeiten und Resolutionen vorbereiten — und habe doch für mich Tag und Nacht, wie für andere Menschenkinder, auch nur 24 Stunden. Ein Schelm, der mehr tut und mehr gibt, als er hat und möglich ist.

Sage Freund Douai,[3] daß ich, sobald sich der Sturm etwas gelegt und ich mich, zu mir selber kommend, etwas davon erholt habe, der „Arbeiterunion" gedenken und nach Kräften korrespondierend mitarbeiten werde. An reichem Stoffe wird es dabei nicht fehlen, und muß uns ja alles daran liegen, daß unsere Brüder in Amerika von der Arbeiterbewegung diesseits des Ozeans genau unterrichtet sind. Die Bewegung muß ja die eine große durch alle Kulturländer mit dem einen gleichen Ziele der Gleichberechtigung aller werktätigen Menschen am Lebensgenuß sein.

Die 393 Franken[4] werde ich nach bestem Wissen und Gewissen für unsere Sache verwenden und unseren dortigen Brudergenossen seinerzeit Rechnung dafür ablegen. . . .

Nun seid alle von uns allen herzlich gegrüßt und umarmt.

Dein Joh. Philipp.

* * *

[1] Es war dies der Kongreß der Nicht-Lassalleaner, der Anhänger der Internationalen Arbeiterassoziation, an dem auch Österreicher und Schweizer teilnahmen. Die Gegner der Lassalleaner wurden seitdem die Eisenacher genannt.

[2] Der vierte Kongreß der Internationalen, der im September 1869 in Basel abgehalten wurde.

[3] Douai, Redakteur der „Arbeiterunion" (siehe oben), verlangte Korrespondenzen von Joh. Ph. Becker.

[4] Dieses Geld wurde von den New Yorker Internationalen gesandt zur Unterstützung der Ausständigen und Gemaßregelten in Basel, wo ein großer Ausstand stattgefunden hatte.

* * *

In New York wurde zwischen der Redaktion der „Arbeiterunion" (Douai) und den Internationalen, das heißt der Sektion 1, eine scharfe Diskussion geführt über die Papiergeldfrage (Greenbacks); die Sektion 1 sandte einen Delegaten (S. Meyer) zu dem Kongreß der National Labor Union in Philadelphia, und dieser Kongreß, auf dem besonders die Frauenfrage viel Staub aufwirbelte, sandte A. C. Cameron von Chicago auf den Kongreß der Internationalen Arbeiterassoziation zu Basel. Eine französische Sektion (Nr. 2) war in New York entstanden, und in Chicago wurde eine starke und einflußreiche Sektion von deutschen Arbeitern gebildet. In Frankreich breitete sich die Internationale Arbeiterassoziation sehr aus. Napoleon versuchte, Einfluß darin zu gewinnen, und als ihm dies nicht gelang, wurden Prozesse gegen die Mitglieder eingeleitet und Verfolgungen ins Werk gesetzt.

6

Jos. Dietzgen an . . . in New York.[1]

Siegburg, 25. September 1869.

— — — — — — — — — — — — — — — — — —

Ich bin aus Petersburg nach dem Tummelplatz unserer Jugend, nach dem Ufer der Sieg zurückgekehrt, habe in Siegburg Hütten gebaut und gerbe den Leuten das Fell.[2] Was mir in den Sinn kommt, ist der

Wunsch, auch Dir möchten die heimatlichen Mucken so stark zusprechen, daß Du den Hudson und die amerikanische Jagd nach Reichtum verließest, mit Deinem weiblichen alter ego und den fleischlichen Erzeugnissen heimkehrtest, um die Schätze zu graben und zu genießen, die weder Rost noch Motten fressen — das sind die allgemeinen Wahrheiten der Wissenschaft und die geschichtliche Entwicklung des Menschengeschlechtes. Wenn es auch nach Karl Vogt von dem Affen abstammt, so ist es immer doch noch der erhabene Gegenstand. —

Bei Otto Meißner[3] ist der bekannte Embryo meiner Jugend, das Kind, das ich so lange unter dem Herzen getragen, zur Welt gekommen. Es ist getauft: „Das Wesen der menschlichen Kopfarbeit, dargestellt von einem Handarbeiter. Eine abermalige Kritik der reinen und praktischen Vernunft", trägt auch hinter der Vorrede meinen Namen und Titel: J. D., Lohgerber. Ich lasse es Dir bestens empfohlen sein.

Ein anderes Ereignis, das mich bewegt und woran Du teilnimmst, ist ein Besuch, der mir vor ungefähr vierzehn Tagen von unserem verehrten Heros Karl Marx zuteil wurde. Er war mit einer sehr liebenswürdigen Tochter einige Tage bei mir in Siegburg.[4]

— — — — — — — — — — — — — — — — — —

Joseph Dietzgen.

* * *

[1] Der Brief war an einen Jugendfreund gerichtet.
[2] J. Dietzgen war Lohgerber.
[3] In Hamburg.
[4] Im „Demokratischen Wochenblatt" zu Leipzig hatte J. Dietzgen im August 1868 seine berühmt gewordene Besprechung des 1867 erschienenen „Kapital" veröffentlicht, und Marx machte den erwähnten Besuch, um Dietzgen auch persönlich kennen zu lernen.

7

Joh. Ph. Becker an Sorge.

Genf, 3. (u. 5.) Mai 1870.

Lieber Freund Sorge!

Deine Wechselsendung vom 16. März im Betrag von 150 Franken, wobei 125 Franken von Anna herrührend und von Dir 10 Franken Grevegelder und 15 Franken für meine Bücher beigefügt waren, und ebenso die Wechselsendung vom 23. März im Betrag von 125 Franken für „Vorbote" und meine Schriften habe ich seinerzeit richtig erhalten und in Rechnung gebracht.

... Wir haben hier bereits wieder mehr als je, und zwar mit bedauerlichen Widerwärtigkeiten, mehr mit dem Unverstand und der Eigenliebe der Freunde als mit der Schlauheit und dem Haß der Feinde zu kämpfen. Bakunin, der mehr Egoist als Kommunist, mehr Demagog als Demokrat, mehr Intrigant als Agitator ist, hat uns sehr üble Streiche gemacht und es zum Jubel der Bourgeoisie zur Spaltung der romanischen Sektionen der Schweiz in zwei sich nun gegenseitig heftig bekämpfende Lager gebracht — und zwar, ohne daß man sich darin wesentlich in den sozialistischen Prinzipien unterschiede. Hier ist Bakunin, und mit Recht, für immer abgetan und darf er sich kaum noch öffentlich zeigen. Meine noch rechtzeitigen, entschiedenen und ernstlichen Warnungen waren alle an seinem Großmannsdünkel und Eigensinn gescheitert. Seit er nun durch geschickte Winkelzüge die propagandistische Erbschaft Herzens angetreten hatte, in dem durch ihn wiederbelebten „Kolokol“[1] für die russischen Revolutionäre par excellence ins Geschirr geht, konnte ich ihn auch nicht mehr achten. Im „Volksstaat“ wirst Du nach und nach genaue Auskunft über die damalige Stellung und Haltung dieses Mannes gedruckt finden. Die „Arbeiterunion“ und Freund Starke,[2] der noch viel auf Bakunin zu halten scheint, kannst Du einstweilen aufmerksam darauf machen.

Beiliegend erhältst Du auch wieder einen Artikel für die „Arbeiterunion“, den ich jüngst in der „Egalité“ und im „Progrès“ in französischer Sprache veröffentlichte und ihn Dir nun deutsch übergebe. Es ist gut, wenn die deutschen Arbeiter in Amerika erfahren, wie der Herr v. Schweitzer schon von Haus aus und Beginn an ein Verräter an ihrer Sache war. Sobald sich der Sturm mit der Ziegelbrenner-Greve und dem Zwiespalt unter den romanischen Sektionen etwas gelegt hat und ich wieder etwas aufatmen kann, werde ich Euch noch weitere Aufsätze übersenden. Leider zwingt mich meine in dieser ewigen und opfervollen Hetze immer ärmlicher werdende Lage dazu, ein Honorar dafür in Anspruch zu nehmen, was ich Dir altem, für alle Welt besorgten Sorger ganz besonders ans Herz lege.

... In Paris ist nun auch wieder der Teufel los gegen die Internationalen; die Polizei hat dort in deren Schoße wieder ein Komplott gegen das Leben des Republikenmörders entdeckt, das heißt erfunden. Der Kampf gegen uns ist auf der ganzen Linie im Gang, die Revolution ist schon da — nur stehen wir einstweilen noch auf der Defensive, die aber immerhin schon bedeutende Opfer fordert ... (Am 5. Mai fuhr Becker fort:)

Ich kann Dir noch beifügen, daß gestern drei Pariser Flüchtlinge, verfolgt wegen des erfundenen Komplotts, bei mir angelangt sind. Viele unserer wackersten Freunde in Paris, Lyon und anderen Städten Frankreichs sitzen nun in den Gefängnissen. Nichtsdestoweniger dürfte aber am 8. d. M., der furchtbar aufgeregten Stimmung der Arbeiterbevölkerung nach zu urteilen, ein gewaltiger Sturm losbrechen, der vielleicht die ganze Kaiserreichsherrlichkeit wegwischen dürfte. Doch bin ich nicht ohne große Besorgnisse und halte ich die Revolution viel zu verfrüht. In einigen Jahren wäre ihr Sieg unzweifelhaft gewesen. Doch brachten es die Umstände, die man einmal nicht ändern kann, so mit sich und müssen wir es nehmen, wie es kommt, und nach dem Besseren zu wenden suchen.

Unsere Ziegelbrenner-Greve,[3] die tief in die Landbevölkerung eingreift, die wegen dem weiten Auseinanderwohnen der betreffenden Arbeiter höchst mühsam zu leiten ist, wird sehr ernster und heftiger Natur, und soll mich's wundernehmen, wenn es dabei nicht zu Gewalttätigkeiten kommt. Übermorgen gehe ich zu einer allgemeinen Arbeiterversammlung nach Vevey, wo wohl Bakunin und ich aufeinanderplatzen werden ...

Herzlich Dein Bruder

Joh. Ph. Becker.

* * *

[1] Der „Kolokol" war das bekannte Organ Herzens. Die russischen Angelegenheiten und die Intrigen Bakunins spielen in dieser und der nächsten Zeit eine große Rolle in der Internationalen Arbeiterassoziation bis zum Haager Kongreß 1872.

[2] R. Starke war in Basel gemaßregelt worden und nach den Vereinigten Staaten gekommen.

[3] Greve, eigentlich grève, der Ausstand, der Streik.

* * *

Im Winter von 1869 bis 1870 war General Cluseret, bewaffnet mit einem Mandat des Generalrats, nach New York gekommen und hatte, ohne sich um die hier bestehenden Sektionen und Mitglieder der Internationalen Arbeiterassoziation zu kümmern, eine Propaganda eigener Art begonnen durch Adressen, Proklamationen und dergleichen. Sektion 1, der frühere Allgemeine Deutsche Arbeiterverein, sandte Cluseret einen Protest gegen sein Verfahren und verlangte vom Generalrat Auskunft über den Mann, sowie von Joh. Ph. Becker in Genf und von der Chambre fédérale in Paris. Man schrieb an Varlin in Paris; da aber die Verfolgungen der Internationale damals ein Unterschlagen oder Nichtabliefern des Briefes ziemlich wahrscheinlich machten, sandte der korrespondierende Sekretär der Sektion eine Abschrift des Briefes an Schily (bekannt durch den Zeughaussturm von Prüm) mit dem Ersuchen, diese Abschrift an Varlin abzugeben, wenn der Originalbrief nicht angekommen. A. Vogt tadelte dies Verfahren in der Sektion und verdächtigte Schily, worauf Marx, Joh. Ph. Becker und andere um Information ersucht wurden. — Antworten liefen später ein, besonders von Marx und Becker. — Auch eine tschechische Sektion war in New York entstanden, und die Internationalen trieben eifrige Propaganda, wobei sie öfters auf Personen stießen, die Propaganda besonderer Art und auf eigene Faust trieben, gestützt auf ihre Beziehungen zum Londoner Generalrat und Aufträge von demselben. Die meisten dieser Leute waren sogenannte Reformer, die mit irgend einer gewissen Maßregel die Welt von allen Übeln befreien wollten und von Klassenkampf, Klassenbewußtsein, ja von der Existenz von Klassen überhaupt nichts wußten. Es wurde dagegen remonstriert und Beschwerdematerial nach London gesandt. — Im Juni veranstaltete Sektion 1 eine Feier der Junischlacht und lud Cluseret, als Beauftragten des Generalrats, zur Teilnahme ein. Cluseret lehnte die Einladung ab, indem er mitteilte, daß er selbst die Garde Mobile gegen die Junikämpfer befehligt habe. Er sei zu unerfahren und jung gewesen, 24 Jahre alt, und seine Mannschaft im Alter von 16 bis 20 Jahren. Die Schuld für den Kampf träfe Cavaignac und die Royalisten. — Im Mai kam ein Brief von Varlin an, der Cluseret lau verteidigte, und Fränkel meldete zu gleicher Zeit, daß die Pariser Arbeitervereine fast ausschließlich „Mutualistes" seien und wir nicht zu große Hoffnungen hegen sollten. — Im August 1870 wurde der fünfte Kongreß (der letzte von einiger Bedeutung) der National Labor Union in Cincinnati abgehalten, zu dem Sektion 1 New York auch einen Delegierten gesandt hatte.

8

Joh. Ph. Becker an Sorge.

Genf, 1. August 1870.

Lieber Bruder Sorge!

Die Objekte des Streites zwischen Dir, der für Schily, und Vogt, der für Cluseret Partei nimmt,[1] begreife ich noch nicht ganz; nur kann bei mir in der Beurteilung der beiden Persönlichkeiten, Schily und Cluseret, die ich beide kenne, kein Zweifel obwalten, auf welcher Seite das Recht ist. Den Herrn Cluseret habe ich im Jahre 1860 und 1861 in Neapel (damals unter Garibaldi stehend) als einen grundsatzlosen Sichwichtigmacher, der alles seiner Eitelkeit und seinem Ehrgeiz zu opfern imstande ist, kennen gelernt. Ich schrieb deshalb auch in meiner

Schrift: „Polen, die Diplomatie und die Revolution" (Genf, Deutsche Verlagshalle, 1863), um Mieroslawskis Mangel an Menschenkenntnis zu beweisen, unter anderen Beispielen auch auf Seite 13 folgendes: „In Neapel war der Kommandant einer kleinen französischen Legion, Herr Cluseret, der Vertrauensmann des Generals (Mieroslawski). Dieser Herr Cluseret hatte aber nicht bloß, wie es aus einem mir unterm 19. Januar 1861 von einem Hauptmann der französischen Legion der Flotte übergebenen Bericht hervorgeht, **bei Garibaldi und Viktor Emanuel gegen Mieroslawski intrigiert, sondern auch geheime Besprechungen mit einem eifrigen Anhänger und Agenten Franz II. unterhalten.**"

Dabei muß ich bemerken, daß ich selbst nie eine unangenehme Berührung mit Herrn Cluseret hatte, daß er mir stets freundlich entgegengekommen war, ich gar keinen persönlichen Grund hatte, gegen ihn aufzutreten, sondern ihn ganz unbefangen und objektiv beurteilen konnte.

Was dagegen unseren zweimal zum Tode verurteilten, fast über alles Maß bescheidenen Freund Schily betrifft, so kenne ich ihn so genau wie meinen Bruder und schätze ich niemand auf der Welt höher als ihn. Er ist übrigens auch einer der intimsten Freunde von Marx, Engels usw. Alles, was gegen Schily geschieht, nehme ich gegen mich getan, und zwar in der festesten Überzeugung auf, daß, wo man nicht aus boshafter Absicht zur Lüge und Verleumdung schreitet, nur Irrtum, Mißverständnis und Wahnsinn ihm etwas anhaben wollen können. Indessen werden nicht bloß ich und einige Freunde, sondern die ganze Sozialdemokratie diesseits des Ozeans für Schily einstehen, wenn ihn jemand über die Selbstlächerlichkeitsmacherei hinaus ernstlich angreifen sollte. Sonderbar kommt mir vor, daß man Dich im Verein „verdächtigt", kein Handarbeiter zu sein, und dagegen auf Herrn Cluseret, der dies doch noch weit weniger ist, „vertrauensduselig" ist.

Wie mir scheint, ist auch dort jene Spezies Leute noch nicht ausgestorben, welche wie vor 20 Jahren die Vereine zu ihrem Spielzeug machen und die Katzbalgereien, vorgeblich prinzipieller Gründe, alberner Gemütsbewegungen wegen, zum Bedürfnis haben.

Wir sind nun aus dem Regen einer unerhörten Greve unter die Traufe eines unerhörten Krieges gekommen. Ein harter (hoffentlich in seinen Wirkungen bald vorübergehender) Schlag für uns alle und insbesondere für mich. Mit Deutschland hat schon jetzt fast aller Verkehr aufgehört; an Abonnementszahlungen und Leistung von Beiträgen an die Zentralkasse kann während der Dauer des Krieges und vielleicht noch lange nachher kaum die Rede sein. Mußte ich doch schon bis jetzt, weil selbst arm, persönliche Schulden machen und, um die Sache würdig aufrecht zu erhalten, entsprechende Propaganda zu treiben, der Kasse zu Vorschüssen verhelfen . . .

Dein Joh. Ph. Becker.

* * *

[1] Diese Parteinahme für Cluseret ist ein Mißverständnis Beckers.

* * *

Der Krieg war ausgebrochen zwischen Frankreich und Deutschland, und mitten darin machten die internationalen Sektionen und Vereine hier die größten Anstrengungen, um die Arbeiter abzuhalten, an dem Kriegstaumel teilzunehmen und Chauvinisten zu werden. Ein tapferes, starkes Häuflein hielt die Friedensfahne der Internationalen Arbeiterassoziation hoch, aber die große Masse folgte ihm nicht, und die „Arbeiterunion" ging unter an dem Rausche, in den eine große Zahl von deutschen Arbeitern durch die Siegesnachrichten versetzt wurden.

9

Karl Marx an Sorge.

London, 1. September 1870.

Geehrter Herr Sorge!

Mein fortgesetztes Schweigen auf Ihre verschiedenen Briefe war zwei Umständen geschuldet, in der ersten Zeit „overwork", später sehr ernsthafte Krankheit. Anfang August schickten mich die Ärzte ins Seebad. Dort aber legte mich eine heftige Sciatica für Wochen krumm. Ich bin erst seit gestern wieder in London, noch keineswegs ganz hergestellt.

Zunächst meinen besten Dank für Ihre Zusendungen, namentlich auch die mir sehr wertvollen Labour Statistics.

Ich werde nun kurz auf die Fragen in Ihren verschiedenen Briefen antworten.

Hume[1] war bevollmächtigt, unter den Yankees zu propagieren, hat aber seine Vollmacht überschritten. Ich werde die Sache mit Exhibition seiner „Karten" nächsten Dienstag im Generalrat vorbringen.

Was die „Sekretärschaft"[2] für die U. St. betrifft, so steht es damit so: Ich bin Sekretär für die dortigen deutschen, Dupont für die französischen Branchen, endlich Eccarius für die Yankees und den englisch redenden Teil. Auf unseren öffentlichen Deklarationen figuriert Eccarius daher als „Secretary for the U. St." Sonst wäre man gezwungen zu nutzlosen Weitläufigkeiten. Ich müßte zum Beispiel mich auch als „Sekretär für die russische Branche" in Genf zeichnen usw. Übrigens hat Eccarius ja selbst den Sachverhalt klar in einem New York paper — bei Gelegenheit Clusercts — auseinandergesetzt.

Ich schicke Ihnen nächste Woche einen Pack von cards of membership.

Das jämmerliche Benehmen von Paris[3] während des Krieges — das fortfährt, nach den scheußlichen Niederlagen sich von den Mameluckén Louis Bonapartes und der spanischen Abenteurerin Eugenie beherrschen zu lassen — zeigt, wie sehr eine tragische Lektion zur Wiederermannung der Franzosen not tut. Der jetzige Krieg führt, was die preußischen Esel nicht sehen, ebenso notwendig zu Krieg zwischen Deutschland und Rußland, wie der Krieg von 1866 zum Krieg zwischen Preußen und Frankreich führte. Dies ist das beste Resultat, was ich von ihm für Deutschland erwarte. Das spezifische „Preußentum" hat nie anders existiert, und kann nie anders existieren, außer in Allianz mit und in Untertänigkeit gegen Rußland. Auch wird solcher Krieg Nr. 2 als Hebamme der unvermeidlichen sozialen Revolution in Rußland wirken.

Ich bedaure, daß irgend ein mir unbegreifliches Mißverständnis meinen Freund Vogt zu irriger Ansicht über Schily verleitet hat. Schily ist nicht nur einer meiner ältesten und intimsten persönlichen Freunde: er ist eines der tüchtigsten, tapfersten, zuverlässigsten Mitglieder der Partei.

Es ist mir sehr lieb, daß Meyer als Delegat nach Cincinnati[4] geht.

Ihr ganz ergebener

Karl Marx.

Es wäre mir lieb, wenn ich den Kelloggschen Geldunsinn (bloße Abart von Bray, Gray, Bronterre, O'Brien usw. in England und Proudhon in Frankreich) im Original zu Gesicht bekäme. Hier ist das Zeug nicht aufzutreiben. K. M.

* * *

[1] Hume war ein amerikanischer Reformer und hatte für sich selbst Mitgliedskarten der Internationalen Arbeiterassoziation drucken lassen mit allerhand französischen Revolutionsphrasen.

[2] Diese verschiedenen Sekretariate für die Vereinigten Staaten hatten etwas Konfusion angerichtet und Unzufriedenheit erregt.

[3] Betreffs dieser Äußerungen über Paris und den Krieg beachte man, daß sie am 1. September, das heißt vor Sedan, geschrieben sind, und vergleiche damit Marx' Briefe an den Parteiausschuß in Braunschweig zwei Tage später. —

[4] Zum Kongreß der National Labor Union.

* * *

Anfangs September 1870 warnten die deutschen Internationalen New Yorks ihre überseeischen Landsleute vor den Folgen des Krieges, der ihnen das Kaisertum bringen und die Franzosen davon befreien werde. Als die Niederlage der Franzosen bei Sedan bekannt wurde, tat man Schritte, um gegen die Fortsetzung des Krieges zu protestieren. Die drei damals in New York bestehenden Sektionen verbanden sich zu diesem Zweck; der Bund der Freidenker und ein paar andere Vereine schlossen sich an und in der zweiten Woche des November wurde im Cooperinstitut eine große Massenversammlung gegen den Krieg — anti-war-meeting — abgehalten, deren Beschlüsse allen zu erreichenden Legislaturen zugesandt wurden. — Im Dezember desselben Jahres wurde ein Zentralkomitee der Internationalen Arbeiterassoziation für Nordamerika eingesetzt und einige Wochen später, während der Krieg in Frankreich tobte, ein Verbrüderungsfest der deutschen, der französischen und der tschechischen Sektion abgehalten, dem der alte Weitling mit großer Freude beiwohnte. Kurz darauf landeten die aus den englischen Gefängnissen entlassenen Fenier, die ganz erstaunt waren, als deutsche, französische und tschechische Arbeiter ihnen den Willkommengruß boten. — In Chicago waren einige rührige Arbeitervereine entstanden, die schon lange eine engere Verbindung mit den New Yorker Organisationen forderten. Auch in Philadelphia, San Francisco, New Orleans, Milwaukee, St. Louis, Cincinnati regte es sich, besonders unter den deutschen Arbeitern. Bergleute, Küfer, Maschinisten und andere stärkten ihre gewerkschaftlichen Organisationen und führten Kämpfe mit ihren Lohnherren, während die im Beginn so viel versprechende große National Labor Union am Gifte der Greenbackbewegung erkrankte und dahinsiechte. — In Deutschland herrschte der Säbel. Der Braunschweiger Ausschuß der Eisenacher Richtung wurde in Ketten auf eine Festung gebracht und Hochverratsprozesse anhängig gemacht, die in Österreich sehr bald nachgeahmt wurden, und in Dänemark schritt man dazu, die Gewerkschaften auszudehnen und eine politische Arbeiterpartei zu stiften. — In Rußland gärte es unter der studierenden Jugend und gewissen Mittelschichten, die dem Nihilismus huldigten. In Italien legte die Einheitsbewegung alle Regungen der Arbeiterklasse lahm bis auf einige Punkte, wo die Internationale Arbeiterassoziation Boden gefunden. In Spanien machten die Arbeiter ernste Anstrengungen, sich zu organisieren und teil an der Politik zu nehmen, wurden aber durch die von Bakunin gestiftete geheime Allianz sehr gehindert.

10

Karl Marx an Sorge.

London, 21. Januar 1871.

Geehrter Herr Sorge!

Alle Berichte der amerikanischen deutschen Sektionen sind an mich zu richten. Eccarius ist nur Korrespondent für die Yankees. Als Secrety to the Gen. Council hat er nichts zu tun mit der Foreign Correspondence.

Die Geschichte wegen des „Beitrages" der deutschen Sektion hatte ich ganz vergessen. Bei Empfang Ihres Briefes schrieb ich daher an Eccarius, dessen einliegende Antwort zugleich als Quittung dienen kann.

Wegen der Formation des Central Council (wir würden vorgezogen haben, daß man sich Central Committee nenne, um Verwechslungen zu vermeiden) habe ich bereits geschrieben.

Kellogg habe ich nicht erhalten. Er lag wahrscheinlich in einer gelben Enveloppe, die ich vom hiesigen Postoffice erhielt. Sie war aufgerissen und darauf gestempelt „no contents". Die Enveloppe war wahrscheinlich zu schwach.

Ich habe an Ihre Adresse vor mehreren Wochen einen großen Pack Publikationen des General Council von verschiedenen Daten geschickt, bis jetzt jedoch keine Empfangsanzeige erhalten. Die Sachen gehörten mir persönlich und sandte ich sie, weil die Vorräte des General Council ganz erschöpft sind (für die meisten) Publikationen.

Ihr ganz ergebener

K. Marx.

11

Karl Marx an Sorge.

(Kam als Einlage) ohne Datum, wahrscheinlich Ende Februar 1871.

Geehrter Herr Sorge!

Meinen besten Dank für den Kellogg, der diesmal richtig arriviert ist, bitto für die anderen Sendungen.

Das Committee [1] wird künftig rascher seine Antworten erhalten, aber in den letzten Wochen hat das europäische kontinentale Geschäft, zugleich mit hiesiger Agitation unter den Engländern, die Zeit um so mehr absorbiert, als die meisten nicht englischen Sekretäre zu Paris sind. [2]

Ihr ergebenster

K. M.

* * *

[1] Das kürzlich gebildete Zentralkomitee hatte sich über Saumseligkeit des Generalrats beklagt.
[2] Es war die Zeit kurz vor Proklamation der Kommune.

12

Joh. Ph. Becker an Sorge.

Genf, 19. Febr. 1871.

Lieber Freund Sorge!

Nach gestern abend empfangenen Briefen von ... ersah ich, daß Du zwei meiner Briefe nicht empfangen hast, und während ich mich so wiederholt über Deine Schreibfaulheit beklagte, tatst Du dasselbe über die ebenso falsch vorausgesetzte meinige. Das haben wir alles der durch den Saukrieg verursachten europäischen Postverwirrung zu verdanken. Ich bedaure sehr, daß Du meine Briefe nicht erhalten hast, denn ich habe Dir darin über die Sachlage klareren Wein eingeschenkt, als es Euch dort durch die Zeitungen geboten wurde, und hättet Ihr Euch dann wohl nicht so blindlings und unbedingt für die französische Notdurftsrepublik begeistert.[1] Doch ist's für Euch um so verzeihlicher, als ja sogar der „Volksstaat“ ins Blaue für die „blaue“ schwärmte und laut, allen entgegengesetzten Tatsachen zum Trotz im Eigensinn konsequent war. Da habt Ihr nun die Bescherung, nicht bloß in den Niederlagen der französischen Nord-, West- und Ostarmee und der Hauptstadt, sondern in den Wahlen. Es gibt eben in Europa keine „blaue“ und nationale Großstaatsrepublik mehr, sondern nur noch eine „rote“ — soziale und internationale. Die Bourgeoisie wird lieber kosakisch, als daß sie durch mehr Volksfreiheit das Proletariat obenauf kommen läßt. Wir werden noch manches diesseits und Ihr noch jenseits des Ozeans in dieser Beziehung erleben.

Wir hatten furchtbar zu kämpfen, daß nicht unser ganzes Werk aus dem Leime ging, da ein großer Teil sowohl der deutschen als französischen Arbeiter vom Nationschwindel ergriffen wurden. Mit Mühe, Takt und Geschick wurde jedoch die Harmonie so ziemlich wieder hergestellt. Immerhin hat unser Bund abgenommen. Doch das findet sich bald wieder, und zwar doppelt.

Unser Rundschreiben vom 10. v. M. wirst Du erhalten haben. Wenn nicht baldige und genügende Beihilfe kommt, so wird der „Vorbote“ diesen Monat zum letztenmal erscheinen und sich das Zentralkomitee der

Sektionsgruppe deutscher Sprache auflösen. Darum helft tüchtig, aber schnell, schnell, schnell!

Mit alter Brüderlichkeit

Dein Joh. Ph. Becker.

* * *

[1] Becker irrt sich. Die Internationalen in den Vereinigten Staaten waren keineswegs begeistert von der französischen Republik und noch weniger von dem germanischen Kriegsruhm.

* * *

Die Kommune war erklärt worden, und die Augen aller waren auf Paris gerichtet.

13

Joh. Ph. Becker an Sorge.

Genf, 30. März 1871.

... Wenn die Parteigenossen mit ihren Versprechungen Wort halten, so kann der „Vorbote" noch jahrelang erscheinen.

Mit Euch in Amerika bin ich in betreff der Kundgebungen über die europäischen Ereignisse, weil diese zu sehr aus Eurem Gesichtskreis liegen, gar nicht besonders unzufrieden, sonst hätte ich sie nicht veröffentlicht. Was den „Volksstaat" anbetrifft, so hat er, um dem Preußentum etwas anzuhängen, namentlich auf die Siegeslügenberichte Gambettas, die Geschichte verfälscht, manche Parteigenossen irregeführt und sich schließlich durch den voraussichtlich entgegengesetzten Ausgang lächerlich gemacht. Der Wille war gut, aber die Taktik dumm! Doch, mehr ein anderes Mal davon! Du kannst Dir keinen Begriff davon machen, welche Kämpfe wir zur Aufrechthaltung unseres Bundes, namentlich auf dem Kontinent, zu bestehen hatten. Nun scheint aber alles wieder, freilich nicht ohne Einbuße, ins alte Gleise zu kommen, und wie ich hoffe zu einer kräftigen Entwicklung. ... Von unseren Zentralstatuten kann ich Dir einstweilen hundert vorrätige à 20 Cts. zur Verfügung stellen. Ich will dieser Tage sehen, daß ich auch einige französische, die zwar rar sind, für Dich auftreibe. Gerne hätte ich Dir schon oft verschiedene Schriften unter Kreuzband gesandt, aber ich habe zuweilen keinen Sou dafür im Hause.

Was hätte ich für Aussichten auch bei Euch, wenn ich meine Erlebnisse bruchstückweise (vom Jahre 1827 bis 1871), wozu ich schon so häufig aufgefordert wurde, herausgeben würde? Freilich komme ich schwer dazu, weil ich die Agitation, die mich ganz in Anspruch nimmt und der Sache wegen nicht aufgeben möchte, für längere Zeit arg vernachlässigen müßte. Aber etwas muß ich tun, wenn ich nicht mit meiner Familie verhungern oder, was noch ärger, betteln will.

Die Märznummer des „Vorboten" erscheint erst nächste Woche, und darin wirst Du meine Meinung über die jüngste Revolution in Paris finden.

Von ganzem Herzen

Dein Joh. Philipp.

* * *

Ein Brief, den K. Marx am 11. oder 12. April 1871 geschrieben, ist verloren gegangen. Im Korrespondenzbuch steht, daß er am 24. April eingelaufen sei und folgendes enthalte: „Daß die Korrespondenz des Nordamerikanischen Zentralkomitees an Marx in englischer Sprache zu richten sei; daß der Generalsekretär Dokumente und Schriftstücke senden werde; daß der Name ‚Zentralkomitee' vom Generalrat genehmigt sei; daß Mitglieder des Generalrats Privatkorrespondenz mit Dessup, Hume und anderen führen; daß sich eine Sektion von San Francisco und die ‚Union Republicaine' von New York beim Generalrat angemeldet haben und daß unsere Freunde in Paris wahrscheinlich unterliegen werden infolge ihrer Gutmütigkeit (‚bonhomie')."

* * *

Bebel und Liebknecht waren verhaftet worden, um ihnen den Prozeß wegen Hochverrat zu machen, während die Lassalleaner im Norddeutschen Reichstag eine unmännliche Rolle spielten. In Österreich war das Ministerium Hohenwart-Schäffle in Aktion getreten und hatte die Hochverräter Scheu, Oberwinder usw. begnadigt, worauf die dortigen Parteigenossen eine Schwenkung nach dem Ministerium machten, gegen die sie ernstlich von den amerikanischen Internationalen gewarnt wurden. Der Kampf der Kommune näherte sich seinem Ende. — In der Anthrazitregion Pennsylvaniens waren die Bergleute ausgestanden und hielten sich wacker gegen die verbündeten Unternehmer und Eisenbahngesellschaften. Anfang April wurden beim Generalrat acht Sektionen angemeldet, darunter zwei von Chicago und eine von den verbannten Feniern gegründete irische Sektion. Der Generalrat wurde aufgefordert, regelmäßige Korrespondenz zu führen und direkte Antworten zu geben. Aus Anlaß des von New Yorker Deutschen in Szene gesetzten sogenannten Friedensfestes hielten die Internationalen am Tage vorher eine öffentliche Versammlung ab und verteilten in der Prozession auf den Straßen Flugblätter gegen den Chauvinismus überhaupt und gegen den deutschen Chauvinismus im besonderen. Die deutschen und die französischen Sektionen entfalteten großen Eifer, um die

Arbeiter über die Pariser Kommune aufzuklären, und hielten nach dem Falle derselben öffentliche Versammlungen, um die Verleumdungen der bürgerlichen Presse zurückzuweisen und um die Unterstützung der Opfer zu organisieren. Begierig erwarteten sie Berichte vom Generalrat in London und beschwerten sich über Vernachlässigung. Die Sektionen mehrten sich, und auch Sektion 12, die be—rühmte Sektion der Damen Woodhull und Claflin trat ein und machte ihr Debüt mit Vorschlägen zur Schaffung einer — Universalsprache. — Endlich kam die Adresse des Generalrats „Der Bürgerkrieg in Frankreich" und wurde enthusiastisch aufgenommen und in Tausenden von Exemplaren verbreitet. Am 12. Juli wurden bei einer Parade der Orangemen (protestantische Irländer) in der Stadt New York Hunderte von Irländern getötet und verwundet durch die vereinte Miliz und Polizei. Der Präsident der Polizeikommission rühmte sich dessen. — Für die Kommuneflüchtlinge wurden in den Vereinigten Staaten beträchtliche Summen aufgebracht und größtenteils nach Genf und London geschickt. Durch einen Brief von Marx' ältester Tochter wurden auch die Irländer an ihre Pflichten erinnert, aber ohne Erfolg, da die Erschießung der Geiseln von ihnen nicht entschuldigt wurde. Ein Protest des Generalrats gegen das Benehmen des amerikanischen Gesandten in Paris wurde an alle größeren Blätter des Landes versandt und nur von einem einzigen aufgenommen.

14

Joh. Ph. Becker an Sorge.

Genf, 21. Juli 1871.

Mein lieber, lieber Sorge!

Wundere Dich nicht, lieber Freund, daß ich Dir so lange nicht geschrieben, denn seit der Unterbrechung unserer Korrespondenz ist mehr über uns hier gekommen, als zu ertragen ist, und lastet dabei das Hauptsächlichste auf meinen alten Schultern. Waren wir hier mehr als irgendwo durch den Krieg in die Mitleidenschaft, und zwar von zwei Seiten, hineingezogen, so geschah dies im Übermaß durch die Pariser Märzrevolution. Da galt es, das südliche Frankreich zum Aufstand zu bringen, und dafür haben wir was menschenmöglich ist gewirkt, geopfert und gewagt. Mehrmals war ich zu diesem Behufe verreist. Leider war alles, wenigstens für die Gegenwart, vergeblich. Warum? werde ich Dir später einmal auseinandersetzen, denn die Zeit, es öffentlich zu sagen, ist noch nicht gekommen. Zu dem, was wir inzwischen an revolutionären Geheimschriften und Schritten geleistet, hat sich noch ein Stoff für eine große Literatur aufgehäuft. Als die Kommune gefallen war, galt es wieder frischer Anstrengungen, Opfer und Wagnisse, um möglichst viele der verfolgten Überwundenen hierher zu retten. Und in welch entblößtem Zustand sind die verschiedenen „Plünderer“ teils mit Weibern, Kindern, Säuglingen angelangt, und war es dann wieder die Aufgabe unserer armen Arbeiter, den doppelt Unglücklichen zu helfen. So dauert die Sache nicht bloß fort, sondern kommen noch sehr erschwerende Umstände dazwischen, ohne daß wir hier von irgend einer Seite zur Erfüllung unserer schwierigen Aufgabe unterstützt werden — weil eben die dazwischen getretenen Umstände, das zweifelhaft gewordene Asylrecht, uns verbietet, öffentliche Aufforderungen zu machen, was bei der Not, in der sich mehr als je die europäischen Arbeiter befinden, wohl auch von sehr geringem Erfolg begleitet gewesen wäre. Nun beschuldigt die Regierung von Versailles die Kommunisten „gemeiner Verbrechen“ und verlangt, auf einen bezüglichen Vertrag mit der Schweiz gestützt, deren Auslieferung. Die Bundes- und Kantonsbehörden zeigen sich mehr als schwankend, denn es haben hier schon zwei Verhaftungen stattgefunden, und hat man Grund genug, die Auslieferung zu befürchten. Da gilt es also, die mit großen Opfern geretteten Leute wieder fort, das heißt nach England zu schaffen oder möglichst zu verbergen. Das Fortschaffen heißt aber Reisegeld schaffen, und das Verbergen heißt sie in Beschäftigungslosigkeit ernähren. Woher aber die Mittel nehmen? Unsere Gemeinkassen sind nicht bloß leer, sondern voll Schulden, und viele einzelne von uns sind Privatschuldenmacher ohne weiteren Kredit und selbst in Not — so habe ich zum Beispiel heute nicht einmal zwei Sous, um mir Tabak zu kaufen. Nun müssen aber auch Demonstrationen gegen das Verhalten der Regierungen, Volksversammlungen zugunsten des Asylrechtes durch die ganze Schweiz organisiert werden, was ebenfalls wieder Kraft, Zeit und Geld in Anspruch nimmt. O, ich möchte zuweilen in den Mond auswandern!

Nun kam zu allem Überfluß in letzter Zeit auch noch die St. Galler Appretiergreve dazu, die, weil sie die internationale Arbeiterbewegung in der Ostschweiz einweihte, ein besonderes Interesse für uns hatte, und brachten wir hier für dieselbe trotz der schwierigen Verhältnisse zu meinem eigenen Erstaunen etwa 1300 Franken zusammen. Am verflossenen Samstag und Sonntag war ich mit einigen Freunden in Lausanne, um auch dort die Sammlungen für die St. Galler Grevisten zu organisieren, und gelang es uns, schon in der ersten Versammlung 100 Franken zusammenzubringen.

Nach dem Gesagten kannst Du ein bißchen begreifen, in welchem Strudel ich mich befinde und wie ich beständig hin und her gehetzt werde. Das hätte zwar weniger zu sagen, wenn ich nicht dabei auch noch die häuslichen Sorgen, schwersten Herzensdruck, mit herumtragen müßte. „Da soll man auch noch", sagt ein bayerisches Sprichwort, „einen schönen Gang haben und gut tanzen können."

Es wäre jetzt wohl am Platze, wenn Ihr in Amerika zu einer allgemeinen Agitation schrittet, um Geldmittel für unsere Zentralkasse zum Zwecke der Unterstützungen und revolutionären Propaganda zu sammeln. Hätten wir im März und April über mehr Mittel verfügt, so hätten wir das ganze mittägliche Frankreich zur Schilderhebung gebracht und die Kommune in Paris gerettet. Leider hatte man in London nur Protestationen und Manifeste vom Stapel laufen lassen.

Schreib mir doch eine Korrespondenz für den „Vorboten"! . . .

Von ganzem Herzen

Dein Joh. Philipp.

* * *

Am 6. August berichtete das Zentralkomitee dem Generalrat, daß 16 Sektionen bestehen, darunter eine vom Bunde der Freidenker gebildete, und am 7. August teilte der Generalrat durch K. Marx mit, daß an Stelle des durch die Zeitumstände unmöglich gemachten Kongresses am 17. September in London eine vertrauliche Konferenz stattfinden werde, zu der Delegierte aus den Vereinigten Staaten erwartet würden. Von der Sendung von Delegierten wurde abgesehen, weil alle erreichbaren und verfügbaren Mittel zur Unterstützung der Kommuneflüchtlinge verwandt wurden, dagegen sandte man an die Konferenz eine ausführliche Denkschrift.

15

Karl Marx an F. Bolte.

Brighton, 25. August 1871.

Geehrter Herr Bolte![1]

Ich befinde mich seit ungefähr zwei Wochen hier, vom Arzt hergeschickt, da meine Gesundheit infolge von Überarbeitung sehr zerstört war. Doch kehre ich wahrscheinlich nächste Woche nach London zurück.

Sie werden nächste Woche einen Aufruf vom Generalrat für die flüchtigen Kommunards erhalten. Die Hauptmasse derselben befindet sich in London (über 80 bis 90 jetzt). Der Generalrat hat sie bisher vor dem Untergang bewahrt, aber seit den letzten zwei Wochen sind unsere Geldmittel so geschmolzen, während die Zahl der Ankömmlinge täglich wächst, daß sie sich in sehr beklagenswertem Zustand befinden. Ich hoffe, daß von New York aus alles mögliche geschehen wird.[2] In Deutschland sind alle Mittel der Partei noch absorbiert durch die Opfer der dortigen polizeilichen Verfolgungen, ebenso in Österreich, ditto in Spanien und Italien. In der Schweiz haben sie nicht nur selbst einen, wenn auch nur geringen Teil der Flüchtlinge zu unterstützen, sondern außerdem infolge des St. Galler lockout der Internationalen beizustehen. In Belgien endlich befindet sich ebenfalls ein wenn auch geringer Teil der Flüchtlinge und haben außerdem die Belgier, namentlich bei der Durchreise nach London, beizustehen.

Infolge dieser Umstände sind alle Geldmittel für die Masse der Flüchtlinge in London bisher ausschließlich von England aufgebracht worden.

Im Generalrat befinden sich jetzt von Mitgliedern der Kommune: Serraillier, Vaillant, Theiß, Longuet, Fränkel, und von Agenten der Kommune: Delahaye, Rochat, Bas ... Chra ...

Ich habe dem „New York Herald" eine Erklärung geschickt, worin ich alle Verantwortlichkeit für den abgeschmackten und ganz verfälschenden Bericht seines Korrespondenten über seine Unterhaltung mit mir ablehne. Ich weiß nicht, ob er sie gedruckt.

Grüßen Sie Sorge von mir. Ich werde nächste Woche auf seinen Brief antworten.

Ihr ergebener Karl Marx.

* * *

[1] Bolte war Mitglied des Zentralkomitees der Internationalen in New York.
[2] Ist auch geschehen.

16

Joh. Ph. Becker an Sorge.

Genf, 27. August 1871.

Lieber Alter!

Du hast ein schönes Stück „Vorsehung" gemacht, Dein Brief und Wechsel kam wie gerufen. Für die 110 Franken von der Sektion 1 für Unterstützungen findest Du beiliegend Empfangsbescheinigung, sowie Du hiermit für die weiteren 40 Franken quittiert bist. Meinen Brief vom 21. Juli und meine Zeilen nebst Schriften, letztere durch das Dir in ersterem angekündigte Mitglied Hermann, wirst Du inzwischen erhalten und dadurch sehr begriffen haben, wie höchst willkommen uns Deine Sendung war. Das ist freilich bei unseren dermaligen Versorgungspflichten ein Tropfen Wasser auf einen heißen Stein. Dazu kam gestern auch wieder ein Notschrei der Sektion St. Gallen und heute gar noch für die große Schreinergreve in Berlin. Ich lasse mich bald lieber kreuzigen oder wie Prometheus an einen Felsen schmieden. Doch nein! Ich fasse immer wieder Mut und gehe mit bis ans Ende! Wäre man nur einmal überall organisiert, sachbewußt und kampfbereit, wie wir hier, so könnten wir morgen die alte Welt zusammenwerfen.

Es gibt uns viel Trost und Zuversicht, daß die Arbeiterbewegung nun auch in Amerika in so guten Fluß kommt und daß Ihr in New York so geschickt als energisch vorgeht. Versäume ja nicht, ich bitte Dich inständig darum, mir so schnell als möglich einen genauen Bericht darüber zu senden. Ihr dürftet überhaupt für den „Vorboten" viel fleißiger sein . . .

. . . und sei brüderlich umarmt von

Deinem Joh. Philipp.

17

Joh. Ph. Becker an Sorge.

Genf, 31. August 1871.

Lieber Sorge!

Gestern abend erhielt ich Deinen Brief vom 14. d. M. nebst dem Wechsel von 500 Franken zugunsten der Pariser „Kommunisten", wofür einliegend die Quittung folgt. Mein Schreiben vom 27. d. M. nebst der Quittung für die uns unterm 8. d. M. zu gleichem Zwecke gesandten 110 Franken und den beigefügten 40 Franken für „Vorboten"-Rechnung wirst Du inzwischen erhalten haben und ebenso die an Dich zu gleicher Zeit abgegangenen und von Dir bestellten Jahrgänge und einzelnen Nummern des „Vorboten" sowie einige andere Drucksachen. Die zuletzt bestellten „Vorboten" werden heute ebenfalls unter Kreuzband an Dich abgehen.

Nachdem Du meinen Brief vom 21. Juli gelesen haben wirst, brauche ich Dir nicht zu sagen, wie willkommen uns die Geldsendungen der nordamerikanischen Bundesgenossen waren. Diese Sendungen sollen nicht nur im „Vorboten" nächster Nummer quittiert, sondern Deinem besonderen Wunsche gemäß auch im „Volksstaat" bescheinigt werden. Razoua[1] wurde endlich durch unser energisches Auftreten vorgestern morgen um 10 Uhr auf freien Fuß gesetzt, und kann nun die ganze Flüchtlingsschaft wieder freier aufatmen. Freilich haben wir die entschiedenen mit Revolution drohenden Schritte nicht der Person Razouas (der, nebenbei gesagt, schon am 22. Mai feig seinen Posten verlassen hat und somit uns gegenüber nicht unschuldig ist), sondern des Prinzips der Aufrechthaltung des Asyls wegen getan. Auch die Freilassung Razouas darf uns nicht einschläfern.

Eine Kommission befaßt sich mit den Vorarbeiten, die schon ziemlich weit gediehen, zur Errichtung einer auf sozialistischen Grundsätzen beruhenden Erziehungs- und Unterrichtsanstalt für die Pariser Waisenkinder, in der jedoch auch die Kinder anderer hiesiger Internationalen aufgenommen werden können. Es soll darin Theorie und Praxis, Wissen und Können in Einklang gebracht, also eine dem Alter und den Fähigkeiten der Kleinen entsprechende Industrie betrieben werden. Am schwierigsten ist dabei die Geldfrage, und wird viel Anstrengung und Beharrlichkeit zur Durchführung nötig sein.

In der Ostschweiz kam die Arbeiterbewegung durch die St. Galler Greve in vollen Fluß, was meine Arbeit durch tagtägliche Auskunfts- und sozialistische Denkschriften-Begehren über alles Maß vermehrt. Ich muß Dich deshalb für alles übrige auf den nächsten „Vorboten" verweisen und für heute schließen.

Vergesse nicht den von Dir verlangten Bericht für den „Vorboten".

... sei herzlich umarmt von Deinem Joh. Ph. Becker.

* * *

[1] Razoua war einer der Verhafteten.

* * *

Mit einer kürzeren Mitteilung, datiert London, 5. Sept. 1871, übersendet K. Marx einen Aufruf des Generalrats an die amerikanischen Arbeiter zugunsten der Kommuneflüchtlinge und meldet den Empfang der Denkschrift des nordamerikanischen Zentralkomitees für die Konferenz.

18

Karl Marx an Sorge.

London, 12. September 1871.

Geehrter Herr Sorge!

Seien Sie so gut, einliegenden Brief unseres irischen Sekretärs Mac Donnell an J. Devoy[1] zu übergeben.

Ich hatte keine Zeit, Ihnen ausführlicher zu antworten. Wir sind hier in diesem Augenblick so überbeschäftigt, daß ich seit drei Monaten sogar gezwungen war (und noch bin), sehr dringende theoretische Arbeiten zu unterbrechen.

Nur bemerke ich in bezug auf die Statuten, daß die englische Edition[2] die einzig authentische ist. Die Konferenz wird authentische Ausgaben in Englisch, Französisch und Deutsch veranstalten, was auch deshalb nötig ist, weil verschiedene auf die Statuten bezügliche Kongreßbeschlüsse in die Statuten einverleibt werden müssen.

Das Zentralkomitee in New York muß nicht vergessen,

1. daß der Generalrat lange Verbindungen in Amerika hatte,[3] bevor das Komitee gestiftet wurde;

2. daß, was die Adresse betrifft, sie in London verkauft wurde, also jedermann das Recht hatte, seinen Freunden in Amerika sie auf eigene Kosten zuzuschicken. Die erste Sendung nach New York war so klein, weil in zwei Tagen die erste Auflage vergriffen war, weshalb ich nicht die für meine Sendungen bestimmte Anzahl erhielt.

3. In § 6 der Statuten heißt es ausdrücklich: „no independent local society shall be precluded from directly corresponding with the General Council", und in Washington zum Beispiel erklärte die Branche, nicht mit New York in Verbindung treten zu wollen.

Salut fraternel Karl Marx.

* * *

[1] J. Devoy war Mitglied des Zentralkomitees als Delegierter der irischen Sektion (Nr. 7).

[2] Die französische Ausgabe der Statuten stimmte nicht ganz überein mit der englischen.

[3] Das nordamerikanische Zentralkomitee hatte sich beschwert über Durchkreuzung seiner Arbeiten durch die Privatkorrespondenz verschiedener Mitglieder des Generalrats — namentlich Eccarius — mit Personen in den Vereinigten Staaten.

* * *

Am 13. September 1871 fand eine große Demonstration zugunsten des Achtstundentages in New York statt, an der gegen 20000 Arbeiter, darunter sämtliche deutsche und französische Sektionen, teilnahmen. Das rote Banner der Sektion 1 wurde lebhaft begrüßt. — Die Sammlungen zugunsten der Kommuneflüchtlinge wurden fortgesetzt und ansehnliche Summen nach Genf und London gesandt. — Die Sektionen der Internationalen Arbeiterassoziation mehrten sich, so daß mehr als zwanzig im Zentralkomitee vertreten waren. Indessen überwog darin das kleinbürgerliche Element, und das proletarische Element konnte dem Anstürmen der

Reformer und Schwätzer kaum die Spitze bieten. Mit unfruchtbaren Debatten wurde die Zeit vergeudet, und da die Amtszeit des Zentralkomitees im Dezember ablief, beschlossen die Vertreter der Arbeitersektionen, die erste sich bietende Gelegenheit zu benützen, um dem Treiben durch Auflösung des Zentralkomitees ein Ende zu bereiten. Der Generalrat wurde vielfach getadelt, wie schon früher mitgeteilt, und mehrere Mitglieder des Zentralkomitees führten privatim Klage darüber in Briefen an Marx und andere Mitglieder des Generalrats. — Die Konferenz der Internationalen Arbeiterassoziation fand in London statt und mußte sich hauptsächlich mit den Umtrieben der „Alliance" (Bakunins) in der Schweiz, Spanien und Italien beschäftigen. — In der zweiten Woche des Oktober wütete der große Brand in Chicago, und während des Feuers telegraphierte die Sektion von New Orleans schon eine Geldanweisung für die geschädigten Parteigenossen in Chicago. Die Internationalen wurden als die Brandstifter bezeichnet.

19

Joh. Ph. Becker an Sorge.

Genf, 19. September 1871.

Lieber Alter!

Ihr habt wohl getan, uns weiter unter die Arme zu greifen und uns für die arme Flüchtlingsschaft weitere 400 Franken zu senden. Wie manch bekümmertes Herz hat Ursache, Euch ewig dankbar dafür zu sein. Aus Deutschland durften wir der zahllosen, alle Mittel verschlingenden Streiks wegen wenig erwarten. Inzwischen hat sich jedoch die Lage der Flüchtlingsschaft bedeutend gebessert, denn seit auf unser energisches Einschreiten zur unverkümmerten Aufrechterhaltung des Asylrechtes Razoua der Haft entlassen wurde, konnten die anderen wieder aus ihren Verstecken hervorkommen und vielen davon Beschäftigung und Verdienst verschafft werden. Nur die Erziehung der Waisenkinder wird eine dauernde Sorge für uns bleiben . . .

Grüße alle, alle von

Deinem Joh. Philipp.

20

Joh. Ph. Becker an Sorge.

Genf, 27. Oktober 1871.

Lieber Sorge!

. . . Die zuletzt gesandten 500 Franken sind nun inzwischen auch angelangt und davon schon 100 Franken nach London abgegangen und wird noch mehr dahin gehen, wenn es die Umstände als zweckmäßig erweisen. Hierzu muß nun bemerkt werden, daß, seitdem das Asylrecht in der Schweiz wieder gesichert ist, sich die armen Teufel, die der Sprache wegen in England schwerer ein Unterkommen finden, sich teilweise wieder hierher zu kommen entschlossen. Nun muß ich Dir sagen, daß wir hier in jeder Beziehung eine große Last haben mit dieser neuen Flüchtlingsschaft. Man kann kaum drei Leute unter ihr finden, die einig miteinander gehen. Jeder will den „Dicksten", am meisten geleistet und den „Stein der Weisen" gefunden haben. Wenn wir nicht besonders in Beziehung auf Aufnahme und in öffentlichen Versammlungen alle Strenge und Umsicht walten ließen, so hätten sie sicher bei ihrer unverwüstlichen Schwatzschweifigkeit unsere Assoziation schon längst totgeschwätzt. Wenige derselben vermögen sich an das internationale Kollektivwirken und -leben zu gewöhnen, dagegen haben viele die Prätension, nach ihrem Belieben zu wirken und nach ihrem Geschmack, das heißt möglichst flott zu leben. Als sie gar erfuhren, daß Unterstützungsgelder von New York angelangt seien, so glaubten sie, jetzt dürfe man nur darüber herfallen und es an die „Würdigsten" verteilen, so daß in zwei Tagen alles rumps und stumps aufgezehrt gewesen wäre. Wir verfahren aber mit aller Vor- und Umsicht und geben ohne Rücksicht auf Selbstüberhebung dort, wo nach genauer Untersuchung wirkliche Not vorhanden ist, und sind sicher, daß die Geber damit vollständig einverstanden sein werden. Aber welchen alltäglichen Ärger und Verdruß neben dem sonstigen schon sehr mühseligen Kampfe man dabei hat, davon könnt Ihr Euch dort kaum eine Vorstellung machen . . .

Immer ganz Dein alter

Joh. Ph. Becker.

* * *

Die Woodhull-Claflin-Sektion (Nr. 12) hatte einen Aufruf an die Bürger der Union (citizens of the Union) erlassen voll alberner Phrasen. Sektion 1 protestierte dagegen — vorläufig vergebens. Stimmrecht und Ämter für die Frauen, freier Geschlechtsverkehr, universelle Weltsprache, Pantarchie (Herrschaft aller) wurde von Sektion 12 gepredigt und Verleumdungen gegen alle Gegner geschleudert. Die proletarischen Sektionen wehrten sich nach Kräften gegen die Fälschung der Bewegung, gegen die Verunglimpfung des guten Namens der Organisation durch das kleinbürgerliche Gelichter, an der auch einige Deutsche, unter anderen E. Grosse und Stiebeling, teilnahmen, und am 19. November wurde das Zentralkomitee aufgelöst, worauf die Vertreter der Arbeitersektionen sofort einen provisorischen Föderalrat bildeten und an den Generalrat appellierten.

21

Karl Marx an Sorge.

London, 6. November 1871.

Lieber Freund!

Es gehen heute 100 Stück (50 französische und 50 englische) der Konferenzresolutionen nach New York ab. Die nicht zur Veröffentlichung bestimmten Beschlüsse werden nachträglich mitgeteilt werden.

Eine neue, revidierte Ausgabe der Statuten und Regulationen erscheint morgen englisch, und Sie werden davon 1000 Stück zum Absatz in Amerika (1 d. per Stück) erhalten. Die Sache darf nicht französisch und deutsch in New York übersetzt werden, da wir offizielle Ausgaben in beiden Sprachen herausgeben. Schreiben Sie uns, wie viele Exemplare beider Sprachen man will.

Ich habe die Korrespondenz mit der deutschen Sektion und mit dem New Yorker Komitee an Eccarius abgetreten (er ist auf meinen Vorschlag dazu ernannt worden), da meine Zeit mir nicht erlaubt, diese Funktion ordentlich zu erfüllen.

Sektion Nr. 12 (New York) hat dem Generalrat Anträge gestellt, um sich als Leiter in Amerika zu konstituieren. Die Beschlüsse gegen[1] diese Prätensionen, für das jetzige Komitee, wird Eccarius der Sektion Nr. 12 zugeschickt haben.

Mit Bezug auf die Washington Branch[2] (die dem Generalrat eine Liste seiner Mitglieder zugeschickt) ist das New Yorker Komitee zu weit gegangen. Es hatte kein Recht, außer der Mitgliederzahl und dem Namen usw. des korrespondierenden Sekretärs weiteres zu verlangen.

Weiteres im nächsten Brief diese Woche.

Ihr K. M.

* * *

[1] Und diese Sektion (Nr. 12) hatte die Stirn, die Beschlüsse abzudrucken mit der Überschrift: „Section 12 sustained."

[2] Es war dies eine aus Journalisten und Beamten in Washington bestehende Sektion, Nr. 23, von geborenen Amerikanern, die eifrig Stellung nahmen gegen die Woodhull- und Claflin-Clique.

* * *

Von den Intrigen der Sektion 12, die man wohl geahnt, aber nicht genau gekannt, lagen jetzt die Beweise vor. Der obige Brief Marx' kam am 20. November an. Wäre er einen Tag früher angekommen, so wäre Sektion 12 nebst ihren Anhängern einfach hinausgeflogen und die Neuorganisation ohne Störung vorgenommen worden.

22

Karl Marx an Sorge.

London, 9. November 1871.

Werter Freund!

Ich habe vorgestern 100 Konferenzresolutionen, 50 englische und 50 französische, an Sie abgeschickt.

Es werden in dieser Woche 1000 Stück der English revised and official Statutes and Regulations an Sie abgehen. Suchen Sie selbe abzusetzen. Der Generalrat hat große Geldausgaben durch Ausführung der verschiedenen Arbeiten, welche die Konferenz ihm aufgetragen hat.

Eine offizielle französische Ausgabe der revised Statutes etc. werden wir in Genf und die offizielle deutsche Ausgabe in Leipzig drucken lassen. Schreiben Sie uns, wieviel copies von beiden man ungefähr in den United States brauchen wird.

Es hat sich hier unter den French Refugees eine Sektion der Internationalen gebildet, „Section française de 1871“ (ungefähr 24 Mann), welche sofort mit dem Generalrat in die Haare geraten ist, weil wir Änderungen in ihren Statuten verlangt. Es wird wahrscheinlich zum Split kommen. Diese Leute arbeiten zusammen mit einem Teil der französischen Flüchtlinge in der Schweiz, die ihrerseits mit den Männern der von uns aufgelösten „Alliance de la Démocratie Socialiste“ intrigieren. Ihr Angriffsobjekt sind nicht die gegen uns verbündeten Regierungen und herrschenden Klassen von Europa, sondern der Generalrat von London und speziell meine Wenigkeit. Dies der Dank dafür, daß ich fast fünf Monate in Arbeiten für die Flüchtlinge verloren und durch die „Address on the Civil War“ als ihr Ehrenretter gewirkt habe.

Noch auf der Konferenz, wo die Delegierten von Spanien, Belgien, Schweiz und Holland ihre Befürchtung aussprachen, der Generalrat möchte seinen internationalen Charakter gefährden durch zu zahlreiche Beimischung französischer Flüchtlinge, hatte ich sie verteidigt. Aber in den Augen dieser „Internationalen“ ist es überhaupt schon eine Sünde, daß „deutscher“ Einfluß (weil deutsche Wissenschaft) im General Council vorwiegt.

Mit Bezug auf das New York Central Committee folgendes:

1. Muß es sich nach den Konferenzbeschlüssen, siehe II. 1, in Zukunft Federal Council or Federal Committee of the United States taufen.

2. Sobald eine viel bedeutendere Anzahl Branches in den different States gegründet ist, wird das praktischste sein — nach dem Beispiel

von Belgien, Schweiz, Spanien — einen Kongreß der verschiedenen Sections zusammenzuberufen zur Wahl eines Federal Council or Committee in New York.

3. In den verschiedenen Staaten — sobald sie hinreichende Anzahl Branches besitzen — können sich wieder Federal Comittees bilden, für welche das New York Central Committee als Zentralpunkt handelt.

4. Die definitiven Spezialstatuten, sowohl des New York Central Committee wie der erst zu stiftenden Committees, müssen vor Publikation dem General Council zur Sanktion mitgeteilt werden.

In Italien machen wir reißende Fortschritte. Großer Triumph über die Mazzinische Partei. In Spanien ist der Fortschritt nicht bedeutend. In Kopenhagen hat sich eine neue Sektion gebildet, die bereits 1500 members zählt und ein eigenes Blatt, „Sozialisten", herausgibt.

Der Anklageakt des Braunschweiger Gerichts gegen das dortige Ex. Committee, Bracke und Genossen, ist mir mitgeteilt worden — ein infames Aktenstück.

Daß Sie aus dem Komitee austreten wollen, bedauern wir alle. Doch hoffe ich, daß Ihr Entschluß nicht definitiv ist. Ich selbst denke oft ähnliches zu tun, da das internationale Geschäft zu sehr auf meine Zeit drückt und meine theoretischen Arbeiten unterbricht.

Apropos. Von Woodhulls usw. „Weekly" vom 31. Oktober, worin die Erzählung [1] meiner Tochter, wünschte ich 12 Stück. Nur durch accident ist uns a copy dieser Nummer zu Gesicht gekommen.

Salut fraternel

Karl Marx.

* * *

[1] Die Tochter Marx' berichtete, wie die französische Polizei (Versailles) ihr bei einem Besuch in Frankreich auf Schritt und Tritt gefolgt sei und sie belästigt habe.

* * *

Der folgende Brief ist die Antwort auf einen von K. Speyer an Marx gerichteten Brief.

23

Karl Marx an K. Speyer.

London, 10. November 1871.

Lieber Speyer! [1]

Leßner hat mir Ihren Brief mitgeteilt. Überarbeit und spätere Krankheit haben mich verhindert, Ihnen früher zu antworten.

Es sind verschiedene Irrtümer in Ihrem Brief.

1. Statutengemäß hatte der Generalrat im Yankeelande vor allem die Yankees ins Auge zu fassen.

2. Was aber die Privatkorrespondenz mit West usw. angeht, so hat der Generalrat absolut nichts damit zu schaffen. Einige englische Mitglieder des Generalrats, namentlich G. Harris und andere Sektierer aus der Schule O'Briens, currency-quack Doctor, stehen mit West u. Ko. in Verbindung. Was selbe nach den U. St. schreiben, hat keinen offiziellen Charakter. Wenn Sie Beweise beibringen können, daß Harris usw. sich herausnehmen, im Namen des General Council nach Amerika zu korrespondieren, so wird dieses Unwesen bald beseitigt werden.

3. Was sonstige Korrespondenzen von Mitgliedern des Generalrats angeht, so können wir sie nicht verbieten.

Erstens. Auf Korrespondenz von Eccarius mit Jessup; ich sehe nicht ein, was dagegen einzuwenden wäre. Es ist mir nicht bekannt, daß Jessup, einer unserer ältesten Korrespondenten in den U. St., gegen das New York Committee agiert hätte.

Zweitens. Meine Korrespondenz mit Siegfried Meyer. Meyer und Vogt waren Mandatare des Generalkomitees; ich kenne sie beide nicht persönlich, hatte Meyer und habe Vogt immer als ein seit langer Zeit tätiges Mitglied der Arbeiterpartei betrachtet. Ich habe beiden seit lange geraten, sich an die durch das Zentralkomitee zu New York gegründete Organisation anzuschließen.

Von Vogt habe ich seit Jahren keinen Brief erhalten, sollte er intrigieren, so wird er an mir sicher keine Stütze finden; ich habe es nur mit dem Interesse Eurer Bewegung, nicht mit Privatindividuen zu tun.

Was Sorge angeht, so kenne ich ihn so wenig persönlich als Meyer und Vogt. Es ist aber meine Überzeugung, daß der Generalrat ihm für seine Wirksamkeit zum größten Dank verpflichtet ist — eine Ansicht, die ich wiederholt im Generalrat ausgesprochen habe.

4. Die Trade Unions müßt Ihr at all costs zu gewinnen suchen.

Dieser Brief ist nur an Sie persönlich gerichtet. Sie müssen ihn niemand außer Sorge mitteilen. Schreiben Sie mir bald.

Salut fraternel

Ihr ergebenster Karl Marx.

* *
*

[1] Speyer war Mitglied des Zentralkomitees und durch früheren Aufenthalt in London mit Marx, Leßner und anderen persönlich bekannt. Der Inhalt dieses wie des folgenden Briefes richtet sich gegen Vorwürfe, die dem Generalrat wiederholt gemacht worden waren.

* * *

Die Forderung der Sektion 12, mit der Leitung der Internationalen Arbeiterassoziation in den Vereinigten Staaten betraut zu werden, hatte der Generalrat mit folgendem Beschluß erwidert: „In Erwägung 1. daß jede Sektion das Recht hat, in dem New Yorker Föderalkomitee vertreten zu sein; 2. daß die Organisation und der Fortschritt der Internationalen Arbeiterassoziation in den Vereinigten Staaten großenteils dem New Yorker Föderalkomitee zu verdanken sind; 3. daß weder die Statuten der Internationalen Arbeiterassoziation, noch die besondere Organisation der Internationale in den Vereinigten Staaten irgend eine Sektion hindern, die Assoziation in ihrer eigenen Nationalität auszubreiten — empfiehlt der Generalrat die Aufrechterhaltung des New Yorker Zentralkomitees, bis die Ausdehnung der Internationalen Arbeiterassoziation in Amerika die Einberufung einer Konvention passend erscheinen läßt zur Wahl eines neuen Föderalkomitees."

Der provisorische Föderalrat widerlegte in seinen Berichten die Behauptungen und protestierte gegen die Anmaßungen der Sektion 12. Er schrieb dem Generalrat: „Wir bestanden darauf, daß unsere Bewegung eine Arbeiterbewegung ist — nicht mehr — und daß die Internationale Arbeiterassoziation eine *Arbeiterorganisation* ist und sein soll — nichts anderes. Unsere Absicht war und ist, sie dagegen zu schützen, daß sie das Werkzeug verschmitzter Intriganten werde und die Leiter zum Emporsteigen von Politikern und eitlen selbstsüchtigen Individuen. Wir wollen sie rein und unbefleckt erhalten für den künftigen Eintritt der organisierten Gewerkschaften, die sich nie mit Organisationen verbinden werden, gezeichnet durch abenteuerliche Ideen und Handlungen.... Wir werden sicherlich keine Beziehungen mehr unterhalten mit Sektion 12 und ihren Anhängern, da dieselben die *Arbeiter*bewegung nicht verstehen und nicht verstehen wollen....

Um fernere Verwicklungen ähnlicher Art zu vermeiden, werden wir uns von jetzt an nur mit Sektionen verbinden, die mindestens zu zwei Dritteln aus Lohnarbeitern bestehen...."

24

Karl Marx an F. Bolte. London, 23. November 1871.

Freund Bolte![1]

Ich habe gestern Ihr Schreiben zugleich mit dem Bericht von Sorge erhalten.

1. Was zunächst die Stellung des Generalrats zum New Yorker Föderalrat betrifft, so hoffe ich, daß meine unterdessen an Sorge ge-

richteten Schreiben (und ein Schreiben an Speyer, welches ich ihn bevollmächtigte, Sorge mitzuteilen, privatim) die höchst falsche Auffassung der deutschen Sektion, die Sie repräsentieren, beseitigt haben werden.

In den Vereinigten Staaten, wie in jedem anderen Lande, worin die Internationale erst gegründet werden soll, mußte der Generalrat ursprünglich einzelne Leute bevollmächtigen und zu seinen offiziellen Korrespondenten ernennen. Von dem Augenblick jedoch, wo das New Yorker Komitee einige Konsistenz gewonnen, wurden diese Korrespondenten einer nach dem anderen fallen gelassen, obgleich man sie nicht auf einmal beseitigen konnte.

Die offizielle Korrespondenz mit früher ernannten Bevollmächtigten beschränkt sich seit geraumer Zeit auf die Korrespondenz von Eccarius mit Jessup,[2] und ich sehe aus Ihrem eigenen Briefe, daß Sie über letzteren in keiner Art zu klagen haben.

Außer Eccarius hatte aber niemand offizielle Korrespondenz zu führen mit den Vereinigten Staaten außer mir und Dupont als (damals) Korrespondent für die französischen Sektionen, und soweit er Korrespondenz geführt hat, war sie auf letztere beschränkt.

Ich habe außer mit Ihnen und Sorge überhaupt keine offizielle Korrespondenz geführt. Meine Korrespondenz mit S. Meyer ist Privatkorrespondenz, aus der er nie das geringste veröffentlicht hat, und die ihrer Natur nach dem New Yorker Komitee in keiner Art hinderlich oder schädlich sein konnte.

Es unterliegt andererseits keinem Zweifel, daß G. Harris und vielleicht Boon — zwei englische Mitglieder des Generalrats — Privatkorrespondenz mit Internationalen in New York usw. führen. Beide gehören der Sekte des verstorbenen Bronterre O'Brien an, sind voller Narrheiten und crotchets, wie Currency-Quacksalberei, falsche Weiberemanzipation usw. Sie sind also by nature Verbündete der Sektion 12 in New York und deren Seelenverwandten.

Der Generalrat hat kein Recht, seinen Mitgliedern Privatkorrespondenzen zu untersagen. Könnte uns aber bewiesen werden, entweder, daß diese Privatkorrespondenzen sich für offizielle ausgeben, oder daß sie — sei es für Veröffentlichung, sei es zu Stänkereien gegen das New Yorker Komitee — dem Wirken des Generalrats entgegenarbeiten, so würden die nötigen Maßregeln zur Vermeidung solchen Unfugs ergriffen werden.

Diese O'Brienniten, trotz ihrer Narrheiten, bilden im Council ein oft nötiges Gegengewicht gegen die Trade Unionisten. Sie sind revolutionärer, über die landquestion entschiedener, weniger national und bürgerlicher Bestechung in einer oder der anderen Form nicht zugänglich. Sonst hätte man sie längst an die Luft gesetzt.

2. Ich war höchst erstaunt, zu sehen, daß die deutsche Sektion Nr. 1 den Generalrat irgend welcher Vorliebe für bürgerliche Philanthropen, Sektierer oder Amateurgruppen verdächtigt. Die Sache steht gerade umgekehrt.

Die Internationale wurde gestiftet, um die wirkliche Organisation der Arbeiterklasse für den Kampf an die Stelle der sozialistischen oder halbsozialistischen Sekten zu setzen. Die ursprünglichen Statuten wie die Inauguraladresse zeigen dies auf den ersten Blick. Andererseits hätten die Internationalen sich nicht behaupten können, wenn der Gang der Geschichte nicht bereits das Sektenwesen zerschlagen gehabt hätte. Die Entwicklung des sozialistischen Sektenwesens und die der wirklichen Arbeiterbewegung stehen stets in umgekehrtem Verhältnis. Solange die Sekten berechtigt sind (historisch), ist die Arbeiterklasse noch unreif zu einer selbständigen geschichtlichen Bewegung. Sobald sie zu dieser Reife gelangt, sind alle Sekten wesentlich reaktionär. Indes wiederholte sich in der Geschichte der Internationalen, was die Geschichte überall zeigt. Das Veraltete sucht sich innerhalb der neugewonnenen Form wieder herzustellen und zu behaupten.

Und die Geschichte der Internationalen war ein fortwährender Kampf des Generalrats gegen die Sekten und Amateurversuche, die sich gegen die wirkliche Bewegung der Arbeiterklasse innerhalb der Internationalen selbst zu behaupten suchten. Dieser Kampf wurde in den Kongressen, aber viel mehr noch in den privaten Verhandlungen des Generalrats mit den einzelnen Sektionen geführt.

Da in Paris die Proudhonisten (Mutualisten) die Mitstifter der Assoziation waren, führten sie während der ersten Jahre natürlich das Ruder zu Paris. Im Gegensatz zu ihnen bildeten sich dort später natürlich kollektivistische, positivistische usw. Gruppen.

In Deutschland — die Lassalle-Clique. Ich habe selbst während zwei Jahren mit dem berüchtigten Schweitzer korrespondiert und ihm unwiderleglich nachgewiesen, daß Lassalles Organisation eine bloße Sektenorganisation ist und als solche der von der Internationalen angestrebten Organisation der wirklichen Arbeiterbewegung feindlich ist. Er hatte seinen „Grund", um nicht zu begreifen.

Ende 1868 trat der Russe Bakunin in die Internationale mit dem Zwecke, innerhalb derselben eine zweite Internationale, mit ihm als Chef, unter dem Namen der „Alliance de la Démocratie Socialiste" zu bilden. Er — ein Mensch ohne alles theoretische Wissen — prätendierte, in jenem Sonderkörper die wissenschaftliche Propaganda der Internationalen zu vertreten und selbe zum speziellen Beruf dieser zweiten Internationalen innerhalb der Internationalen zu machen.

Sein Programm war ein rechts und links oberflächlich zusammengeraffter Mischmasch — Gleichheit der Klassen (!), Abschaffung des Erbrechtes als Ausgangspunkt der sozialen Bewegung (St. Simonistischer Blödsinn), Atheismus als Dogma den Mitgliedern vordiktiert usw. und als Hauptdogma (proudhonistisch) Abstention von politischer Bewegung.

Diese Kinderfibel fand Anklang (und hat noch gewissen Halt) in Italien und Spanien, wo die realen Bedingungen der Arbeiterbewegung noch wenig entwickelt sind, und unter einigen eitlen, ehrgeizigen, hohlen Doktrinären in der romanischen Schweiz und Belgien.

Für Herrn Bakunin war und ist die Doktrin (sein aus Proudhon, St. Simon usw. zusammengebettelter Quark) Nebensache — bloß Mittel zu seiner persönlichen Geltendmachung. Wenn theoretisch Null, ist er als Intrigant in seinem Element.

Der Generalrat hatte gegen diese Verschwörung (von den französischen Proudhonisten bis zu einem gewissen Punkte, namentlich in Südfrankreich, unterstützt) zu kämpfen während Jahren. Er hat endlich durch die Konferenzbeschlüsse I 2 und 3, IX und XVI und XVII den lange vorbereiteten Schlag geführt.[3]

Es ist selbstverständlich, daß der Generalrat nicht in Amerika unterstützt, was er in Europa bekämpft. Die Beschlüsse I 2 und 3 und IX geben jetzt dem New Yorker Komitee die legalen Waffen, um allem Sektenwesen und Amateurgruppen ein Ende zu machen und im Notfall sie auszuschließen.

3. Das New Yorker Komitee wird wohl tun, in einem offiziellen Schreiben an den Generalrat seine volle Übereinstimmung mit den Konferenzbeschlüssen auszusprechen.

Bakunin (außerdem persönlich bedroht durch Resolution XIV[4] [Veröffentlichung in „Égalité"[5] des Prozesses Netschajeff], die seine infamen russischen Geschichten an den Tag bringen wird) bietet alles mögliche auf, um mit den Trümmern seiner Anhängerschaft gegen die Konferenz Proteste ins Werk zu setzen.

Zu dem Zwecke hat er sich mit dem verlumpten Teil der französischen Flüchtlingsschaft (übrigens ein numerisch schwacher Bestandteil) in Genf und London in Verbindung gesetzt. Die ausgegebene Parole ist, daß im Generalrat der Pangermanismus (respektive Bismarckismus) herrsche. Dies bezieht sich nämlich auf das unverzeihliche Faktum, daß ich von Haus aus ein Deutscher bin und in der Tat einen entscheidenden intellektuellen Einfluß auf den Generalrat ausübe. (Notabene: Das deutsche Element ist im Council numerisch zwei Drittel schwächer als das englische und ditto schwächer als das französische. Die Sünde besteht also darin, daß die englischen und französischen Elemente theoretisch vom deutschen Element beherrscht sind (!) und diese Herrschaft, i. e. die deutsche Wissenschaft, sehr nützlich und selbst unentbehrlich finden.)

In Genf, unter Patronage der Bourgeoise Madame André Léo (die im Lausanner Kongreß so schamlos war, Ferré seinen Versailler Henkern zu denunzieren), haben sie ein Blatt herausgegeben „La Révolution Sociale", welches fast wörtlich in denselben Ausdrücken gegen uns polemisiert wie das „Journal de Genève", das reaktionärste Blatt Europas.

In London versuchten sie eine französische Sektion zu stiften, von deren Wirken Ihr eine Probe in der Nummer 42 des „Qui Vive" findet, die ich beilege. (Ditto die Nummer, die den Brief unseres französischen Sekretärs Serraillier enthält.) Diese Sektion, aus zwanzig Leuten bestehend (darunter viele Mouchards), ist nicht vom Generalrat anerkannt worden, wohl aber eine andere, viel zahlreichere Sektion.

In der Tat, trotz der Intrigen dieses Lumpenpacks, machen wir große Propaganda in Frankreich — und Rußland, wo man Bakunin zu würdigen weiß, und wo man eben jetzt mein Buch über das Kapital russisch druckt.

Der Sekretär der erstgenannten französischen Sektion (der nicht von uns anerkannten, jetzt in völliger Auflösung begriffenen) war derselbe Durand, den wir als Mouchard aus der Assoziation ausgestoßen haben.

Die bakunistischen Abstentionisten von Politik Blanc und Albert Richard von Lyon sind jetzt **bezahlte bonapartistische Agenten.** Die Beweise sind in unserer Hand. Der Korrespondent Bourquet (derselben Clique in Genf) zu **Bezier** (Südfrankreich) ist uns von der dortigen Sektion als Polizist denunziert worden.

4. In bezug auf die **Resolutionen** der Konferenz ist zu bemerken, daß die ganze Auflage in meiner Hand war, und daß ich sie **zuerst** nach New York (Sorge) als dem weitentferntesten Punkte verschickte.

Wenn vorher Mitteilungen über die Konferenz — halb wahr und halb falsch — in die Presse kamen, so ist dies Schuld eines Konferenzdelegaten,[6] gegen den der Generalrat eine Untersuchung eingeleitet hat.

5. Was die Washingtoner Sektion angeht, so wandte sie sich zuerst an den Generalrat, um mit ihm als selbständige Sektion in Verbindung zu stehen. Ist die Sache jetzt abgemacht, so überflüssig, darauf zurückzukommen.

Mit Bezug auf Sektionen ist im allgemeinen folgendes zu bemerken:

a. Nach Art. 7 der Statuten können Sektionen, die unabhängig sein wollen, sich um Aufnahme an den Generalrat direkt wenden („**no independent** local society shall be precluded from directly corresponding with the General Council"). II. **Art. 4 und 5 des Reglements:** „Every new branch or society (das bezieht sich auf „independent local societies") intending to join the International is bound immediately to announce its adhesion to the General Council!" II. Art. 4 und „The General Council has the right to admit or to refuse the affiliation of any new branch etc." II. Art. 5.

b. Nach Art. 5 des Reglements hat der General Council jedoch vorher die Federal Councils or Committees zu konsultieren über Aufnahme usw. und

c. nach dem Beschluß der Konferenz, siehe V, Art. 3 des Reglements, wird von vornherein keine Sektion mehr aufgenommen, die Sektennamen sich gibt usw., oder V, Art. 2, nicht einfach als Sektion der Internationalen Arbeiterassoziation sich konstituiert.

Diesen Brief teilen Sie gefälligst der von Ihnen vertretenen deutschen Sektion mit und benützen Sie das darin Enthaltene für die Aktion, aber nicht für Veröffentlichung.

Salut et fraternité

Karl Marx.

Das „Kapital" ist noch nicht englisch oder französisch erschienen. Eine französische Ausgabe war im Werke, ist aber durch die Ereignisse unterbrochen worden.

Eccarius ist auf mein Verlangen zum Sekretär für alle Sektionen der U. States (ausgenommen die französischen, für welche Le Moussu Sekretär) ernannt worden. Trotzdem werde ich mit Vergnügen an mich von Ihnen oder Sorge gerichtete Privatanfragen beantworten. Den Artikel aus der „Irish Republic" über die Internationale hat Engels zur Veröffentlichung nach Italien geschickt.

In Zukunft wird regelmäßig die „Eastern Post", die Berichte über die Sitzungen des Generalrats enthält, nach New York an Sorge geschickt werden.

Notabene ad Political movement: Das political movement der Arbeiterklasse hat natürlich zum Endzweck die Eroberung der political power für sie, und dazu ist natürlich eine bis zu einem gewissen Punkte entwickelte previous organisation der working class nötig, die aus ihren ökonomischen Kämpfen selbst erwächst.

Andererseits ist aber jede Bewegung, worin die Arbeiterklasse als Klasse den herrschenden Klassen gegenübertritt und sie durch pressure from without zu zwingen sucht, ein political movement. Zum Beispiel der Versuch, sich in einer einzelnen Fabrik oder auch in einem einzelnen Gewerk, durch Streiks usw. von den einzelnen Kapitalisten eine Beschränkung der Arbeitszeit zu erzwingen, ist eine rein ökonomische Bewegung; dagegen die Bewegung, ein Achtstunden- usw. Gesetz zu erzwingen, ist eine politische Bewegung. Und in dieser Weise wächst überall aus den vereinzelten ökonomischen Bewegungen der Arbeiter eine politische Bewegung hervor, das heißt eine Bewegung der Klasse, um ihre Interessen durchzusetzen in allgemeiner Form, in einer Form, die allgemeine gesellschaftlich zwingende Kraft besitzt. Wenn diese Bewegungen eine gewisse previous Organisation unterstellen, sind sie ihrerseits ebensosehr Mittel der Entwicklung dieser Organisation.

Wo die Arbeiterklasse noch nicht weit genug in ihrer Organisation fortgeschritten ist, um gegen die Kollektivgewalt, i. e. die politische Gewalt der herrschenden Klassen einen entscheidenden Feldzug zu unternehmen, muß sie jedenfalls dazu geschult werden durch fortwährende Agitation gegen die uns feindselige Haltung zur Politik der herrschenden Klassen. Im Gegenfall bleibt sie ein Spielball in deren Hand, wie die September-Revolution in Frankreich bewiesen hat und wie zu einem gewissen Grade das Spiel beweist, das Herrn Gladstone u. Ko. noch bis zur Stunde in England gelingt.

* * *

[1] Bolte war Mitglied des früheren Zentralkomitees und jetzt Mitglied des provisorischen Föderalrats.

[2] Jessup war vorteilhaft bekannt als Beamter der Schiffszimmerleute und längere Zeit Vorsitzender der großen Arbeiterverbände von Stadt und Staat New York.

[3] Beschlüsse der Londoner Konferenz I 2 und 3 verbieten alle Sektennamen der Sektionen, Zweige usw. und verfügen deren ausschließliche Bezeichnung als Zweige oder Sektionen der Internationalen Arbeiterassoziation mit Beifügung des Ortsnamens; Beschluß IX betont die Notwendigkeit der politischen Wirksamkeit der Arbeiterklasse und erklärt, daß ihre ökonomische Bewegung und ihre politische Tätigkeit untrennbar verbunden sind; Beschluß XVI erklärt die Frage der Alliance de la Démocratie Socialiste für erledigt, nachdem der Sekretär derselben, N. Joukowsky, sie als aufgelöst erklärt hat; Beschluß XVII erlaubt den Jurasektionen der Schweiz, den Namen Fédération Jurassienne anzunehmen, und tadelt deren Organe „Progrès“ und „Solidarité“. (Wegen der übrigen Anführungen von Artikeln usw. in diesem Briefe sehe man die deutsche Ausgabe der Statuten und Beschlüsse nach.)

[4] Beschluß XIV verlangt gedrängten Bericht über den Prozeß Netschajeff.

[5] „Égalité“ erschien in Genf und war Organ der romanischen Föderation.

[6] Dies bezieht sich auf Korrespondenzen von Eccarius in der New Yorker „World“.

25

Karl Marx an Sorge.

London, November 29th 1871.

My dear Sorge.

I hope you have at last received at New York the resolutions of the Conference and the different letters I send you. I send together with this letter the 3 last „Eastern Post“[1] reports on the sittings of the General Council. They contain, of course, only what is meant for public use.

In regard to financial matters I have only to remark:

1. The New York Committee has nothing to pay but 2d. per piece for the pamphlets on the „Civil War“[2] it has received. It will pay 1d. per piece for the „Statutes and Regulations“ à fur et mesure that they are sold. But you ought to write us how many French and German editions of the Statutes etc. you are in want of. Besides what you want immediately, you will perhaps find useful to have a certain stock in reserve.

2. With regard to the money send us for the Refugees, the General Council wants an express written declaration that the General Council alone is responsible for their distribution amongst the French Refugees and that the so called „Society of French Refugees at London" has no right of control over the Council.

This is necessary, because, although the mass of the above named society are honest people, the committee at their head are ruffians, so that a great part — and the most meritorious part of the Refugees — does not want to have anything to do with the „Society", but to be relieved directly by the Council. We, therefore, give a weekly sum for distribution to the Society and distribute another sum directly.

It is the above said ruffians who have spread the most atrocious calumnies against the General Council without whose aid (and many of its members have not only given their time, but paid out of their own purse) the French Refugees would have „crevé de faim".

I come now to the question of Mc Donnell.*

Before admitting him, the Council instituted a most searching inquiry as to his integrity, he, like all other Irish politicians, being much calumniated by his own countrymen.

The Council — after most incontrovertible evidence on his private character — chose him because the mass of Irish workmen in England have more confidence in him than in any other person. He is a man quite superior to religious prejudices and as to his general views, it is absurd to say that he has any „bourgeois" predilections. He is a proletarian, by his circumstances of life and by his ideas.

If any accusation is to be brought forward against him, let it be done in exact terms, and not by vague insinuation. My opinion is that the Irishmen, removed for long time by imprisonment, are not competent judges. The best proof is — their relations with the „Irishman" whose editor, Pigott, is a mere speculator, and whose manager Murphy, is a ruffian. That paper — despite the exertions of the General Council for the Irish cause — has always intrigued against us. Mc Donnell was constantly attacked in that paper by an Irishman (O'Donnell) connected with Campbell (an officer of the London Police) and a habitual drunkard, who for a glass of gin will tell the first constable all the secrets he may have to dispose of.

After the nomination of Mc Donnell, Murphy attacked and calumniated the International (not only Mc Donnell) in the „Irishman", and, at the same time, secretly, asked us to nominate him secretary for Ireland.

As to O'Donovan Rossa, I wonder that you quote him still as an authority after what you have written me about him. If any man was obliged, personally, to the International and the French Communards, it was he,[4] and you have seen, what thanks we have received at his hands. Let the Irish members of the New York Committee not forget that to be useful to them, we want above all influence on the Irish in England, and that for that purpose there exists, as far as we have been able to ascertain, no better man than Mc Donnell.

Yours fraternally Karl Marx.

Train[5] has never received credentials on the part of the General Council.

* * *

[1] „The Eastern Post" war ein in London erscheinendes Blatt.

[2] „Civil War in France", die berühmte Adresse des Generalrats über den „Bürgerkrieg in Frankreich".

[3] Die Irländer im Zentralkomitee und im provisorischen Föderalrat hatten Einwand erhoben gegen die Ernennung Mac Donnells zum Sekretär für Irland.

[4] Die gefangenen Fenier, besonders O'Donovan Rossa, waren in den englischen Gefängnissen abscheulich behandelt worden, und der Generalrat (das heißt Marx) hatte dies in englischen und französischen Blättern veröffentlicht, worauf die englische Regierung die Fenier begnadigte unter der Bedingung der Auswanderung.

[5] Geo. Francis Train hatte sich in Chicago als ein Internationaler gebärdet.

* * *

(Deutsch.)

Mein lieber Sorge!

Ich hoffe, daß Sie endlich in New York die Konferenzbeschlüsse erhalten haben und die verschiedenen Briefe, die ich Ihnen gesandt. Zugleich mit diesem Briefe sende ich die drei letzten „Eastern Post"-Berichte über die Generalratssitzungen, die natürlich nur enthalten, was zur Veröffentlichung geeignet ist.

Betreffs Geldsachen habe ich bloß zu bemerken:

1. Das New York Committee hat nichts zu zahlen als 2 d. per Stück für die Broschüren über den „Bürgerkrieg in Frankreich", die es erhalten hat. 1 d. per Stück ist zu zahlen für die „Statuten und

Regeln", sowie sie abgesetzt werden. Aber Sie sollten uns schreiben, wieviel französische und deutsche Ausgaben der Statuten usw. Sie gebrauchen, und außer dem augenblicklichen Bedarf werden Sie gut tun, einen gewissen Vorrat davon in Reserve zu halten.

2. In betreff des uns für die Flüchtlinge übersandten Geldes verlangt der Generalrat eine ausdrückliche schriftliche Erklärung, daß der Generalrat allein für die Verteilung unter den französischen Flüchtlingen verantwortlich ist, und daß die sogenannte „Gesellschaft der französischen Flüchtlinge zu London" keine Kontrolle über den Generalrat besitzt.

Dies ist notwendig, denn, obwohl die Masse der obengenannten Gesellschaft ehrliche Leute sind, das Komitee an ihrer Spitze besteht aus rohen Patronen, so daß ein großer Teil — und zwar der verdienstvollste Teil der Flüchtlinge — nichts mit der „Gesellschaft" zu tun haben, sondern direkt vom Generalrat unterstützt sein will. Wir geben daher wöchentlich der „Gesellschaft" eine Summe zur Verteilung und verteilen eine andere Summe direkt.

Es sind die obenerwähnten rohen Bursche, die die scheußlichsten Verleumdungen gegen den Generalrat verbreitet haben, ohne dessen Hilfe (und viele seiner Mitglieder haben nicht bloß ihre Zeit geopfert, sondern auch in ihre eigenen Taschen gegriffen) die französischen Flüchtlinge Hungers gestorben wären.

Nun komme ich zu der Frage Mac Donnell.

Vor seiner Aufnahme hatte der Generalrat eine äußerst strenge Untersuchung angestellt über seine Rechtschaffenheit, da er, gleich allen anderen irischen Politikern, von seinen eigenen Landsleuten arg verleumdet wurde. Auf unwiderlegliches Zeugnis für seinen Charakter erwählte ihn der Generalrat, weil die Masse der irischen Arbeiter in England mehr Vertrauen auf ihn setzen als auf irgend eine andere Person. Er ist durchaus erhaben über religiöse Vorurteile, und mit Bezug auf seine allgemeinen Ansichten ist es absurd, ihm „Bourgeois"-neigungen vorzuwerfen. Seiner Denk- und Lebensweise nach ist er ein Proletarier.

Wenn Anklagen gegen ihn zu erheben sind, sollte es in bestimmten Ausdrücken geschehen, nicht mit vagen Insinuationen. Meiner Meinung nach sind die so lange gefangen gehaltenen Irländer nicht die kompetentesten Richter. Beweis dafür sind — ihre Beziehungen zu dem

„Irishman", dessen Redakteur, Pigott, ein bloßer Spekulant und dessen Geschäftsführer, Murphy, ein roher Bursche ist. Angesichts der Anstrengungen des Generalrats für die Sache der Irländer hat dieses Blatt fortwährend gegen uns intrigiert. Mac Donnell wurde unaufhörlich in diesem Blatte angegriffen von einem Irländer (O'Donnell), der in Verbindung stand mit Campbell (einem Beamten der Londoner Polizei) und ein Trunkenbold ist, der für ein Glas Branntwein dem ersten besten Konstabler alle Geheimnisse verrät, über die er verfügt.

Nach der Ernennung Mac Donnells attackierte und verleumdete Murphy die Internationale (nicht bloß Mac Donnell) in dem „Irishman", während er zu gleicher Zeit insgeheim uns aufforderte, ihn (Murphy) zum Sekretär für Irland zu ernennen.

Was O'Donovan Rossa betrifft, wundere ich mich, daß Sie ihn noch als Autorität anführen, nach allem, was Sie über ihn geschrieben haben. Wenn irgend ein Mensch der Internationalen und den französischen Kommunarden persönlich verpflichtet war, so war er's, und Sie haben gesehen, welchen Dank wir aus seiner Hand empfangen haben.

Mögen die irischen Mitglieder des New Yorker Komitees nicht vergessen, daß, um Ihnen zu nützen, wir vor allem Einfluß auf die Irländer in England gebrauchen, und daß es zu diesem Zwecke, soviel wir ermitteln konnten, keinen besseren Mann gibt als Mac Donnell.

Brüderlich Ihr

Karl Marx.

Train hat nie eine Beglaubigung vom Generalrat erhalten.

* * *

(Wegen der Anmerkungen sehe man diejenigen unter dem englischen Original.)

26

Joh. Ph. Becker an Sorge.

Genf, 30. November 1871.

Lieber Bruder Sorge!

Als Du Deinen Brief vom 12. d. M. abgehen ließest, hattest Du den meinigen vom 27. Oktober nebst Quittung von 500 Franken noch nicht erhalten. Dies wundert mich zwar weniger, als Du auch nichts von meiner „Vorboten"-Sendung vom 14. Oktober ... sowie von der vom 20. Oktober ... erwähnst, sondern gegenteils Dich beschwerst, das

Bestellte nicht erhalten zu haben. Hoffentlich ist Dir alles, sowie auch unsere Sendung von 55 Exemplaren Nr. 10 inzwischen zugekommen und Du somit zufriedengestellt . . .

Wegen der „Reformschwätzerei“ usw. müßt Ihr dem Generalrat energisch zusetzen und über die dortigen Verhältnisse klaren Wein einschenken. Es ist übrigens zum Erstaunen unbegreiflich, daß der Generalrat nicht wissen sollte, daß der Kleinbürger in Amerika nicht anders sein kann als in Europa und daß ein Einiggehen der Arbeiter mit diesen in allen Weltteilen unmöglich ist.

Die Pariser Flüchtlingsschaft macht uns hier Skandal auf Skandal; es sind aber auch wenig ältere Internationale und noch weniger, ja fast gar keine Arbeiter dabei — aber desto mehr großmannssüchtige Maulhelden und hirnverbrannte Chauvinisten. Übermorgen ist deshalb eine ernste Versammlung aller hiesigen Sektionen, und es dürfte leicht der Fall eintreten, daß viele der Herren aus der Assoziation gestoßen, wenn nicht gar handgreiflich hinausgeworfen werden. Der Herr Lefrançais steht an der Spitze der Narrenhäusler. Nach Berichten aus London treiben sie es dort nicht besser. Allerdings sind auch brave Männer dabei, die aber auch fest mit uns zusammenhalten und mehr als wir selbst gegen ihre tollen Schicksalsgenossen empört sind. Auf mir ruht durch solche Geschichten immer die schwerste Last und muß ich allen Ärger und Verdruß aus erster Hand genießen und dabei muß ich notdürftiger leben als all diese Zierbengel.

Ganz, wie immer, Dein Bruder

Joh. Ph. Becker.

* * *

Die Luft war schwül in ganz Europa und Amerika. Die Vorboten der ein Jahr später ausbrechenden allgemeinen Krise zeigten sich auf ökonomischem und politischem Felde. Der große Ausstand der Grubenarbeiter in Pennsylvanien war kaum notdürftig beigelegt, als Ausstände an anderen Orten und in anderen Industriezweigen ausbrachen und in den großen Städten die Arbeitslosigkeit erschreckend zunahm. In der französischen Flüchtlingsschaft zu London herrschten böse Zustände, die den Generalrat in Mitleidenschaft zogen, der außerdem mit der Gefolgschaft Bradlaughs und Odgers zu kämpfen hatte, mit den Jurassiern in der Schweiz, den Anhängern Bakunins, mit den Halbheiten der belgischen Führer und mit den Lassalleanern in Deutschland. Die Kriegsgerichte arbeiteten ununterbrochen in Frankreich, und in Deutschland waren Hochverratsprozesse an der Tagesordnung, die man sogar in Dänemark nachzuahmen versuchte, während die österreichischen Arbeiter und Führer, vor allem die Wiener, für das dem neuen Ministerium gezeigte Entgegenkommen ihren Dank ernteten in Polizeischikanen aller Art.

Die Chicagoer Sektionen der Internationalen Arbeiterassoziation, die jede Unterstützung wegen des großen Brandes abgelehnt hatten, mußten jetzt Hilfe annehmen wegen der mit dem Winter einbrechenden Not. Die Sektion 1 New York betrieb, unterstützt von anderen deutschen Sektionen, eifrig die Herausgabe eines Arbeiterblattes in deutscher Sprache und unterhielt intime Beziehungen mit den Gewerkschaften. Die französischen Sektionen hatten viel zu leiden unter den Streitigkeiten der Kommuneflüchtlinge und die Sektionen englischer Sprache beschäftigten sich vorzugsweise mit allerhand „Reformen", die Irländer mit ihren verschiedenen revolutionären Organisationen. Auch skandinavische Sektionen waren entstanden und am Schluß des Jahres 1871 gab es mehr als 30 Sektionen in den Vereinigten Staaten.

Am 3. Dezember hatte der am 19. November gegründete provisorische Föderalrat kaum seine Organisation bewerkstelligt, als die Freunde und Anhänger der Sektion 12 eintraten und jede weitere Arbeit unterbrachen, worauf sich der provisorische Föderalrat vertagte, während seine Gegner sich nach einem anderen Lokal begaben und daselbst einen eigenen Zentralkörper bildeten, der später meistens der Prince Street, auch Spring Street Council genannt wurde, und sein Heil und sein Ansehen besonders in sensationellen Zeitungsberichten suchte, wie er auch eine Trauerdemonstration für Ferré und Rossel ins Werk setzte, zu der er alle „Menschen und Bürger" einlud. Von den für diesen Gegencouncil besonders tätigen Personen sind zu nennen die Damen Viktoria Woodhull und Tennie C. Claflin, deren Laufbursche Wm. West, die Anstreicher (painter) J. T. Elliot und Banks, der Franzose Langrand und der Deutsche E. Grosse. Am 17. Dezember sandte der provisorische Föderalrat (vom zehnten Wardhotel) einen ferneren Bericht über die Vorgänge an den Generalrat und verlangte Anerkennung unter anderem mit folgendem: „Zur Unterstützung unseres Verlangens fügen wir hinzu, daß wir echte Arbeitersektionen vertreten, die fast ausschließlich aus Lohnarbeitern und Gewerkschaftsmitgliedern bestehen, gleich uns selbst. Die Mehrheit der gegnerischen Delegierten hingegen sind Krämer und sogenannte unabhängige Leute (dem Kleinbürgertum angehörende). Die überwiegende Majorität der Mitglieder der von ihnen vertretenen Sektionen haben durchaus keine Beziehungen zu den organisierten Gewerks- und Arbeitervereinen und daher auch nicht den geringsten Einfluß in echten Arbeiterkreisen" . . .

An anderer Stelle heißt es: „Da wir glauben, daß Maßregeln zu einer Vermittlung oder Versöhnung getroffen werden, vielleicht vom Generalrat selbst, und da wir bereit zur Annahme derselben sind, wenn vereinbar mit Grundsätzen, so erklären wir uns hiermit bereit zu einer Wiedervereinigung unter den folgenden Bedingungen:

1. Nur die Arbeiterfrage ist in den Organisationen zu behandeln;

2. Neue Sektionen werden nur zugelassen, wenn mindestens zwei Drittel ihrer Mitglieder Lohnarbeiter sind;

3. Sektion 12 und Sektionen, die auf Grund ihres Aufrufs gebildet, sind auszuschließen, da sie der Arbeiterbewegung fremd sind." ...

Am 3. Februar 1872 schrieb Eccarius, daß der Generalrat einen Ausschuß ernannt habe, um die amerikanischen Angelegenheiten zu untersuchen.

27

Karl Marx an Sorge.

London, 8. März 1872.

Lieber Sorge!

Erst heute sind die deutschen Statuten von Liebknecht hergeschickt worden und können erst Montag expediert werden. Drüben scheint man sich einzubilden, daß der Generalrat die Sache aus den Fingern schütteln kann, während umgekehrt ohne die Privatbeiträge seiner Mitglieder oder ihrer persönlichen Freunde absolut nichts geschehen könnte. Ich bemerke in Ihren, Speyers und Boltes Briefen dasselbe wie in den Korrespondenzen anderer Länder. Jedes Land glaubt, daß unsere ganze Zeit ihm gewidmet werden kann. Wollten wir uns über jedes einzelne beklagen, so zum Beispiel darüber, daß Ihre Reports an uns gleichzeitig im „Volksstaat"[1] erscheinen. ...

Da ich beauftragt war vom Generalrat, Bericht abzustatten (man war gezwungen, die Sache aufzuschieben von Sitzung zu Sitzung wegen der Wirren der Internationale in Europa) über den split in Amerika, habe ich genau alle Korrespondenz von New York, wie alles in den Blättern Veröffentlichte durchgegangen und gefunden, daß wir keineswegs rechtzeitig genau unterrichtet waren über die Elemente, die den Bruch herbeiführten. Ein Teil der von mir vorgelegten Resolution ist bereits angenommen, der andere wird nächsten Dienstag passieren und das Endurteil dann nach New York expediert werden.

Sie erhalten 1000 Exemplare der deutschen Statuten. Hales wird 500 englische schicken. Ich expediere 200 französische, die vollständig abgesetzt sind.

Eccarius sagt, daß die Sachen an Gregory[2] geschickt wurden (seinen Privatkorrespondenten), weil Sie ihm geschrieben hatten, daß Sie Ihre Stelle niedergelegt und keinen neuen Korrespondenten angegeben.

Die Klage über den eigenen[3] „französischen" Korrespondenten ist durchaus ungerecht, da die Deutschen ditto einen eigenen Korrespondenten hatten und der Secretary for the U. St., Eccarius, wohl deutsch und englisch, aber nicht französisch korrespondieren kann. Die Klage war außerdem unpolitisch, weil sie den französischen Mitgliedern des Council gegenüber zu bestätigen schien, daß Sektion 1 sich eine Diktatur über die anderen Sektionen anmaßen will. Sie kam gerade an mit der Klage des Countercommittee, daß Sektion 1 statutenwidrig stark im alten Komitee vertreten gewesen sei.

Die Kosten der Statuten[4] für das Countercommittee waren größer, weil die Eingangsrechte bezahlt werden mußten. (So sagen sie wenigstens.)

Ich hoffe, daß Ihr Komitee mit der Entscheidung des Council zufrieden sein wird.

Eine Broschüre, fast so stark wie die über den „Civil war", wird von unserer Seite in Genf gedruckt gegen die Dissenters.[5] Letztere haben in der Zwischenzeit die Pointe der Polemik abzubrechen gesucht, indem sie in ihrem letzten Zirkular die Hörner einziehen.

In all haste

Ihr Karl Marx.

* * *

[1] Ein Irrtum von Marx.

[2] 1000 Stück Statuten hatte Eccarius an Gregory gesandt, die durch den plötzlichen Tod Gregorys in die Hände der Sektion 12 gelangt waren.

[3] Der provisorische Föderalrat hatte verlangt, daß nur ein Sekretär für die Vereinigten Staaten fungiere.

[4] Sektion 12 und der Prince Str. Council verkauften die Statuten zu 5 anstatt 3 Centimes.

[5] Die „Dissenters" waren die Jurassier und Bakunisten. Die Broschüre war „Les prétendues scissions".

28

Karl Marx an Sorge.

London, March 15th 1872.

Dear Citizen.

I enclose the Resolutions[1] of the General Council (in English and French). The other Council will receive them from Le Moussu.

Eccarius, at the end of the sitting of 12. March told me privately that he would not send the Resolutions to New York and that, at next sitting, he would tender his resignation as Secretary for the U. St. As this affair cannot be settled by the General Council before Tuesday next, the Resolutions sent by me and Le Moussu, are not signed by a Secretary, the which, considering the form chosen, was not necessary. They will be printed in next week's „Eastern Post".

During the discussion Eccarius spoke in a spirit most hostile to your Council. He spoke and voted against Resolution III 2.[2] He was moreover offended, because, in order to save time, I had not submitted the Resolutions to the Subcommittee of which he forms part, but laid them at once before the General Council. As the latter fully approved this proceeding after my statement of the reasons, which had induced me to act as I have done, Eccarius ought to have dropped his personal spleen.

For the private information of your Council I add that M. and Madame Hulek — he is an imbecile and she is „une intriguante de bas état" — had for a moment slipped into the General Council at a time when most of us were absent, but that, soon after this worthy couple was forced to withdraw consequent upon the intrigues with the soi-disant Branche française the which was excluded from the International and denounced by us, in the „Marseillaise" and the „Réveil" on the eve of the Plébiscite, as „une section policière".[3] Moreover, these two persons, after their arrival at New York, cooperated in the foundation of a Society, hostile to the International and were in constant connection with les beaux restes de la Branche française at London. The same facts have been communicated by La Moussu to the other Council.

Section 10[4] (french) has written an excellent letter to the General Council on the American split.

Yours fraternally

Karl Marx.

* * *

(Deutsch.)

Ich lege die Beschlüsse des Generalrats bei (englisch und französisch). Der andere Rat wird sie von Le Moussu erhalten.

Am Schlusse der letzten Sitzung vom 12. März sagte mir Eccarius privatim, daß er die Beschlüsse nicht nach New York senden und in der nächsten Sitzung als Sekretär für die Vereinigten Staaten resignieren würde. Da diese Angelegenheit nicht vor nächstem Dienstag vom Generalrat geregelt werden kann, sind die von mir und Le Moussu gesandten Beschlüsse von keinem Sekretär gegengezeichnet, was in Anbetracht der besonderen Form auch nicht nötig war. Sie werden in der „Eastern Post“ nächster Woche abgedruckt werden. Während der Debatte äußerte sich Eccarius in Ihrem Council äußerst feindseligem Sinne. Er sprach und stimmte gegen Beschluß III 2. Überdies zeigte er sich verletzt, weil ich der Zeitersparnis halber die Beschlüsse nicht dem Subkomitee, zu dem er gehört, unterbreitet, sondern direkt dem Generalrat vorgelegt hatte. Da der letztere dieses Verfahren, nachdem ich die Gründe für meine Handlungsweise angegeben, vollständig billigte, hätte Eccarius seinen persönlichen Verdruß wohl verbeißen sollen.

Privatim teile ich Ihrem Council mit, daß Herr und Frau Hulek — er ein Simpel und sie eine niedrige Intrigantin — für einen Augenblick in den Generalrat geschlüpft waren zu einer Zeit, als die meisten von uns abwesend waren, daß aber sehr bald dies würdige Paar gezwungen wurde, sich zurückzuziehen infolge ihrer Intrigen mit der sogenannten Branche française, die wir ausgeschlossen und in der „Marseillaise“ und im „Réveil“ am Vorabend des Plebiszit als eine Polizeisektion denunziert hatten. Überdies haben diese beiden Personen nach ihrer Ankunft in New York mitgewirkt bei der Gründung einer der Internationalen feindlichen Gesellschaft und blieben in steter Verbindung mit den Überresten der Branche française in London. Dem anderen Council sind dieselben Tatsachen durch Le Moussu mitgeteilt worden.

Sektion 10 (französisch) hat dem Generalrat einen ausgezeichneten Brief über die amerikanische Spaltung geschrieben.

Brüderlich Ihr Karl Marx.

* * *

[1] Die Beschlüsse des Generalrats waren: I 1, daß die beiden Räte sich vereinigen sollten zu einem einzigen provisorischen Föderalrat; I 2, daß neue und kleine Sektionen sich zur Sendung von Delegierten verbinden sollten; II 1, daß am 1. Juli ein allgemeiner Kongreß der amerikanischen Internationalen abgehalten werde; II 2, daß dieser Kongreß einen Föderalrat erwähle mit Vollmacht zur Ergänzung; II 3, und Regeln und Statuten des Föderalrats festsetze; III 1, daß Sektion 12 wegen Anmaßungen und Quacksalbereien bis zum nächsten allgemeinen Kongreß suspendiert sei; III 2, daß eine Sektion mindestens zu zwei Dritteln aus Lohnarbeitern bestehen müsse; und III 3, daß die amerikanischen Sektionen an die Konferenzbeschlüsse gegen Sektennamen erinnert werden.

[2] Das heißt gegen die Lohnarbeiterklausel.

[3] Bezieht sich auf Angelegenheiten der Internationalen in Frankreich im Frühjahr 1870.

[4] Sektion 10 war eine Sektion von französischen Arbeitern im oberen Teile der Stadt New York.

* * *

Die Beschlüsse des Generalrats wurden allen Sektionen mitgeteilt und Komitees ernannt zur Ausführung derselben. Die Wiedervereinigung scheiterte an der Weigerung des Gegencouncil, die Beschlüsse des Generalrats anzuerkennen und als Basis zu verwenden, und es wurde sehr bald klar und auch nachgewiesen, daß Eccarius (vielleicht auch noch ein anderer) gegen die betreffenden Beschlüsse intrigiert hatte. Die nötigen Mitteilungen darüber machte dem Generalrat der provisorische Föderalrat im 10. Ward Hotel, der unter anderem am 5. April schrieb: „Wir sind bereit, jede mögliche Konzession mit Bezug auf Personen und Formen zu machen, sind aber nicht imstande, Konzessionen zu machen in Grundsätzen und Reinheit der Assoziation. Wir sind nicht Internationale geworden, um unsere Eigenschaft als Arbeiter und Arbeiterverbindung zu verlieren."

29

Fr. Engels an Sorge.

122 Regents Park Road
NW. London, 17. März 1872.

Lieber Freund Sorge!

Ich habe eine Bitte an Sie, deren Erfüllung Sie hoffentlich nicht zu sehr belästigt.

Wollen Sie die Güte haben, mir

50 Exemplare der Nummer von Woodhulls und Claflins, welche die Übersetzung des Kommunistischen Manifestes enthält, und

50 bis 100 der Nummern des „Socialiste" mit der französischen Übersetzung kaufen und zuschicken? Den Betrag übermache ich Ihnen, sobald ich weiß, wieviel er sein wird. Sollten nicht so viele Exemplare zu haben sein, so bitte ich, zu nehmen, was Sie bekommen können. Was beide Übersetzungen auch immer zu wünschen übrig lassen, so müssen wir uns ihrer doch vorläufig zur Propaganda bedienen, und namentlich ist mir die französische für die romanischen Länder Europas ganz unentbehrlich, um dem von Bakunin verbreiteten wie dem proudhonistischen Blödsinn, der sich dort gar breit macht, entgegenzuwirken.

Sobald wir Zeit haben, Marx und ich, werden wir eine neue Ausgabe des Manifestes mit Einleitung usw. vorbereiten, aber wir haben augenblicklich alle Hände voll zu tun. Ich habe außer Spanien und Italien augenblicklich auch die Sekretariate für Portugal und Dänemark zu besorgen, Marx hat mit seiner zweiten Ausgabe des „Kapital" und den verschiedenen Übersetzungen, die jetzt kommen, genug zu tun.

Wir beabsichtigten, morgen die Revolution des 18. März zu feiern durch ein Public meeting — gestern abend wird uns plötzlich die Hall, die wir gemietet, gekündigt! — und zwar unter dem Vorwand, that the French Communists were not allowed to meet in any Hall in London![1] Da die Eigentümer sicher die 10.10 Pfund Sterling Miete nicht so leicht fahren lassen, wir auch wegen damages[2] klagen werden und auch welche bekommen, so ist es klar, daß die Regierung die Leute entschädigt. Wir lassen es indes drauf ankommen und gehen ruhig hin, finden wir die Tür verschlossen, was wahrscheinlich aber immer noch nicht sicher ist, so werden wir den Mann, der obigen Ausspruch getan, in die witness box[3] besorgen und sehen, was da herauszubringen ist. Jedenfalls blamieren wir den Herrn Gladstone.

Freundschaftlichst

Ihr F. Engels.

In Lissabon kommt ein Blatt heraus „O Pensomento Social", Rua de S. Bonaventura Nr. 57, Lisbon, in der ersten Nummer sind einige ganz vortreffliche Artikel.

Ich lege Ihnen einen Artikel über Artur O'Connor[4] aus der Brüsseler „Liberté" mit, der wohl verdient, in der „Irish Republic" übersetzt zu werden. Es ist bis jetzt der einzige Artikel in der ganzen europäischen Presse, der für den armen Teufel auftritt.

* * *

[1] Deutsch: „Daß die französischen Kommunisten sich in keinem Saal in London versammeln dürften."
[2] damages — Schadenersatz.
[3] witness box — Zeugenstand.
[4] Ein irischer Attentäter.

* * *

Der Hochverratsprozeß in Leipzig hatte mit der Verurteilung Bebels und Liebknechts geendet. Verschiedene Sektionen sammelten Gelder zur Unterstützung und zur Spedierung der Verurteilten nach Amerika. — Ein riesiger Spektakel wurde in New York aufgeführt zur Nomination von Viktoria Woodhull als Präsidentin der Vereinigten Staaten. Der Prince Str. Council sandte Berichte an alle Sensationsblätter mit heftigen Angriffen auf Marx und berief einen eigenen (Sonderbunds-)Kongreß nach Philadelphia. — Ein bedeutsamer großer Ausstand zugunsten der Achtstundenarbeit wurde ins Werk gesetzt, besonders von den Möbelarbeitern und verwandten Arbeitszweigen und hatte anfangs starken Erfolg. Ein Held des Prince Str. Council drohte in den Blättern mit Brandstiftung, wenn die acht Stunden nicht bewilligt würden. Auch in der Singerschen Nähmaschinenfabrik brach ein Ausstand aus, und die Arbeiter wendeten sich an den provisorischen Föderalrat, daß er die Arbeiter in der Singerschen Fabrik zu Glasgow zur Mitwirkung veranlasse. Der provisorische Föderalrat erließ einen Aufruf an die Arbeiter der Vereinigten Staaten und berief einen Kongreß der Nordamerikanischen Föderation auf den 6. Juli nach New York.

30

Karl Marx an Sorge.

London, 23. Mai 1872.

Lieber Sorge!

In aller Eile nur wenige Zeilen.

Ich bin überbeschäftigt.

Abgesehen von dem internationalen business — es brennt an allen Ecken — habe ich täglich die deutschen Korrekturbogen der zweiten Ausgabe des „Kapital" (sie wird in Lieferungen ausgegeben werden) und die épreuves der französischen Übersetzung zu Paris, die ich oft ganz umzuschreiben habe, um die Sache den Franzosen klar zu machen, zu korrigieren, außerdem die épreuves der „Address on the civil war", die wir in Brüssel französisch herausgeben. Sie werden, deutsch und französisch, fortwährend Lieferungen von uns erhalten. In Petersburg ist eine vortreffliche russische Übersetzung erschienen. Das russische sozialistische Blatt „Die neue Zeit" (i. e. in deutscher Übersetzung, das Blatt ist russisch geschrieben) brachte neulich einen fünf Spalten langen, sehr lobenden Leitartikel über das Buch, der jedoch nur die Einleitung zu einer Reihe von Artikeln bilden sollte. Es hat darauf Warnung und Drohung der Unterdrückung von Polizei wegen erhalten.

Heute schicke ich an Liebknecht Antwort auf die Esel von der „Konkordia".[1] Ich kam nicht früher dazu. Außerdem schadete es nichts, das Fabrikantengesindel seinem Siegeswahn für einige Zeit zu überlassen.

As to Heinzen, I care not one farthing for the faits et gestes of this „demokratische Knote".[2] Er ist der wahre Repräsentant der „Knownothings" im wörtlichen Sinne.

Es wird nichts schaden, mir die französische Übersetzung des Kommunistischen Manifestes mitzuteilen.

Nächstes Mal setze ich Ihnen die Gründe auseinander, warum der General Council einstweilen es bei seinen Beschlüssen beläßt, ohne weiter aggressiv vorzugehen. Man wird nicht weiter mit den Leuten korrespondieren. Nur ist Le Moussu beauftragt, ihnen die Briefe von

Eccarius (der jedoch wahrscheinlich schon Order gegeben, seinen Brief drüben zu drucken) und Hales abzuverlangen.

(**Unter uns.** Eccarius hat sich seit geraumer Zeit demoralisiert und ist jetzt reiner Lump — ja **Kanaille.**)

Ihr freundschaftlichst ergebener Karl Marx.

* * *

[1] Die „Konkordia", das heißt, wie sich später herausstellte, Herr L. Brentano, hatte Marx der Fälschung in der Inauguraladresse beschuldigt. Engels hat 20 Jahre später Herrn Brentano nochmals und gründlich abgeführt.

[2] Heinzen hatte im „Pionier" die Konkordia-Artikel recht breit getreten und Marx sagt: „Ich gebe keinen Pfifferling um die Taten und Gebärden dieses „demokratischen Knoten". Der letztere Ausdruck stammt von Heine.

31

Karl Marx an Sorge.

London, 27. Mai 1872.

Lieber Freund Sorge!

Ich bin überschwemmt mit Druckbogen, französischen (wo ich außerordentlich viel umzuschreiben habe, was zu wörtlich übersetzt ist) und deutschen, die expediert werden müssen. Ich kann Ihnen daher nur einige Zeilen schreiben.

Ich schicke Ihnen deutsch und französisch die Erklärung des Generalrats über die Farce des „Conseil fédéraliste universal etc."[1] Ditto notre circulaire privée sur les Jurassiens. (Sobald wir die Masse der Exemplare haben, **mehr.**) Eccarius gab seine Entlassung, bevor sein case untersucht war. Provisorisch Le Moussu für toute l'Amérique (wir haben jetzt Verbindung auch mit Südamerika). Schicken Sie alles an mich, da ich Le Moussu täglich sehe, nichts an Hales, der aus bloßer Wichtigtuerei beständig Dummheiten macht. Gegen ihn ist ebensowohl eine Enquete verhängt als gegen Eccarius wegen der amerikanischen Affäre.

Eccarius ist Narr und Lump zugleich geworden. Ich schreibe Ihnen noch näheres darüber im Lauf dieser Woche.

Auf die 1000 copies[2] werde ich morgen bestehen im General Council.

Ihr K. Marx.

* * *

[1] Die Schreier der französischen Flüchtlingsschaft mit Felix Pyat an der Spitze hatten eine Art Gegencouncil gebildet.

[2] Statuten.

32

Karl Marx an Sorge.

London, 29. Mai 1872.

Lieber Freund!

En toute hâte.

In der gestrigen Sitzung des Generalrats, wo beinahe alle Mitglieder der Kommune gegenwärtig, verlas Hales den Brief von Praitsching.[1]

Darauf teilte ich teils aus Ihrem Brief, teils aus der mir von Ihnen geschickten „World" die aventures des Contre Council mit und hob hervor, wie diese Tatsachen die Notwendigkeit der auf meinen Antrag gefaßten Resolution bestätigt habe. Eccarius was thunderstruck.

Darauf kam ein nützlicher incident, den ich sofort ausbeutete.

Eccarius hatte einen Brief von St. Louis erhalten, worin eine deutsche Sektion, die sich dort gebildet hat, anfragt, an welchen der zwei Federal Councils sie sich zu halten. Ich sagte, natürlich an den Council, der mit uns geht, den alten. Dagegen sprachen Hales und Eccarius (dabei Todfeinde). Ich replizierte und der Beschluß wurde in der sehr zahlreich besuchten Sitzung gefaßt gegen nur 3 Stimmen (Hales, Eccarius und Delahaye, auf den die anderen Kommunemitglieder nichts halten). Le Moussu wird Ihnen das morgen offiziell mitteilen,[2] und Sie werden dann wohl tun (natürlich als etwas Selbstverständliches, nicht von London Aufgetragenes) zu veröffentlichen, daß der Generalrat bei Gelegenheit jener deutschen Sektion entschieden hat, daß Euer Council der einzige ist, der sich mit ihm en règle befindet und daher anerkannt ist.

Tout à vous

Karl Marx.

* * *

[1] Sorge war schon vor längerer Zeit aus dem Föderalrat ausgetreten und C. Praitsching war korrespondierender Sekretär geworden.

[2] Zwei Tage später schrieb Le Moussu, daß der Generalrat die Briefe von Eccarius und Hales verlangt habe, daß unser Council allein in Ordnung mit dem Generalrat und daher der einzige anerkannte sei.

Außerdem schrieb Le Moussu, daß der allgemeine (5.) Kongreß der Internationalen Arbeiterassoziation Anfang September im Haag, Holland, stattfinden würde, daß die belgischen, spanischen und italienischen Sektionen unter dem Einfluß der „Alliance de la Démocratie Socialiste" und der Intrigen des Russen Bakunin den Generalrat degradieren wollen und der Generalrat erwarte, daß wir gut vertreten sein werden.

33

Karl Marx an Sorge.

London, 21. Juni 1872.

Lieber Freund!

Ihre Zusendungen vom 7. Juni (nebst einliegendem Bericht) gestern erhalten.

Sie werden unterdes meinen zweiten Brief, ditto Le Moussus Brief empfangen haben, der die Position des Council für die U. St. definitiv festsetzt.

Der nächste Kongreß wird abgehalten (offizielle Anzeige davon geht nach New York nächste Woche) ersten Montag September 1872 im Haag (Holland). Es geht durchaus nicht, daß Ihr uns mit einem Memorial abspeist. Auf diesem Kongreß handelt es sich um Leben oder Tod der Internationalen. Sie und wenigstens noch einer oder zwei müssen kommen. Was die Sektionen betrifft, die keine Delegierten direkt schicken, so können sie Mandate schicken (Delegiertenmandate).

Die Deutschen für mich, Fr. Engels, Lochner, Karl Pfänder, Leßner.

Die Franzosen für G. Ranvier, Auguste Serraillier, Le Moussu, Ed. Vaillant, F. Cournet, Ant. Arnoud.

Die Irländer für Mac Donnell, der sich sehr gut macht, oder wenn sie es vorziehen, für einen der vorgenannten Deutschen oder Franzosen.

Natürlich jede Sektion, was ihre Zahl auch sei, wenn nicht über 500 stark, nur einen Delegierten.

Sie werden das schöne belgische Projekt zur Revision der Statuten schon kennen. Es geht aus von einem ambitieux impuissant,[1] Hins, der zusammen mit seiner russischen Gattin unter Order Bakunins steht. Eine seiner schönsten Seiten ist die Abschaffung des General Council. Das ganze Projekt ist gehörig abgekanzelt in „La Emancipacion" (Madrid), Organ des spanischen Föderalrats. Dasselbe Blatt hat unsere amerikanischen Resolutionen sehr gebilligt.

Aus der beifolgenden „Égalité" werden Sie sehen, daß der Congrès Romand[2] Hins ebenfalls auf die Finger klopft.

Ich schicke Ihnen per Post 4 copies des circulaire des General Council über: „Les prétendues scissions dans l'Internationale".[3] — Engels hat 200 per parcel company an Sie spediert.

Was mein „Kapital" betrifft, so wird die erste deutsche Lieferung nächste Woche erscheinen, ditto die erste französische zu Paris. Sie erhalten von mir von beiden (fortlaufend) für Sie selbst und einige Ihrer Freunde Exemplare. Von der französischen Ausgabe (auf deren Titel keineswegs der Phrase halber steht „entièrement révisée par l'auteur", denn ich habe Teufelsarbeit damit) sind 10000 copies abgezogen und schon 8000, vor Erscheinen der ersten Lieferung, abgesetzt.

In Rußland müssen die bereits fertig gedruckten Bücher, bevor sie fürs Publikum ausgegeben werden, der Zensur unterbreitet werden, die, wenn sie selbe nicht passieren lassen will, gerichtliche Klage einbringen muß.

Man schreibt mir über die russische Übersetzung meines Buches (die meisterhaft ist) aus Rußland: „In der Zensur haben zwei Zensoren das Werk vorgenommen und ihre Beschlüsse darüber dem Zensurkomitee vorgelegt. Noch vor der Durchsicht war prinzipiell festgesetzt, das Buch nicht wegen des bloßen Namens des Verfassers aufzuhalten, aber genau zu untersuchen, wie weit es seinem Titel wirklich entspricht. Folgendes ist das Resümee des Beschlusses, welcher vom Zensurkomitee einstimmig angenommen und zur Gutachtung der Hauptverwaltung übergeben wurde.

„Obgleich der Verfasser nach seinen Überzeugungen ein vollständiger Sozialist ist und das ganze Buch einen vollständig bestimmten sozialistischen Charakter führt; jedoch in Rücksicht darauf, daß die Darstellung durchaus nicht für jeden zugänglich genannt werden kann und daß sie von der anderen Seite die Form streng mathematisch wissenschaftlicher Beweisführung besitzt, erklärt das Komitee die Verfolgung dieses Werkes vor Gericht für unmöglich." Demnach wurde ihm der Laufpaß in die Welt gegeben. Es sind davon 3000 Exemplare abgezogen. In die russische Öffentlichkeit kam es am 27. März und am 15. Mai waren schon 1000 Exemplare verkauft.

Der waldursprüngliche knownothing-Knote Heinzen hatte in seiner Anzeige meines Buches sich erlustigt über das auf dem Titel stehende: „Das Recht der Übersetzung ist vorbehalten." Wer sollte solchen Unsinn übersetzen! Das Buch war ja offenbar nur zu dem Zweck geschrieben, daß Karl Heinzen es nicht verstehen sollte.

Wir haben eine französische Übersetzung des „Address on the civil war" herausgegeben, 2½ d. per Stück. Wenn in U. St. verlangt, schreiben Sie gefälligst.

Über die Affäre Nicholson[4] ist es am besten, einstweilen nichts zu erwähnen im General Council.

Salut Ihr K. M.

* * *

[1] Ohnmächtiger Ehrgeiziger.

[2] Congrès Romand hieß der Kongreß der Sektionen der französischen Schweiz, von denen sich die Jurassische Föderation, Fédération Jurassienne, getrennt hatte.

[3] „Les prétendues scissions . . .“ waren gerichtet gegen die Jurassier, gegen die „Alliance de la Démocratie socialiste“ und gegen Bakunin.

[4] Nicholson war Schatzmeister des provisorischen Föderalrats und hatte diesen in große Verlegenheit gebracht.

* * *

Grants erster Präsidentschaftstermin nahte seinem Ende. Die unter Grant und mit seiner Beihilfe entwickelte Korruption wurde immer offenkundiger und der militärische Ruhm des Generals konnte sie nicht mehr verdecken. Man suchte nun die Stimmen der Arbeiter zu gewinnen. Während nur wenige Jahre vorher Grant den Arbeiterführer Sylvis fast unhöflich behandelt und abgewiesen hatte, erließ er jetzt einen Befehl, das Achtstundengesetz in den Regierungswerkstätten strikte durchzuführen und suchte durch Emissäre Einfluß in Arbeiterorganisationen zu gewinnen. Auch gestattete er keine Verwendung der regulären Armee bei den zahlreichen Kämpfen der Arbeiter mit ihren Ausbeutern, deren Tanz um das goldene Kalb seinem Ende nahte. Ausstände waren an der Tagesordnung fast überall, um die Reduktion der Arbeitszeit, den Achtstundentag, zu erlangen und meistens erfolgreich beim ersten Ansturm. Indessen waren die Organisationen nicht stark genug, den Sieg auszunutzen und zu behaupten, so daß nach 5 bis 6 Monaten fast alles wieder verloren war. In New York hatte wieder ein großer Umzug der ausständigen Arbeiter stattgefunden, an dem sich die Sektionen der Internationalen vollzählig beteiligten, aber weigerten, hinter und mit dem Schreier Banks zu marschieren. — Die deutschen Sektionen machten Anstrengungen und sammelten Gelder, um baldigst ein Arbeiterorgan herauszugeben, und am 6., 7. und 8. Juli wurde der Kongreß der Nordamerikanischen Föderation der Internationalen Arbeiterassoziation in New York abgehalten, zu dem 22 Sektionen 23 Vertreter gesandt hatten. Ein definitiver Föderalrat wurde gewählt, Statuten und Beiträge festgesetzt, der Arbeiterstandpunkt strikte gewahrt, die Gewerkschaftsbewegung indossiert, der Generalrat in seinem Kampfe gegen die Intrigen Bakunins und der Jurassier warm unterstützt und zwei Delegierte (Dereure, Kommunemitglied, und Sorge) zum Kongreß im Haag erwählt. Die französische Sektion Nr. 2 von New York, die durch zwei Delegierte auf dem Kongreß vertreten gewesen, weigerte sich, etwas zu den Kosten der Vertretung auf dem Haager Kongreß beizutragen und wurde suspendiert. Sie sandte dann einen eigenen Delegierten, der nicht anerkannt wurde. Der Prince Str. Gegenrat hatte auch eine Art Kongreß abgehalten und Wm. West zum Delegierten auf dem allgemeinen Kongreß im Haag erwählt. Am 10. August segelten Dereure und Sorge ab, kamen am 19. August in London an, nahmen teil an zwei Sitzungen des Generalrats und gingen dann nach dem Haag, wo am 2. September der allgemeine Kongreß eröffnet wurde. Drei Tage wurden vergeudet durch Mandatsstreitigkeiten mit den Spaniern und Jurassiern, die Vollmachten des Generalrats verstärkt, der Russe Bakunin und der Jurassier Guillaume ausgestoßen (Schwitzguébel rettete sich durch einen weinerlichen Appell) und auf Antrag Marx' der Generalrat nach New York verlegt. (Marx selbst sagte, daß der Generalrat in die Hände der Blanquisten fallen würde, wenn er in London bliebe.) Trotzdem stimmte Sorge nicht dafür, ließ sich auch nicht von dem Haager Kongreß in den Generalrat wählen. Der neue Generalrat in New York zog ihn aber in seine Mitte und ernannte ihn zum Generalsekretär.

34

Fr. Engels an Sorge.

London, 21. September 1872.

Lieber Sorge!

Ich hoffe, Du bist nun schon glücklich in New York ...

Sobald wir Deinen versprochenen Bericht über die Mandatsdebatte haben (von der, wie Du weißt, durch die Dummheit des Präsidenten kein Protokoll aufgenommen, weil keine Sekretäre ernannt wurden), wird die offizielle Zusammenstellung der Beschlüsse gemacht und veröffentlicht.

Sobald wir von Lucain,[1] der die Kommissionspapiere nach Brüssel genommen hat und jetzt die Zeugenaussagen ordnet, diese bis spätestens Ende d. M. versprochenen Papiere haben, wird die Evidence wegen Bakunin und der Allianz fertiggemacht und gedruckt. Wir haben noch sehr schöne Sachen erhalten, die der Kommission gar nicht einmal vorgelegt werden konnten — weil zu spät angekommen.[2]

Dann die Kongreßprotokolle zur Veröffentlichung.

Für die Korrespondenz mit Deutschland, Italien usw. lege ich Dir alle mir bekannten Adressen bei. Hales hat hier im Föderalrat großen Skandal geschlagen, Marx ein Tadelsvotum angehängt, weil er sagte, die englischen Arbeiterführer wären verkauft — aber eine hiesige englische und eine irische Sektion haben bereits protestiert und geben Marx recht. Die Kerle, Hales, Mottershead,[3] Eccarius usw., sind wütend, daß man ihnen den Generalrat weggenommen.

Guillaume hat in Brüssel zu Vilmart[4] gesagt (was dieser selbst hergeschrieben), die Spanier würden die Allianz wieder organisieren, sie sei jetzt erst recht notwendig.

West[5] liegt noch immer hier — ohne Geld zur Rückreise . . .

Besten Gruß

Dein Fr. Engels.

Die Holländer sagen, ihr Hauptgrund, weswegen sie mit der Minorität gestimmt, sei der, daß sie die Wiedervereinigung mit Belgien wünschen, und deshalb den Belgiern zu Gefallen sein müssen!

Hepner ist verhaftet und mit vier Wochen Polizeistrafe bedroht, weil, wie Du weißt, in Leipzig der Polizeidirektor die Internationale auf eigene Faust verboten hat.

* * *

[1] Lucain war Delegierter im Haag.

[2] Bezieht sich alles auf Bakunin und die Allianz.

[3] Mottershead war Mitglied des Generalrats in London.

[4] Vilmart war Delegierter im Haag.

[5] Marx hatte Sorge vor West gewarnt, und richtig kam der Bursche und pumpte sich von Sorge Geld, um wenigstens vom Haag nach London zurückkehren zu können. In London hat er den amerikanischen Gesandten so lange angebettelt, bis dieser ihm freie Rückfahrt nach New York verschaffte.

* * *

Der neue Generalrat war nicht auf Rosen gebettet. Die Protokollbücher des Londoner Generalrats, obwohl oft verlangt, wurden ihm nie gesandt, und alles mußte neu geschaffen, neu eingerichtet werden. Geld war nicht vorhanden, außer einem einzigen Sovereign (Guinea), den Borkheim als individuellen Beitrag Sorge mitgegeben hatte. Eine Anleihe von 50 Dollar wurde gemacht, die aber auch noch monatelang dem Generalrat vorenthalten wurde. — Die Allianzisten des Haager Kongresses — die Spanier, die Jurassier, einige Italiener und Belgier und sogar ein amerikanischer Delegierter, Sauva — hatten unmittelbar nach dem Haager Kongreß einen Sonderbundskongreß in St. Imier in der Schweiz abgehalten und einen Feldzugsplan entworfen, um die Internationale sich dienstbar zu machen durch Ablehnung der Kongreßbeschlüsse und Auflehnung gegen jede Autorität des Generalrats. Komisch genug sandten die strikten Disziplinäre, die Lassalleaner, diesem Sezessionskongreß ihre Glückwünsche zur Erlangung der Unabhängigkeit und Versicherungen ihrer warmen Sympathie mit den Fahnenflüchtigen. Das Werk der Zerstörung begann und wurde in Belgien, Spanien und bei den Jurassiern durchgeführt, und die enttäuschten Ämterjäger in London waren schamlos genug, ihren alten Todfeinden, den Jurassiern, Bakunisten, Allianzisten, Beistand zu leisten durch allerlei Nücken und Tücken. — Der Haager Kongreß hatte ein seltenes Beispiel von Harmonie zwischen Franzosen und Deutschen geboten, die mit vereinten Kräften und Stimmen alles Nötige durchgesetzt hatten. Den Franzosen wurde durch brutale Regierungsmaßregeln und schuftige Spione in den nächsten Jahren jede ersprießliche Tätigkeit unmöglich gemacht, und die Deutschen, die natürlichen Verbündeten und Anhänger der Internationalen, bekundeten recht wenig Eifer für dieselbe, ein Mangel, der sich besonders an den Einwanderern der folgenden Jahre bemerklich machte und die Organisation schädigte. — Im neuen Generalrat zeigte sich von Anfang an eine gewisse Verstimmung gegen die Literaten und sogenannten Kopfarbeiter, doch bestand er aus lauter echten Lohnarbeitern, bewußten Kämpfern in der Arbeiterbewegung und Angehörigen verschiedener Nationalitäten, die den Kopf nicht hängen ließen, sondern unter den schwierigsten Umständen ihre Pflicht erfüllten.

35

Fr. Engels an Sorge.

London, 5. Oktober 1872.

Lieber Sorge!

On vous taille de la besogne.[1] Inliegend französische Übersetzung (weil in dieser Sprache am wörtlichsten wiederzugeben) von zwei Artikeln aus der „Federacion“ (Alerinis Blatt[2]). Die Belgier sind indes nicht fürchterlich. Nach seitdem erhaltenen Briefen sind sie bereits über ihre eigene Kühnheit erschrocken und wissen nicht, wie sich heraushelfen. Dazu nimmt die Desorganisation der Internationale in Belgien täglich zu, was bei der Notwendigkeit einer Neuorganisation sehr nützlich.

Dagegen die Beschlüsse der Jurassiens, die, von einem Föderalkongreß gefaßt, offen Rebellion erklären, könnt Ihr nicht ignorieren. Le Conseil Général est tenu d'exécuter les résolutions des Congrès[3] (Genfer Beschluß). Wir haben sofort nach Genf geschrieben um das neueste „Bulletin Jurassien“, und schicken es Dir, sobald es ankommt. Zudem könnt Ihr, wenn Ihr wollt, direkt an das Comité féderal Jurassien (Adresse: Adhémar Schwitzguébel, graveur, Sonvillier, Jura bernois, Suisse) schreiben und Auskunft verlangen.

Es ist sehr gut, daß die Herren den Krieg offen erklären und uns selbst den genügenden Grund geben, sie an die Luft zu setzen. Nach dieser offenen Erklärung ist ein Verlangen einer Minorität der Föderationen, die Sache einer Konferenz zu unterwerfen, eine Unmöglichkeit, zudem stimmen höchstens vier (sie selbst, Spanier, Belgier, Holländer) dafür, alle anderen dagegen. Rasche, energische Aktion gegen diese Urkrakeeler, sobald Ihr die Beweisstücke in Händen habt, ist unserer Ansicht nach hier sehr am Platze und wird wahrscheinlich hinreichen, den drohenden Sonderbund zu sprengen.

Gestern schickte ich Dir Nr. 65, 66 und 67 der „Emancipacion“.[4]

Die Tatsache, daß Guillaume in Brüssel dem Vilmart erklärte: Die Spanier würden die Allianz wieder organisieren, jetzt, nach dem Haager Kongreß, sei sie nötiger als je, hat Vilmart an Lafargue selbst geschrieben, ich habe den Brief gelesen.

Ich wollte noch den Bericht an den Generalrat über Spanien, Portugal und Italien beilegen, wurde aber für diese Post nicht fertig. Dagegen lege ich meinen Bericht an Sektion 6 bei, den Du Bertrand[5] geben willst.

Hier hat Hales gegen Marx und mich einen kolossalen Verleumdungskrieg eröffnet, der sich aber bereits gegen ihn selbst wendet, ohne daß wir einen Finger zu rühren brauchen. Der Vorwand war Marx' Äußerung wegen der Korruption der englischen Arbeiterführer. Einige Londoner Sektionen und ganz Manchester haben sehr energisch protestiert, und Hales hat im Federal Council seine frühere Majorität verloren, so daß er wohl bald ganz herausfliegen wird.

Der verdammte Lucain hat uns noch immer nicht die mitgenommenen Papiere wegen der Allianz geschickt, so daß wir noch nicht haben anfangen können. Die aus der Schweiz nachträglich erhaltenen Dokumente, die auch den ganzen Netschajeffschen Prozeß umfassen, nebst russischen Publikationen von Bakunin, sind höchst interessant und werden greulichen Skandal machen. Eine solche niederträchtige Lumpenbande ist mir noch nie vorgekommen ...

Vergiß nicht das Protokoll über die Mandatsdebatte, ohne das wir diesen Teil gar nicht ins Protokoll aufnehmen können. Hier hat niemand etwas darüber.

Wir erwarten nun mit jeder Post Nachricht von Dir und Lebenszeichen vom neuen Generalrat ...

Poor Hepner hat richtig vier Wochen Brummen gekriegt, weil die Internationale in Leipzig verboten ist!

Dein Fr. Engels.

* * *

[1] „Man gibt Euch Arbeit.“

[2] Alerini, einer der spanischen Allianzisten, war Delegierter im Haag.

[3] „Der Generalrat ist verpflichtet, die Kongreßbeschlüsse auszuführen.“

[4] Die „Emancipacion" war das Organ der neuen Madrider Föderation, Gegner der Allianz.

[5] Engels hatte von Sektion 6 in New York das Mandat als Delegierter zum Haager Kongreß.

* * *

Von allen Sekretären des alten Generalrats war Engels der einzige, der einen Bericht lieferte. Dieser Bericht, obgleich lang, ist interessant genug in mehr als einer Beziehung, um hier aufgenommen zu werden.

36

Report of the General Council of the I. W. M. A. upon the situation in Spain, Portugal and Italy.

1. Spain.

In Spain the International was originally founded as a mere appendix to Bakounine's secret society, the Alliance, to which it was to serve as a kind of recruiting ground and at the same time as the lever by which to control the whole proletarian movement. You will see by and by that their Alliance intends openly to restore the Spanish International, at the present time, to this same subordinate position.

In consequence of this dependance, the special doctrines of the Alliance: immediate abolition of the state, anarchy, anti-authoritarism, abstention from all political action etc. were preached in Spain as the doctrines of the International. At the same time, every prominent member of the International was at once received into the secret organization and made to believe that this system of controling the public association by the secret society existed everywhere and was a matter of course.

This took place in 1869 and the first man who introduced the International into Spain, along with the Alliance, was the Italian Fanelli who now, inspite of his abstentional convictions, is a member of the Italian parliament. In June 1870 took place the first Congress of the Spanish International at Barcelona and here the plan of organization was adopted which, afterwards fully developed by the Conference of Valencia (Septbr. 1871), is now in force and has given the most excellent results.

As everywhere else, the part taken by (and also that ascribed to) our Association in the revolution of the Paris Commune, brought the International into prominence in Spain also. This prominence and the first attempted Government prosecutions following immediately afterwards, swelled our ranks in Spain very much. Still, at the time of the Valencia Conference there existed only 13 local federations in Spain, besides single isolated Sections in various places.

The Conference of Valencia had left the Federal Council in Madrid where it had been placed by the Barcelona Congress, and had left its composition much the same as before; one important individual however, Tomas Gonzalez Moràgo (delegate at the Hague) hat not been reelected. When, during the first Government prosecutions in June 1871, the Federal Council had for a time to seek a refuge in Lisbon, Moràgo abandoned his post at the moment of danger and this was the cause of his exclusion from the new Federal Council. From that moment began the secret war, which ended in an open split. Immediately after the Valencia Conference, the Conference of London (Septbr. 1871) took place. The Spaniards sent a delegate, Anselmo Lorenzo, who for the first time brought the news back to Spain that the secret „Alliance“ was not an understood thing throughout our Association and that on the contrary the General Council and the majority of the Federations were directly opposed to the Alliance, as far as its existence was then known.

Shortly afterwards Sagasta began his prosecutions against the International which he declared was outside the law. Moràgo, then still member of the Local Council of Madrid again deserted his post and resigned. But the government threats were not followed up by any serious action; the right of public meeting was indeed denied to the International, but the sections and councils continued to hold their meetings undisturbed. The only effect of this government interference was an immense increase in the number of adherents to the International. At the Congress of Saragossa, April 1872, the Association numbered 70 local federations regularly constituted, while in 100 other localities the work of organization and propaganda was actively pursued. There were moreover 8 Trades organized in Unions all over the country and under the control of the International, and the great union of all the mill-hands in Spain (mechanics, spinners and weavers) was upon the point of being constituted.

In the interval the secret war within the International had been carried on and it now commenced to take another and more important turn. The personal spite of Moràgo (who exercised great local influence in Madrid, his repeated desertions notwithstanding) against the members of the new Federal Council appointed at Valencia, was no longer the sole motive power of this war. The resolutions of the London Conference on the public branch of the Alliance and on the political action of the working class had aroused the fury of the leaders of the secret Alliance, and especially of the men in the higher degrees of secret initiation who received their instructions direct from Bakounine, and of whom Moràgo was one. This fury was expressed in the Souvillier circular of the Jura Federation demanding the immediate convocation of an extraordinary Congress. In this question, the Federal Council of Spain, in accordance with many of the sections, hesitated to take part against the General Council and the London Conference and this constituted a new crime. Moreover in January 1872 Paul Lafargue came to Madrid and having entered into friendly relations with the members of the Federal Council, soon convinced them, by numerous facts, that the whole Jurassian affair was an intrigue, based upon calumny, to disorganize the International. From that moment their fate was doomed. The members of the Federal Council being at the same time editors of the „Emancipacion", the Local Council picked a quarrel with that paper and then had them expelled from the Local Federation of Madrid. This expulsion was annulled by the Congress of Saragossa, but the immediate end was attained: to render the continuance of the Federal Council at Madrid impossible by personal squabbles. The Federal Council was indeed removed to Valencia and its composition entirely changed. Of the members of the previous Council, who were reelected, Mora declined at once and Lorenzo resigned very soon on account of differences which ensued. The members who remained, were mostly members of the secret Alliance.

After the Congress of Saragossa the split between the men of the Alliance and those who preferred the International to the Alliance became more and more apparent. At last, on June 2d 1872, the members of the previous Federal Council (Mesa, Mora, Pauly, Pagès and others), who formed at the same time the majority of the Madrid section of the Alliance, issued a circular to all the sections of the same secret Society, announcing their dissolution as such section and inviting them to follow their example. The next day, they were under a false pretence, and by an open breach of the rules, expelled from the Local Federation of the Madrid International. Out of 130 members only 15 had been present at this vote. They then formed a new Federation, but the Federal Council refused to recognise them; the General Council, upon application, recognised them without consulting the Spanish Federal Council, and this act was sanctioned by the Congress at the Hague.

The reason why the late General Council did not consult the Spanish Council on this occasion, was this. The G. C., having at last received sufficient evidence of the existence and action of the Alliance in Spain and of the fact that a majority, if not all, of the members of the Spanish Council belonged to it, had written to that council, demanding explications and informations regarding the secret society. In its reply dated 3d August 1872, the Spanish Council openly took sides with the Alliance, stating moreover that the Alliance was dissolved. To refer to a Council which, in a collision between the International and a secret society within its ranks, had already taken the part of that secret society, would have evidently been more than superfluous, and the Hague Congress has fully sanctioned the action of the G. C.

To insure the election of men of the Alliance as delegates to the Hague, the Federal Council, by a private circular, never communicated by them to the G. C., resorted to manoeuvres, exposed by the Congress, manoeuvres which, had it not been for the uncommon leniency of the majority at the Hague, might have sufficed to invalidate the credentials of the four delegates sent by the Spanish Federation.

Thus, the state of things in Spain now is as follows:

There exist in Spain only two local federations which openly and thoroughly acknowledge the resolutions of the Hague Congress and the new Gen. Council: the new federation of Madrid and the federation of Alcalá de Henares. Unless they can succeed in drawing over to their side the bulk of the Spanish International, they will form the nucleus of a new Spanish Federation.

The great bulk of the Spanish International are still under the leadership of the Alliance which predominates in the F. C. as well as in the most important Local Councils. But there are plenty of symptoms to show that the Congress resolutions have not been without great effect upon the masses in Spain. There the name of the International has a great weight, and its official expression, the Congress, a great moral influence. Thus, the men of the Alliance have a hard struggle to convince the masses that they are in the right. The opposition begins to become serious. The factory workers of Catalonia, with a Trades Union, counting 40000 members, are taking the lead and demand the convocation of an extraordinary Spanish Congress to hear the reports of the delegates to the Hague and to examine into the conduct of the F. C. The organ of the New Madrid Federation, „La Emancipacion", perhaps the best paper the International now possesses anywhere, exposes the Alliance every week, and from the numbers I have sent over to cit. Sorge, the G. C. can convince themselves, with what energy, good sense and theoretical insight into the principles of our Association it carries on the struggle. Its present editor, José Mesa, is without doubt by far the most superior man we have in Spain, both as to character and talent and indeed one of the best men we have anywhere.

I have taken upon myself to advise our Spanish friends not to be in too great a hurry to force on the extraordinary Congress, but to prepare for it as much as possible. In the meantime I have contributed to the „Emancipacion" both Congress reports and other articles and continue to do so, because Mesa cannot do everything, in spite of the wonderful energy, he displays. And I have no doubt that, if our friends in Spain are seconded well by the action of the G. C., we shall there overcome every obstacle and rescue from the influence of the Alliance humbugs one of the finest organizations within the International.

Fred. Engels,
Ex-Secretary for Spain.

London, 31. Octbr. 1872.

* * *

(Deutsch.)

Bericht an den Generalrat der Internationalen Arbeiterassoziation über die Lage der Assoziation in Spanien, Portugal und Italien.

1. Spanien.

In Spanien war die Internationale ursprünglich gegründet worden als ein bloßes Anhängsel an Bakunins geheime Gesellschaft, Die Allianz, der sie als eine Art Rekrutierungsfeld und zugleich als Hebel zur Beherrschung der ganzen proletarischen Bewegung dienen sollte. Sie werden später sehen, daß die Allianz gerade jetzt offen darauf ausgeht, die spanische Internationale in dieselbe untergeordnete Stellung zu versetzen.

Infolge dieser Abhängigkeit werden die besonderen Lehren der Allianz: direkte Abschaffung des Staates, Anarchie, Antiautoritarismus, Enthaltung von jeder politischen Tätigkeit usw. in Spanien als Lehren der Internationalen verkündet. Gleichzeitig wurde jedes prominente Mitglied der Internationalen sofort in die geheime Gesellschaft aufgenommen und verständigt, daß diese Kontrolle der öffentlichen Assoziation durch die geheime Organisation überall existiere und ganz natürlich sei.

Dies geschah 1869 und der erste, der die Internationale zugleich mit der Allianz einführte, war der Italiener Fanelli, der jetzt trotz seiner politischen Enthaltungsgrundsätze Mitglied des italienischen Parlaments ist. Im Juni 1870 wurde der erste Kongreß der spanischen Internationalen in Barcelona abgehalten und der Organisationsentwurf angenommen, der nach weiterer Vervollkommnung durch die Konferenz zu Valencia im September 1871 jetzt in Kraft ist und die ausgezeichnetsten Resultate erzeugt hat.

Wie überall, hat der wirkliche (und der ihr zugeschriebene) Anteil unserer Assoziation an der Revolution der Pariser Kommune die Internationale auch in Spanien in den Vordergrund gestellt. Dadurch und durch die ersten Versuche behördlicher Verfolgungen unmittelbar nachher wurden unsere Reihen sehr gefüllt. Indessen bestanden zur Zeit der Konferenz in Valencia nur dreizehn lokale Verbindungen in Spanien außer einigen isolierten Sektionen in verschiedenen Orten.

Die Konferenz von Valencia hatte den Föderalrat in Madrid gelassen, wohin er von dem Barcelonaer Kongreß bestellt war, und seine Zusammenstellung im ganzen nicht verändert, nur ein hervorragendes Mitglied, Tomas Gonzales Morago (Delegierter im Haag), wurde nicht wiedererwählt. Als während der ersten Verfolgungen durch die Regierung, im Juni 1871, der Föderalrat nach Lissabon flüchten mußte, hatte Morago seinen Posten im Augenblick der Gefahr verlassen und das war die Ursache seines Ausschlusses von dem neuen Föderalrat. Von diesem Augenblick an begann der geheime Krieg, der mit offener Trennung endete.

Unmittelbar nach der Konferenz in Valencia wurde die Konferenz in London abgehalten (September 1871). Die Spanier sandten einen Delegaten, Anselmo Lorenzo, der zum erstenmal die Nachricht nach Spanien brachte, daß die geheime „Allianz" kein selbstverständliches Ding in der Assoziation, und daß im Gegenteil der Generalrat und die Mehrheit der Föderationen direkte Gegner der Allianz seien, soweit ihre Existenz damals bekannt war.

Kurz nachher begann Sagasta seine Verfolgungen der Internationalen, die er außerhalb des Gesetzes stehend erklärte. Morago, der noch immer Mitglied des Madrider Lokalrats war, desertierte wieder von seinem Posten und resignierte. Indessen folgten den Drohungen der Regierung keine ernsten Handlungen; öffentliche Versammlungen abzuhalten war den Internationalen allerdings nicht gestattet, aber die Sektionen und Ausschüsse hielten ihre Sitzungen ungestört. Die einzige Folge dieser Einmischung der Regierung war ein großes Wachstum der Zahl der Anhänger der Internationalen. Auf dem Kongreß zu Saragossa, im April 1872, zählte die Assoziation 70 regelmäßig organisierte Ortsföderationen, während in 100 anderen Orten das Werk der Organisation und Propaganda lebhaft betrieben wurde. Außerdem waren acht über das ganze Land verbreitete Gewerkschaften organisiert und unter der Kontrolle der Internationalen; und der große Gewerkschaftsverband der Fabrikarbeiter in Spanien (Mechaniker, Spinner und Weber) stand im Begriff, sich zu bilden.

In der Zwischenzeit war der geheime Krieg innerhalb der Internationalen fortgesetzt worden und begann nunmehr eine andere und wichtigere Wendung zu nehmen. Die persönliche Abneigung Moragos (der trotz seiner wiederholten Desertionen großen Einfluß in Madrid besaß) gegen die in Valencia ernannten Mitglieder des neuen Föderalrats war nicht mehr die einzige bewegende Kraft dieses Krieges. Die Beschlüsse der Londoner Konferenz über den öffentlichen Zweig der Allianz und über die politische Tätigkeit der Arbeiterklasse hatten die Wut der Führer der geheimen Allianz erregt und besonders der in die höheren Grade Eingeweihten, die ihre Anweisungen direkt von Bakunin erhielten und zu denen auch Morago gehörte. Diese Wut sprach sich aus in dem Sonvillier-Zirkular der Juraföderation, das die sofortige Einberufung eines außerordentlichen Kongresses verlangte. Der spanische Föderalrat, in Übereinstimmung mit vielen Sektionen, zögerte, in dieser Angelegenheit Stellung gegen den Generalrat und die Londoner Konferenz zu nehmen, und das war ein neues Verbrechen. Überdies war im Januar 1872 Paul Lafargue nach Madrid gekommen, in freundschaftliche Beziehungen zu den Mitgliedern des Föderalrats getreten und hatte dieselben durch Mitteilung zahlreicher Tatsachen bald überzeugt, daß die ganze jurassische Affäre eine auf Verleumdungen basierte Intrige zur Desorganisation der Internationale sei. Von diesem Augenblick an war ihr Schicksal besiegelt. Da die Mitglieder des Föderalrats auch die Redakteure der „Emancipacion" waren, fing der Lokalrat Streit mit dem Blatte an und ließ sie aus der Madrider Ortsföderation ausschließen. Dieser Ausschluß wurde von dem Saragossaer Kongreß annulliert, aber der wirkliche Zweck war erreicht: das Verbleiben des Föderalrats in Madrid war durch persönliche Reibereien unmöglich gemacht. Der Föderalrat wurde nach Valencia verlegt und sein Personal vollständig verändert. Von den wiedererwählten Mitgliedern des früheren Ausschusses lehnte Mora die Wahl sofort ab und Lorenzo resignierte sehr bald wegen der Streitigkeiten. Die übrigen waren meist Mitglieder der geheimen Allianz.

Die Spaltung zwischen den Leuten der Allianz und denen, die die Internationale der Allianz vorzogen, wurde immer offenkundiger. Endlich, am 2. Juni 1872, erließen die Mitglieder des früheren Föderalrats (Mesa, Mora, Pauly, Pagès und andere), die zu gleicher Zeit die Mehrheit der Madrider Sektion der Allianz bildeten, ein Rundschreiben an alle Sektionen derselben geheimen Gesellschaft, worin sie die Auflösung ihrer Sektion anzeigten und die anderen aufforderten, ihrem Beispiel zu folgen. Am nächsten Tage wurden sie unter falschen Vorwänden und in offener Verletzung der Statuten aus der Ortsföderation der Madrider Internationalen ausgestoßen. Von 130 Mitgliedern waren 15 bei dieser Abstimmung zugegen. Sie bildeten nun eine neue Föderation, aber der Föderalrat weigerte sich, sie anzuerkennen; sie appellierten an den Generalrat, der sie anerkannte, ohne den spanischen Föderalrat zu konsultieren, und diese Handlung wurde von dem Haager Kongreß gebilligt.

Der Grund, weshalb der Generalrat bei diesem Anlaß den spanischen Föderalrat nicht konsultierte, war folgender: Nachdem hinreichende Beweise von der Existenz und Tätigkeit der Allianz in Spanien und von der Tatsache, daß die Mehrheit, wenn nicht alle Mitglieder des spanischen Föderalrats dazu gehörten, eingegangen waren, hatte der Generalrat von demselben Erklärungen und Auskunft über die geheime Gesellschaft verlangt. In seiner Antwort vom 3. August 1872 nahm der spanische Föderalrat offen die Partei der Allianz, erklärte indessen, daß die Allianz aufgelöst sei. Einen Ausschuß zu konsultieren, der sich in einem Zusammenstoß zwischen der Internationalen und einer geheimen Gesellschaft innerhalb ihrer Reihen bereits auf die Seite der geheimen Gesellschaft gestellt hatte, wäre offenbar mehr als überflüssig gewesen, und der Haager Kongreß hat dieses Verfahren des Generalrats vollständig gebilligt.

Um die Erwählung von Mitgliedern der Allianz zu Delegierten nach dem Haag zu sichern, griff der Föderalrat mittels privater Rundschreiben, die dem Generalrat niemals mitgeteilt wurden, zu Manövern, die im Kongreß aufgedeckt wurden und genügt hätten, die Mandate der vier Delegierten der spanischen Föderation zu annullieren, wenn die Mehrheit im Haag nicht so ungewöhnlich milde gesinnt gewesen wäre.

Der Stand der Dinge in Spanien ist also wie folgt:

Es gibt in Spanien nur zwei Ortsföderationen, die offen und vollständig die Beschlüsse des Haager Kongresses und den neuen Generalrat anerkennen: die neue Madrider Föderation und die Föderation von Alcalá de Henares. Sie werden den Kern einer neuen spanischen Föderation bilden, wenn es ihnen nicht gelingt, die Masse der spanischen Internationalen auf ihre Seite zu ziehen.

Die große Masse der spanischen Internationalen steht unter der Leitung der Allianz, die im Föderalrat sowohl wie in den bedeutendsten Lokalräten vorherrscht. Es sind aber viele Anzeichen vorhanden, daß die Kongreßbeschlüsse nicht ohne große Wirkung auf die Massen in Spanien geblieben sind. Der Name der Internationalen hat dort großes Gewicht, und ihr offizieller Ausdruck, der Kongreß, großen moralischen Einfluß. Die Leute der Allianz haben daher schwere Arbeit, die Massen von ihrem Rechte zu überzeugen. Die Opposition beginnt ernsthaft zu werden. Die Fabrikarbeiter von Katalonien mit ihrer Gewerkschaft von 40000 Mitgliedern gehen voran und verlangen die Einberufung eines außerordentlichen spanischen Kongresses, um den Bericht der Kongreßdelegierten (zum Haag) zu hören und die Tätigkeit des Föderalrats zu untersuchen. Das Organ der neuen Madrider Föderation, „La Emancipacion“, vielleicht das beste Blatt, das die Internationale überhaupt besitzt, stellt die Allianz in jeder Woche bloß, und aus den an Sorge gesandten Nummern kann der Generalrat sich selbst überzeugen, wie energisch, verständig und theoretisch korrekt es den Kampf führt. Sein jetziger Redakteur, José Mesa, ist unzweifelhaft der bedeutendste Mann der Unseren in Spanien nach Charakter und Talent und wahrlich einer der Besten überhaupt.

Ich habe mir gestattet, unseren spanischen Freunden zu raten, sich nicht so sehr zu übereilen mit der Forderung eines außerordentlichen Kongresses, sich aber nach Kräften darauf vorzubereiten. Mittlerweile habe ich der „Emancipacion“ die Kongreßberichte und andere Artikel zugesandt und werde fortfahren so zu tun, da Mesa trotz seiner wunderbaren Energie doch nicht alles allein tun kann. Und wenn unsere Freunde in Spanien durch die Handlungen des Generalrats wohl unterstützt werden, habe ich keinen Zweifel, daß wir alle Hindernisse überwinden und eine der schönsten Organisationen innerhalb der Internationalen von dem Allianzschwindel befreien werden.

London, 31. Oktober 1872.

Friedrich Engels,
Ex-Sekretär für Spanien.

37

Fr. Engels an Sorge.

London, 2. November 1872.

Lieber Sorge!

Inliegend mein Bericht über Spanien.

Soeben werde ich aufgefordert, dem Generalrat offiziell die Anzeige der Bildung folgender beiden Sektionen zu machen:

1. Assoziacione degli operai e degli agricoltori della bassa Lombardia (Sezione di Lodi). . . .

2. Conscripzione dei Liberi Lavoratori Abruzzesi (Sezione di Aquila). . . .

Die Anzeige kommt von Bignami, der ebenfalls mitteilt, daß beide Statuten angenommen haben, die mit den Generalstatuten im Einklang sind. Ich werde Exemplare verlangen und sie Euch schicken.

Bignami ist der einzige Kerl, der in Italien, wenn auch vorläufig nicht sehr energisch, unsere Partei ergriffen hat. Er hat in seinem Blatte „La Plebe" nicht nur meinen Bericht über den Haager Kongreß abgedruckt, sondern auch noch meinen viel stärkeren Privatbrief an ihn. Da ich ihm Korrespondenzen schicken soll, behalten wir das Blatt in der Hand. Ferner hat er die Generalstatuten mit den Haager Änderungen neu abdrucken lassen und ebenfalls meinen Kongreßbericht. Er sitzt mitten unter den Autonomen und muß sich daher noch etwas in acht nehmen.

Von Turin höre ich nichts mehr. In Mailand muß . . . uns wenigstens eine Verbindung auftreiben, damit wenigstens Berichte kommen. Ferrara wird durch Lodi vermittelt, die Sektion ist von Bignami gestiftet.

Marx bittet mich, Dir zu sagen, daß die Protokolle[1] augenblicklich hier noch absolut nötig sind. Bei den Lügen, die von Hales, Mott und Eccarius hier sowie von den Jurassiern usw. auf dem Kontinent verbreitet werden, können wir jeden Tag in den Fall kommen, durch Auszüge aus diesen Protokollen antworten zu müssen. Andererseits sind sie für Euch vorderhand sehr entbehrlich, ein Auszug, der die administrativen Beschlüsse nebst Motivierung enthält, wird gemacht und Euch zugestellt werden.[2]

Der Sicherheit halber gebe ich Dir nochmals die Adressen für Spanien, Italien und Portugal. Die Einrichtung eines korrespondierenden Generalsekretärs,[3] der nur für die Sprachen sich Gehilfen zuzieht, halte ich für sehr vernünftig, wenn Du die Stelle angenommen hast.

Beste Grüße an Euch alle

Dein F. Engels.

. . . Bericht über Italien folgt; über Portugal übersetzt Lafargue den von dort dem Kongreß eingeschickten.

* * *

[1] Das heißt die Protokolle des Generalrats zu London.
[2] Ein solcher Auszug ist nie übersandt worden.
[3] Der neue Generalrat hatte diese Einrichtung getroffen.

* * *

Der neue Generalrat hatte eine Antrittsadresse erlassen und einen Aufruf zur Bildung internationaler Gewerkschaften. Beide waren Engels zugesandt worden zur Verbreitung in verschiedenen Ländern.

38

Fr. Engels an Sorge. London, 16. November 1872.

Lieber Sorge!

Dein Brief vom 25. kreuzte sich mit dem meinen vom 2. November. Seitdem wird Marx Dir geschrieben haben.

Die Adresse habe ich an Serraillier französisch und zuerst an M. D.[1] englisch für die Irländer gegeben, dann selbst für den „International Herald" abgeschrieben und endlich an den F. C.[2] geschickt. Ich war nämlich sehr im Zweifel, ob der F. C. sie nicht unterdrücken oder aber sonst wörtlich mit verschiedenen englischen Sprachfehlern und starken Germanismen abdrucken lassen würde, um Spott damit zu treiben. Diese habe ich natürlich geändert, da die Adresse so englisch wie französisch undruckbar war. Wir hier haben uns solche Sachen immer von irgend einem gebildeten native korrigieren lassen. Du wirst das auch müssen, da es oft nicht angeht, in offiziellen Dokumenten selbst grammaticalia zu ändern, was immer fatal ist. Für Hales, die Jurassiens usw. ist jeder Verstoß der Art überhaupt ein Gaudium.

Die Belgier haben bis jetzt noch nichts gedruckt.

Nach Australien müßt Ihr die Adresse selbst schicken, Harcourt[3] wird inzwischen bei Dir gewesen sein, ich habe keine Adresse nach Australien.

Jones und Le Moussu[4] sind gemahnt. Serraillier sehe ich morgen und werde ihm sagen, Euch einen Bericht zu machen, der Dereures[5] wegen keine Namen und Adressen enthalten kann, letztere kann er Dir privatim schicken. Wegen Dereure unten.

Die Stamps — Le Moussu machte die Zeichnung gratis — kosteten etwa 1 Pfund Sterling.[6] Die Statuten englisch zu drucken etwa 12 Pfund Sterling.

Die Bildung zweier neuen italienischen Sektionen zeigte ich Dir bereits an. Offizieller Brief hierbei.

Ich schicke Dir heut

1 „Emancipacion" und Manifest der Nueva fed. Madrilena.

1 „Égalité."

1 Internationalen Heraldbericht des F. C.

7 Résolutions du Congrès de la Haye.

Ferner folgendes zu berichten:

1. Blanquisten. Haben ein Pamphlet erlassen: Internationale et Révolution, wovon mehrere Ex. pr. next. Stmr. Erklären ihren Austritt

aus der Internationalen, die durch die Deportation des Generalrats nach New York sich getötet habe. Werden eine eigene Gesellschaft stiften und klüngeln bereits stark in Frankreich. Es ist daher absolut notwendig, daß Dereure 1. durchaus keine Adressen nach Frankreich in die Hände bekommt, 2. aber sich über seine Stellung erklärt. Letzteres hat natürlich erst dann Eile, wenn Ihr es für gut haltet; Serraillier antwortet in der „Liberté“ und der „Égalité“ [7] auf dies Machwerk. Ranvier [8] hat Lafargue erklärt, der erste Entwurf sei voller Persönlichkeiten gewesen, so daß er erklärte, er werde ihn nie unterschreiben. Den zweiten veröffentlichten habe er nie gesehen, sein Name stehe darunter ohne seine Autorisation. Er ist im Streit mit ihnen, sie haben sich beigehen lassen, ihn vor Gericht zu stellen, weil er ohne Erlaubnis fortfährt, Mitglied eines Flüchtlingsklubs, cercle d'études sociales, zu sein und er wollte sich die schulmeisterlichen Examinationen des von den „pars“ (so nennen die Bl. sich) ernannten Gerichts nicht gefallen lassen. Du siehst, sie spielen Commune révolutionaire ganz in der alten Weise. Du wirst Spaß haben an dem Broschürle, worin Vaillant alle unsere ökonomischen und politischen Sachen für blanquistische Entdeckungen erklärt. In verschiedenen Orten außer Paris, wo der lange Walter, [9] ihr Agent, haben sie schon gestänkert. Ungefährlich wie sie sind, müssen ihnen doch nicht die Mittel gegeben werden, noch mehr zu stänkern und daher darf Dereure keine Adresse haben und muß ihm auf die Finger gepaßt werden.

2. Spanien. Hier geht's famos. Der F. C. hat ein langes Ding drucken lassen und im stillen herumgeschickt, enthaltend

a. einen lügenhaften Bericht der vier Spanier über den Kongreß,
b. die Beschlüsse der Anti-Autoritarier von Saint Imier,
c. einen Antrag der Barceloneser Föderation, auf den 25. Dezember einen spanischen Kongreß zu berufen, der über die Annahme der Beschlüsse vom Haag oder der von Saint Imier entscheiden soll,
d. Aufforderung an alle Lokalföderationen, sich darüber bis 10. November zu erklären.

Hierauf hat die Nueva Federacion Madrilena mit dem heute Dir gesandten Manifest geantwortet. Sie protestiert gegen jede Vorlage der Haager Beschlüsse an irgend welche interne Versammlung anders als zur einfachen Kenntnisnahme und Nachachtung. (Gegen die Lügen der vier Spanier haben wir bereits das Nötige nach Madrid geschickt.)

Damit aber die Spanier merken, wer sie eigentlich regiert, hat das Jurakomitee die Saint Imierbeschlüsse schon direkt an alle spanischen Lokalföderationen geschickt mit der Aufforderung, sich darüber zu erklären; den spanischen F. C. haben sie ganz ignoriert.

Inzwischen ist in Spanien der Tanz losgegangen. Die Föderationen von Gracia (Fabrikvorstadt von Barcelona) mit 500 Mann, die von Toledo (200 Mann), die von Cadalona und Denia bei Barcelona haben sich für uns und gegen den spanischen Kongreß erklärt. In Valencia gehört uns ein starker Teil der Lokalföderation, ebenso einer in Cadiz, der sich bereits von der alten dortigen Föderation getrennt hat. Der Verkauf der „Emancipacion", die am Sterben war und die wir durch von hier gesandte Gelder am Leben erhalten, nimmt wieder stark zu (in Cadiz, Valencia und Gracia allein 150 Exemplare). In Gracia war am 4. November große Generalversammlung, die Barcelonesen, Alerini an der Spitze, brachten ihren Vorschlag vor, aber, wie Mora (der dort ist) schreibt: „Alerini hat trotz allen Schreiens und trotz aller Gestikulationen mit Armen und mit dem Stock diese Atheisten nicht überzeugen können, daß die Gesellschaft Jesu gut operiert habe. Weswegen beschlossen wurde, alle Haager Beschlüsse zu billigen und die Haltung der spanischen Delegierten zu tadeln."

Die Sachen gehen gut, im allerschlimmsten Fall behalten wir in Spanien eine sehr respektable Minorität, die sich von den anderen trennt und mehr wert ist als der ganze bisherige unbestimmte Kram; sehr möglich aber ist es auch, daß wir die ganze Geschichte sprengen und die Allianz an die Luft setzen. Dies alles verdanken wir der Energie des einen Mesa, der alles ganz allein hat ausführen müssen. Mora ist schwach und war einen Augenblick schwankend. Lest in der „Emancipacion" Nr. 71 den Artikel: „Los Medios de la Allianza", wie der spanische F. C. den Mora durch Intimidation hat herumkriegen wollen.

3. Londoner F. C. Durch die Schlappheit der Besseren unter den Engländern ist es Hales und Mottershead gelungen, den F. C. ganz in ihre Gewalt zu bekommen. Eine Masse Delegierter von imaginären Sektionen haben Hales momentan die Majorität verschafft, er ist Sekretär und Kassierer in einer Person, und daß er macht, was er will, zeigt der Bericht im „International Herald" heute. Das einzige, was wir tun können, ist, die besseren Elemente zusammen zu halten, bis die

Schufte sich einander in die Haare geraten, was bald genug kommen wird. Give them rope enough and they will hang themselves. Du wirst den „International Herald" jetzt regelmäßig erhalten, damit Ihr seht, wie breit sich dieser Hales macht und ordentlich als G. C. agiert. Sowie eine Gelegenheit kommt, ein Statutenbruch oder so etwas — und Hales wird als Intimus und Korrespondent der Jurassiens das bald genug provozieren — so trennen unsere Leute sich und bilden eine eigene Föderation, womöglich vereint mit den Irländern. Leider geht Mac Donnell nach Amerika, indeß haben wir an De Morgan einen sehr guten Nachfolger und der noch dazu auf seinen Reisen als lecturer in ganz England herumkommt. Er ist über die Lage ganz im klaren.

Um hier Euren Proklamationen usw. die gewünschte Publizität sichern zu können, wäre es gut, wenn der Generalrat mich offiziell damit für England beauftragte. Der F. C. unterdrückt sicher alles, was er kann, und Riley vom „International Herald" ist zwar ein ehrlicher Kerl, auch aus disgust aus dem F. C. getreten, aber schwach und wegen des Verkaufs seines Blattes vom F. C. etwas abhängig. Kann ich ihm daher einen derartigen Beschluß vorzeigen, so ist er gedeckt und tut alles.

Ob Ihr mir eine Vollmacht für Italien schicken wollt, überlasse ich Euch. Bei dem dort herrschenden Kampf, worin unsere Leute eine sehr kleine Minorität bilden, ist rasches Einschreiten sehr wünschenswert. Ich behalte zwar meine Privatkorrespondenz bei, schreibe auch in die „Plebe", kann aber ohne Vollmacht nicht auf Sektionen wirken, die, wie die Turiner, ganz verfallen zu wollen scheinen und nichts von sich hören lassen, wie das in Italien nur zu oft geschieht.

Marx ist auf ein paar Tage nach Oxford zu Longuet und seiner Frau, um mit Longuet einen Teil der französischen Übersetzung des „Kapital" durchzugehen. Wird wohl vor Montag nicht wiederkommen.

Serraillier müßt Ihr meiner Ansicht nach jedenfalls eine Vollmacht für Frankreich schicken. Diese Art Korrespondenz kann unmöglich von dort aus geführt werden, nur solltet Ihr ihn verpflichten, monatlich Bericht nach dort zu schicken. Einen besseren kriegt Ihr nicht. Dupont ist zu nachlässig, sobald man ihn nicht täglich antreibt, und wir sehen ihn hier oft in 14 Tagen nicht.

Wegen der Jurassiens ist unsere Ansicht die, daß man am besten einfach erklärt, durch die Beschlüsse ihres Kongresses in Saint Imier, die diesem und jenem Artikel der Statuten und Verwaltungsverordnungen widersprechen, hätten sie sich selbst von der Internationalen ausgeschlossen und dies einfach den anderen Föderationen notifiziert. Übrigens geht es ihnen schlecht. In Biel, wo sie (siehe Scissions [10]) keinen Mann mehr hatten, hat sich eine neue Sektion gebildet, aber sich an Genf angeschlossen, und ihre Mustersektion Moutiers (siehe Scissions) hat die Beschlüsse von Saint Imier verworfen. Du siehst, die Haager Beschlüsse tragen schon überall ihre Frucht.

Für Deutschland wäre es — für Notfälle gegenüber den Schweitzerianern — gut, wenn Marx eine Vollmacht hätte.

Das sind alles Sachen, die Ihr überlegen müßt.

Ich sitze bis über die Ohren in der Arbeit. Daß Mesa angefangen, das Manifest zu übersetzen, hat mich gezwungen, ihm eine Revision der französischen Übersetzung des „Socialiste“ zu schicken, wobei mir die von Dir im Manuskript mitgebrachte sehr zustatten kam, da sie viel besser ist, aber immer noch basiert auf Woodhulls Englisch. Bei der Gelegenheit bringe ich die französische Übersetzung überhaupt in Ordnung. Daneben Artikel für „Volksstaat“, „Emancipacion“ und „Plebe“, und sobald Lafargue, der jetzt hier, eine Wohnung hat, gehen wir an die Allianzgeschichte. Lucain hat noch viele Papiere in Brüssel und schreibt jetzt, er werde sie Ende nächster Woche schicken, weil er sie kopieren wolle! — — —

Dein F. Engels.

* * *

[1] M. D. — Mac Donnell.

[2] F. C. — Federal Council (Föderalrat).

[3] Harcourt war Delegierter von Australien im Haag.

[4] Jones war ein Arbeiter von Manchester und hatte Mitteilungen an den Generalrat versprochen, ebenso Le Moussu.

[5] Dereure hatte sich im Haag ganz den Blanquisten angeschlossen.

[6] Es war angefragt worden wegen Anfertigung der Marken und dergleichen.

[7] „Liberté“ erschien in Brüssel, „Égalité“ in Genf, „Emancipacion“ in Madrid, „International Herald“ in London, „Plebe“ in Lodi.

[8] Ranvier war Präsident des Haager Kongresses.

[9] Angenommener Name des Pariser Delegierten Heddeghen, der später den Verräter spielte und Spion war.

[10] „Les prétendues scissions“, den Winter vorher herausgegeben vom Londoner Generalrat.

* * *

Auf die scharfe Kritik der Ausdrucksweise der Adressen des neuen Generalrats wurde Engels am 6. Dezember 1872 unter anderem erwidert:

„... Wir haben eben keinen Marx und Engels bei uns und waren deshalb von vornherein etwas besorgt wegen der Übersiedlung des Generalrats nach New York ... Übrigens sind wir der Ansicht, daß die Form nicht das wichtigste an der Sache ist, sondern der Inhalt. Wenn der Inhalt verständlich ist, so werden Arbeiter nicht so sehr an kleinen sprachlichen Ungehörigkeiten Anstand nehmen. Unsere europäischen Genossen werden freilich einen Abstand finden zwischen den Veröffentlichungen des alten und des neuen Generalrats, aber sie müssen und werden auch bedenken, daß der neue Generalrat aus lauter Lohnarbeitern besteht ...“ (Und das sollte auch überall hervorgehoben und betont werden.)

30

Fr. Engels an Sorge.

London, 7. Dezember 1872.

Lieber Sorge!

Heute schicke ich Dir „Emancipacion“ 76, „International Herald“ 36 und die Blanquistenbroschüre, die hier nirgends zu haben ist und die ich erst heute morgen auf Umwegen erhalten konnte. Serraillier hat an die „Liberté“ von Brüssel und „Égalité“ von Genf geantwortet, aber selbst die Esel von der „Égalité“ sagen, es sei zu persönlich und drucken's nicht.

Am 3./12. sandte ich Dir „Emancipacion“ 74/75, „Plebe“ 117 und „International Herald“ 33/35.

Mac Donnell ist Mittwoch nach New York abgesegelt, ich gab ihm ein paar Zeilen an Dich. Wenn die Fenier dort noch irgend welches Mißtrauen gegen ihn haben sollten, so wirst Du ein gutes Werk tun, dies zu zerstreuen, er hat uns hier sehr brav und sehr uneigennützig geholfen.

1. Holland. Van der Hout kam vorgestern hier an, die holländischen Bourgeois wollen ihm keine Arbeit mehr geben und so will er hier welche suchen. Er erzählt, die Jurassiens hätten die holländische Föderation zu einem neuen Sonderbundskongreß eingeladen. Darauf hätten sie einen holländischen Kongreß gehalten, worin beschlossen wurde: 1. zum Generalrat zu halten; 2. zwar einen Delegierten auf den Sonderbundskongreß zu schicken, aber nur um zu rapportieren, nicht zu stimmen; 3. keinen anderen Kongreß anzuerkennen als den legitimen vom September 1873 und ihre etwaigen Beschwerden usw. nur vor diesem vorzubringen. Dies ist also gleichbedeutend mit Trennung der Holländer vom Sonderbund.

2. Spanien. Aus der „Emancipacion“ wirst Du gesehen haben, daß dort alles gut geht. Außer den Dir bekannten haben sich Lerida, die neue Föderation von Cadiz, ein großer Teil der Valencianer und

Pont de Villumars gegen den Föderalrat erklärt. Die neue Madrider Föderation hat nun, nachdem der spanische Föderalrat durch Berufung des Kongresses von Córdoba auf den 25. September (Dezember) mit der Tagesordnung: zwischen den Haager Beschlüssen und denen von Saint Imier zu wählen, direkt die allgemeinen wie die speziell spanischen Statuten gebrochen, diesen seines Mandats für verlustig erklärt und fordert auf zur Wahl eines neuen provisorischen Föderalrats. Dieser entscheidende Schritt wird bald Klarheit in die Lage bringen. Inzwischen ist ein Teil unserer Leute in Spanien — namentlich die katalonischen Fabrikarbeiter — der Ansicht, die Sache auf dem Kongreß in Córdoba auszufechten; diese werden sich also zunächst noch nicht anschließen. Die Allianzisten überstürzen die Sache so, um in Córdoba die Majorität zu haben, und dies wird ihnen höchst wahrscheinlich gelingen; dann werden die Katalonier formell zu uns übergehen.

3. Frankreich. Trotz der Intrigen der Jurassier und der Blanquisten gehen die Sachen im Süden gut; es wird sich dieser Tage ein Kongreß versammeln, der die Haager Beschlüsse anerkennen und wahrscheinlich eine Adresse an den Generalrat erlassen wird. Die Leute verlangen aber, daß hier jemand ist, der Vollmacht hat und auch temporäre Vollmachten für Frankreich ausstellen kann. Es sind eine Menge Gelder zu erheben, die nur durch einen Bevollmächtigten am Platze einzutreiben sind. Jetzt verlangt Larroque, unser bester Mann in Bordeaux, eine solche von Serraillier und mir, um Gelder dort zu erheben, und durch die mir übertragene Vollmacht, Gelder zu erheben, glaube ich mich berechtigt, dies bis zur Bestätigung oder Annullierung durch den Generalrat zu tun. Da es sehr wichtig ist, daß auf dem erwähnten Kongreß jemand ist, der irgend welche vom Generalrat ausgehende Vollmacht hat, so nehme ich es auf mich, ihm eine solche auszustellen, und falls Ihr dies mißbilligt, bitte ich um sofortige Nachricht, um sie sofort zurückzunehmen.[1] — In Lyon allein haben die Jurassiens, dank der Schlafmützigkeit der Genfer, einigen Halt, sonst nur einzelne Leute. Daß das „Bull. Jur." für den Polizisten Bousquet aufgetreten und ihn für einen Ehrenmann erklärt, wirst Du gesehen haben.

4. England. Die Opposition gegen Hales verstärkt sich. Murray, Milner, Dupont sind in den Federal Council getreten und andere werden noch kommen. Riley hat erklärt, den „International Herald" nicht länger zum offiziellen Organ dieses F. C. machen zu wollen, und wie

Du sehen wirst, ist die betreffende Stelle des Titels verschwunden. Es wird indeß wohl noch etwas dauern, bis der Schwindel ganz zusammenbricht. Die Haager Beschlüsse kommen im nächsten „International Herald“, desgleichen Berichte über den Gang der Dinge in der Internationalen von uns.

Die Protokolle[2] haben wir nicht einmal vollständig. Hales hat noch welche. Es wäre also sehr gut, wenn Ihr Marx eine Vollmacht schicktet, um alle der Internationalen, respektive dem alten Generalrat gehörigen Papiere und namentlich die Protokolle an sich zu nehmen.

Eine Vollmacht für Serraillier für Frankreich ist absolut notwendig, wenn Ihr nicht wollt, daß alles wieder auseinandergeht. Serraillier führt seine Korrespondenz eifrig fort und wir senden ihm das Geld dafür, aber er ist nichts als Privatmann, solange er keine Vollmacht hat, und die Leute in Frankreich wollen nun einmal, mit all ihrer Autonomie, von einem Bevollmächtigten des Generalrats dirigiert sein. Einen anderen außer Serraillier haben wir hier nicht; Dupont ist viel zu unzuverlässig für eine so ausgedehnte Korrespondenz und hat zuviel mit seinem Patent zu tun.

Marx nebst Familie und meine Frau lassen grüßen. Lafargue und Longuet sind jetzt beide hier, so daß der père Marx seine ganze Familie zusammen hat.

Dein F. E.

* * *

[1] Im Generalrat hatte sich eine Art Fronde von Mißvergnügten gebildet gegen den alten Generalrat wegen Vorenthaltung des Materials und gegen Sorge wegen seiner Beziehungen zum alten Generalrat, und diese Fronde verzögerte und verschleppte alle Maßregeln gegen die renitenten Föderationen, sowie die Ausstellung von Vollmachten. Bolte und Carl waren darin besonders tätig. Dereure, der Blanquist, zog sich bald zurück und verließ New York.

[2] Das heißt die Protokolle des alten Generalrats, die hier fast unentbehrlich geworden waren. Trotz aller Mahnungen sind sie nie herübergesandt worden.

40

Fr. Engels an Sorge.

London, 14. Dezember 1872.

Lieber Sorge!

Ich bestätige Deinen Brief vom 7. ds. und sende heute „Emancipacion“ mit Artikel über Bakunin, der auch für Euch neues enthalten wird, und „I. H.“ mit den Kongreßbeschlüssen. Der Esel Riley hat die Abstimmungen weggelassen.

In Lodi ist die Nr. 118 der „Plebe“, die Eure Adresse enthielt, konfisziert und Bignami, der Redakteur, verhaftet worden. Der Leipziger Hochverratsprozeß scheint dort sich wiederholen zu sollen. Wir schlagen natürlich alles mögliche Kapital aus dieser Geschichte, sie erscheint sofort im „Volksstaat“ und „Emancipacion“ als Beweis, wen die Regierungen für gefährlich halten, den Generalrat und die ihm anhängen oder die Allianzisten. — Etwas Besseres konnte uns in Italien nicht passieren.

Ihr solltet in der „Östlichen Post“ [1] und in der amerikanischen Presse kurze Berichte über die Generalratsitzungen drucken lassen und die Nummern an „Volksstaat“, „Égalité“ und „Int. Herald“ schicken, sowie ein oder zwei Exemplare hierher, damit wir sie für Spanien und Italien, sowie für die französischen Sektionen verarbeiten; die Dänen und Holländer würden sie auch bringen.

Die Vollmacht für Serraillier [2] wird täglich nötiger. Die Jurassier hier, die Blanquisten dort wühlen in ganz Frankreich und machen Fortschritte und Serraillier erhält schon von verschiedenen Sekten keine Antwort mehr, weil er eben nur als Privatmann schreiben kann. Wenn Ihr aus Rücksicht gegen Dereure, der seit dem Austritt der Blanquisten mehr als verdächtig, oder sonst welchen Rücksichten die Sache noch weiter aufschiebt, so geht uns Frankreich großenteils verloren und auf dem nächsten Kongreß wird der Spieß umgekehrt.

In Eile

Dein F. E.

* * *

[1] Die „Östliche Post“ war ein in New York zugunsten Grants gegründetes Blatt, das mit den Arbeitern Beziehungen kultivierte und bald nach der Wahl einging.

[2] Mandate für Serraillier und Larroque usw. waren vor Einlauf dieses Briefes nebst Instruktionen an Engels und andere gesandt worden; auch warnende Adressen nach Belgien und Spanien.

41

Karl Marx an Sorge.

London, 21. Dezember 1872.

Lieber Sorge!

Nur wenige Worte in aller Eile.

Die angebliche Majorität des britischen Föderalrats (bestehend zu sehr großem Teile aus sham sections, von ein paar Individuen zum Behuf der Delegation selbst von Lumpazius Hales gestiftet) hat sezediert von der Minorität (welche allein die großen englischen Sektionen in London vertritt, und in Manchester, Birkenhead usw.). Die Kerls fabrizierten insgeheim ein Zirkular an die Föderation (wird Euch geschickt), (vom 10. d. M.), worin sie die Sektionen zu einem Kongreß in London auffordern, um gemeinschaftliche Sache mit den Jurassiern zu machen, mit denen Hales seit dem Haag in fortwährender Verbindung steht.

Unsere Leute, die jetzt den einzig gesetzlichen Föderalrat konstituieren, sandten sofort gedruckte Postkarten an sämtliche Sektionen, keinen Beschluß zu fassen, bis sie ihr Kontermanifest erhalten hätten, zu dessen Beratung (Aufsetzung der Hauptpunkte usw.) sie gestern bei mir versammelt waren. Ihr erhaltet's sofort. Es wird Anfang nächster Woche gedruckt. Sie werden auch förmlichen Beschluß zur Anerkennung des Haager Kongresses und des Generalrats fassen.

Zugleich hat Engels, auf Verlangen einer der Manchester Sektionen, ihnen Antwort auf Zirkular der Lumpen (unter denen auch der eitle Narr Jung,[1] der das Wegnehmen des Generalrats von London nicht verschmerzen kann und schon längst der Hales' fool geworden war) gemacht, das sie in ihrer heutigen Sitzung erhalten und dann sofort drucken lassen.

Meine Ansicht ist, daß Ihr Euch einstweilen so viel als möglich zuschauend verhaltet und den Kampf den Sektionen an Ort und Stelle überlaßt. Dazwischen natürlich sehr gut solche Zirkulare, wie das an Spanien, das ich in der „Emancipacion" fand.

Apropos. Das Organ „International Herald" hat sein Besitzer Riley (Mitglied des Föderalrats) auf meinen Rat unabhängig gemacht. Wir werden wahrscheinlich Kontrakt machen, daß wir eine eigene wöchentliche internationale Beilage dazu herausgeben werden. Eine Nummer schicke ich Dir heute, worin Engels und ich die Polemik mit Hales und Konsorten eröffnen.

Was Polen betrifft, so kann Euer Brief dort nicht hingeschickt werden.[2] Der Generalrat konnte den Zutritt Polens nur unter der Bedingung erhalten (nötig bei der Lage des Landes), daß er nur mit Wroblewsky zu tun hat, der mitteilt, was er für passend oder nötig hält.

In diesem Falle habt Ihr nicht zu wählen. Ihr müßt Wroblewsky dieselbe unbedingte Vollmacht geben wie wir oder auf Polen verzichten.

Infolge der französischen Übersetzung, die mir mehr Arbeit macht, als hätte ich sie ohne den Übersetzer zu machen, bin ich so überarbeitet, daß ich noch nicht dazu gekommen, wie ich lange wünschte, Dir zu schreiben.

Cuno[3] hat versprochen, Details über die Sitzung des Untersuchungskomitees im Haag zu liefern. Sage ihm, daß, wenn er es nicht sofort tut, wir nicht länger auf ihn warten können, und seine eigene persönliche Ehre ist bei der Sache beteiligt.

Beste Grüße von der ganzen Familie.

Dein Karl Marx.

* * *

[1] Jung war mehrere Jahre lang Schatzmeister des alten Generalrats in London gewesen.

[2] Das war auch nicht verlangt worden, wie Marx anzunehmen scheint. Die Ausstellung von Vollmachten stieß immer auf Schwierigkeiten, wie schon früher erwähnt.

[3] Cuno war Vorsitzender des Haager Kongreßausschusses zur Untersuchung der Allianzaffäre gewesen.

42.

Fr. Engels an Sorge.

London, 4. Januar 1873.

Lieber Sorge!

1. Deine Briefe vom 3. und 6. Dezember erhalten. Begreife nicht, daß Dir die Zeitungen usw. nicht zukommen. Ich schrieb Dir 7. und 14. Dezember wegen der Verhaftungen in Lodi und sandte 14. Dezember „Emancipacion" und „Int. Herald"; 22. Dezember „Emancipacion" und „Int. Herald"; 23. Dezember „Emancipacion" und „Égalité" (Cluseret gegen die Blanquisten, gut, nur schlimm, daß sein Name darunter steht) und 24. Dezember drei Exemplare der Manchester Foreign Section. Heute folgt „Emancipacion" und ein Exemplar desselben, sowie das Zirkular der Minorität des britischen Föderalrats.

2. Also die Majorität des britischen Föderalrats hat Sezession gemacht — unter Leitung von Hales, Mottershead, Roach und — Jung. Sie hat ein Zirkular erlassen, sich gegen den Haager Kongreß erklärt usw. Wir haben nur ein Exemplar bis jetzt, sobald wir ein zweites bekommen, erhaltet Ihr's. Dann berief nicht das B. F. C.,[1] sondern das hole and corner meeting der Majorität einen englischen Kongreß auf den 5. Januar. Hier unter den englischen Arbeitern geht das aber nicht so einfach mit Staatsstreichen. Die Minorität blieb im alten Lokal in Red Lion Court versammelt, konstituierte sich als B. F. C. und avisierte alle Sektionen, mit ihrem Urteil zu warten, bis sie auch

gehört sei. Gleich darauf, am 23. Dezember, war das von mir aufgesetzte Zirkular der Manchester Foreign Section versandt und am 31. Dezember das der Minorität der F. C. Inzwischen hatte sich hier Westend-Sektion gegen die Majorität erklärt; Nottingham folgte nach, ehe das Minoritätszirkular in ihren Händen war, bitto Middlesborough, setzte Jung sofort ab und verlangte, daß die Minorität ihnen einen neuen Delegierten vorschlage, bitto Manchester Distrikt Council. Alle erklärten sich für die Haager Beschlüsse, und nach Rileys Privatnachrichten sind wir, mit Ausnahme von Liverpool, aller Provinzialsektionen sicher. Damit wäre dieser Coup d'état erledigt. Namentlich freut mich die prompte Justiz, die dem Herrn Jung widerfahren ist. Das hat er nun davon, daß er im Schlepptau des Hales, zum Werkzeug seines Todfeindes Guillaume sich hergegeben hat. Er ist jetzt mausetot.

2. Belgien. Der belgische Kongreß s'est bien moqué du C. G.[2] Er hat erklärt, mit Euch nichts zu tun haben zu wollen und die Haager Beschlüsse seien null und nichtig. Werde sehen, Dir Dienstag Genaueres zu schicken, habe das Blatt nicht hier.

3. Der spanische Kongreß wird dasselbe beschließen, da die Unsrigen ihn gar nicht beschickt haben. Leider sind viele der Unsrigen, wie mir Mesa schreibt, in der Insurrektion beteiligt, im Gefängnis oder mit den Banden im Gebirge, was gerade jetzt sehr fatal ist.

4. Ihr habt also jetzt a. die Jurassier, b. die Belgier, c. die alte spanische Föderation und d. die hiesigen jetzigen Minoritätssektionen, die sich in Rebellion erklärt haben. Wir sind nun hier einstimmig der Ansicht, daß hier kein Fall von Suspension[3] vorliegt, sondern daß der Generalrat einfach konstatiere, daß diese usw. Föderationen und Sektionen die zu Recht bestehenden Gesetze der Assoziation für null und nichtig erklären, sich damit selbst außerhalb der Internationale stellen und aufgehört haben, ihr anzugehören. Dann ist auch von keiner Konferenz die Rede, die infolge der Suspension doch immer möglich wäre.

Daß Ihr erst zu solchen Schritten übergehen könnt, wenn Ihr die offiziellen Dokumente in Händen habt, ist selbstredend. Wir werden sie Euch verschaffen.

5. In Portugal ist alles vollkommen in Ordnung; Lafargue hat gestern einen Brief erhalten, worin ein längerer an mich in Aussicht gestellt wird.

6. Aus Dänemark noch immer keine Zeile. Ich vermute, die Schweitzerianer haben vermittels ihrer Schleswiger Anhänger dort gestänkert. Für die Allianz ist dort aber nichts zu machen.

7. Frankreich. Serrailliers Bericht wirst Du empfangen haben. Im Süden ist stark verhaftet worden, 37 Mann, davon 27 wieder entlassen, einige der Unseren sitzen noch. Übrigens ist in Toulouse eine Konferenz der Unseren gerade während der Verhaftungen abgehalten worden.

8. Italien. Die Familien der drei Verhafteten und der sechs Durchgebrannten in Lodi sind in der größten Not und Bignami bombardiert mich mit Briefen um Unterstützung, da die Sektion natürlich von den übrigen italienischen Sektionen (der Allianz) in die Acht erklärt worden. Wir haben etwas Geld geschickt und auch sonst uns dafür verwandt in Spanien und Deutschland. Nun ist dort nicht viel zu holen, die Leute haben selbst Ausgaben genug der Art. Aber in Amerika da sollte etwas geschehen. Es ist von der höchsten Wichtigkeit, daß Lodi von außen unterstützt wird, es ist unser stärkster Posten in Italien und jetzt, wo von Turin nichts mehr zu hören, der einzig zuverlässige. Sobald diese Leute sehen, daß die Internationale etwas mehr als eine Phrase ist, so ist das ein arger Schlag für die Allianz, die alles Geld auf Drucksachen usw. verwendet und nie unterstützt. Lodi ist viel wichtiger und mit weniger Geld dort etwas zu machen als bei dem Genfer Bijoutierstreik, von dem Outine wieder, wie gewöhnlich, die Existenz der Internationalen dort abhängen läßt. Diese Genfer sind in der Beziehung wie die Belgier, sie tun nie etwas und verlangen immer alles. Was Ihr dort und wir hier für die Bijoutiers tun können, ist ein Tropfen im Eimer und nützt ihnen nichts — die Zeiten des großen Genfer Streiks sind vorbei und kommen nicht wieder; bis die inneren Angelegenheiten der Internationalen geordnet sind, so lange haben wir nicht die Mittel, irgend welche Streiks durchzuführen. Dagegen kann mit der Hälfte oder weniger der Anstrengungen in Italien ein kolossaler Erfolg erzielt werden. Denke Dir die Wut der Allianzisten, wenn es plötzlich in der „Plebe" heißt: Soscrizione per le famiglie etc. Ricevuto dal Consiglio Generale dell Int. Nuevo York — Lire[4] so und so und der Generalrat der Internationalen plötzlich in dieser Gestalt seine Existenz beweist! Tut also, was Ihr könnt! Die Leute sind wegen Eures Zirkulars eingesteckt und Ihr seid's ihnen schuldig. 30 bis

50 Dollars sollte man dort doch auftreiben können, aber wie viel oder wenig es auch ist, schickt etwas und bald, meinetwegen unter Zusage womöglich von ferneren Sendungen. Wenn uns Lodi und die „Plebe" verloren gehen, haben wir kein pied-à-terre mehr in Italien, darauf könnt Ihr bauen.

9. Von den meisten internationalen respektive Allianzblättern usw. erhalten wir hier höchstens ein Exemplar und das mit Mühe. Wir wollen indes sehen, daß wir sie Euch regelmäßig verschaffen.

10. Eure Proklamationen sind durchaus to the point, solange Ihr aber mit Leuten wie den Jurassiern und Belgiern französisch und mit Hales englisch korrespondiert, riskiert Ihr, daß diese Eure Sachen mit allen Sprachfehlern und Germanismen abdrucken lassen, was sicher nicht angenehm wäre. Ihr werdet doch wohl Leute von französischer oder englischer Muttersprache haben, die imstande sind, diese Sachen durchzusehen. Unsere Franzosen hier würden einen Teufel von Skandal gemacht haben, wenn wir ihre Namen unter Marx' oder mein Französisch gesetzt hätten. Keiner von uns kann in einer fremden Sprache so fest sein, daß er ohne Revision eines Eingeborenen für den Druck darin schreiben könnte. Apropos, sagt Mesa, in Eurer Adresse an den spanischen Kongreß hättet Ihr gewissermaßen ihr Recht anerkannt, über die Haager Beschlüsse zu Gericht zu sitzen und Euch dadurch vergeben. — Da ich das Aktenstück nicht kenne (es kommt erst in die nächste „Emancipacion"), weiß ich nicht was dran ist.

11. Serraillier kennt auch den Arraing nicht, dem Ihr Vollmacht geschickt; ist er ein Empfohlener Walters, dann ist's faul. Walter ist Agent für die Blanquisten, klüngelt in Toulouse, Bordeaux usw. Übrigens sind die Blanquisten mit ihrem Manifest jämmerlich ins Wasser gefallen; einer nach dem anderen hier suchen sie sich wieder heranzuschlängeln, dazu hat Ranvier das ganze Ding desavouiert.

12. In Portugal existiert Koalitionsrecht, aber nicht Assoziationsrecht. Die Internationale ist also nicht offiziell dort konstituiert, da aber alles im besten Geleise, ist ein Bevollmächtigter vorläufig überflüssig und könnte nur Eifersucht und Streitigkeiten erregen. — Die Dänen laßt Ihr auch am besten gewähren bis wir heraus haben, was da wrong ist. . . .

Beste Grüße von Marx und mir.

Dein F. E.

Nach der letzten Spring Str.-Sitzung in der „World“ — diese Woche von Dir erhalten — ist es wohl unzweifelhaft, daß Agent provocateurs darunter sind.

* * *

[1] B. F. C. — British Federal Council.

[2] „Hat sich lustig gemacht über den Generalrat.“

[3] Eine Konferenz mußte berufen werden, wenn mehrere Föderationen gegen die Suspension waren.

[4] Subskription für die Familien usw. Erhalten vom Generalrat der Internationalen zu New York (so und so viel) Lire.

43

Unter dem Datum des 8. Februar 1873 sandte Engels „Notizen für den Generalrat“:

1. . . . hat verschiedene Blätter übersandt.

2. Die Bande Hales hat am 20. Januar wirklich ihren Kongreß abgehalten, zehn Mann, elendes Fiasko . . .

3. In Lodi hält sich „Plebe“ brav, wenn auch nicht offen mit den anderen brechend . . . Allianzisten berufen Kongreß auf den 15. März.

4. Wir bedauern sehr, daß der Generalrat statt einfach das Faktum zu konstatieren, daß die Jurassier ausgetreten sind, indem sie die Haager Beschlüsse verworfen und Sonderbund stiften, sie bloß suspendiert hat usw.

5. Hofft, daß die Beschlüsse von New York aus nach Sonvillier und Genf geschickt sind . . . Serraillier kann nichts fortschicken wegen der zahlreichen Verhaftungen.

6. Der Bevollmächtigte Larroque hat sich nach San Sebastian geflüchtet (in Spanien) . . .

7. In Portugal geht alles gut . . .

8. In Lodi sitzt nur noch Bignami. Der Parteiausschuß in Hamburg hat ihnen 20 Taler und Oberwinder von Wien 50 Gulden geschickt . . .

9. Cunos Manöver, sich als Capestro zu verkleiden, ist bereits enthüllt in der Brüsseler Internationale.

10. Wenn der Generalrat die Sezessionsblätter nicht schon erhält, wird sich irgend ein unbekannter Name darauf abonnieren müssen. Wir verschaffen uns hier mit der größten Mühe und auf Umwegen von jedem ein Exemplar, und auch das nicht immer; wir können sie also beim besten Willen nicht besorgen. Es sind übrigens bloß: „L'Internationale“

(Brüssel), „Le Bull. de la Fed. Jurass.“ (Sonvillier) und „La Federacion“ (Barcelona).

11. Le Moussu will die „Stamps“ besorgen.

12. Was ist aus Mac Donnell geworden?

* * *

Anfang Dezember 1872 war Heddeghen in Paris, früher Bevollmächtigter des Londoner Generalrats und Delegierter im Haag (unter dem Namen Walter), aufgefordert worden, Personen vorzuschlagen, denen Vollmachten zu erteilen wären, und am 8. Januar 1873 war ihm selbst ein Mandat nebst Instruktionen zugesandt worden mit dem Verlangen, sich über die Blanquistischen Umtriebe zu äußern. Im Januar wurde Engels zum Bevollmächtigten für Italien, im Februar Wroblewsky für Polen ernannt. Ende 1872 gab es argen Streit in Chicago wegen des Dr. Büchner.

Der Generalrat hatte eine Adresse ausgesandt für die Bildung von internationalen Gewerkschaften. Die Jurassier waren suspendiert und Ende Januar Beschlüsse angenommen worden, wonach alle diejenigen, die die Haager Kongreßbeschlüsse und den Generalrat nicht anerkennen, sich selbst außerhalb der Internationalen Arbeiterassoziation stellen und nicht mehr dazu gehören. Dereure war abgereist nach dem Süden. In Genf war ein großer Ausstand der Goldarbeiter ausgebrochen, und der romanische Föderalrat verlangte Unterstützung derselben, fast unter Drohungen. — Die Italiener klopften auch fortwährend an und die deutschen Sektionen sammelten Gelder für alle diese Zwecke, während sie große Opfer brachten, um ihr Organ, die „Arbeiterzeitung“, herauszugeben, die am 8. Februar 1873 zum erstenmal erschien unter Leitung von C. Carl und R. Starke.

In Oesterreich bereitete sich eine Spaltung vor unter den Arbeitern; in Deutschland herrschte Lauheit gegenüber der Internationalen Arbeiterassoziation („der Hamburger Ausschuß sei zu pedantisch und furchtsam, die Internationale anzurühren,“ schrieb ein Parteigenosse). In Spanien entstand durch Amadeos Abdankung eine kurzlebige Republik und der Generalrat warnte in einer Adresse die spanischen Arbeiter vor Illusionen. Von Buenos Aires kam Nachricht, daß die Internationale Arbeiterassoziation dort Fuß gefaßt habe und eine Sektion gegründet sei, die bereits 250 Mitglieder zähle.

44

Karl Marx an Bolte, der Mitglied des New Yorker Generalrats war.

London, 12. Februar 1873.

Lieber Freund!

Es ist bis jetzt von der deutschen Ausgabe des „Kapital“ bis Heft 8 erschienen.[1] Da in zwei bis drei Wochen auch der Schluß erscheint, so schicke ich Ihnen und den anderen Freunden in New York das Ganze (von Heft 5 an) auf einmal. Was eine englische Ausgabe betrifft,[2] so ist sie infolge der französischen Ausgabe wohl sicher. Doch sehe ich mit einiger Besorgnis dem entgegen. Bei der Revision der französischen Übersetzung habe ich mehr Arbeit, als wenn ich die ganze Übersetzung selbst gemacht hätte. Wenn ich also nicht einen vollständig kompetenten englischen Übersetzer finde, so müßte ich selbst die Sache übernehmen und die französische Ausgabe hat mich bereits verhindert und wird auch bis zu ihrem Schluß an der letzten Bearbeitung des zweiten Bandes verhindern.

Engels und ich werden, soweit es unsere Zeit erlaubt, sowohl für das deutsche,[3] als das Föderalblatt[4] mitwirken.

Die Sezessionisten in England — Mottershead, Huber, Roach, Alonzo, Jung, Eccarius u. Ko. — haben in den jüngsten Wochen in einem sogenannten Kongreß der englischen Föderation die Farce des Londoner U. Federal. Council wiederholt.[5] Die Herren bestanden nur aus sich selbst; zwei davon, Jung und Pape, waren durch ihre Sektionen Middlesboro und Nottingham bereits abgesetzt, repräsentierten also auch nicht einmal nominell irgend etwas. Die sämtlichen „hole and corner sections",[6] welche diese Leute fabriziert haben, zählen sicher nicht 50 Stück allzusamt. Der Kongreß — mit Ausnahme einer kleinen Notiz, welche Eccarius als Lohnknecht der „Times" in dieses Blatt schmuggelte — ging unvermerkt vorüber, wird aber von den Sezessionisten auf dem Kontinent ausgebeutet werden. Jungs Rede auf dem Kongreß übertrifft alles an Albernheit und Infamie. Es ist ein alt-klatschweiberhaftes Gewebe an Lügen, Verdrehungen und Blödsinn. Dieser eitle Bursche scheint an Gehirnerweichung zu leiden. Es geht einmal nicht anders; man muß sich daran gewöhnen; die Bewegung nutzt die Leute ab, und sobald sie fühlen, daß sie außerhalb derselben stehen, fallen sie in Gemeinheiten und suchen sich einzureden, es sei die Schuld von diesem oder jenem, daß sie Lumpen geworden sind.

Meiner Ansicht nach hat der Generalrat zu New York einen großen Fehler begangen durch die Suspension der Juraföderation. Diese Leute sind schon aus der Internationalen ausgetreten, indem sie Kongreß und Statuten derselben als für sie gar nicht existierend erklärt haben; sie haben das Zentrum einer Verschwörung für Bildung einer Gegen-Internationalen gebildet; zufolge ihres Kongresses zu St. Imier haben ähnliche Kongresse zu Cordova, zu Brüssel, zu London stattgefunden und werden schließlich die Allianzisten von Italien einen ähnlichen Kongreß abhalten.

Jedermann und jede Gruppe hat das Recht, aus der Internationalen auszutreten, und sobald das geschieht, hat der Generalrat einfach diesen Austritt in offizieller Weise zu konstatieren, keineswegs aber zu suspendieren. So lange Gruppen (Sektion der Föder.) nur die Machtbefugnisse des Generalrats bestreiten, oder auch in diesem oder jenem Punkte Statuten oder Reglementsartikel verletzen, ist Suspension vorgesehen. Dagegen haben die Statuten keinen Artikel über Gruppen, welche die Gesamtorganisation über den Haufen werfen, und zwar aus dem einfachen Grunde, weil es sich nach den Statuten von selbst versteht, daß solche nicht länger zur Internationalen gehören.

Es ist das keineswegs eine formelle Frage.

Die Sezessionisten haben auf ihren verschiedenen Kongressen beschlossen, einen Gesamtsezessionistenkongreß zur Abfassung ihrer neuen, von der Internationalen unabhängigen Organisation (aus)zuschreiben. Solcher Kongreß soll im Frühling oder Sommer stattfinden.

Aber die Herren wollen sich für den Fall des Mißlingens eine Tür offen halten. Dieses geht aus einem dickleibigen Zirkular der spanischen Allianzisten hervor. Ist ihr Kongreß ein Fehlschlag, so behalten sie sich vor, den Genfer Kongreß heimzusuchen, eine Absicht, die der italienische Allianzist Garbuzzi . . . schon bei seiner Anwesenheit in London so naiv war, mir mitzuteilen.

Ändert also der New Yorker Generalrat nicht sein Verfahren, was wird das Resultat sein?

Er wird nach dem Jura — die sezessionistischen Föderationen in Spanien, Italien, Belgien und England suspendieren; Resultat: Alles Lumpengesindel erscheint wieder in Genf und paralysiert dort jede ernsthafte Arbeit, wie es solches im Haag getan und kompromittiert wieder den allgemeinen Kongreß zu Nutz und Frommen der Bourgeoisie. Das große Resultat des Haager Kongresses war, die faulen Elemente dahin zu treiben, sich selbst auszuschließen, das heißt auszutreten. Das Verfahren des Generalrats droht dieses Resultat zu vereiteln.

Im offenen Gegensatz zur Internationalen schaden diese Leute nicht, sondern nützen, aber als feindliche Elemente innerhalb derselben ruinieren sie die Bewegung in allen Ländern, wo sie Fuß gefaßt haben.

Die Arbeit, welche diese Leute und ihre Emissäre in Europa uns machen, kann man kaum zu New York sich vorstellen.

Um die Internationale in den Ländern zu stärken, wo der Kampf hauptsächlich geführt wird, bedarf es vor allem des energischen Vorgehens des Generalrats.

Da einmal der Fehler mit Bezug auf den Jura begangen, wäre es vielleicht das beste, einstweilen die anderen ganz zu ignorieren (außer wenn etwa unsere eigenen Föderationen das Gegenteil verlangen) und den allgemeinen Sezessionistenkongreß abzuwarten, um dann für alle seine constituencies zu erklären, daß sie aus der Internationalen ausgetreten sind, sich selbst von ihr ausgeschlossen, und von nun ab als ihr fremde und selbst feindliche Gesellschaften zu betrachten sind. Eccarius hat sehr naiv auf dem Londoner Winkelkongreß erklärt, man müsse Politik mit den Bourgeois treiben. Seine Seele dürstet seit lange nach Verkauf.

Die Nachricht von dem großen Unglück, das Sorge betroffen, hat uns alle tief geschmerzt. Meine herzlichsten Grüße an ihn.

Salut fraternel

Karl Marx.

* * *

[1] Die zweite Auflage des „Kapital" erschien in Heften.

[2] Erscheinen des „Kapital" in englischer Sprache wurde besonders in den Vereinigten Staaten sehr gewünscht.

[3] Die „Arbeiterzeitung" in New York war gerade herausgekommen.

[4] Wahrscheinlich hatte Bolte ein Organ in englischer Sprache in Aussicht gestellt.

[5] Die von Pyat und Konsorten seinerzeit in die Welt posaunte After-Internationale.

[6] „Winkelsektionen."

* * *

Kurz nach der Konstituierung des Generalrats in New York bildete sich innerhalb desselben eine Art Fronde, in der Hauptsache gegen den Generalsekretär, aber teilweise auch gegen den alten Londoner Generalrat gerichtet, und diese Fronde hemmte die Arbeiten des Generalrats und lähmte sein Wirken bedeutend. Der Hauptteil des erwähnten Briefes war von Marx geschrieben, um die erwähnte Fronde etwas umzustimmen oder gewissermaßen zur Vernunft zu bringen.

45

Joh. Ph. Becker an Sorge.

Genf, 25. Februar 1873.

Lieber Herzensfreund!

... Nun, wie macht sich die Stellung unseres Generalrats in New York? Gewinnt unsere Assoziation gehörig Boden und Ausdehnung in Amerika? Ihr tut wohl daran, durch öftere Rundschreiben das Bewußtsein der Zusammengehörigkeit wach zu halten und weiterhin zu erwecken.

Auch den brieflichen Verkehr mit den Föderalräten der verschiedenen Länder dürft Ihr nicht vernachlässigen. Du weißt, daß nun das Zentralkomitee der deutschen Sprachgruppe in der Schweiz in Zürich ist und tut Ihr wohl, einen möglichst lebhaften Verkehr mit demselben zu unterhalten, da die Arbeiterbewegung in der Schweiz eben in sehr guten Fluß kommt, was für unseren diesjährigen Kongreß sehr ersprießlich ist. Auch bitte ich Dich, möglichst darauf hinzuwirken, daß unser Organ, die „Tagwacht", an der ich nun auch mitarbeite, dort Verbreitung findet. Ebenso ist den deutschen Arbeitern in Amerika die Lesung der Schrift „Herr Böhmert", von dem Schriftsetzer Franz geschrieben, dringend zu empfehlen. Wüßtet Ihr nicht auch eine Portion gehefteter Jahrgänge des „Vorboten" von 1866 bis 1871 an den Mann zu bringen, damit ich mich eher der durch ihn noch auf mir lastenden Druckschuld entledigen könnte? Du weißt, wie sehr der „Vorbote" dort geeignet wäre, die neuen Mitglieder betreffs des Zweckes der Internationalen auf den rechten Standpunkt zu stellen. Nun, ich weiß, daß Du Dein möglichstes dafür tust.

Über meine weiteren literarischen Unternehmungen werde ich Dir später schreiben; nur sehne ich mich inzwischen nach einem Lebenszeichen von Dir, denn seit wir in Amsterdam Abschied voneinander nahmen, habe ich direkt nichts mehr von Dir erfahren. Sicher hat Dir doch Bürger Mai meinen Brief vom 1. Oktober nebst Bücherpaket übergeben. Ich will Dir keine Vorwürfe machen, mein lieber Alter, denn ich weiß, daß Dich die Generalratsgeschäfte sehr in Anspruch genommen haben, aber Du wirst auch mein Bedürfnis nach Deinen unmittelbaren Nachrichten begreifen . . .

. . . Unser Goldarbeiterstreik dauert noch immer fort und hat gestern die dreizehnte Woche angetreten. Es ist ein wahrer Musterstreik, was Standhaftigkeit und würdige Haltung der Arbeiter anbetrifft. Es fehlt aber auch nicht an der Beihilfe der europäischen Bundesgenossen. Immerhin ladet sich die hiesige Goldarbeitersektion eine kolossale Schuld auf den Hals, und es wäre sehr hochdienlich, wenn auch Ihr mit einer Hilfeleistung nicht zurückbliebet und wäre es nur, um zu zeigen, daß die werktätige Brüderlichkeit der Arbeiterwelt auch über das Meer reicht.

Ohne Sieg der Arbeiter wird der Kampf nicht eingestellt, darauf dürft Ihr sicher zählen und kommt Ihr mit einer Gabe nie zu spät.

Dein alter Bruder

Joh. Ph. Becker.

Sage mir doch aufrichtig und möglichst bestimmt, was der edle Bürger Goegg[1] bei Euch über mich gesagt hat, ich will ihm ernstlich an den Leib gehen.

* * *

[1] A. Goegg machte Besuche bei aller Welt, auch in Sektion 1 New York, und plauderte gern.

46

Fr. Engels an Sorge.

London, 20. März 1873.

Lieber Sorge!

... Deinen letzten oder vielmehr vorletzten Brief hat Marx, der Dir einige Zeilen schreiben wollte, ich zweifle indessen, ob er's getan, und kann ihn heute nicht fragen, da er mit Tussy auf einige Tage nach Brighton gegangen. Was die alten Generalratsprotokolle angeht, so können sie Euch nichts nützen, da Ihr alle Beschlüsse von allgemeinem Interesse schon früher mitgeteilt erhieltet[1] und die anderen alle Gültigkeit verloren haben. Dagegen sind sie uns hier in dem Kampfe gegen die Sezessionisten absolut unentbehrlich, um auf die Lügen und Verleumdungen antworten zu können. Ich denke, das Interesse der Internationalen ist doch hier wichtiger als die Erfüllung einer Formalität.

Daß die anderen Sekretäre keine Berichte geschickt, ist allerdings nicht in der Ordnung. Der von Serraillier war in dem verlorenen Brief. Wroblewsky kann keinen schicken, da in Polen alles geheim ist und wir auch früher nie Details[2] von ihm verlangt haben. Wie es in Deutschland und Österreich steht, wißt Ihr ebenso gut wie wir, da Ihr direkt korrespondiert und wir vom Status der Sektionen ebenfalls keine Details haben. Von den ausgetretenen Sekretären der Schweiz — Jung — und Dänemark — Cournet — kann kein Bericht verlangt werden.

Wer also soll Euch noch berichten?

Von Dänemark hören wir kein Wort, ich fürchte, Lassalleanische Umtriebe haben dort Boden gefunden.

In Frankreich scheint alles abgefaßt. Heddeghen[3] hat den Verräter gespielt, wie der Prozeß in Caen beweist, wo der Prokurator ihn direkt als Denunzianten nannte. Dentraggues in Toulouse (Swarm[4]) hat mit gewöhnlicher Pedanterie eine Masse nutzloser Listen geführt, die der Polizei alles nötige lieferten, sein Prozeß ist jetzt im Gang. Die Berichte erwarten wir täglich. Larroque ist glücklich via London nach San Sebastian entkommen, wo er wieder mit Bordeaux anzuknüpfen sucht. Seine (geheim zu haltende) Adresse ist: Senor Latraque . . .

Cuno hat mit seiner Resolution von Sektion 29[5] kein Glück gehabt. Er schickt sie an den allianzistischen spanischen Föderalrat und sagt dabei, daß Capestro gleich Cuno! Wozu also die Namenskomödie! Die „Federacion" von Barcelona druckt den Kram ab und zieht daraus die Folge — nicht ganz ohne Scheingrund —, daß Cuno ebenfalls jetzt Buße getan und eingesehen hat, daß der vorige Generalrat Unrecht hatte. Das kommt vom Vermitteln.

Ad vocem Lodi. Als Dein Brief vom 12. Februar ankam, waren alle wieder frei und Bignami zeichnete wieder als Redakteur. Ich nahm also auf mich, da kein Geld mehr nötig war, die 20 Dollars nicht zu schicken, um so mehr, als der Generalrat sein Geld selbst braucht. Ich bitte um umgehende Instruktion, ob es noch geschickt werden soll oder ob Ihr anders darüber denkt.

Was Geldzahlungen für den Generalrat angeht, so habe ich noch keinen Heller erhalten. Du wirst aus Verwaltungsverordnungen III, Art. 4 ersehen, daß die Beiträge erst am 1. März fällig sind und die Praxis war, daß diese sonst allgemein erst kurz vor oder auf dem Kongreß bezahlt wurden. Wir lebten bis dahin meist von individuellen Beiträgen und vom Schuldenmachen. Was erstere angeht, so will ich suchen, welche beizutreiben, es wird aber schwer halten, wenn wir nicht alle Ressourcen für den nächsten Kongreß vorweg verwenden und den Verlauf des Kongresses dem Zufall überlassen wollen.

Schicke sofort 80 bis 100 englische Gewerkschaftspläne. Die 40 geschickten sind, wie die meisten Briefe, bis jetzt nicht angekommen — man sucht danach — und reichen für hier gar nicht aus, in Manchester allein können 30 bis 40 abgehen — da die Trade Unions hier meist nur lokal, nicht zentralisiert sind. Du kannst vorderhand alles für den Brit. Federal Council entweder an mich schicken oder an den Sekretär S. Vickery . . . oder an F. Leßner . . . Das jetzige Lokal des F. C. ist aber auch nur provisorisch.

Ebenfalls kann ich noch französische Exemplare brauchen für Italien, Holland und Belgien, ich schicke sie einzeln oder zu 2 bis 3 an die Streikkomitees, wo immer ein Streik ausbricht.

Adressen in Holland oder Belgien kann ich jetzt nicht schaffen. Lieders ist nicht mehr im Haag, sondern in Deutschland, van der Hout, der übrigens ein Bummler ist, ist bei Essen als coal miner. Die Resolution vom 26. Januar ist sehr gut. Jetzt ist zur Erledigung der Sache nur noch nötig, daß Ihr nach Abhaltung der im März bevorstehenden jurassisch-italienischen und sonstigen Kongresse einen Beschluß faßt, worin der vom 26. Januar auf die betreffenden Sezessionisten in Spanien, Belgien, England und Jura namentlich angewandt wird. Von Italien könnte bloß die Rede sein, soweit anerkannte Sektionen — Neapel, Mailand, Ferrara, Turin, Lodi, Aquila — davon etwa betroffen würden — die anderen haben nie zur Internationalen gehört.

Die Adresse an die Spanier wird ebenfalls gut wirken. Einerseits ist sie theoretisch durchaus korrekt gehalten und andererseits vermeidet sie alles, was den Allianzisten Vorwand geben könnte, sich als Anarchisten dagegen breit zu machen, und drittens ist sie kurz. Überhaupt haben alle Eure Adressen bei den Arbeitern großen Anklang gefunden.

Die Resolution vom 26. Januar habe ich dem Brit. F. C. zugeschickt, sie wird heute abend vorgelegt.

Die Forderungen des Generalrats (vom 15. Dezember) wegen Zulassung von Sektionen werden in dieser Weise sicher nie erfüllt, er kann keine neuen Bedingungen stellen.[6] Ebensowenig wird es Wr. möglich sein, sich an seine Instruktionen zu halten. Für Polen muß der Bevollmächtigte durchaus als Vertrauensmann behandelt werden, sonst richten wir gar nichts aus.

... Die Sektion Lodi ist noch nicht wieder konstituiert und die in Turin wahrscheinlich aus dem Leim gegangen.

Der Krakeel wegen Woodhull in Spring Street[7] hat mich sehr erheitert. Ich werde das in Spanien usw. weiter verbreiten. Ebenso, daß Eccarius in der „World" ihren sham-Congress als eine bloße freundschaftliche Zusammenkunft zu schildern wagt. „Arbeiterzeitung" bis Nr. 4 erhalten. Sehr gut, wenn auch hier und da etwas rauh im Stil, schadet durchaus nichts, attestiert proletarischen Charakter. Sehr gut Angriff auf Singer Co., ought to be continued and extended to others.

Hier ist sonst nichts neues. Die Jung-Halesschen Schimpfereien gehen durch die ganze jurassische, belgische und sonstige sezessionistische Presse; Longuet will in der „Liberté“ darauf antworten, ob's was wird, ist mir bei seiner Faulheit nicht ganz klar.

Postschluß. Besten Gruß Dein F. Engels.

* * *

[1] Das ist nicht ganz richtig, dem Generalrat in New York sind keine Mitteilungen über die Tätigkeit des Londoner Generalrats gemacht worden, außer dem, was Engels in seinen Berichten erwähnte.

[2] Details sind nie verlangt worden, aber ein Lebenszeichen.

[3] Der Generalrat veröffentlichte eine Darstellung der Umstände, unter denen Heddeghen ein Mandat erlangt hatte. Schily befürchtete auch, durch Heddeghen in Ungelegenheiten zu kommen, und zur Irreleitung der französischen Polizei wurde der Darstellung eine Episode aus dem Aufenthalt Sorges in Paris — auf der Reise nach dem Haag — angehängt. Beides wurde dem „Volksstaat“ zur Veröffentlichung zugesandt, der indessen den Anhang wegließ. Der „Neue Sozialdemokrat“ in Berlin brachte die gemeinsten, lügnerischsten Artikel gegen die Internationale Arbeiterassoziation und besonders gegen den New Yorker Generalrat. Die Abwehr dagegen brachte zuletzt eine Frau, Frau Marx.

[4] Dentraggues war im Haag unter dem Namen Swarm.

[5] Sektion 29 war eine Sektion französischer Sprache in Paterson, New Jersey.

[6] Der Generalrat hatte auch statistische Angaben über Beschäftigung usw. verlangt.

[7] In dem sogenannten Spring Street Council (New York) war Rebellion gegen die Woodhull und Claflin ausgebrochen.

47

Fr. Engels an Sorge.

London, 22. März 1873.

Lieber Sorge!

Ich schrieb Dir am 20. d. M. und sende heute „Emancipacion“ Nr. 89 und „International Herald“ Nr. 51.

Ich vergaß, wegen der nicht gesandten 20 Pfund Sterling nach Lodi beizufügen, daß diese Leute während ihres Pechs

von hier	50 Franken	
vom Ausschuß der sozialdemokratischen Arbeiterpartei	75 „	(20 Taler)
von Oberwinder in Wien 50 fl. =	125 „	
zusammen	250 Franken	

erhalten hatten, was ich für einen so günstig verlaufenen Fall — drei wurden nach 14 Tagen schon freigelassen und bloß Bignami zirka sechs Wochen festgehalten — für genügend hielt.

Der Beschluß vom 26. Januar und die Adresse an die Spanier sind nach Lodi gesandt. Die Adresse an die Spanier, wie Du siehst aus der „Emancipacion", hat sehr gefallen.

Besten Gruß

Dein F. E.

48

Fr. Engels to the General Council of the I. W. M. A.

London, April 15th 1873.

Citizens.

I have received your letter of 21st March along with bill £ 8 6 d for Lodi. At the same time I received a letter from Bignami stating that he was again hiding in order to avoid being dragged to prison to undergo a sentence of imprisonment which he prefers doing later or after having been restored to better health. The money could therefore not have arrived at a more favorable moment. I got it changed for 200 francs in French banknotes which I sent to him immediately. . . .

The report on the Alliance is now being drawn up and Lafargue and I work at it daily, no time is being lost. The documents were kept by Lucain at Brussels until Christmas and he has some still. . . . As soon as the Alliance is quite in shape we shall do the Congress minutes.

The „Emancipacion" of Madrid is dying if not dead. We have sent them £ 15 but as scarcely anybody paid for the copies received it appears impossible to keep it up. I am in correspondence with Mesa with regard to another paper to be started but can not say what will be the result.

The Pensamento Social of Lisbon, an excellent paper which in its last number had a very good reply to the Spanish Federal Commission of Alcoy on the Alliance question, will also have to suspend its publication for a short time, but will reappear.

The „Int. Herald", as you will have seen, also is on its last legs. We may try to keep it alive till the next English Congress (Whit-week) after which it may be possible to start something else. The „Herald" is not worth much except as an organ of publicity for the B. F. C. but as such, for the moment almost indispensable.

You will have seen from the French papers that Walter (Heddeghen) comes out as a downright spy. He is said to have been a Bonapartist mouchard. At Toulouse, Swarm (Dentraggues) has not behaved much better, but not having read the full report, I can not speak with certainty; at all events he was no mouchard, but seems weak and capricious.

Fraternal Greeting F. Engels.

So far, no money has been received by me for the Council. No news either from Italy, except that temporarily „The Plebe" appears to be suspended too. The arrest of the Alliancists at Bologna and Mirandola will not last long, they will soon be liberated; if some of them are now and then arrested by mistake, they never suffer seriously.

(Deutsch.)

Fr. Engels an den Generalrat der Internationalen Arbeiterassoziation.

London, 15. April 1873.

Ihren Brief vom 21. März nebst Wechsel von 8 Pfund Sterling 6 Pence habe ich erhalten. Zu gleicher Zeit erhielt ich einen Brief von Bignami mit der Nachricht, daß er sich wieder verborgen, um nicht zur Abbüßung einer Gefängnisstrafe ins Gefängnis geschleppt zu werden, da er die Strafe später oder nach Wiederherstellung seiner Gesundheit absitzen wolle. Das Geld konnte daher kaum in einem günstigeren Augenblick eintreffen. Ich habe es umgewechselt in 200 Franken französischer Banknoten, die ich ihm sofort geschickt habe.

Der Bericht über die Allianz wird jetzt aufgesetzt, und Lafargue und ich arbeiten daran ohne Zeit zu verlieren. Lucain hielt die Schriftstücke in Brüssel bis nach Weihnachten und hat jetzt noch welche. Sobald die Allianz in Ordnung, gehen wir an das Kongreß-protokoll. Die „Emancipacion" von Madrid geht ein, wenn sie nicht schon eingegangen.

Wir haben ihnen 15 Pfund Sterling gesandt, aber es scheint unmöglich, sie aufrecht zu erhalten, da kaum ein Mensch für die erhaltenen Nummern Zahlung leistet. Mit Mesa korrespondiere ich wegen Herausgabe eines anderen Blattes, kann aber das Resultat noch nicht angeben.

Das „Pensamento Social" in Lissabon, ein ausgezeichnetes Blatt, das in seiner letzten Nummer eine sehr gute Antwort über die Allianzfrage an die spanische Föderalkommission in Alcoy enthielt, wird sein Erscheinen auch eine kurze Zeit einstellen müssen, aber wieder erscheinen. Der „International Herald" liegt auch in den letzten Zügen, wie Sie gesehen haben werden. Es mag sein, daß wir ihn am Leben zu erhalten suchen bis zum nächsten englischen Krongreß (Pfingstwoche) und nachher wird möglicherweise ein anderes herausgegeben. Der „Herald" ist nicht viel wert, ausgenommen als Publikationsorgan für den Br. F. R., aber als solches augenblicklich fast unentbehrlich. Sie werden aus den französischen Blättern ersehen haben, daß Walter (Heddeghen) als richtiger Spion herauskommt. Er soll ein bonapartistischer Spion gewesen sein. Swarm (Dentraggues) in Toulouse hat sich nicht viel besser gehalten, doch kann ich nichts Bestimmtes sagen, weil ich die vollständigen Berichte noch nicht gelesen habe; auf alle Fälle war er kein Mouchard, scheint aber schwach und launisch zu sein.

Brüderlichen Gruß

F. Engels.

Bis jetzt habe ich kein Geld für den Generalrat erhalten. Auch keine Nachrichten von Italien, ausgenommen, daß die „Plebe" auch einstweilen ihr Erscheinen eingestellt hat. Die Verhaftung von Allianzisten in Bologna und Mirandola wird nicht lange dauern, sie werden bald freigelassen werden; wenn hier und da einer von ihnen aus Irrtum verhaftet wird, so leiden sie doch nie ernstlich dabei.

* * *

Der Generalrat war fortwährend in Geldnöten, konnte seinen Beamten keinen Pfennig zahlen und mußte Drucksachen oft liegen lassen. Die Deutschen waren so großmütig, 25 Taler Pauschalsumme als Beitrag anzubieten. Die Österreicher zahlten 100 Gulden und von allen übrigen Organisationen zahlten nur die Holländer ihre Beiträge und die Nordamerikanische Föderation. Italien, Spanien, Belgien, England, Dänemark zahlten nichts, und einige davon, wie z. B. Italien und die Schweiz, machten fortwährend Ansprüche auf Unterstützung und erhielten sie auch.

Die Wiener Fiakerkutscher ersuchten den Generalrat, ihre Verbindung mit den Kutschern anderer Hauptstädte zu vermitteln. — In Wien wurde eine Weltausstellung veranstaltet, die den großen Krach des Jahres 1873 inaugurierte, der sehr bald auch in den Vereinigten Staaten ausbrach, vielleicht auch die Wirren unter den österreichischen Angehörigen der

Internationalen Arbeiterassoziation beförderte, die zu einer Spaltung führten. Oberwinder und Andreas Scheu waren die Führer der zwei Lager. Oberwinder war schon ein Jahr früher von New York aus gewarnt worden vor zu starker Anlehnung an bürgerliche Parteien. Andreas Scheu war dem Generalrat ziemlich unbekannt und es wurde deshalb an Farkas in Pest, an J. Ph. Becker in Genf und an Engels in London um Auskunft über die Wiener und österreichischen Verhältnisse geschrieben, von denen Farkas nie geantwortet hat.

In New York und Chicago bereiteten sich auch Wirren vor unter den Internationalen.

40

Fr. Engels an Sorge.

London, 3. Mai 1873.

Lieber Sorge!

Deinen Brief vom 9. und den des Generalrates vom 11. erhalten.

1. Serraillier: Was D.[1] sagt, ist nur Unsinn. Die Pfaffengeschichte beschränkt sich auf folgendes: Pottier, Delegierter der Kommune im 2. Arondissement, dem Serraillier beigegeben war, vermietete die Kirche an die Pfaffen (le dit délégué loue la boutique nommé: Eglise etc. etc. au nommé . . . pour y excercer le métier de curé[2] war die Formel) und Pottier zog alles Geld ein und verwandte es zu Kommune- respektive Arrondissementszwecken und verrechnete es der Kommune. Serraillier hat nie einen Sou davon in der Hand gehabt. Le Moussu, der auf das Wort Pfaff anbeißt wie der hungrige Fisch, hatte einmal vor, den P. und S. zu verhaften, weil, wie er sich ausdrückt, ceci était un commerce immoral.[3] Wenn es sich um schlechte Witze handelte, so weiß ich nicht, wer die besten gemacht, Le M. oder P. und S. Aber auf dergleichen Kindereien ernsthafte Anklagen zu basieren, ist mehr als kindisch. Indes die Franzosen sind Kinder. Was die Demonstration der 22 sein soll, weiß ich nicht; ich vermute, es war der versuchte Austritt der Minorität, und der Krakeel zwischen Majorität und Minorität der Komm. dauert noch fort, und für alles was blanquistisch angestrichen ist, ist es noch heute ein Verbrechen, und zwar ein erschießliches, der Minorität angehört zu haben. Alles dies ist für uns hier uralt, wir haben das aus allen Tonarten und bis zum Überbruß gehört und geben auf den ganzen Klatsch keinen Heller.

2. „Arbeiterzeitung“ — allerdings in einem Stil, der an Hanebüchenheit nichts zu wünschen übrig läßt. Indes das ist amerikanisch —

die ganze deutschamerikanische Literatur schreibt so. Zu Korrespondenzen haben vor der Hand weder Marx noch ich die geeignete Zeit; ich sitze bis über die Ohren in den Kongreßarbeiten, die französisch redigiert werden, und Marx in seiner französischen Übersetzung.

3. Wiener. Wir kennen die Sache nur aus der Öffentlichkeit, da weder Oberwinder noch Scheu darüber hergeschrieben. Uns ist indes Scheu verdächtig; 1. ist er in Verbindung mit Vaillant und 2. sind Anzeichen da, daß er auch wie sein Freund und Vorgänger, der toll gewordene Neumeyer, mit Bakunin in Verbindung steht. Die großen Phrasen des letzteren klingen einigermaßen in Scheus Artikeln und Rede durch, und Du erinnerst Dich, wie sein Bruder im Haag durchbrannte, als die Geschichte mit B. zum Austrag kam. Oberwinder ist, soweit die öffentliche Polemik geht, bis jetzt nichts Ernsthaftes vorgeworfen worden. Seine Mitarbeiterschaft an Bourgeoisblättern geschah unter Mitwissen und Billigung der Partei und direkt für Parteizwecke. Wenn mir morgen die „Times" zur Verfügung gestellt wird, darin zu schreiben wie ich will, und gegen Bezahlung, so nehme ich's unbedenklich an. Dem Eccarius hat dies niemand übel genommen, bis er die Sache umkehrte, die Internationale in seinem Geldinteresse exploitierte und nicht mehr in ihrem Interesse, sondern im seinigen und dem der „Times" schrieb. Daß Oberwinder in Österreich, wo der Feudalismus erst teilweise überwunden und die Massen noch unbegreiflich dumm sind, und wo die Verhältnisse ungefähr noch die von Deutschland vor 1848 sind — daß er da nicht gleich das Äußerste mit radikalweitgehendstem Gepolter verlangt, sondern die Politik verfolgt, die wir im Schluß des Kommunistischen Manifestes für das damalige Deutschland empfahlen, nehmen wir ihm sicher nicht übel. Er mag hier und da zu kleinbürgerlich vorsichtig sein, aber erstens ist auch das nicht bewiesen und zweitens kein Grund zu so kolossalem Gepolter. Und Oberwinder ist kein Österreicher, also jeden Tag ausweisbar. Doch, wie gesagt, das Nähere kennen wir nicht und halten also mit unserem Urteil noch zurück.

4. Aufnahmeforderungen. — Gesetzt, Ihr seid formell im Recht, dies alles von Einzelsektionen zu verlangen, was immer fraglich, so hat jedenfalls bisher kein Föderalrat diese bureaukratischgenauen Forderungen gestellt, und hätte er sie gestellt, wären sie nie erfüllt worden. Welch ein enormer Fehler es aber war, solche Sache selbst

in Frankreich zu verlangen, beweist der Artikel in Nr. 49 des „Neuen Sozialdemokrat", den ich Dir heute zuschicke. Ich habe sofort Hepner instruiert und gestern nach eingeholter genauer Erkundigung wegen Dentr. und Hebbeghen das Nötige an den „Volksstaat" geschrieben.[4]

5. We expect more news about France before taking any steps. Ich sehe nicht, daß Ihr überhaupt Schritte tun könnt. Alle unsere Sektionen sind abgefaßt. Hebbeghen war Spion schon im Haag, Dentr. ist keiner, hat aber aus persönlichen Gründen und Schwäche Einzelne denunziert, die ihn vorher durchgekeilt hatten. . . . Jedenfalls ist die Organisation momentan in Frankreich klatsch und wird sich erst allmählig wieder erholen, da alle Verbindungen fehlen. Laroque hat drei Jahre in contumaciam gekriegt.

6. (Handelt von den Marken.)

7. Kongreßort. — Ich hoffe, Ihr habt die Schweizer nur um Rat gefragt, wie wir voriges Jahr die Holländer.

In der Schweiz ist nur ein möglicher Ort, und das ist Genf. Dort haben wir die Masse der Arbeiter hinter uns, und dann ein der Internationalen gehöriges Lokal, den Temple-Unique, wo wir die Herren von der Allianz einfach herauswerfen, wenn sie sich präsentieren. Außer Genf wäre nur Zürich möglich, dort aber haben wir nur die paar deutschen Arbeiter und auch diese nicht alle (vide „Felleisen"[5]), und Eure Anfrage könnte sogar den Erfolg haben, daß von einigen Seiten das zentralgelegene Olten — Haupteisenbahnknoten der Schweiz — vorgeschlagen würde, wo wir erst recht auf dem Hinteren säßen. Die Allianzisten bieten alles auf, um massenweise auf dem Kongreß zu erscheinen, während bei uns alles einschläft. Französische Delegierte können nach der Sprengung keine kommen. Die Deutschen, obwohl sie ihren eigenen Krakeel mit den Lassalleanern haben, sind durch den Haager Kongreß, wo sie im Gegensatz zu ihrem eigenen Gezänk lauter Brüderlichkeit und Harmonie erwarteten, sehr enttäuscht und schlaff geworden; dazu kommt, daß die Parteibehörden der sozialdemokratischen Arbeiterpartei augenblicklich aus lauter eingefleischten Lassalleanern (York u. Ko.) bestehen, die das Verlangen stellen, Partei und Parteiblatt soll auf dem Standpunkt des allerplattesten Lassalleanismus herabgezwängt werden. Der Kampf dauert fort. Die Leute wollen die Zeit, wo Liebknecht und Bebel sitzen, benutzen, um dies durchzusetzen.

Der kleine Hepner leistet energisch Widerstand, ist aber aus der Redaktion des „Volksstaat" so gut wie heraus und ohnehin aus Leipzig ausgewiesen. Der Sieg dieser ..... wäre gleichbedeutend mit dem Verlust der Partei für uns — wenigstens für den Augenblick.

Ich habe an Liebknecht sehr determiniert darüber geschrieben und erwarte noch Antwort. Von Dänemark hört und sieht man nichts.

Meine längst gehegte Vermutung, daß die Lassalleaner vom „N. Soz.-Dem." durch ihre nordschleswigischen Anhänger dort alles in Verwirrung und die Leute zum Rücktritt von der Internationalen veranlaßt haben, wird täglich mehr durch den „N. Soz.-D." bestätigt, der über die Kopenhagener Vorgänge weit besser unterrichtet ist als der „Volksstaat". Aus England können nur wenig Delegierte kommen, ob die Spanier einen schicken, ist sehr fraglich, also steht zu erwarten, daß der Kongreß sehr schwach besucht sein wird und daß die Bakunisten mehr Leute dort haben werden als wir. Die Genfer selbst tun nichts, die „Égalité" scheint eingegangen, also auch dort selbst keine große Teilnahme zu erwarten — bloß daß wir dort in unserem *eigenen Hause* sitzen und unter Leuten, die Bakunin und seine Bande kennen und sie im Notfall hinausprügeln. Also Genf ist der *einzige* Ort, und, um uns den Sieg zu sichern, nur noch nötig, *aber auch absolut*, daß der Generalrat jetzt laut Beschluß vom 26. Januar als *ausgetreten* erklärt:

1. die belgische Föderation, die erklärt hat, mit dem Generalrat nichts zu schaffen zu haben und die Haager Beschlüsse verworfen hat;
2. den in Cordova vertretenen Teil der *spanischen* Föderation, der gegen die Statuten die Zahlung der Beiträge für optional erklärt und die Beschlüsse vom Haag ebenfalls verworfen hat;
3. die im angeblichen Londoner Kongreß vom 26. Januar vertreten gewesenen *englischen* Sektionen und Individuen, die ebenfalls die Haager Beschlüsse verwarfen;
4. die Juraföderation, die auf ihrem jetzt abzuhaltenden Kongreß schon Grund genug dazu geben wird, den Suspensionsbeschluß zu erweitern.

Zum Schlusse könnte erklärt werden, daß die sogenannte italienische Föderation, die auf dem sogenannten Kongreß von Bologna (statt Mirandola) vertreten war, gar nicht zur Internationalen gehört, indem sie nie auch nur eine der statutengemäß vorgeschriebenen Bedingungen erfüllt hat.

Ist dieser Beschluß erlassen und hat der Generalrat eine Kommission in Genf zur Vorbereitung des Kongresses und zur Vorprüfung der Mandate ernannt, bestehend zum Beispiel aus Becker, Perret und Düval, und wenn er da ist, Outine, so wäre dem Andrang der Bakunisten ein Riegel vorgeschoben. Sobald der Generalrat die Kommission dahin instruiert hat, daß diese Leute gar nicht als Delegierte anerkannt werden dürfen, bis sie von der Majorität der wirklichen und anerkannten Internationalen Delegierten zugelassen sind, ist alles in Ordnung, und selbst wären sie in der Mehrzahl, so sind sie unschädlich, gehen wo anders hin und tagen für sich, aber ohne uns gegenüber ihre Mehrzahl zur Geltung gebracht zu haben. Und das ist alles, was wir verlangen können.

Herzlichen Gruß auch von M.

Dein F. E.

* * *

[1] Das heißt Dereure war Blanquist und daher nicht gut auf Seraillier zu sprechen.

[2] „Der Delegierte vermietet die Bude, genannt Kirche usw., dem p. p. . . ., um darin das Handwerk eines Pfarrers auszuüben."

[3] „Das sei ein unmoralischer Handel."

[4] Unter Nr. 46[3] ist bereits mitgeteilt, wie der „Volksstaat" mit den Einsendungen des Generalrats verfuhr.

[5] Das „Felleisen" war ein unter den deutschen Arbeitern der Schweiz stark verbreitetes Blatt mit volksparteilich-demokratischen Allüren.

50

Joh. Ph. Becker an Sorge.

Genf, 10. Mai 1873.

Lieber Bruder Sorge!

Ich habe Dich so lange auf Antwort warten lassen, weil ich, Deiner Anfrage wegen des Wiener Parteikonfliktes zu entsprechen, erst genaue Erkundigungen an Ort und Stelle einziehen wollte, die ich erst gestern erhielt, und die, mich in meiner früheren Auffassung der Sache bestärkend, sehr ungünstig für Scheu und Genossen ausfielen.

Es tut mir um so leider, dies konstatiert zu finden, als ich von Haus aus eine größere Zuneigung zu Scheu als zu Oberwinder hatte, wohl bloß weil jener in gesellschaftlichem Umgang eine wohlgefälligere Natur zu sein scheint. Er will nun, um vor Oberwinder und der bisherigen Haltung der Arbeiterpartei in Österreich etwas voraus zu haben, die internationale Fahne offener entfaltet wissen. Dümmeres könnte man aber jetzt dort nicht machen, was allerdings (und das ist ja auch die zunächste Absicht) sehr geeignet, Oberwinder und dessen Freunden zeitweilige Verlegenheiten zu bereiten, aber auch die Partei in eine gefährliche Lage zu bringen. Bei den in Österreich geltenden, die Arbeitersache so jämmerlich einengenden Gesetzen hat es ja schon unsägliche Schwierigkeiten und gehört wirklich viel nüchterne Umsicht und Geschick dazu, die dermalige so bescheiden gefärbte Fahne aufrechtzuerhalten und der Partei Bestand und Fortentwicklung zu sichern.

Glücklicherweise sieht dies auch die große Mehrheit der dort in der Parteiorganisation sich bewegenden Arbeiter ein und folgt dem Scheu nur eine winzige Minderheit so kecker als leichtsinniger . . . Elemente, für die man teilweise in Momenten einer gewaltsamen Revolution gute Verwendung finden dürfte, die aber zu einem steten und beharrlichen Kampfe gewöhnlicher Entwicklung sich unbrauchbar machen und in gehörige Schranken zurückzuweisen sind. Scheu und Konsorten tragen sicher etwas von dem Zeug Bakunins in sich, und muß man wachsam sein, daß es nicht die gleich bedauerlichen Folgen nach sich zieht. Der Generalrat wird wohl tun, sich offiziell nur an die Partei des „Volkswille" und der „Volksstimme" zu halten und im übrigen möglichst beschwichtigend und versöhnend zu wirken. Soweit ich mit Wien verkehre, befolge ich dieselbe Taktik.

Der allgemeine schweizerische Arbeiterkongreß macht mir viel zu schaffen, muß ich doch allein auch alles mit den Welschen rund und ins Geleise bringen. Nun ist aber die Sache im besten Gange und wird der Oltener Arbeitertag für die ganze Schweiz eine durchschlaggebende Bedeutung erlangen. Die hierauf bezüglichen Aktenstücke wirst Du wohl richtig unter Kreuzband erhalten haben? Ich werde, was mich zwar nicht wenig Überwindung kostet, von Olten ferne und wie bisher aus Klugheitsrücksichten der übrigen Welt gegenüber im Hintergrund bleiben, freilich nur so lange bis die neuhervorgegangenen schüchternen und umnebelten Elemente in unserem Schoße etwas warm und klarer geworden sind. Alles wird, eh's lange währt, durch die Logik der Tatsachen ins internationale Lager gedrängt. Für unseren Kongreß ist ohne Zweifel Genf der beste Ort; hier haben wir die zahlreichsten Sektionen, die alle entschieden für uns, auf demselben Platze, und lieben auch unsere Bundesgenossen in der übrigen Schweiz hierherzukommen. Übrigens hat sich die Genfer Föderation schon um den vorjährigen Kongreß beworben und arg übelgenommen, unberücksichtigt geblieben zu sein.

In jedem anderen Orte der Schweiz haben wir vorläufig noch nicht festen Boden genug, was zwar nicht gar viel zu bedeuten hätte, wenn wir nicht in den letzten Jahren durch den Krieg, die Kommune und die Bakuninlade starke Erschütterungen erlitten hätten.

Die jurassischen Helden sind jedoch kaum mehr zu fürchten, denn ziemlich lahmgelegt. . . .

Laß Dich herzlich umarmen von

Deinem Joh. Ph. Becker.

* * *

Der nächste allgemeine Kongreß, der im September abzuhalten war, verursachte dem Generalrat viel Sorgen und eine Verschiebung desselben wurde oft angeregt, aber gezwungenerweise fallen gelassen.

51

Fr. Engels an Sorge.

London, 14. Juni 1873.

Lieber Sorge!

Die Arbeit an der „Allianz" hat meine Korrespondenz unterbrochen. Dazu kommen uns erst jetzt wieder die Journale, nachdem wir sie bestellt, regelmäßig zu, und kann ich also erst jetzt wieder ordentlich berichten.

Erst Erledigung Deiner Briefe, die der Generalrat in der Inlage beantwortet.

14. Mai. Das mit dem Geldmangel ist so alt wie die Internationale. Die Amerikaner waren die einzigen, die zahlten, und wärst Du nicht gewesen, so hätten wir schwerlich auch das bekommen. — Den Kongreß aufschieben, geht absolut nicht, es hieße den anderen das Feld räumen, ist auch gar nicht nötig, wie Du sehen wirst.

23. Mai. Die Leute in Genf, die ich treten soll, antworten uns selbst nicht. Sogar der alte Becker antwortet Marx nicht. Outine ist wir wissen nicht wo. Das „Bulletin Jurassien" erhalten wir selbst nicht, sehe nur Auszüge in der „Liberté" und „Internationale".

27. Mai. Die Erklärung wegen Frankreich — sehr gut! — ist englisch an den B. F. C. abgegangen und geht heute französisch an

„Plebe", spanischen Föderalrat und nach Portugal. Bye the bye — die Portugiesen klagen, daß sie gar nichts von Euch erhalten, und doch sind sie sehr, sehr wichtig für uns! — Serraillier hat absolut nichts zu schreiben, da er keine einzige Adresse mehr in Frankreich hat, es ist alles abgefaßt. Über die Prozesse soll er Euch aber einen kleinen Bericht machen für den Eurigen an den Kongreß — es waren Prozesse überall, wo Sektionen waren, in Beziers, Lisieux usw. — Korrespondenzen für die „Arbeiterzeitung"? Wer soll sie machen? Marx und ich sind überarbeitet derart, daß Marx vom Arzt auf vier Stunden Arbeit täglich beschränkt worden wegen Blutandrang nach dem Kopfe, und ich daher mit Lafargue alles machen muß. Fränkel arbeitet in seinem shop bis 9 Uhr abends. Die anderen können nicht schreiben. Für Holland genügt die deutsche Fassung der Erklärung. — Die „Arbeiterzeitung" sollte den „Volksstaat" mehr benutzen.

Also jetzt was Neues, und zwar diesmal keine Hiobsposten.

1. Der britische Kongreß, 1. und 2. Juni in Manchester abgehalten, war ein Erfolg. 26 Delegierte. Berichte ... gehen hiermit ab. Also F. R. bleibt in London.... „Eastern Post" erkennt ihn an ... nichts mehr von den Bogussitzungen in Hales' Hause darin.... Aussicht auf ein französisches Organ in London....

2. Die Jurassier haben ihre entscheidende Rückwärtskonzentrierung gemacht, die „Internationale" zeigt an, daß sie beschlossen haben, ihren Allianzkollegen vorzuschlagen: keinen Kongreß zu beschicken, que le prétendu C. G. pourrait être tenté de convoquer,[1] sondern einen Separatkongreß an einem von ihren Föderationen zu bestimmenden Schweizer Orte. Das heißt: in Genf dürfen wir uns nicht sehen lassen, sonst kriegen wir Keile. Sie werden also in einem Jurawinkel tagen; nach dem Oltener Kongreß (siehe unten) können sie sich sonst in der Schweiz nirgendwo mehr sehen lassen. — Andere Gründe sind: a. Bakunins alte Unlust, in persönlicher Debatte aufzutreten. b. Guilleaumes und sein eigener Ausschluß, der die Kardinalfrage in einer rein persönlichen Form gleich anfangs vorbringen würde, wozu noch Bakunins Escroquerie[2] Faktum kommt, das ihn sofort kaputt machen würde, und c. die Gewißheit, daß es bei ihnen in Wirklichkeit nicht besser steht als bei uns, daß auch dort der innere Krakeel die Leute müde und verdrießlich gemacht hat. Auf diesem großen Jurakongreß waren nur neun Sektionen vertreten! In Italien bringen sie bei all

dem Lärm kein einziges Blatt auf die Beine, und in Spanien sind sie in der jetzigen Bewegung gleich Null. Dabei haben sie sofort ihre Abstention verleugnen müssen und acht, wie sie behaupten zehn Mann in die Cortes geschickt.

3. In Rom ist ein Komitee der Internationalen aufgehoben worden, Societa del Silenzio genannt, geheime Gesellschaft, Eid des absoluten Gehorsams, sakramentale Schlußformel der Briefe, die von Bakunin voriges Jahr ausgegeben: Salute e liquidazione sociale anarchia e collectivismo — kurz die geheime Allianz mit allen Schikanen. Kommt gerade zur rechten Zeit.

4. Serraillier hat mit den Blanquisten wegen der französischen Prozesse in der „Liberté" eine Polemik gehabt, worin diese sehr unverschämt auftraten, aber gehörig vermöbelt worden sind; besonders schlug sie, daß, nachdem auf dem Haag die Vollmachten der Mandatare annulliert waren und der Generalrat allein neue auszustellen befugt erklärt, Cournet und Ranvier dem Hebbeghen in ihrem Namen eine neue Vollmacht ausstellten — noch im Haag!

5. Schweizer Arbeiterkongreß in Olten — 70 Delegierte, 5 Jurassiens schlugen Dezentralisation vor, mit allen Stimmen gegen ihre fünf geschlagen — zogen sich sofort zurück. Doch das wirst Du aus der „Tagwacht" längst wissen.

Ich hoffe, Dein Arm und Deine Stimme sind inzwischen wieder restauriert und die Kongreßaussichten bessern sich auch bei Euch.

Wenn der Kongreß auch kein sehr brillanter wird, so ist er doch nötig und wird sich mit einiger Arbeit schon herausmachen.

Vergeßt nicht, daß Ihr nach den Statuten zwei Monate vorher berufen und Programm aufstellen müßt, also 1. Juli.

Allianz so gut wie fertig — französisch, Heidenarbeit in dieser schikanösen Sprache —, wird durchschlagen und auch Euch überraschen.

Postschluß. Herzlichen Gruß

Dein F. E.

* * *

[1] „Den der angebliche Generalrat etwa berufen möchte."

[2] „Eine betrügerische Handlung, ein Schwindel", den Bakunin begangen, der aber aus Rücksicht auf andere nur angedeutet, nicht veröffentlicht wurde.

52

Joh. Ph. Becker an Sorge.

Genf, 14. Juni 1873.

Lieber geplagter Sorge!

Wenn Du, was ich nicht hoffe, noch keine offiziellen Nachrichten von hier und Zürich erhalten, so will ich Dir nur mitteilen, daß die Verständigung, den Kongreß in Genf abzuhalten, längst stattgefunden hat, was um so glatter abging, als schon vor etwa sechs Wochen das Züricher Zentralkomitee die hiesige Föderation ersuchte, die Kongreßabhaltung zu übernehmen. Ihr dürft also ohne weitere Nachrichten abzuwarten ganz guten Muts Genf als Kongreßort bezeichnen. Nun ist es aber auch höchste Zeit, das Programm vom Stapel laufen zu lassen, damit es doch noch in den Sektionen genügend diskutiert werden kann.

Der Allgemeine Schweizerische Arbeiterbund ist nun, und wesentlich in der von mir und meinen Freunden erstrebten Weise gegründet. Von einem Gesamtanschluß an die Internationale kann zwar vorläufig noch nicht die Rede sein, ist dies aber, wenn nicht formell, so doch faktisch fast ganz der Fall, da das leitende Element ausschließlich unserem internationalen Bunde angehört und viele Sektionen bereits auf unserem Boden stehen. Da nun der Zentralausschuß ebenfalls in Genf seinen Sitz hat, so wird um so leichter schon jetzt alles Hand in Hand gehen. Freilich bilden die Sprachunterschiede ein großes Hemmnis und lastet die dadurch vermehrte Arbeit wesentlich, ja gänzlich auf dem deutschen Element, das überhaupt in der Arbeiterbewegung der Schweiz Mastbaum und Kompaß sein muß. Jedenfalls muß ich nolens volens bei der neuen und allgemeinen Organisation mehr herhalten als mir gut ist, was mir jedoch recht geschieht, denn ich habe es ja so haben wollen.

Eure „Arbeiterzeitung" macht sich immer besser und kann ihre gute Wirkung auf die Bewegung gewiß nicht verfehlen. . . .

Ich werde Dir einmal nächstens über mein literarisches Unternehmen „Neue Stunden der Andacht", 50 Psalmen in mehr als 1000 Versen, sagen, womit ich mit der herrschenden Welt in religiöser, politischer und sozialer Beziehung Schindluder treibe.

Von ganzem Herzen Dein

Joh. Philipp.

* * *

Die Einberufung des Kongresses und dessen Tagesordnung beschäftigten den Generalrat recht lebhaft, am meisten indessen die Beschickung desselben, denn die Kasse des Generalrats war leer und die Kosten der Beschickung groß. Der Generalrat sah bald ein, daß er von der Sendung eines Beauftragten absehen müsse und suchte nun einen Bevollmächtigten in London zu finden. Engels lehnte entschieden ab und zuletzt nahm Serraillier den Auftrag an — am 26. Juli, während der Kongreß schon am 1. Juli einberufen worden war. Es war schwierig, selbst die so reduzierten Kosten aufzubringen, aber am 14. August wurden Mandat, Berichte und Reisegeld nach London abgesandt. — Die Wiener Streitigkeiten verursachten Reibereien im Generalrat, und auch in den Sektionen gab es viel Gezänk. — Die Allianzisten beriefen auch einen Kongreß nach Genf auf den 1. September. Die Holländer schickten Beiträge (10 Gulden), wollten aber den Bakunistenkongreß beschicken. Die Partei des „Volkswille" (Oberwinder) ersuchte den Generalrat um Sendung eines deutschen Parteigenossen — „nur nicht York" — nach Wien, um die Situation zu prüfen und zu begutachten.

Da inzwischen der „Volksstaat" sich zugunsten Scheus und gegen Oberwinder ausgesprochen hatte, geschah in der Sache nichts weiter, als daß die benachbarten Ungarn und Schweizer ersucht wurden, Auskunft und Gutachten zu geben, was sie indessen nie getan. Auch die „Arbeiterzeitung" in New York stellte sich auf die Seite Scheus.

53

Fr. Engels an Sorge.

London, 26. Juli 1873.

Lieber Sorge!

Gestern telegraphierte ich . . . Serraillier, yes. Schicke also sofort Instruktionen und Material an S., damit dieser einige Zeit hat, sich hineinzuarbeiten und nicht mit ungelesenen Papieren erscheint. Ditto das Geld.

Weder Marx noch ich hätten die Sache übernehmen können, ohne daß das alte Geschrei wieder losgegangen wäre: da sieht man's, es ist immer Marx, der dahinter steht und die New Yorker nur vorgeschoben hat! Es hat mir Mühe gekostet, Serraillier zu überreden . . . Kongreßberufung an Bignami geschickt, der wieder frei ist.

Per heutige Post gehen 2 Pakete à 16 Stück Kongreßbeschlüsse an Dich ab. . . . Nach Buenos Aires sind acht oder zehn gegangen. Geld habe ich noch keins erhalten.

Der „Int. Herald" mit der englischen Übersetzung der Kongreßbeschlüsse ist nicht mehr aufzutreiben. Außerdem ist Riley abgefallen und ins republikanische Lager übergegangen, und die Berichte des F. C. stehen jetzt wieder in der „Eastern Post" zum großen Ärger von Jung und Hales. . . .

Die französische Mandaterklärung ist nach Italien, Portugal und Spanien abgegangen.

Mandate von dort werden M. und mir willkommen sein. Wir werden wohl gehen müssen, aus verschiedenen Gründen, blieben natürlich lieber hier.

M. wird die Lieferungen des „Kapital" nachsenden, wenn nicht schon geschehen. Von der französischen Übersetzung sind vier Lieferungen heraus, der Verleger hat Angst, es möchte unter der jetzigen Pfaffenregierung konfisziert werden, und nicht mit Unrecht, daher das langsame Erscheinen.

Aufnahme von Trade Unions war verschieden.[1] Manche zahlten 1 d. pro Mitglied, andere eine Pauschsumme, bei anderen trat der Central Council direkt bei und zahlte Pauschsumme. Laut dem betreffenden Statutenartikel wurde die Affiliation durch einfachen Beschluß genehmigt und ihnen ein Zertifikat darüber ausgestellt — für 1 s. konnten sie eine illustriert gedruckte, an die Wand zu hängende Ausfertigung davon erhalten. . . .

Oberwinder. Wir sind ganz Deiner Ansicht, soweit wir nach den veröffentlichten Dokumenten urteilen können. O. ist immer ein trimmer gewesen, der auf die zurückgebliebenen Verhältnisse in Österreich zu großes Gewicht gelegt haben mag, um einen Vorwand zu haben, zu vermitteln. Dagegen ist Andr. Scheu bestenfalls ein konfuses Haus, der durch „so weit wie möglich gehn" sich vortun will und jedenfalls mehr Ambition als Kräfte hat.

Wir haben ihn seit längerer Zeit im Verdacht, mit den Bakunisten in Verbindung zu stehen. . . .

. . . (The long and short of it is[2]) daß die Dänen, vermittels der lassallischen Flensburger und anderer Nordschleswiger, mehr zum Allgemeinen Deutschen Arbeiterverein hinneigen und sich von diesem haben hineinreiten lassen. Daher ihr Stillschweigen. Der Teufel hole die Sozialisten aller dieser Bauernländer, sie sind immer durch Phrasen zu bestechen.

Sieh zum Beispiel unsere Bakunisten in Spanien an. Da haben sie auf Order Bakunins in Alcoy[3] den Staat abgeschafft (die angeblichen Greueltaten waren natürlich reaktionäre Erfindungen) und ein Comité de salut public eingesetzt (worunter Severino Alberacin, Mitglied des bakunistischen Föderalrats von Valencia und der jetzigen in Cordova ernannten Korrespondenzkommission). Was geschieht? Auf Vorschlag einiger vermittelnden Deputierten wird Friede geschlossen: einerseits Amnestie, anderseits Aufgeben des Widerstandes und die Truppen rücken unter dem Triumph der Bourgeois ein! In Barcelona sind sie nicht stark und nicht couragiert genug, ein Gleiches zu versuchen, aber wo sie sind, verstärken sie die „Anarchie", die allgemeine Konfusion und — bahnen den Karlisten den Weg.

Der Allianzbericht ist im Druck — gestern die erste Korrektur gelesen — soll in acht Tagen fertig sein, aber ich zweifle stark. Das Ding wird zirka 160 Seiten stark, die Druckkosten — zirka £ 40 — schieße ich vor. Auflage 1000, Preis 2 Franken = 1 s. 9 d. britisch. Die ersten fertigen Exemplare schicke ich Euch. Da aber das Ding platterdings verkauft werden muß, um auf die Kosten zu kommen, so laß mich gleich wissen, wieviel Exemplare für dort bestellt werden; man schickt dann noch einige mehr. Sieh Dich auch nach einem soliden Buchhändler um, der das Ding dort vertreibt. Für dort wird der Preis wegen der Mehrkosten wohl auf 60—75 currency[4] gesetzt werden müssen — c'est votre affaire[5] — wir müssen hier jedenfalls 1 s. 9 d. pro Exemplar erhalten, ausgenommen die durch den Buchhändler verkauften, wo sein Rabatt abgeht, sonst kommen wir nicht auf die Kosten. Das Ding wird wie eine Bombe unter die Autonomisten fahren, und wenn überhaupt jemand kaput zu machen ist, den Bakunin maustot machen. Lafargue und ich haben es zusammen gemacht, bloß die Konklusion ist von M. und mir. Wir werden es an die ganze Presse schicken. Du wirst Dich selbst wundern über die Infamien, die darin enthüllt werden; selbst die Leute von der Kommission waren ganz erstaunt.

Der Federal Council hier geht seinen schläfrigen Gang weiter. Außer den gedruckten Berichten sehe und höre ich wenig von ihnen. Jedenfalls sind Jung, Hales, Mottershead u. Ko. kaputt, soweit ihre Schein-Internationale ins Spiel kam.

Besorge mir durch Würtz[6] einige Adressen nach Kopenhagen und zwar sofort, damit ich einige Exemplare des Allianzberichts hinschicken kann. Von Pihl[7] nie wieder ein Wort gehört, so daß ich nicht weiß, ob seine Adresse noch gültig.

(Dann machte Engels allerhand Mitteilungen über Personen und Familien des alten Generalrats, fügt aber hinzu:) Alles dies unter uns. Du weißt gar nicht, wie empfindlich diese Leute sind wegen Privatmitteilungen, und zwar je empfindlicher, je größere Klatschweiber sie selbst sind.

Schließlich: Am besten wäre es immer noch, einer von Euch käme. Wie können wir hier den Generalrat vertreten, wie dies durch ein Mitglied geschehen kann?

Dein F. Engels.

* * *

[1] Anfragen deshalb waren an den Generalrat gerichtet worden.

[2] „Es bedeutet eben."

[3] In Alcoy hatten die Allianzisten ein wenig Kommune gefeiert.

[4] currency = Umlaufsgeld, das heißt Papiergeld, das zu jener Zeit noch bedeutend unter Gold stand.

[5] „Das ist Eure Sache."

[6] Ein von Dänemark eingewanderter Parteigenosse.

[7] Pihl war Vertreter Dänemarks im Haag.

--

54

Joh. Ph. Becker an Sorge.

Genf, den 21. August 1873.

Lieber Freund Sorge!

Wenn mir Dein letzter Brief schon alle Hoffnung raubte, Dich bald wieder zu sehen, so hat mich Deine Mitteilung, wonach Du den Fall für möglich hältst, daß unser Kongreß ohne Vertretung des Generalrats sein dürfte, wirklich erschreckt. Doch kann ich mich der Hoffnung nicht ganz entschlagen, daß Ihr die Wichtigkeit und Notwendigkeit der Beschickung einsehen und alle Hebel zur Erreichung dieses Zweckes mit Erfolg in Bewegung setzen werdet. Es ist schon ohnedies nicht viel Aussicht auf großen Erfolg, und so wäre der Mangel Eurer Vertretung ein wahrhaft harter Schlag.

Beiliegend folgt die Abschrift Eurer Instruktion, die wir pünktlich befolgen werden.

Die Sonderbündler (Bakunisten) halten acht Tage vor uns ebenfalls hier ihren ersten Sonderkongreß und prahlen stark mit den zahlreichen Delegierten, die aus allen Ländern, namentlich auch aus Deutschland kommend, ihn besuchen würden. Wir müssen daher alle Anstrengungen machen, damit der unserige in keiner Beziehung nachsteht, sondern in allem, vornehmlich an innerer Bedeutung, den ihrigen weit überstrahlt.

Mit der Entwicklung des Allgemeinen Schweizerischen Arbeiterbundes geht es ganz erfreulich, nur darf man aus praktischen Gründen mit der internationalen Tendenz noch nicht gar vorlaut und voreilig sein, obwohl die ganze Leitung, die lokale und zentrale, in den Händen der tief in der Wolle gefärbten Internationalen ist. Es müssen erst die großen Massen, die namentlich in den großen Fabrikbezirken noch allzuschüchtern und nationaltümlich und dümmlich sind, in die Bewegung hineinge- und für den rechten Standpunkt erzogen werden. Bis jetzt zieht unsere Taktik ganz gut, und ist es kaum zu bezweifeln, daß wir im nächsten Jahre der internationalen Verbindung hundert neue Sektionen zuführen werden . . .

Gestern erhielt ich ein langes Manifest einer „Union Française des amis de la paix sociale“, unterzeichnet von dem berüchtigten ehemaligen (vielleicht noch) Busenfreund Bakunins, Albert Richard; das Aktenstück zielt darauf hin, möglichst viel Arbeiter zu vereinigen und sie ins imperialistische Lager zu führen, weil nur dadurch Frankreich wieder in die Stellung gehoben werden kann, seine präponderant-zivilisatorische Mission zu entfalten, und der Arbeiterklasse Spielraum zur Entwicklung ihrer ökonomischen Interessen — also sozialen Frieden gewähren kann. Welt fall um!

Von Herzen Dein Bruder

Joh. Philipp.

* * *

Der Krach trat ein. Depositen- und Sparbanken stellten ihre Zahlungen ein und schlossen die Türen. Fabriken wurden geschlossen und die Arbeiter aufs Pflaster geworfen. In der Nordamerikanischen Föderation der Internationalen Arbeiterassoziation herrschte große Unzufriedenheit mit dem Föderalrat derselben. Aus dem Innern des Landes kamen Proteste gegen die Haltung der „Arbeiterzeitung“, zum Beispiel „das Blatt schämt sich, oder tut es mit Berechnung, als Internationale zu erscheinen“. In Chicago war Fehde unter den einzelnen Sektionen. In New York noch schlimmer, denn hier richtete sich der Angriff auf die verschiedenen Ausschüsse und Räte. — Man war gespannt auf den Ausgang des Kongresses in Genf und hatte eigentlich wenig Hoffnung, denn die Deutschen waren lau, die Franzosen ohnmächtig wegen der loi Dufour und wegen den Massenverhaftungen, und die Engländer schläfrig, wie Engels sagte. Man hatte wohl auch Mandate an Engels usw. geschickt, konnte aber nichts Gutes von einem Kongreß erwarten, dem die drei großen Kulturvölker des europäischen Kontinents so teilnahmslos gegenüber standen. Am 29. September langte ein Schreiben des britischen Föderalrats an, worin derselbe mitteilt, daß er keinen Delegierten nach Genf gesandt, und daß auch Serraillier nicht hingegangen sei. Am 4. Oktober kam ein Schreiben von J. Duparc, Präsident des Genfer Kongresses, worin er mitteilt, daß, entgegen der ausdrücklichen Forderung des New Yorker Generalrats nach Verlegung desselben nach Europa, die New Yorker angewiesen wurden, den Generalrat wieder zu erwählen, und verschiedenes andere.

55

Joh. Ph. Becker an Sorge.

Genf, 22. September 1873.

Lieber Bruder Sorge!

(Schildert zunächst sein Ungemach; habe ausziehen müssen usw.) Da kam nun am 7. unter den miserabelsten Bedingungen der Kongreß angehinkt, sich gleichsam mir an den Hals hängend, um sich von mir retten zu lassen. Um das Maß zum Überlaufen voll zu machen, befand ich mich während der ganzen Kongreßwoche sehr unwohl, hatte Hals- und Kopfweh und des Nachts starke Fieber. Was wollte ich aber machen? Ich nahm die Verantwortlichkeit für das Gelingen des Kongresses, wie die Schicksalstücke sie hämisch mir zu einer sonst schon verzweifelten Lage aufgeladen, frischen Mutes auf mich. Noch ehe die Hiobsposten von Serraillier und dem englischen Föderalrat hier ankamen, hatte ich, um dem Kongreß durch Mitgliederzahl mehr Ansehen zu geben und der richtigen Richtung die Mehrheit zu sichern, 13 Delegierte gleichsam aus der Erde gestampft, und es ging schließlich weit über mein Erwarten gut. Ja, es kann der 6. Kongreß in Beziehung auf nüchterne Haltung und praktische Leistung allen übrigen zum Vorbild dienen — besonders in Berücksichtigung der äußerst schwierigen Umstände, die in einer gewissen Zerfahrenheit der Romanischen Föderation ihren Grund haben. Du wirst hierüber von Serraillier und dem Londoner Föderalrat, deren Fernbleiben zwar nie zu entschuldigen, viel weniger zu rechtfertigen ist, inzwischen näheres gehört haben. Die Genfer und überhaupt welschen Delegierten machten alle Anstrengungen, den Generalrat hierher zu erhalten,[1] wurde aber durch das feste Zusammenhalten der deutschen und deutsch-schweizerischen Delegierten diesem unter bewandten Umständen sehr unglücklichen Falle gründlich vorgebeugt. Es blieb aber auch zur Erreichung dieses Zweckes keine andere Wahl als New York übrig und müßt Ihr, ja müßt Ihr unweigerlich annehmen.

Wie steht's denn mit den neuen Mitgliedsmarken?[2] Wir haben noch keine gesehen. Ich werde darauf dringen, daß namentlich die welschen Sektionen sofort die verfallenen Beiträge zahlen.[3]

Bis Eure Zusage kommt, die jedoch durchaus nicht bezweifelt werden darf, werden wir die Kongreßakten in deutscher und französischer Sprache in übereinstimmende Ordnung bringen[4] und Euch dann sofort übersenden. Soll ich Dir die bestellten „Vorboten"-Jahrgänge beifügen?

Dupare[5] hat sich sehr brav gehalten und gehört entschieden unserer Richtung an.

. . . Wie immer ganz Dein alter

Joh. Philipp.

* * *

[1] Dies waren auch die Gründe, die den britischen Föderalrat abgehalten hatten, Delegierte zu schicken.

[2] Die waren an Serraillier in London geschickt worden.

[3] Das blieb ein frommer Wunsch.

[4] Ist auch nicht geschehen.

[5] Dupare war Präsident dieses Kongresses gewesen.

56

Karl Marx an Sorge.

London, 27. September 1873.

Lieber Sorge!

Meine Frau hat Dir mehrmals über meinen Gesundheitszustand geschrieben; ich war in großer Gefahr von Apoplexie und leide immer noch sehr am Kopfe, so daß ich meine Arbeitszeit sehr beschränken muß. Dies der einzige Grund meines langen Schweigens. Ich habe, soviel ich mich erinnere, nur einmal nach New York geschrieben an Bolte, da es mir aus Deinem Briefe schien, daß eine Intervention meinerseits zur Beschwichtigung und Klarstellung nützlich sein könne.

Das Fiasko des Genfer Kongresses war unvermeidlich. Von dem Augenblick, wo es hier bekannt war, daß von Amerika keine Delegierten kommen würden, stand die Sache schon schief. Man hatte Euch in Europa als meine Figuranten darzustellen gesucht. Erschient Ihr also nicht und erschienen wir, so hätte das als Bestätigung des von unseren Gegnern ängstlich ausgestreuten Gerüchts gegolten. Außerdem galt es als Beweis, daß Eure Amerikanische Föderation nur auf dem Papier bestehe. Ferner, die Englische Föderation brachte nicht Geld für einen einzigen Delegierten auf. Die Portugiesen, Spanier, Italiener zeigten an, daß sie unter den Umständen keine direkten Delegierten schicken könnten; von Deutschland, Österreich und Ungarn waren die Nachrichten gleich schlecht. Teilnahme von französischer Seite war außer Frage.

Es war also sicher, daß der Kongreß unter diesen Verhältnissen der großen Majorität nach aus Schweizern, und sogar aus Lokal-Genfern bestehen würde. Von Genf selbst hatten wir keine Nachrichten; Outine war nicht mehr da, der alte Becker beobachtete ein hartnäckiges Stillschweigen und Herr Perret schrieb ein- oder zweimal, um uns irre zu führen.

Endlich vor Torschluß kommt ein Brief vom Genfer romanischen Komitee an den englischen Föderalrat an, worin die Genfer sich erstens weigern, selbst englische Mandate anzunehmen, versöhnungslustig schreiben und eine Flugschrift (gez. Paret, Duval usw.) beilegen, die direkt gegen den Haager Kongreß und den alten Generalrat in London gerichtet ist. Die Kerls gehen darin in mancher Hinsicht weiter als die Jurassier, zum Beispiel verlangen sie Ausschluß der sogenannten Kopfarbeiter. (Das schönste dabei ist, daß dies Machwerk von dem elenden military adventurer Cluseret [„Stifter der Internationalen" in Amerika, nennt er sich in Genf] geschrieben ist. Der Herr wollte den Generalrat in Genf, um von dort aus im geheimen Diktatur auszuüben.)

Dieses Schreiben nebst Beilage kam rechtzeitig an, um Serraillier abzuhalten nach Genf zu gehen und (wie das auch der englische Föderalrat tat) gegen das Treiben der dortigen Gesellen zu protestieren und ihnen im voraus zu sagen, daß man ihren Kongreß als bloße Genfer Lokalgeschichte behandeln würde. Es war sehr gut, daß niemand hinging, der diesen Charakter des Kongresses durch seine Anwesenheit zweifelhaft machen konnte.

Trotzdem haben die Genfer es nicht fertig gebracht, sich des Generalrats zu bemächtigen, haben aber, wie Du schon wissen wirst, alle Arbeiten seit dem ersten Genfer Kongreß vereitelt, und vieles sogar den dort gefaßten Beschlüssen Entgegengesetztes durchgeführt.

Nach meiner Ansicht von den europäischen Verhältnissen ist es durchaus nützlich, die formelle Organisation der Internationalen einstweilen in den Hintergrund treten zu lassen und nur, wenn möglich, den Zentralpunkt in New York deswegen nicht aus den Händen zu geben, damit keine Idioten wie Perret oder adventurers wie Cluseret sich der Leitung bemächtigen und die Sache kompromittieren. Die Ereignisse und die unvermeidliche Entwicklung und Verwicklung der Dinge werden von selbst für Auferstehung der Internationalen in verbesserter Form sorgen. Einstweilen genügt es, die Verbindung mit den Tüchtigsten in den verschiedenen Ländern nicht ganz aus den Händen schlüpfen zu lassen, im übrigen aber sich keinen Deut um die Genfer Lokalbeschlüsse zu kümmern, sie einfach zu ignorieren. Der einzige gute Beschluß, der dort gefaßt worden, den Kongreß auf zwei Jahre zu vertagen, erleichtert diese Aktionsweise. Es ist außerdem ein Strich durch die Rechnung der Kontinentalregierungen, daß das Gespenst der Internationalen bei dem bevorstehenden Reaktionskreuzzug augenblicklich seine Dienste versagt, die Bourgeois vielmehr überall das Gespenst für glücklich begraben halten.

Apropos! Es ist durchaus nötig, daß uns das Rechnungsbuch[1] für die Verwaltung der Gelder der Kommuneflüchtlinge rückgesandt wird. Wir haben es absolut nötig zu unserer eigenen Rechtfertigung gegen verleumderische Insinuationen. Es hatte mit der allgemeinen Funktion des Generalrats absolut nichts zu schaffen, und hätte meiner Ansicht nach nie aus unseren Händen gegeben werden sollen.

Ich hoffe, daß die amerikanische Panik keine zu großen Dimensionen annimmt und keinen zu großen Rückschlag auf England und daher auf Europa hat. Vor der periodischen allgemeinen Krise gehen immer solche partiellen Krisen voraus. Sind sie zu heftig, so diskontieren sie nur die allgemeine Krise und brechen ihr die Spitze ab.

Mit herzlichem Gruß von meiner Frau

Dein Karl Marx.

Es ist mir lieb, wenn ich Ausschnitte aus den Yankeeblättern über die Krise erhalte.

Welches ist die Adresse von unserem gemeinschaftlichen Freund,[2] dem Testamentsvollstrecker Weydemeyers?

Engels schickt nächste Woche die Euch noch zukommenden 25 Stück „Alliance".

* * *

[1] Dieses Rechnungsbuch war das einzige Stück von dem ganzen Inventar des alten Generalrats, das der New Yorker Generalrat erhalten hatte. Engels hatte es Sorge im Haag übergeben.

[2] Marx meint Herm. Meyer, den langjährigen Freund und Mitarbeiter Weydemeyers.

57

Joh. Ph. Becker an Sorge.

Genf, 2. November 1873.

Lieber Alter!

Du warst ja in Deinem Letzten ganz aus dem Häuschen gekommen; so gefährlich steht doch die Sache nicht und kann es Dir gewiß nicht ernst gewesen sein, das Benehmen Serrailliers und des Föderalrats in London zu rechtfertigen, während es nicht einmal zu entschuldigen ist. Wo bleibt denn da die, von den so gern mit Grundsätzen prunkenden Wortführern so warm empfohlene und hochgepriesene Solidarität, wenn man zu Hause bleibt, wenn man den Gesellschaftskarren in den Dreck gefahren vermutet, und es ins Blaue und Graue hinein wenigen Mitgenossen überläßt, denselben herauszuziehen, um dann, wenn es mißlingt, ja nicht dabei gewesen und aller Verantwortlichkeit (freilich nur scheinbar) enthoben zu sein, während unter gegebenen Umständen alle Schuld einer Mißlungenschaft ganz verdientermaßen auf solche Abstentionen fallen müßte? Der Teufel soll die großmannsrufverlustbangen Klugscheißer holen! Zweimal hätten sie kommen müssen, wenn sie Gefahr im Anzuge vermuteten. Übrigens waren die aus London gekommenen Absagebriefe derart mysterlös gehalten, daß wir den Grund gar nicht begreifen konnten, und unsere Verlegenheit unter den obwaltenden Umständen um so größer wurde, namentlich bei mir, auf dem die schepgeschobene Bürde des Kongresses hauptsächlich lastete. Da wir bis heute noch keine weiteren Nachrichten von London erhielten, so wissen wir auch jetzt noch nicht bestimmt den Grund, sondern sind wir noch auf die Vermutung angewiesen, die gedachte kleine Broschüre von Perret und Konsorten, die übrigens hier gar keinen Effekt machte, sei schuld.

Da dieselbe aber erst gegen das Ende des Kongresses, und zwar sehr spärlich ausgegeben wurde, so daß ich nur mit Mühe eine erhalten konnte, konnten wir auch nicht vermuten, daß dieselbe in London schon acht Tage vorher Veranlassung zur Abstention gegeben habe.

Genf, 4. Oktober (soll wohl November heißen).

Als ich vorgestern mit dem Schreiben obigen Briefes im besten Gange war, wurde ich durch den Besuch unseres wackeren Bundesgenossen Mottelers, des Schwaben-Sachsen, überrascht und da gab es anderes zu tun, und konnte ich auch gestern und schon deshalb nicht zur Fortsetzung kommen, weil ich die erwähnte Broschüre für Dich auftreiben mußte, was gar nicht leicht war. Ich lasse dieselbe heute unter Kreuzband an Dich abgehen. Leider hatte ich sie zurzeit gar nicht gelesen, sondern nur einen Augenblick hineingeschaut und sie Oberwinder mitgegeben. Keiner unserer deutschen Mitgenossen hat sie bis jetzt zu Gesicht bekommen. Indessen wußten wir schon, mit welchen Plänen Perret und Konsorten, mit welchen ich auch schon längere Zeit, besonders ob ihrer charakterlosen Haltung bei Gründung des Allgemeinen Schweizerischen Arbeiterbundes, auf gespanntem Fuße stand, dem Kongreß entgegensahen.

Es war uns aber deshalb doch nicht bange, weil wir mehr Delegierte aus Deutschland und Österreich, wohin ich vorher dringlich schrieb, sowie auch aus England und Amerika erwarteten. Als wir dann hierin getäuscht waren, hatten wir doppelten Grund, eine möglichst große Anzahl Delegierte zu pressen, sowohl uns eine entschiedene Mehrheit als die Abhaltung des Kongresses zu sichern. Wäre die Delegiertenmacherei nicht gelungen, so hätten wir natürlich die Abhaltung des Kongresses durch einen leicht zu motivierenden Rücktritt unmöglich gemacht, was aber, angesichts des vorausgegangenen, so viel Aufsehen in aller Welt erregenden Kongresses, als eine schauderhafte moralische Niederlage zum Triumph der Sonderbündler, für uns erschienen wäre, so daß man mit mehr Berechtigung, als es geschah, das Absterben der Internationalen aller Welt hätte verkünden können. Hiernach kannst Du ermessen, in welcher Klemme wir waren und wirst Du begreifen, wie ich unter solchen Umständen mit dem Gange und Resultat des Kongresses (freilich nur relativ) zufrieden war. Ja, wenn ich Dir erst die unzähligen Vexationen, die dabei von Anfang bis zu Ende mit unterliefen, in den Details vor Augen führen könnte! Und zu allem kam noch meine gedrückte oder besser drückende häusliche Lage und Unwohlsein.

In betreff des Verhaltens der Mandatprüfungskommission muß ich Dir noch auf Deine Anfrage erwähnen, daß die kantonale Genfer Föderation schon bevor die generalrätlichen Ernennungen und Instruktionen hier anlangten, eine provisorische Mandatprüfungskommission gewählt hatte, der sich dann Perret, Duval und ich ohne Umstand beigesellten. Hier machte ich schon einen Versuch, einen weiteren Delegierten auf ein von Oberwinder (der glücklicherweise schon Samstags abends ankam) ausgestelltes Mandat durchzubringen, konnte aber dafür keine Mehrheit erhalten, besonders da auch Perret und Duval dagegen stimmten.

Ich setzte dann meine Hoffnung auf die vom Kongreß zu wählende definitive Kommission, in der ich dann auch mit 12 nach und nach gemachten Delegierten durchdrang und uns eine starke Majorität sicherte. Nun galt es aber, diese Stellung mit sehr viel Umsicht und Mäßigung zu benützen, um jedem Vorwurf der Diktatur und Majorisierung, wovon man alsbald sehr munkelte, jeden weiteren Vorwand zu nehmen. Ich selbst sprach daher sehr wenig und nur, wenn die Not an den Mann ging. Ein schroffes Verfahren hätte unfehlbar eine neue Spaltung hervorgerufen und so begnügten wir uns, die Hauptpunkte durchzusetzen, und da statutengemäß jeder Kongreß die Statuten revidieren kann, so sind ja alle Mängel bald wieder gut zu machen. Die Wahl des Generalrats durch eine zum Vorort gewählte Föderation kann natürlich nur gut ausfallen, wenn die Föderation selbst gut ist, was man namentlich von der Eurigen vorausgesetzt hat. Ihr könnt natürlich bei jedem Austritt eines Mitglieds eine Ersatzwahl vornehmen, um den Generalrat stets vollzählig zu halten. Die Aufstellung eines besonderen Geschäftsreglements für den Rat ist ja überhaupt Eure Sache und habt Ihr alle Freiheit, Gutes zu leisten. Perret und Konsorten machten alle Anstrengungen, um Genf zum Sitz des Generalrats zu machen. Das hätte eine schöne Wirtschaft gegeben. Perret hat übrigens jetzt keinen Sitz mehr, weder in einem Sektionskomitee noch in dem der Föderation, und ist dabei die Fédération romande tot und die Fédération régionale ein totgeborenes Kind. Was jetzt in der Schweiz lebensfähig ist und sich in erfreulicher Weise entwickelt, ist der Allg. Schweizerische Arbeiterbund.

Indessen hatte ich seit Empfang Deines Briefes meine liebe Not, die Kongreßakten ausfindig zu machen und in die Hand zu nehmen. Der Kongreßpräsident Duparc wurde inzwischen gemaßregelt und hat ein Unterkommen in Turin gefunden; Bazin, einer der französischen Sekretäre, hat sich in Brüssel untergebracht; Durand-Savoyat, der andere französische Sekretär, der im Besitz aller Akten war, ist, niemand weiß wohin, verschwunden. Anfänglich glaubte man, er habe die Akten mitgenommen, bis man sie bei Bernard entdeckte und ich sie vor fünf Tagen in Besitz nehmen konnte.

Nun müssen aber die beiden deutschen Sekretäre die Sache erst in Ordnung bringen.[1] Das geht aber langsam, weil dieselben täglich beschäftigte Arbeiter. Doch werde ich Dir schon übermorgen eine Abschrift der Beschlüsse und revidierten Statuten senden können [2] und dann in etwa zehn Tagen das ins reine geschriebene Protokoll folgen lassen können. [3] Die beiden (Gutsmann und Haferer) sind auch die rührigsten Mitglieder im Bundeskomitee des Schweizerischen Arbeiterbundes und mit Nachtarbeiten überhäuft. Es wäre mir lieb und wohl auch sachgemäß, wenn Du den wesentlichen Inhalt dieses Briefes dem Föderalrat in London mitteilen ließest. Also bald mehr.

Wie immer ganz Dein Bruder

Joh. Philipp.

Wie mich Motteler versicherte, wird man in Deutschland nun eifrig für die Internationale arbeiten und namentlich der Generalratskasse besser auf den Strumpf helfen. [4]

* * *

[1] Ist nicht geschehen (das heißt das in Ordnung bringen).
[2] Ist nicht geschehen (das heißt keine reine Abschrift gekommen).
[3] Ist nicht geschehen (das heißt kein ins reine geschriebene Protokoll).
[4] Ist nicht geschehen.

58

Joh. Ph. Becker an Sorge.

Genf, 15. November 1873.

Lieber Bruder Sorge!

Meinen Brief von voriger Woche wirst Du inzwischen erhalten haben! Leider konnte ich Dir nicht, wie ich erwartet hatte, das Versprochene gleich nachsenden, da außer dem Zeitmangel der betreffenden Ausfertiger noch ein anderer sehr erschwerender Umstand getreten, indem mit dem verschwundenen französischen Sekretär Durand-Savoyat auch das Heft verschwunden ist, in welchem die ausgefertigten Beschlüsse enthalten waren, was erst bei näherer Untersuchung der Akten entdeckt wurde. Ich kann Dir daher erst nächsten Donnerstag (die hiesige Post spediert nämlich nur Montags und Donnerstags via Deutschland) das gesamte Material in einem Paket übersenden und mußt Du Dich einstweilen mit beiliegendem, eben erhaltenen Aktenstück begnügen. Das „Genfer Journal", den Brief Bakunins enthaltend, ließ ich vorgestern unter Kreuzband an Dich abgehen. Der hier beigeschlossene, an Dich adressierte, wahrscheinlich während des Kongresses angelangte Brief, von dem ich gar nichts wußte, hatte sich unter den Akten vorgefunden. [1] ...

Du fragst in Deinem Letzten auch vorwurfsweise, warum der Kongreß denn die Londoner Föderation nicht mit der Bildung des Generalrats beauftragt hätte. Wir hatten, eingedenk Deines vorher geäußerten und begründeten Wunsches, dies beabsichtigt. Da aber niemand von London hierher kam, wir nicht einmal bestimmt den Grund des Fernbleibens wußten und noch weniger wissen konnten, ob man in London zur Übernahme dieser Charge geneigt, es den dortigen Umständen angemessen sei, so wirst Du doch wohl begreifen, daß für uns keine andere Wahl als New York übrig blieb, zumal wir um jeden Preis und nach allem Dir schon Mitgeteilten, Genf vermeiden mußten. Du wirst hieraus noch mehr einsehen, welchen unverzeihlichen Fehler die englische Föderation und auch le citoyen Serraillier durch ihre Enthaltung begangen und in welch peinliche Verlegenheit sie uns versetzt.

Aus den Akten wirst Du auch ersehen, wie wir dem Bürger Perret auf die bloße Vermutung hin, er möchte nach London einen sachwidrigen Brief geschrieben haben, zu Leib gegangen sind und er reumütig seine Sünde eingestehen mußte. Er ist gnädig dabei hinweggekommen, weil man gegenüber den uns immer umlauernden Bakunisten jeden für sie schadenfreudigen Lärm verhüten wollte. Überhaupt wird Dir aus den Akten, so unvollständig sie auch sind, noch vieles klar werden.

Mit dem welschen Element in Genf muß eine gründliche Reorganisation vorgenommen werden, wozu jedoch der rechte Augenblick noch nicht gekommen ist.

Laßt Euch doch die Gründung einer Zentralbuchhandlung der Assoziation in New York und dann die der Filialen an allen Orten, wo Sektionen bestehen (angelegen sein). Unsere Leute müssen eben noch gehörig in die Schule gehen, und muß man für gründlicheren und umfassenden Stoff sorgen, als unsere Zeitungen ihn bieten. Leider liegt für unsere welschen Genossen keine neuere sachgemäße sozialistische Literatur vor, weshalb das deutsche Element auch überall bedeutenden Vorsprung gewinnt, die Leitung und Rettung der Geschichte in die Hand nehmen muß.

Nun, lieber Alter, nimm einstweilen vorlieb mit diesen Zeilen . . . sei herzlich umarmt

von Deinem Bruder

Joh. Philipp.

* * *

[1] Es war ein Brief aus Zürich.

59

Fr. Engels an Sorge.

London, 25. November 1873.

Lieber Sorge!

Ich bin vor einigen Tagen von Deutschland zurückgekommen, wohin mich die Krankheit und der Tod meiner Mutter riefen und fand dann Deinen Brief vom 22. Oktober vor. Du tust mir unwissend Unrecht, wenn Du mich tadelst dafür, daß Du so lange in Unkenntnis des hier Beschlossenen und Geschehenen gehalten. Hier die Tatsachen. Marx und ich waren nach langem Schwanken und nach Einlaufen lauer Berichte aus einigen, beim fortwährenden Ausbleiben aller Nachrichten aus anderen Gegenden, zur Überzeugung gekommen, daß der Kongreß ein wesentlich lokal-schweizerischer werden würde und daß, da auch niemand von Amerika herüberkommen werde, wir am besten wegblieben. (Wozu noch kommt, daß weder für Marx noch für mich Mandate eintrafen außer dem alternativen von Amerika.) Sobald dies definitiv abgemacht, ging ich nach Ramsgate, wo meine Familie schon war, ins Seebad, das ich sehr nötig hatte wegen permanenter Schlaflosigkeit und nervöser Reizbarkeit. Dorthin schrieb mir Marx wegen der plötzlich gemachten Entdeckungen, betreffend die Verräterei der Genfer, die den Beschluß nötig machten, den Kongreß auch nicht durch Serraillier besuchen zu lassen. Ich sah dies schon aus Marx' Brief ziemlich ein und gab meine Zustimmung unter der Bedingung, daß Serraillier Euch gleich schreibe.[1] Ein paar Tage darauf kam ich auf 24 Stunden nach London, um die Allianzdrucker zu bezahlen und die Versendung zu organisieren, sah die betreffenden Dokumente ein und überzeugte mich, daß es die größte Torheit gewesen wäre, wenn Serraillier als Euer Vertreter hingegangen wäre; sein und unser Wegbleiben, sowie das aller Deutschen außer *einem*, stempelten den Kongreß zu einer bloßen Lokalversammlung, die gegenüber den Allianzisten immer noch anständig genug aussah, gegenüber den Internationalen aber ohne allen moralischen Einfluß blieb. Zudem war die allgemeine Weltlage derart, daß *jeder* Kongreß faul ausfallen mußte, wie denn auch jetzt schon beide, der Allianzisten und der Internationalen, ganz verschollen sind. Well, ich drang in Marx, Euch sofort Mitteilung zu machen, und ging wieder fort, war auch bis zu Deinem Briefe der Meinung, daß dies geschehe. Marx wieder war der Ansicht, daß Serraillier Euch bei Rücksendung des Geldes[2] die erste

Nachricht gegeben und er deshalb warten könne, bis er auch über Ausfall des Kongresses Mitteilung zu machen imstande.

Das Geld ist von Serraillier statt dessen, wie wir die vorige Woche erfahren, an Lafargue zum Aufheben gegeben, von dem ich es mir dieser Tage werde geben lassen, und Nötiges besorgen. Ich habe sehr viel zu tun mit Durchsicht der mir zugesandten deutschen Übersetzung der Allianzbroschüre, die herzlich schlecht ist — sie erscheint bei Bracke in Braunschweig.

Die Deinige, soweit ich sie habe, ist mir bei der Korrektur jener sehr nützlich gewesen. Natürlich pressiert die Sache und muß ich durcharbeiten, da das Manuskript noch diese Woche zurück muß.

Marx ist gestern mit seiner jüngsten Tochter nach Harrogate in Yorkshire gegangen, wo beide sich einige Zeit erholen sollen. Er hatte es nötig, die akuten Symptome von diesem Frühjahr waren weg, aber chronischer gedrückter Hirnzustand eingetreten, der ihn arbeitsunfähig und schreibunlustig machte, und der zu lange fortgesetzt auch schlimme Folgen haben könnte. Er wird nun dieser Tage in Manchester unseren Freund Gumpert besuchen, den einzigen Arzt, in den er volles Vertrauen hat, und der ihn auch im Frühjahr in die Kur genommen. Diesem seinem Zustand ist auch zuzuschreiben, daß Du so lange auf Nachrichten warten mußtest.

Bakunin hat als Antwort auf die Broschüre dem „Journal de Genève" und den Jurassiens seine politische Todeserklärung zugeschickt; ich ziehe mich zurück — dorénavant je ne troublerai plus personne et je ne demande que ce qu'on me laisse tranquille à mon tour.[3] Worin er sich sehr schneidet. Im übrigen nicht der leiseste Versuch, auf irgend etwas zu antworten.

Outine ist seit zirka vier Wochen hier und hat uns noch ganz andere Wunderdinge über B. erzählt. Der Kerl hat seinen Katechismus[4] redlich praktisch angewandt; seit Jahren lebt er und seine Allianz nur von der Erpressung, sich darauf verlassend, daß darüber nichts veröffentlicht werden kann, ohne andere Leute, auf die man Rücksicht zu nehmen hat, zu kompromittieren.

Du hast gar keine Vorstellung davon, was das für eine Lumpenbande ist. Im übrigen ist es in ihrer Pseudo-Internationalen sehr still, die Broschüre hat den Schwindel gesprengt, und die Herren Guillaume u. Ko. müssen erst etwas Gras darüber wachsen lassen. In Spanien haben sie sich selbst kaput gemacht, siehe meinen Artikel im „Volksstaat".

Ebenso still ist es in der wirklichen Internationalen. Von Mesa, dem ich im September schrieb, bin ich noch ohne Antwort. In Portugal sind die Leute verfolgt und müssen sich in acht nehmen. In Italien hat sich in Melegnano eine Sektion gebildet, was ich dem Generalrat hiermit anzeige, Adresse am Fuß. Die „Plebe" erscheint, aber sehr unregelmäßig, und macht stark in Vermittlung. Das ist alles, was ich zu berichten habe. Die hiesige Föderation, nachdem sie Jung, Hales u. Ko. totgemacht, laboriert stark an der Schwindsucht.

Die Leute sind fast nicht mehr zusammenzubringen.

Besten Gruß Dein F. Engels.

Adresse für Melegnano: Luigi Zoacada, Melegnano, Provincia de Milano, Italia.

* * *

[1] Von Serraillier ist keine Zeile gekommen.

[2] Ist nie geschehen.

[3] „Von nun an werde ich niemand mehr belästigen und verlange nur, daß man auch mich in Ruhe lasse."

[4] Siehe den Katechismus der Revolutionäre in der Broschüre „Alliance de la Démocratie Socialiste".

60

Joh. Ph. Becker an Sorge.

Genf, 25. November 1873.

Lieber Bruder Sorge!

Gestern konnte ich endlich die Kongreßakten in einem Päckchen von Wachsleinwand . . . an Dich abgehen lassen. Vergeblich hofften wir, noch einige fehlende Schriftstücke, die aber wahrscheinlich mit Durand-Savoyat für immer verschwunden sind, aufzufinden. Dem Paket habe ich die bestellten 15 Jahrgänge „Vorbote" . . . beigefügt, die sich wohl leicht dort unterbringen lassen.

Nun habe ich Dir aber auch ein neues Arbeiterblatt „L'Union ouvrière universelle" beigefügt, das Euer Erstaunen erregen wird. Den Phrasenmacher Henri Perret haben selbst die welkenden Lorbeeren Bakunins nicht ruhig schlafen lassen, um so weniger, als er nach seiner Fédération romande, auch mit seiner Fédération régionale und allen seinen Plänen auf unserem Kongreß völlig Fiasko gemacht.

Diese Fiaskos sollen nun durch die Organisation der „Union universelle", dieses Geschwisterkindes der Allianz, gedeckt werden, was sicherlich ebenfalls nicht gelingen, sondern zum größten und letzten, das heißt ihn vernichtenden Fiasko führen wird. Im Augenblick sind zwar einige Gewerkschaften durch falsche Vorspiegelungen verblendet, was aber unmöglich von langer Dauer sein kann. Ich muß mich eben wieder mehr, als es meine häusliche Lage erlaubt, ins Geschirr legen. Das schönste ist, daß Perret und Ko. durchaus verhüten wollten, daß wir erführen, daß sie dahinterstecken, was nicht nur von bösem Gewissen, sondern auch großer Dummheit zeugt. Es soll (so sagt ihr Blatt) als Bescheidenheit und Tugend der Selbstverleugnung scheinen. . . . Wir werden ihnen die Larven herunterreißen und sie teils als bewußte und unbewußte Verräter, Verführte und Düpierte an den Pranger stellen. Es ist die reinste Konspiration gegen die Internationale Arbeiterassoziation und Ihr dürft nicht versäumen, sofort nach allen Richtungen hin vor diesem neuen Versuch von Sonderbündelei zu warnen. Tretet doch auch ungesäumt mit C. Terzaghi,[1] Redakteur vom „Proletaria" in Turin . . . in Verbindung, denn ich habe Ursache zu glauben, daß mit dem Burschen . . . etwas zu machen ist für Italien. . . .

. . . Der Korrespondent von Brüssel in dem Blatt („Union etc.") ist der von hier dorthin gereiste Bijoutier (Kongreßsekretär) Bazin, den man auch signalisieren muß. . . .

Wie immer von ganzem Herzen Dein

Joh. Philipp.

* * *

[1] Der Mann stand bei der Internationalen in keinem guten Ruf.

* * *

Was der Genfer Kongreß war, ist aus den obigen Briefen von Marx, Becker und Engels unschwer zu erkennen. Das einzige positiv Bekannte und offiziell durch den Präsidenten des Kongresses Mitgeteilte war das Verbleiben des Generalrats in New York bis zum nächsten allgemeinen Kongreß, der nach zwei Jahren zusammentreten sollte. Der Generalrat teilte dies dem Föderalrat der Nordamerikanischen Föderation mit, der die Sektionen davon benachrichtigte und eine Generalversammlung der New Yorker Sektionen einberief — auf den 2. November, die resultatlos verlief, gleich den folgenden Versuchen in dieser Richtung. Am 3. Dezember lief ein Schreiben von der Fraktion „Gleichheit" (Scheu) in Wien ein, die Auskunft über den Kongreßdelegierten Schwarz (Pseudonym) verlangte, und der Generalrat mußte antworten, daß ihm weder Protokoll noch Beschlüsse zugekommen seien. Erst in der zweiten Hälfte des Dezember kam ein Paket an mit den Kongreßakten in unbeschreiblicher und unlösbarer Unordnung. Ende Dezember wurde den Föderationen in Europa mitgeteilt, daß noch keine Wahl des Generalrats vorgenommen werden konnte, und der alte Generalrat nun weiter fungiere, um die Sache nicht zu schädigen.

Der N. A. Föderalrat wurde ohnmächtig durch die Wirren in New York. Anfangs November hatte Sektion 1 die Organisation der zahllosen Arbeitslosen unternommen und wurde von den anderen Sektionen eifrig unterstützt. Die Bewegung griff um sich, und sofort stürzten sich auch die Überreste des verflossenen Spring Street Council hinein und politische Schakale, Angehörige des kurz vorher gestürzten Tweed. Die Mitglieder und Delegierten der Sektion 1 New York zogen sich zuletzt zurück, die Leute vom Spring Street Council bildeten nun mit Hilfe von Politikern und anderen ein „Committee of Safety", beschlossen einen großen Umzug der Arbeitslosen abzuhalten, verhandelten in höchst ungeschickter Weise deshalb mit der Polizeikommission der Stadt New York und luden die ahnungslosen Arbeiter zu einer Massenversammlung nach Tompkins Square (am 13. Januar 1874), wo dieselben verknüppelt und auseinandergetrieben wurden — das erste große Attentat der bürgerlichen Behörden auf die Arbeiter und die Versammlungsfreiheit.

Die Chicagoer hatten die Sache besser angefangen, waren in den Stadtrat gedrungen und hatten wenigstens Versprechungen erhalten.

Ähnliches war auch in anderen Städten des Landes geschehen. Nebenher herrschte unter den Internationalen große Unzufriedenheit mit dem Föderalrat, der angeklagt und am 8. Februar 1874 von dem Generalrat suspendiert wurde. Der Generalrat übernahm provisorisch die Funktionen des Föderalrats und berief einen außerordentlichen Kongreß der Föderation auf den 11. April 1874 nach Philadelphia zur Schlichtung der Streitigkeiten und zur Wahl des neuen Generalrats usw. Der suspendierte Föderalrat, das heißt sein Schatzmeister Dr. Stiebeling, verweigerte die Herausgabe der Akten und Gelder, worauf Dr. Stiebeling ausgeschlossen wurde.

Am 14. Februar 1874 sandte Engels eine Anzahl Statuten und „Alliance" und fügte in seinem Begleitschreiben hinzu:

„Daß die New Yorker Bewegung aus Euren Händen kam, sobald public meetings und andere Demonstrationen die wirkliche Arbeit und Organisation ersetzen sollten, war klar. Die Herren Deutschen werden jetzt wohl erfahren haben, was es heißt — sich mit den Yankeeschwindlern zu verbünden."[1]

Am 27. Februar sandte Engels wieder ein Paket Schriften, spricht „von dem verbummelten British Federal Council" und sagt auch:

„Ich muß in einer Stunde verreisen auf ein paar Tage, daher leb wohl und halt dich tapfer. Eure Polizei scheint den Versaillern den Rang ablaufen zu wollen."[2]

* * *

[1] Das „Committee of Safety" bestand aus Amerikanern.
[2] Bezieht sich auf den Polizeiüberfall auf Tompkins Square.

* * *

Vom 11. bis 13. April tagte der Kongreß der N. A. Föderation in Philadelphia. Er erklärte das ihm vorgelegte Aktenmaterial des Genfer Kongresses für unbrauchbar, erwählte aber einen neuen Generalrat und übertrug diesem auch die Funktionen des Föderalrats der Föderation, nachdem er deren Angelegenheiten geregelt und die Handlungsweise des bisherigen Generalrats gutgeheißen, sowie treffliche Beschlüsse über die politische Tätigkeit gefaßt hatte. Darin wurde voreilige Wahlbewegung getadelt, Sonderung von den alten bürgerlichen Parteien sowohl wie von den überall auftauchenden Reformparteien verlangt und vor jeder Fälschung der Prinzipien der J. A. A. gewarnt. — In New York traten einige Sektionen aus, in Chicago versuchte man die Bildung einer neuen Arbeiterpartei mit Anlehnung an die bäuerliche Bevölkerung und gründete ein neues Arbeiterblatt, den „Vorbote". — Die Arbeitslosigkeit nahm selbst im Frühjahr und Sommer nicht ab, die Gewerkschaften waren diesen Zuständen gegenüber machtlos und konnten sich nur auf der Defensive halten, die Mitgliederzahl der Sektionen nahm ab und ebenso die Zahl der Sektionen. — Der neue Generalrat sah sehr wohl ein, daß die internationale Organisation nicht mehr aufrecht zu erhalten, geschweige denn zu heben sei, und richtete deshalb sein Augenmerk auf die Arbeiterbewegung des Landes, stützte und förderte dieselbe nach Kräften, während er andererseits die Fäden der internationalen Organisation in seinen Händen behielt und vor Unberufenen und Schreiern schützte. — Die New Yorker „Arbeiterzeitung" wandte sich immer mehr von der Internationalen ab und gegen den Generalrat, den sie als den Urheber der mannigfachen Beschwerden gegen den Inhalt und Ton des Blattes betrachtete. Die Sektionen New Yorks verlangten die Anstellung Liebknechts als europäischen Mitarbeiters, doch wußten Redaktion und Expedition es zu verzögern, bis es zu spät war. Die „Arbeiterzeitung" forderte den Generalrat auf, in den österreichischen Wirren zu intervenieren und zugunsten der Fraktion „Gleichheit" (Scheu) gegen die Fraktion „Volkswille" (Oberwinder) aufzutreten. Angesichts der Mitteilungen von Engels und J. Ph. Becker (siehe Briefe Nr. 45 und 46) verweigerte der Generalrat eine solche Handlung, hielt sich neutral und wies darauf hin, daß seine Entscheidung nicht angerufen sei, und daß die nächsten Nachbarn, Ungarn und Schweizer, keine Äußerungen darüber gemacht. — Die Einwanderung deutscher Arbeiter war bedeutend, und natürlich kamen auch viele deutsche Parteigenossen, Eisenacher und Lassalleaner an, denen die Internationale wenig am Herzen lag. Viele hatten Deutschland verlassen, um dem „drohenden Kriege mit Rußland“ zu entgehen, und hier wendeten sich die meisten den Unzufriedenen, Ausgetretenen oder Ausgeschlossenen zu. — Auch die geringen Überreste des sogenannten „Spring Street Council“, die traurigen Unterhändler mit der Polizei vor der Tompkins Square-Schmach, traten wieder an die Öffentlichkeit mit einem armseligen Blättchen, „The Toiler“. — Der Generalrat knüpfte Verbindungen an mit amerikanischen Gesinnungsgenossen in Boston und mit deutschen Webern in Lawrence, Mass., in Manchester, N. H., in Providence, R. J., und anderen Orten, und mit den Kohlenbergleuten in Pennsylvania usw.

61

Joh. Ph. Becker an Sorge.

Genf, 7. Juni 1874.

Lieber Bruder Sorge!

Die mir gesandten Fr. 40, wofür herzlichen Dank, kamen wie gerufen, sie halfen mir mit, die Frankierung der Prospektsendungen zu meinen „Neue Stunden der Andacht“ zu bewerkstelligen. Durch die einstweilen vorausgeschickten fünf Exemplare an die Redaktion der „Arbeiterzeitung“ wirst Du inzwischen Einsicht von dem Plan der Schrift genommen haben, und zweifle ich nicht, daß diese Art Literatur nicht nur Deinem Geschmacke entspricht, sondern daß Du sie auch für unsere sozialdemokratische Bewegung zweckdienlich hältst. Wenn ich Dir aber noch überdies mitteile, daß diese Angelegenheit für mich eine Existenzfrage geworden, so wirst Du, alter treuer Freund, Dich gewiß ganz warm ins Geschirr legen, um möglichst viel Abonnenten in Amerika für mich aufzutreiben. Das Mastbürgertum, das mich gleich haßt und fürchtet, hat mir alle Gelegenheit irgend eines Erwerbs in seinem Kreise abgeschnitten, und für die Arbeiter muß man, Du weißt es, umsonst arbeiten. Zur Bestreitung der Druck- und Versendungskosten der Abonnementseinladungen mußte ich neue Schulden machen, und bekomme ich nicht eine genügende Anzahl Abonnenten, um mir durch Herausgabe der „Psalmen“ den letzten Notanker zu schaffen, so darf ich Ixion und Tantalus, Prometheus und Sisyphus um ihr Los beneiden oder besser für immer schlafen gehen. Gut stehen leider die Aktien für mich nicht, weder in Europa noch in Amerika, denn die Folgen der vorjährigen großen „Krache“ waren auf beiden Seiten des Ozeans größere Verarmung unserer Parteigenossen. Hierzu kamen noch die notwendigen

Unterstützungen für die Familien unserer zahlreichen gemaßregelten Freunde in Deutschland. Darum, lieber Freund, muß ich um (so) inständiger um ein tatkräftiges Wohlwollen meiner alten Kampfgenossen appellieren, damit sie mir bei meinem Unternehmen möglichst die Hand reichen, mich nicht fallen lassen — ja versinken lassen.

Wird nicht auch der Freidenkerbund in New York, in dessen Geist die „Stunden der Andacht" wesentlich gehalten sind, die Sache mit in die Hand nehmen und die Verbreitung anstreben? Und ist nicht auch mit den vielen alten teils reich gewordenen Freunden der verschiedenen dortseitigen Städte von den 30 und 40 Jahren her noch etwas zu machen? Nun, Du wirst dies alles am besten wissen — und ich baue auf Dich! Von morgen hinweg lasse ich im Laufe dieser Woche in mehreren Päckchen à 50 Exemplaren einige hundert Prospekte an Dich abgehen. Indessen wird es zweckmäßig sein, wenn Du den Vereinen anratest, eigene Abonnementslisten aufzulegen, damit man nicht durch Abschneidung des letzten Blattes vom Prospekt, der ja an und für sich schon eine Propagandaschrift bietet, denselben zu verstümmeln braucht. Du wirst außer in der „Arbeiterzeitung" auch in einigen anderen amerikanischen Blättern gehörig Lärm schlagen.

Mit unserem Schweizerischen Arbeiterbund, der mir viel Arbeit und Sorge gemacht, geht es recht gut, und wird er nicht bloß die Arbeiterbewegung hierlands mehr und mehr in Fluß bringen, sondern nach vielen Seiten hin bald als Vorbild dienen können.

Eure Beschlüsse in Philadelphia mögen für Eure Verhältnisse ganz angemessen sein, für uns hierlands kann man das nicht sagen und schütteln namentlich unsere welschen Brüder sehr den Kopf dazu, doch hierüber ein andermal! . . .

Nun verlaß mich nicht! Dein Bruder Joh. Ph. Becker.

62

Karl Marx an Sorge.

London, 4. April 1874.

Lieber Sorge!

Mein langes Schweigen ist gar nicht zu entschuldigen; cependant il y a des circonstances atténuantes.[1] Die verdammte Leberkrankheit hat solche Fortschritte bei mir gemacht, daß ich positiv unfähig war, die Revision der französischen Übersetzung (die in der Tat fast auf gänzliche

Umarbeitung herauskommt) fortzusetzen und sehr widerstrebend mich dem ärztlichen Befehle füge, nach Karlsbad zu gehen.

Man versichert mir, daß ich nach der Rückkehr wieder vollständig arbeitsfähig sein werde, und arbeitsunfähig ist in der Tat das Todesurteil jedes Menschen, der kein Vieh ist. Es ist teure Reise und teurer Aufenthalt, und dabei ungewiß, ob die alberne österreichische Regierung mich nicht fortjagt! Die Preußen wären kaum so dumm, aber sie lieben es, die Österreicher zu derartigen kompromittierenden Schritten zu verleiten, und ich glaube in der Tat, daß die falschen Zeitungsnotizen, Rochefort wolle nach Karlsbad usw., von Herrn Stieber ausgehen und in letzter Instanz auf mich gemünzt sind. Ich habe weder Zeit noch Geld zu verlieren und habe mich daher entschlossen, um englische Naturalisation einzukommen, aber es ist sehr möglich, daß der englische homeminister, der als Sultan über Naturalisation verfügt, mir einen Strich durch die Rechnung macht.

Die Sache wird sich wahrscheinlich diese Woche entscheiden. Jedenfalls reise ich nach Karlsbad, auch schon meiner jüngsten Tochter wegen, die ernstlich, gefährlich erkrankt war, eben erst wieder reisefähig ist, und welcher ihr Arzt ebenfalls Karlsbad verschrieben hat.

Ein großes Unglück hat uns vor einer Woche ungefähr betroffen, der Tod des elfmonatigen baby von Jenny (Frau Longuet), eines allerliebsten Jüngelchen. Er fiel als Opfer einer foudroyanten Cholerine. Beifus[3] habe ich Quittung für die überbrachten Gelder[3] gegeben (die vielleicht besser in New York geblieben wären, da ich von Zeit zu Zeit amerikanische Sachen nötig habe, ich meine Publications). Du mußt auch der Sektion 1 meinen herzlichsten Dank für das Kistchen köstlicher Zigarren[4] aussprechen.

Die wenigen Franzosen (ich meine von denen, die mit uns im Haag noch zusammenhielten) haben sich meist später als Lumpen herausgestellt, namentlich Herr Le Moussu, der mich und andere um bedeutende Gelder geprellt hat und sich dann durch infame Verleumdungen als verkannte schöne Seele weiß zu waschen suchte.

In England ist die Internationale einstweilen so gut wie tot. Der Föderalrat in London existiert als solcher nur noch nominell, obgleich einige Mitglieder desselben individuell tätig sind. Das große Ereignis ist hier das Wiedererwachen der Agricultural Labourers. Das Scheitern ihrer ersten Versuche tut keinen Schaden, au contraire. Was die städtischen

Arbeiter betrifft, so ist zu bedauern, daß das ganze Führerpack nicht ins Parlament kam. Es ist der sicherste Weg, sich des Gesindels zu entledigen.

In Frankreich organisieren sich Arbeitersyndikate in den verschiedenen größeren Städten und korrespondieren untereinander. Sie beschränken sich auf rein professionelle Gegenstände und können nicht anders. Sie würden sonst ohne Umstände unterdrückt werden. Sie erhalten so immer eine Art Organisation, einen Anknüpfungspunkt für den Augenblick, wo freiere Bewegung wieder möglich wird.

Spanien, Italien, Belgien beweisen durch ihre praktische Ohnmacht den Gehalt ihres Suprasozialismus. In Österreich arbeiten die Leute unter den schwierigsten Umständen; höchste Vorsicht ist ihnen aufgezwungen, trotzdem haben sie einen großen Fortschritt gemacht, nämlich die slawischen Arbeiter in Prag und anderswo zu gemeinsamer Tätigkeit mit den deutschen Arbeitern zu bestimmen. Während der letzten Zeit des Sitzes des Generalrats zu London hatte ich mich umsonst bemüht, ein solches Verständnis herbeizuführen.

In Deutschland arbeitet Bismarck für uns. Die allgemeinen europäischen Zustände sind derart, daß sie mehr und mehr zu einem europäischen Krieg drängen. Wir müssen dadurch gehen, bevor an irgend eine entscheidende Wirksamkeit der europäischen Arbeiterklasse zu denken ist.

Meine Frau und Kinder grüßen Dich bestens

Dein Karl Marx.

Die Broschürenpublikation von B. Becker über Lassalles Bewegung ist, trotz allerlei Fehlerhaftem, was dran klebt, sehr nützlich, um der Sekte ein Ende zu machen.

Du wirst bemerkt haben, daß sich im „Volksstaat" von Zeit zu Zeit halbgelehrte Philisterphantasien geltend machen.[8] Das Zeug kommt von Schulmeistern, Doktoren, Studenten. Engels hat dem Liebknecht den Kopf gewaschen, was ihm von Zeit zu Zeit nötig zu sein scheint.

Bei Beurteilung der französischen, speziell der Pariser Zustände ist nicht zu vergessen, daß neben den offiziellen militärischen und politischen Behörden auch noch im geheimen die Bande bonapartistischer epaulettierter Lumpenhunde tätig ist, aus denen der große Republikaner Thiers die Kriegsgerichte zur Abschlachtung der Kommunards gebildet hat. Diese bilden eine Art geheimes Schreckenstribunal, ihre Mouchards sind überall und machen namentlich die Pariser Arbeiterviertel unsicher.

* *
*

[1] „Indessen sind mildernde Umstände vorhanden.“

[2] Ein junger Kaufmann, der nach England zurückgegangen war, — und

[3] Geld für verkaufte Marxsche Schriften aus S. Meyers Nachlaß — und

[4] Eine Kiste guter Zigarren für Marx als Geschenk von Sektion 1 mitgenommen hatte.

[5] Artikel von Mühlberger und anderen gemeint.

* * *

Anfang August hatte Sorge im Generalrat den Antrag eingebracht, den Generalrat auf unbestimmte Zeit zu vertagen und das gesamte Material desselben einem Ausschuß von drei Personen zu übergeben. Der Antrag wurde abgelehnt. Speyer zeigte seinen Austritt aus dem Generalrat an, Sorge ebenfalls. Die Resignationen wurden nicht angenommen und Speyer zum Generalsekretär erwählt, da Sorge das Amt nicht länger führen wollte. — Der Generalrat war arm, die Vorgänger hatten ihm nur Schulden hinterlassen. Denn die Beiträge von den europäischen Föderationen waren so gering, daß sie knapp die Portoausgaben deckten, geschweige denn die nicht unbedeutenden Druckkosten. Der Generalrat wurde gedrängt, die für die Sendung Serrailliers nach Genf gesammelten Gelder zurückzuzahlen, und ersuchte Engels um Abrechnung, die er auch sandte mit dem Nachweis, daß der Generalrat ihm am Ende des Jahres eine erkleckliche Summe zu bezahlen haben würde.

63

Fr. Engels an Sorge.

London, 12. (und 17.) September 1874.

Lieber Sorge!

Inliegend die gewünschte Abrechnung. . . . Mit Deinem Austritt ist die alte Internationale vollständig abgeschlossen und zu Ende. Und das ist gut. Sie gehörte der Periode des zweiten Kaiserreichs an, wo der in ganz Europa herrschende Druck der eben wiedererwachenden Arbeiterbewegung Einigkeit und Enthaltung von aller inneren Polemik vorschrieb. Es war der Moment, wo die gemeinsamen kosmopolitischen Interessen des Proletariats in den Vordergrund treten konnten; Deutschland, Spanien, Italien, Dänemark waren eben erst in die Bewegung eingetreten oder traten ein in sie. Der theoretische Charakter der Bewegung war in ganz Europa, das heißt bei den Massen, in der Wirklichkeit 1864 noch sehr unklar. Der deutsche Kommunismus existierte noch nicht als Arbeiterpartei, der Proudhonismus war zu schwach, um seine Spezialmarotten vorreiten zu können, Bakunins neues Krämchen bestand noch nicht einmal in seinem eigenen Kopfe, selbst die Chefs der englischen Trade Unions glaubten auf Grundlage des in den Considérants der Statuten ausgesprochenen Programms in die Bewegung eintreten zu können. Der erste große Erfolg mußte dies naive Zusammengehen aller Fraktionen sprengen. Dieser Erfolg war die Kommune, die intellektuell unbedingt das Kind der Internationalen war, obwohl die Internationale keinen Finger rührte, um sie zu machen, und für die die Internationale soweit auch mit vollem Recht verantwortlich gemacht wurde. Als durch die Kommune die Internationale eine moralische Macht in Europa wurde, fing der Krakeel sofort an. Jede Richtung wollte den Erfolg für sich ausbeuten. Der Zerfall, der nicht ausbleiben konnte, kam. Die Eifersucht auf die steigende Macht derjenigen Leute, die wirklich bereit waren, auf dem alten umfassenden Programm fortzuarbeiten — der deutschen Kommunisten —, trieb die belgischen Proudhonisten in die Arme der bakunistischen Abenteurer. Mit dem Haager Kongreß war es in der Tat am Ende — und zwar für beide Parteien. Das einzige Land, wo noch etwas auf den Namen der Internationalen zu machen, war Amerika, und ein glücklicher Instinkt legte die Oberleitung dahin. Jetzt ist auch dort das Prestige erschöpft, und jede weitere Anstrengung, neues Leben hineinzugalvanisieren, wäre Torheit und Kraftverschwendung. Die Internationale hat zehn Jahre europäischer Geschichte nach einer Seite hin — nach der Seite, worin die Zukunft liegt — beherrscht, und kann stolz auf ihre Arbeit zurückschauen.

Aber in ihrer alten Form hat sie sich überlebt. Um eine neue Internationale in der Weise der alten, eine Allianz aller proletarischen Parteien aller Länder hervorzubringen, dazu gehörte ein allgemeines Niederschlagen der Arbeiterbewegung, wie es 1849—64 vorherrschte. Dazu ist jetzt die proletarische Welt zu groß, zu weitläufig geworden. Ich glaube die nächste Internationale wird — nachdem Marx' Schriften einige Jahre gewirkt — direkt kommunistisch sein und geradezu unsere Prinzipien aufpflanzen. . . .

Die Belgier und Bakunisten halten ihren Kongreß in Brüssel jetzt ab. Berichte siehe Londoner „Times" vom 10. September und folgende — 14 ganze Delegierte, 1 Deutscher (Lassalleaner), 1 Franzose, 1 Spanier (Gomez inconnu), 1 Schwitzguebel, der Rest Belgier. Allgemeine Uneinigkeit über alles Wesentliche, verdeckt dadurch, daß man nicht debattiert, sondern nur erzählt und anhört. — Habe freilich erst einen Bericht gesehen. Die Italiener erklären ihren faktischen Austritt, die öffentliche Internationale sei ihnen nur schädlich, sie wollten fürderhin nur konspirieren. Auch die Spanier neigen dazu. Im übrigen lügen sie sich gegenseitig was vor, was sie für kolossale Bewegungen machen. Und glauben noch jemand zu finden, der sich das aufbinden läßt.

Herr Bastelica ist ebenfalls bonapartistischer Agent geworden. Er machte in Straßburg dem Avrial, Exmitglied der Kommune, Anträge dieser Art und wurde natürlich an die Luft gesetzt. So enden diese Anarchisten einer nach dem anderen.

Mesa aus Madrid hat mir geschrieben, er müsse nach Paris, die Regierung verfolge ihn zu sehr. Verbindung mit Spanien also wieder hergestellt.

In Deutschland gehen die Sachen famos trotz aller Verfolgungen, teilweise eben wegen der Verfolgungen. Die Lassalleaner sind durch ihre Repräsentanten im Reichstag so diskreditiert, daß die Regierung Verfolgungen gegen sie einleiten muß, um dieser Bewegung wieder den Schein zu geben, als sei sie ernstlich gemeint. Im übrigen haben die Lassalleaner seit den Wahlen sich in der Notwendigkeit befunden, als Schwanz der Unserigen aufzutreten. Ein wahres Glück, daß Hasselmann und Hasenclever in den Reichstag gewählt. Sie diskreditieren sich da zusehends: entweder müssen sie mit den Unseren gehen oder aber auf eigene Faust Blödsinn machen. Beides ruiniert sie.

Herr Jung fand es passend, an Liebknecht zu schreiben, um mit ihm anzubinden! Liebknecht schickte mir den Brief, und ich habe ihn Leuten gezeigt, die Herrn Jung dies mitteilen werden.

Marx ist in Karlsbad und trinkt das Wasser dort, um seine Leber wieder auf den Damm zu bringen. Er hat viel Pech gehabt. Kaum hatte er sich im Juli auf der Insel Wight etwas erholt, da muß er wegen der plötzlichen ernstlichen Erkrankung seiner jüngsten Tochter zurück. Kaum angekommen, stirbt Jennys kleiner Junge, ungefähr ein Jahr alt. Das griff ihn wieder sehr an. Ich denke, wenn erst die Leber wieder in Ordnung, wird auch die Kur des überarbeiteten Nervensystems sich leichter machen. Die Ärzte haben ihm alle eine sehr günstige Wirkung von Karlsbad prophezeit. Die österreichische Regierung ließ ihn ganz ungeschoren bisher, Ende dieser Woche wird er wohl abreisen.

Die in New York entstandenen Krakeelereien, die es Dir unmöglich machten, länger im Generalrat zu bleiben, sind ebensosehr Beweis wie Folge davon, daß die Sache sich überlebt hat. Wenn die Verhältnisse einer Gesellschaft es nicht länger erlauben, wirksam zu agieren, wenn es sich zunächst darum handelt, das Band der Vereinigung einfach zusammenzuhalten, damit es bei Gelegenheit wieder gebraucht werden kann, dann finden sich immer Leute, die sich in diese Lage nicht hineinfinden können, die platterdings den busybody spielen wollen und verlangen, daß man „Etwas tue", welches Etwas dann eben nur Blödsinn sein kann. Und wenn es diesen Leuten gelingt, die Majorität zu erhalten, so zwingen sie jeden, der nicht Verantwortlichkeit für ihren Blödsinn tragen will, zum Austritt. Welch ein Glück, daß wir die Protokollbücher nicht hinübergeschickt haben!

Die französische Emigration ist ganz auseinander, haben sich alle unter sich und mit jedermann sonst noch, aus rein persönlichen Gründen, Geldgeschichten meistens, überworfen, und wir sind sie fast ganz los. Die Leute wollen alle ohne wirkliche Arbeit leben, haben den Kopf voll angeblicher Erfindungen, die Millionen einbringen sollen, wenn man sie nur in den Stand setze, diese Erfindungen auszubeuten, wozu nur ein paar Pfund gehören. Wer aber einfältig genug ist, darauf einzugehen, ist um sein Geld geprellt und wird noch dazu als Bourgeois verschrien. Am schmählichsten hat sich Le Moussu benommen und als ein Schwindler entpuppt. Das Bummelleben während des Krieges, der Kommune und des Exils hat die Leute greulich demoralisiert, und einen verbummelten Franzosen wieder rangieren, kann nur die Not.

Die große Masse der politisch unbekannten französischen Arbeiter dagegen hat die Politik vorderhand fahren lassen und hier Arbeit gefunden.

Besten Gruß

17. September 1874. Dein F. Engels.

* * *

Bereits anfangs August hatte Sorge seine Resignation als Mitglied der Kontrollkommission (Aufsichtsbehörde) der „Arbeiterzeitung" eingereicht, deren Erledigung indessen bis Ende September verzögert wurde, als sie einer gemeinschaftlichen Sitzung der New Yorker Sektionen unterbreitet wurde, die mit großer Majorität beschloß, die Resignation nicht anzunehmen.

Nunmehr glaubten sich Redaktion und Expedition der „Arbeiterzeitung" in ihrer Existenz bedroht, veranstalteten eine geschlossene Sitzung der Sektion 1 und organisierten aus deren Mitgliedern eine Mannschaft zur Besetzung und Verteidigung des Lokals und Materials der „Arbeiterzeitung" gegen .... den eigenen Verwaltungsrat und die Kontrollkommission des Blattes, die, als sie am 1. Oktober eine Sitzung daselbst abhalten wollten, gewaltsam daran verhindert wurden. Gegen diesen Gewaltstreich wiederum Gewalt anzuwenden, wäre leicht gewesen, hätte aber greuliches Aufsehen in der Öffentlichkeit erregt, und deshalb wurden die bürgerlichen Gerichte angerufen. Die Prozesse währten mehr als ein Jahr und endeten damit, daß die beiderseitigen Anwälte eine Summe Geldes, die auf einer Bank für die „Arbeiterzeitung" angelegt war, für die Kosten verbrauchten. Der Generalrat schilderte in seinem „Zweiten Vierteljahrsbericht" den ganzen Vorgang, und während einer gerichtlichen Beschlagnahme publizierten die Staatsstreichler ein sogenanntes „Notblatt", ziemlich allgemein als „Kotblatt" damals bezeichnet.

Unter Beihilfe aller Unzufriedenen und Verstimmten hielten verschiedene Eingewanderte der letzten Jahre eine sogenannte sozialdemokratische Konvention.

Recht erfreulich war in dieser Zeit die Kunde, daß die deutschen Weber eine Organisation in Lawrence, Mass., geschaffen und sich in corpore der Internationalen Arbeiterassoziation, der N. A. Föderation, angeschlossen hatten. Ihr Beispiel fand bald Nachahmung an anderen Orten der Neu-England-Staaten.

64

Joh. Ph. Becker an Sorge.

Genf, 1. November 1874.

Lieber alter Bruder Sorge!

Im Hinblick auf Deinen letzten Brief und die dieser Tage mir sonst von New York her zugekommenen Kundgebungen magst Du nicht wenig Ärger und Verdruß in letzter Zeit ausgestanden haben. Da ich Dir aber die rechte Partie stoischen Gleichmuts zutraue, so wird Dich wohl all dies läppische Gepäpper und Geschläpper nur vorübergehend be- und gerührt haben, und wirst Du sicher der unentwegte Vorstürmer geblieben sein. Die faden, geistesschalen Schimpfereien des „Notblatts" sind so selbstmörderisch, daß wohl alle Abwehr überflüssig, wenn man nicht, was für unsereinen doch unwürdig, einem toten Esel einen Tritt geben will. Dagegen hat der sich mehr an den Tatbestand des bedauerlichen Vorfalls haltende „Zweite Vierteljahrsbericht" des Föderalrats hier allgemein gefallen und für die Zukunft dortiger parteigenössischer Bewegung beruhigt. „Und sie dreht sich doch herum!"

Aber mehr als alles hat mich Deine Nachricht betrübt, daß Deine ökonomische Lage keineswegs eine beneidenswerte. Wie haben doch die gleichen Charaktere immer auch, das heißt unter der gegebenen sozialen Ordnung, das gleiche Los, und wie kann ich mit wenig Unterbrechung schon seit fast 50 Jahren singen: „Fordere niemand, mein Schicksal zu hören." Nun, was Dich betrifft, so hast Du ja Kraft und Mut, Kenntnisse und Erfahrung genug, dem Teufel immer auf den Kopf zu treten und alles zu gutem Ende zu bringen. Das Bewußtsein, seiner Überzeugung, und zwar nicht in Passivität, sondern in Aktivität treu zu bleiben, ist doch der schönste Lebenslohn. . . .

Die Geschäftskrise hier hält noch immer und so intensiv, wie noch nie erlebt, an. . . .

Sei brüderlich gegrüßt

Joh. Phil. Becker.

* * *

Am 24. Januar 1875 schrieb Joh. Ph. Becker:

„. . . Vergeblich erwartete ich von Woche zu Woche, durch Dich zu erfahren, wie es dort mit der Parteigestaltung geht. Könnt Ihr es denn nicht auch zu einer neuen Zeitung und die Giftmichelei zum Schweigen bringen? Existiert eigentlich noch ein Generalrat dort und wie sieht es mit dem diesjährigen Kongreß der Internationalen aus? Lasset wenigstens ein Monatsbulletin erscheinen, bis sich die anderen totgeschrieben und -geschimpft haben.

. . . Dein Wohlgefallen an den Psalmen soll bei jeder weiteren Lieferung steigen. Das Beste kommt zuletzt!"

* * *

Schon 1874 erschien in New York ein neues Blatt, „Der Sozialdemokrat".

In Milwaukee war eine Sektion gegründet worden und in die N. A. Föderation eingetreten.

* * *

Im April 1875 schrieb Bracke:

„. . . Dort haben Sie den Zwiespalt. Hier haben wir die Einigkeit, aber der Teufel hole die ganze Geschichte. Die Lassalleaner haben unsere Leute gehörig über den Löffel barbiert, und es wird schwer sein, den Standpunkt der Internationalen zu wahren. Auch in London ist man sehr unzufrieden, daß Liebknecht, Geib, Motteler und andere ihre Zustimmung zu diesem Wischi-Waschi-Programm gaben. Bebel wird aber das Seinige tun, und ich werde ihm helfen. Wollen sehen, was dabei herauskommt."

Am 28. April schrieb Joh. Ph. Becker:

„Deinen Brief nebst Postmandat von 75 Franken habe ich seinerzeit richtig erhalten. . . . Du hast wohl recht, mit der Haltung der alten Freunde in Leipzig in dem amerikanischen Zwiste unzufrieden zu sein, ich bin es auch und habe es wiederholt laut ausgesprochen...."

* * *

Der „Vorbote" in Chicago näherte sich immer mehr und der Generalrat benutzte ihn häufig zu Mitteilungen und Berichten. Es wurden viel Stimmen laut zu einer Verständigung oder Vereinigung der verschiedenen Gruppen. Der Generalrat versuchte Stimmung zu machen für eine Verlegung des Föderalrats nach Chicago und machte selbst Vorschläge zu einer Verständigung mit den übrigen sozialistischen Gruppen des Landes, die aber meistens sofort scheiterten an dem Verlangen der anderen, den Namen „Internationale" abzulegen, was der Generalrat ehrenhafterweise nicht tun konnte und wollte. Auch Konferenzen von Vertretern der verschiedenen Richtungen fanden statt mit demselben Resultat. Mac Donnell bildete eine neue Fraktion, the United Workers, die sich vorbereitete, ein Arbeiterblatt in englischer Sprache herauszugeben. Die „Sozialdemokraten" hegten dieselbe Absicht und hielten wieder eine Konvention in Philadelphia ab. — Die N. A. Föderation nahm trotz aller Wirren erfreulicherweise zu, besonders in Neu-England. Mit der Organisation der Bergleute in Pennsylvanien und anderswo wurde reger Verkehr unterhalten, auch Artikel in deren Blätter gesandt. Besondere Agitation wurde unternommen in Massachusetts, Connecticut und Pennsylvanien.

H. Meyer, der langjährige Freund und Mitarbeiter Jos. Weydemeyers, ging zur Herstellung seiner Gesundheit nach Texas und kam um bei dem Brand und der Explosion des Dampfers im Hafen von Waco. — In Milwaukee wurde ein tägliches Blatt „Der Sozialist" gegründet. — Es waren trübe, schlechte Zeiten für die Lohnarbeiter des Landes. Arbeitslosigkeit, Hungerlöhne und — Verbrechen waren die Signatur des Jahres 1875 sowohl wie der beiden folgenden Jahre.

Die Beziehungen zu Europa waren recht schwach geworden, und der Generalrat hatte es herzlich satt, an der Spitze einer Organisation zu stehen, die kaum noch existierte. Er sandte daher ein Rundschreiben an alle Föderationen und Sektionen, worin er den Stand der Sache darlegte, eine Konferenz der Internationalen Arbeiterassoziation auf Juli 1876 nach Philadelphia berief und erklärte, daß seine Verantwortlichkeit mit dem Zusammentritt der Konferenz aufhören würde. — Antworten darauf liefen sehr spärlich ein, eigentlich nur von der Schweiz. Ein früherer amerikanischer Parteigenosse schrieb Ende Februar 1876, daß der Parteiausschuß in Hamburg keine Lust habe, Mittel zur Beschickung der Konferenz zu bewilligen. Ein anderer, der beauftragt war, Verbindungen mit Frankreich und Spanien anzuknüpfen, hatte nicht den geringsten Erfolg.

Die „Sozialdemokraten" sprachen und schrieben sehr viel von Einigung, handelten aber meistens in entgegengesetztem Sinne. Sie hatten sich Otto Walster als Redakteur verschrieben und beriefen wieder eine Konferenz auf den 17. April nach Pittsburg, gaben auch ein Blatt in englischer Sprache heraus. Die Nordamerikanische Föderation nahm zu trotz aller Wirren und war geneigt, einer Vereinigung auf solider Grundlage beizutreten. Der fungierende Föderalrat sandte einen Bevollmächtigten nach Milwaukee, um die dortige eigentümliche Situation zu studieren, und einen anderen Bevollmächtigten nach Massachusetts, New Hampshire und Rhode Island zur Förderung der Organisation von Textilarbeitern. Auch berief der Föderalrat einen Kongreß der N. A. Föderation ebenfalls zum Juli nach Philadelphia und später im Verein mit den Sozialdemokraten den sogenannten Einigungskongreß auf denselben Monat an denselben Ort, wo also drei Konventionen hintereinander stattfinden sollten und auch abgehalten wurden.

An Marx und Engels hatte Sorge seit Ende des Jahres 1874 nicht mehr geschrieben, da es ihm widerstrebte, sie mit den Erbärmlichkeiten der amerikanischen Wirren zu behelligen. Erst Ende März 1876 hatte er an Marx geschrieben wegen Übersetzung des Kommunistischen Manifestes und wegen der Übersetzung des „Kapital" und hatte ihn und Engels eingeladen, zur Centennialausstellung nach Amerika zu kommen.

65

Fr. Engels an den Generalrat in New York.

London, 122 Regents Park Road NW, 13. August 1875.

An den Generalrat der Internationalen Arbeiterassoziation!

Die mit Brief des Sekretärs Speyer mir zugesandten (4. Juni empfangen) 21 Zirkulare[1] sind nach Instruktion in Zirkulation versetzt, und zwar habe ich folgendes im Interesse der Sache tun können:

1. Da der hiesige Arbeiterverein (deutsche Sektion) durch Verschmelzung mit den Lassalleanern und übergroße Liberalität in der Aufnahme von Mitgliedern — zirka 120 — sich für vertrauliche Mitteilungen nur dann eignen würde, wenn man solche sofort veröffentlicht wünscht, so habe ich Zirkulare an Leßner und Fränkel gegeben, die mit mir einig waren, daß der Inhalt sich nicht zu offizieller Mitteilung im Verein eigne, und man sich auf Mitteilung an geeignete Personen beschränken müsse, und sonst im stillen im Interesse der ganzen Angelegenheit zu wirken habe. Da von hier aus sicher keine deutschen Arbeiter nach Philadelphia geschickt werden, so wird das an den praktischen Folgen nichts ändern.

2. Unser Freund Mesa[2] aus Madrid, der jetzt in Paris wohnt, war gerade hier, als das Zirkular ankam. Er nahm die Sache sehr lebhaft auf, ich übersetzte ihm das Zirkular, und da er Mitglieder des

Komitees kennt, das in Paris die Subskriptionen zum Zwecke der Arbeitersendung nach Philadelphia verwaltet, so wird er bei seiner bekannten Tätigkeit wohl etwas ausrichten können. Er schickt es auch nach Spanien.

3. Nach Belgien konnte ich's nicht schicken, weil ja die ganze belgische Internationale zu den Allianzisten hält, und es doch nicht in unserem Interesse liegt, diesen den Plan mitzuteilen. In Portugal und Spanien habe ich keine Adressen. Die „Plebe“ von Lodi hat sich so ziemlich den Allianzisten angeschlossen und wäre imstande, die Geschichte sofort zu veröffentlichen.

4. Da in der Instruktion Deutschland, Österreich und die Schweiz nicht erwähnt sind, auch der Generalrat dort reichliche direkte Verbindungen hat, habe ich dort keine Schritte getan, um nicht die etwa direkt getanen zu durchkreuzen.

5. Das Zirkular hat bei allen, die es gesehen, großen Anklang gefunden, und wird der gemachte Vorschlag einer Konferenz allgemein als der einzig praktische angesehen. Aber eine Abstimmung darüber zustande zu bringen, erscheint uns hier unmöglich. Der hiesige Verein ist schon erwähnt. Andere Sektionen in England sind alle eingeschlafen, die besten Leute meist fort. In Dänemark, Frankreich, Spanien, wo die Internationale direkt verboten ist, kann von Abstimmung keine Rede sein. In Deutschland hat man nie über so etwas abgestimmt, und nach der Vereinigung mit den Lassalleanern die ohnehin lose Verbindung mit der Internationale ganz abgesagt. Unter diesen Umständen sollten die amerikanischen Stimmen hinreichen, den Generalrat zu decken, wenn er den Vorschlag zum Beschluß erhebt, um so mehr als wir durch gute Quellen wissen, daß die Allianzisten ebenfalls dies Jahr (und auch wohl nie wieder) keinen Kongreß abhalten.

6. Wäre es nicht gut, wenn um die Zeit der Ausstellungseröffnung in den europäischen Parteiblättern eine kurze Notiz eingerückt würde, etwa der Art: „Sozialistische Arbeiter, welche die Ausstellung in Philadelphia besuchen, werden gebeten, sich . . . (Adresse) zu begeben, wo sie mit den Philadelphiaer Parteigenossen in Verbindung gesetzt werden,“ oder wenn man ein „Komitee zur Unterbringung sozialistischer Arbeiter respektive deren Beschützung vor Prellerei“ stiftete und dessen Adresse veröffentlichte? Letzteres besonders würde sehr unschuldig aussehen, aber ein paar Privatbriefe würden hinreichen, den Sachverhalt genügend zu verbreiten.

Brüderlichen Gruß

Fr. Engels.

* * *

[1] Vertrauliche Zirkulare des Generalrats.

[2] Mesa war einige Jahre vorher Korrespondent und Agent des Generalrats in Madrid.

* * *

Zum Verständnis dieses Briefes lese man die Erläuterungen und Notizen auf den vorhergehenden Seiten, auch zum Verständnis des folgenden Briefes.

66

Karl Marx an Sorge.

London, 41 Maitland Park Road NW, 4. April 1876.
(Pay attention to the address, it is 41 now instead of 1, but the same street.[1])

Mein lieber Freund!

Es freute mich sehr, endlich Deine Handschrift wieder zu sehen.

Dein verlängertes Schweigen hatte ich mir richtig gedeutet, nämlich ganz so, wie Du es erklärst. Ich versichere Dir, wir hatten hier auch übergenug von dem Schmutz, obgleich er nicht so schamlos publice (und auch das fehlte in der ersten Zeit nach dem Haager Kongreß nicht) auftrat. Doch gilt hier, was Tschernischewsky sagt: „Wer auf historischen Wegen wandelt, darf sich vor Beschmutzung nicht scheuen."

Die letzten 15 livraisons du „Capital" hatte ich an Dich expediert Anfang Januar, und zwar Montag den 1. Januar (da ich Notiz schrieb über sämtliche von mir damals expedierte Exemplare, weiß ich das Datum). Doch wundert mich nicht, daß Du es nicht erhalten, da sogar von hier nach Paris expedierte Exemplare nicht ankamen und wieder von neuem verschickt werden mußten. Anfangs Januar herrscht solches hurly-burly an der hiesigen Post, daß jeder Postexpedient irresponsable ist. Ich schicke Dir die 15 Nummern diese Woche noch. Es ist mir deswegen unangenehm, daß Du nicht Sendung 1 erhalten, weil ich gerade diesen Teil, speziell den ganzen Abschnitt über den Akkumulationsprozeß wesentlich verbessert habe, also von Dir gelesen wünschte.

Nach Philadelphia können Engels und ich nicht kommen, weil wir überbeschäftigt sind — ich speziell um so weniger Zeit verlieren darf, als my state of health mich immer noch zwingt, about 2 months zu verlieren mit der Karlsbader Kur.

An das Kommunistische Manifest wollen wir uns machen, doch für den Appendix ist die Zeit noch nicht spruchreif.

Und nun habe ich verschiedene Verlangen an Dich:

1. Könnte ich meine von dem zu früh verstorbenen Freund Meyer (ich glaube aus Weydemeyers Nachlaß) aufbewahrten „Tribune"-Artikel erhalten?[2] Ich habe nichts davon.

2. Kann ich aus New York (versteht sich auf meine Kosten) die amerikanischen Bücherkataloge von 1843 bis jetzt erhalten? Es handelt sich für mich (für den zweiten Band des „Kapital") darum, selbst zu sehen, was über amerikanischen Ackerbau und grundeigentümliche Verhältnisse, ditto über Kredit (Panik, Geld usw. und was damit zusammenhängt) etwa Brauchbares erschienen ist.

3. Aus den englischen Zeitungen ist gar nicht klug zu werden über die jetzigen Skandalgeschichten[3] in den U. St. Hast Du etwa amerikanische papers darüber aufbewahrt?

Mit den herzlichsten Grüßen der ganzen Familie an Dich

Totus tuus Karl Marx.

* * *

[1] „Achte auf die Adresse, es ist 41 jetzt, anstatt 1, aber dieselbe Straße."

[2] Hermann Meyer hatte ein Verzeichnis der Marxschen Artikel in der New Yorker „Tribune" angefertigt und Sorge hatte es 1872 Marx persönlich übergeben. Ein Teil desselben erschien vor einigen Jahren unter dem Titel: „Revolution and Counter-Revolution", ein anderer Teil unter dem Titel: „The Eastern Question".

[3] Bezieht sich vornehmlich auf den in Verbindung mit dem Bau der Eisenbahn nach dem Stillen Meere (Pacific R. R.) stehenden Kredit-Mobiliarschwindel und auf andere Korruptionsskandale unter der Präsidentschaft des Generals Grant.

67

Karl Marx an Sorge.

(Postkarte vom 14. Juni 1876?)

Lieber Freund!

Ich schicke Dir heute zum drittenmal die livraisons 31 bis 44 des „Kapital", solltest Du sie wieder nicht erhalten, so benachrichtige mich sofort, ich werde dann serious quarrel mit der hiesigen Generalpost-office eröffnen. — Was die interference von Dr. Kugelmann[1] (respektive Meißner, was ich nicht glaube, doch näheres darüber bei ihm selbst erkunden werde) betrifft, so hat sie mich höchlichst verwundert, da ich noch nicht „alle" geworden, also niemand außer mir über meine Arbeiten zu verfügen hat.

Unter den Skandalgeschichten verstehe ich, wie Du's interpretiert hast, brauche es nicht vor Ende September.

Schicke Dir zugleich die von mir verbesserte Ausgabe des Most,[2] habe mich nicht genannt, weil ich sonst noch mehr hätte daran ändern müssen (das über Wert, Geld, Arbeitslohn und manches andere habe ich ganz streichen und statt dessen Eigenes hineinsetzen müssen).

Nächstens mehr. Herzliche Grüße von der ganzen family

Dein Karl Marx.

* * *

[1] Nach Empfang des Briefes Nr. 61 hatte Sorge sich wegen der „Tribune"-Artikel sofort an M. Livingston, den Schwiegersohn Weydemeyers, gewendet, der antwortete, daß Dr. Kugelmann sich schon zur Erlangung gemeldet habe. Dies war Marx mitgeteilt worden. Es währte noch geraume Zeit, bis Sorge die Artikel in seine Hände bekommen und mit anderem Marx übersenden konnte — am 30. April 1877.

[2] Gemeint ist der Auszug aus dem „Kapital", Band 1, von Most angefertigt, der in Chemnitz erschienen war. Die von Marx verbesserte Auflage wurde später von O. Weydemeyer, dem Sohn des Jos. Weydemeyer, ins Englische übersetzt.

* * *

Mitte Juli trat die Konferenz der Internationalen Arbeiterassoziation zusammen. Von Europa war niemand gekommen. Nur die Deutschen hatten Walster als ihren Delegierten ernannt, und die Schweizer hatten Mandate geschickt, die aber erst nach Beendigung der Arbeiten eintrafen. Der Bericht des Generalrats wurde genehmigt und auch der Antrag desselben, die Organisation der Internationalen Arbeiterassoziation auf unbestimmte Zeit zu vertagen. — Nach der Konferenz tagte der Kongreß der Nordamerikanischen Föderation der Internationalen Arbeiterassoziation, in welchem der Verwaltungs- und Kassenbericht des fungierenden Föderalrats geprüft und gutgeheißen wurde, worauf die Bedingungen zur Vereinigung der verschiedenen Gruppen festgestellt und O. Weydemeyer und Sorge zu Delegierten der Föderation auf dem Einigungskongreß ernannt wurden. — Zuletzt versammelte sich der Einigungskongreß, zu dem die Sozialdemokraten drei Delegierte, die Internationalen zwei und die Illinois-Arbeiterpartei einen entsandt hatten. Die Vereinigung wurde beschlossen, indem man alle näheren Bezeichnungen fallen ließ, unter dem Namen: „Arbeiterpartei der Vereinigten Staaten". Die bestehenden Organe — „Vorbote", „Sozialdemokrat" und „Sozialist" — wurden Eigentum der neuen Partei, das heißt die Partei übernahm deren Schulden; der „Sozialdemokrat" wurde umgetauft in „Arbeiterstimme" und der „Sozialist" in „Labor Standard", der Exekutivausschuß nach Chicago, der Aufsichtsrat nach New Haven verlegt. Ferner wurde den Parteiangehörigen dringend vorläufig Wahlenthaltung empfohlen, treffliche Beschlüsse über die Frauenfrage gefaßt und der Ausschuß der Partei ernstlich aufgefordert, das Hauptaugenmerk seiner Tätigkeit auf das industrielle Neu-England zu richten usw.

Was die Internationalen vorausgesehen und gesagt hatten, traf ein. Die größten Schwärmer für die Einigung, die Sozialdemokraten, traten gegen das Einigungswerk auf, als der Kongreß kaum auseinander gegangen, mißachteten die Beschlüsse desselben und desavouierten die Delegierten. Einer ihrer Delegierten, unter dessen Mitwirkung die Einigung vollzogen worden war, wühlte eifrig dagegen und verursachte Störungen in der neuen Organisation. Der Parteiausschuß, ohne Erfahrung in solchen Sachen, wußte sich nicht zu helfen und geriet nach kurzer Zeit ganz in das Fahrwasser der Störenfriede, und in New York entstanden neue Streitigkeiten wegen der daselbst eingerichteten Parteiorgane „Arbeiterstimme" und „Labor Standard".

Die Redaktion des „Labor Standard" wurde in proletarischem Sinne geführt und brachte Nachrichten über Arbeiterangelegenheiten und die Gewerkschaftsbewegung, was den Unmut vieler Sozialdemokraten erregte, von denen einer, sich sogar als Sekretär zeichnend, an den „Labor Standard" schrieb: „Die Sozialdemokraten sind nur eingetreten zur Förderung des Sozialismus." ... Der Exekutivausschuß in Chicago verlangte Kürzung der Nachrichten über die Gewerkschaften, und einer der Delegierten des Einigungskongresses erklärte, daß die Verkürzung der Arbeitszeit der Bewegung nur zum Schaden gereiche.

Das Jahr 1877 trat ein. Die Parteiorgane „Vorbote", „Labor Standard" und „Arbeiterstimme" fristeten eine kümmerliche Existenz, aber eine wahre Epidemie brach aus zur Gründung von neuen Blättern, besonders im Westen.

In Cincinnati, St. Louis, Detroit, Newark und an anderen Orten wurden sozialdemokratische Blätter herausgegeben, die meistens sehr kurzlebig waren. Ende Juli brach der große Ausstand der Eisenbahnarbeiter aus, der besonders in Pittsburg und Baltimore revolutionären Anstrich hatte. In Chicago wurden die demonstrierenden Arbeiter niedergeknüppelt und niedergeschossen; in St. Louis wurde von Arbeitern und Sozialisten ein Sicherheitsausschuß gebildet, der zwei Tage lang fungierte und die Stadt regierte, und unmittelbar nachher starb Lingenau, der das Testament zugunsten der Sozialdemokratie gemacht hatte, das viel Mühe und Arbeit und mehrere hundert Dollar gekostet, aber keinen Pfennig eingebracht hat.

Greenbäckler und kleinbürgerliche Reformer aller Arten suchten — und fanden auch manchmal — Eingang in Arbeiterkreise, und es entstanden in verschiedenen Staaten daraus Wahlbündnisse, die hier und da zu anscheinenden Erfolgen führten. — Die Sozialdemokraten, besonders die in den letzten Jahren eingewanderten, waren und blieben unzufrieden mit den Statuten und Beschlüssen des 1876er Einigungskongresses und agitierten lebhaft für Einberufung eines neuen Kongresses, worüber ein alter Weber aus Neu-England schrieb: „Die Nachäffer der Bewegung in Deutschland wollen dieses Jahr wieder einen Kongreß abhalten, um den ganzen Apparat der Bewegung von draußen zu importieren und zu kopieren."

68

Frau Marx an Sorge.

(Geschrieben am 20. oder 21. Januar 1877.)
41 Maitland Park Road, Haverstock Hill.

Mein teurer Freund!

Lange, lange Zeit habe ich kein Zeichen des Lebens und der Erinnerung von mir gegeben; ich schwieg selbst, als ein neuer furchtbarer Schlag des Schicksals Sie traf und Sie mit Recht Worte der Sympathie von Ihren Freunden erwarteten. Seien Sie überzeugt, daß ich nicht verstummte aus Mangel an Teilnahme, ich schrieb nicht, weil mir förmlich der Atem ausging bei der Trauerkunde und ich an den großen Schmerz nicht herantreten wollte mit all den Gemeinplätzen der Teilnahme und der tröstenden Zusprache. Ich weiß nur zu gut, wie schwer es wird und wie lange es dauert, ehe man nach solchen Verlusten sein eigenes Gleichgewicht wieder findet; da kommt dann das Leben mit seinen kleinen Freuden und seinen großen Sorgen, mit all seinen kleinen tagtäglichen Plackereien und kleinlichen Quälereien zu unserer Hilfe, und der größere Schmerz wird vom stündlichen kleinen Leid übertäubt und, ohne daß wir's merken, mildert sich das heftige Weh; nicht daß die Wunde jemals ausheilte, namentlich nicht im Mutterherzen, aber nach und nach erwacht wieder im Gemüt neue Empfänglichkeit und selbst neue Empfindlichkeit für neues Leid und neue Freude, und so lebt man weiter und weiter mit dem wunden und doch stets hoffenden Herzen, bis es zuletzt ganz stille steht und ewiger Friede da ist.[1]

Uns ist es im großen und ganzen (Wolken gibt's immer und überall) ziemlich gut ergangen. Mein Mann und Tussy (die jüngste) waren gezwungen, dieses Jahr wieder nach Karlsbad zu gehen, das ihnen früher so wohl getan hatte. Die Kur bekam auch dieses Mal meinem Mann vortrefflich. Leider erkältete er sich aber gleich bei der Heimkehr in unser feuchtes Nebelland so sehr, daß er bis zu diesem Moment einen höchst fatalen, fast chronisch gewordenen Schnupfen und

Husten nicht los geworden ist. Selbst eine kleine Operation, das Verkürzen des schlaff gewordenen und verlängerten sogenannten Zäpfchens im Halse, das beständige Verschleimung verursachte, scheint bisher nicht viel geholfen zu haben. Tussy erkrankte ernstlich in Karlsbad und kehrte blaß und abgemagert heim. Sie hat sich jetzt wieder erholt und ist mit verschiedenen Übersetzungen vom Deutschen oder vom Französischen ins Englische beschäftigt. Als ein Mitglied der Shakespeare-Gesellschaft übersetzte sie eine Broschüre von Professor Delius in Bonn über das Epische Element in Shakespeare zu der größten Zufriedenheit aller, und Professor Delius schrieb ihr den schmeichelhaftesten Brief, sich und der Gesellschaft für einen solchen „fellow worker" gratulierend.

Dieser success wird ihr einigen Eingang in literarische Kreise und Blätter verschaffen, so daß sie vielleicht hier bezahlte Arbeit finden wird, die sie vom lästigen und für ihre Gesundheit zu anstrengenden Stundengeben befreien wird. Lissagaray, mit welchem sie verlobt ist, hat sein Buch über die Kommune in Brüssel herausgegeben. Es ist wirklich recht gut ausgefallen, scheint sich gut zu verkaufen und wird in diesem Augenblick ins Deutsche und Englische übertragen. Mein Mann selbst ist in diesem Moment deeply in the Eastern question und highly elated über das feste, ehrenhafte Auftreten der Söhne Mahomets gegenüber all den christlichen Humbugs und heuchlerischen atrocity mongers. (Nach den heutigen Telegrammen scheinen die Russen [die Zivilisateure nach Gladstone, Bright und all den Freemen and Stillmen and Merrymen] ernstlich auszukneifen.)

Ebensosehr als diese große politische Frage beschäftigt ihn der Sieg der Sozialisten in Deutschland; nicht daß sie gerade so viel mehr „Mann" ins Parlament schicken werden, aber die Stimmen, die sie allüberall, selbst in den Berliner Geheimratsvierteln erhalten haben, sind wahrhaft überwältigend groß und scheinen Streber und Gründer und Schinder ganz außer Fassung zu bringen.

Longuet erkrankte im Frühjahr am Nervenfieber, von welchem er sich nur langsam erholt und das noch bis jetzt große Aufregung und Reizbarkeit zurückgelassen hat. Er focht, schreit und argumentiert wie früher, aber zu seiner Ehre muß ich ihm nachsagen, daß er seine Stunden im Kings College regelmäßig und zur Zufriedenheit seiner Vorgesetzten gegeben hat. Jenny hatte am 10. Mai wieder einen kleinen Knaben, der anfangs sehr schwächlich, klein und elend aussah. Jetzt ist er mit seinem einen Zähnchen zu einem fetten, derben, prächtigen Jungen herangefüttert, der die Freude der ganzen Familie ist. Wenn er in carriage and four, das heißt im ehelichen perambulator vorgefahren kommt, stürzt alles ihm jubelnd entgegen, um ihn zuerst in Empfang zu nehmen, old granny an der Spitze. Jenny leidet nach wie vorher an Asthma und beständigem Husten, was sie aber nicht hindert, ihren schweren Schul- und Hauspflichten redlichst nachzukommen, und das ihr embonpoint nicht hindert, sowie die blühende Frische ihrer rosigen Wangen. Lafargue und Laura wohnen auch ganz in unserer Nähe. Leider ist es bisher mit ihrem Geschäft, dem Druck nach dem procédé Gillot, nicht besonders gegangen. Die Konkurrenz mit dem großen Kapital ist stets und überall im Wege. Lafargue hat wahre Niggerarbeit dagegen in die Bresche geschickt. Ebenso hat Laura wunderbare Energie, Mut und äußersten Fleiß in allen Branchen in und außer dem Hause gezeigt. „Schuster bleib bei deinem Leisten“, könnte man auch Lafargue zurufen. Es ist ein Jammer, daß er dem alten Vater Äskulap untreu geworden. Indessen scheint sich in letzter Zeit doch mehr Aussicht auf Erfolg zu zeigen. Größere Bestellungen gehen ein. Lafargue, dem stets der Himmel voller Geigen hängt, hofft jetzt auf einen großen „job“.

Laura hat sich körperlich wieder vollständig erholt, sieht frisch und blühend und so jung aus, daß jeder sie mit „Miß“ tituliert, der nicht weiß, daß sie schon neun Jahre verheiratet ist.

Unserem Freunde Engels geht es wie immer gut. Er ist stets gesund, frisch, lustig und guter Dinge und sein Bier (namentlich wenn's Wiener ist) mundet ihm köstlich. Von anderen Bekannten weiß ich Ihnen wenig mitzuteilen, weil wir wenige mehr sehen, namentlich keine Franzosen mehr, keine Le Moussu's, keine Serraillier's, vor allem keine Blanquisten. We had enough of them. Wroblewsky steht mit dem türkischen Minister in Verbindung, um sogleich beim Ausbruch des Krieges nach der Türkei zu gehen. Er hätte viel gescheiter getan, längst hinzugehen, da seine Existenz durch Elend und Wunden eine sehr harte ist. Sollte es nicht zum Kriege kommen, wird er hier ganz untergehen, namentlich nach der furchtbaren Aufregung, in der er sich befindet. Es ist schade um ihn, wenn er keine passende Tätigkeit findet. Er ist ein wirklich genialer Kopf und braver Junge.

Von den englischen Arbeitern à la Mottershead, Eccarius, Hales, Jung usw. lassen Sie mich schweigen. — — — — — — — —

Doch nun genug für heute. Mein Mann hat bis jetzt vergebens auf die versprochenen, von Weydemeyer gesammelten „Tribune“-Artikel gehofft.

Sie würden ihn sehr verpflichten, wenn Sie sich um die Sache etwas interessieren und sie ihm zuschicken wollten. Er hat sie dringend nötig. — Und nun nur noch ein Eckchen übrig zum Lebewohl und den besten Herzenswünschen für Ihr und der Ihren Wohl von meinem Mann, meinen Kindern und

vor allem von Ihrer alten Freundin

Jenny Marx.

* * *

[1] Die Einleitung des Briefes bezieht sich auf den Tod von zwei erwachsenen Kindern Sorges.

69

Karl Marx an Sorge.

41 Maitland Park Road, London NW, 27. September 1877.

Lieber Freund!

Leider finde ich Deinen Brief erst jetzt bei meiner Rückkehr vom Kontinent (wohin mich die Ärzte geschickt) vor. Meine Antwort kommt daher vielleicht viel zu spät. Im übrigen Pater peccavi! Aber die verfluchte Schlaflosigkeit, die mich heimsuchte während dieses Jahres, machte mich immer schreibfaul, da ich die passablen Momente absolut der Arbeit schuldete.

Wenn Weydemeyer[1] noch nicht hat drucken lassen, würde ich „Kapital und Arbeit“ durchsehen, da das Original voll der abscheulichsten Druckfehler. Du hast überhaupt keine Idee, wie die Partei, i. e. die Chemnitzer (as represented by Vahlteich) mit mir umgingen. Erst auf Liebknechts Andrängen und da mir die Sache auch von Chemnitz aus als sehr pressant vorgestellt wurde, unternahm ich die Arbeit vor Abreise nach Karlsbad, trotz höchst zerrütteten Nervenzustandes. Und bei den vielen Eseleien, die der Most (jetzt glücklich bei Herrn Dühring gelandet; ist ein eitler Bursch, der stets bereit, was immer er liest, sofort als Stoff zu einer Druckschrift zu vermöbeln) verübt in dem vorgeschriebenen engen Raum, war das keine Kleinigkeit. Very well! Monatelang erhielt ich keine Nachricht, frage an, erhalte die kühle Antwort Vahlteichs, daß die Sache bloß gesetzt wird in den kleinen Zeitfetzen, welche das Setzen der Chemnitzer Philisterannoncen der Parteidruckerei läßt! Solche kühle Unverschämtheit ist mir noch nicht vorgekommen! So dauerte der Druck beinahe ein Jahr! Und endlich erschien das Opuskulum, wimmelnd von sinnentstellenden Druckfehlern!

Um Zeitverlust zu vermeiden, vielleicht besser, wenn Ihr zunächst in der von Dir vorgeschlagenen Weise druckt,[2] und ich für die zweite Auflage das Gedruckte (was viel leichter) korrigiere.

Das Kommunistische Manifest werde ich unmittelbar mit Engels korrigieren und Dir dann zusenden.[3]

Ad vocem „Kapital" und Douai:[4] Erstens: Hat Douai einen Herausgeber?[5]

Zweitens: Die französische Ausgabe hat mir so viel Zeitverlust gekostet, daß ich persönlich bei keiner Übersetzung irgendwie mehr mitwirke. Du mußt wissen,[6] ob Douai genug Englisch weiß, um allein die Sache zu machen. Wenn so, so hat er meine volle Erlaubnis und meinen Segen. In dem Fall also:

Drittens: Er muß bei der Übersetzung durchaus neben der zweiten deutschen Ausgabe die französische Ausgabe vergleichen, wo ich manches Neue zugesetzt und vieles wesentlich besser dargestellt habe. Ich werde Dir noch im Laufe dieser Woche zweierlei zugehen lassen:

1. Ein Exemplar der französischen Ausgabe für Douai.

2. Ein Verzeichnis dessen, wo nicht die französische Ausgabe mit der deutschen zu vergleichen, sondern wo der französische Text ganz zugrunde gelegt werden muß.[7]

Herr Uriele Cavagnati in Neapel bereitet (nach der französischen Ausgabe) die italienische Ausgabe des „Kapital" vor; er druckt auf seine Kosten und wird das Buch zum Kostenpreis verkaufen. Braver Mann!

Was Du über die Deutschen schreibst, verwundert mich in keiner Weise. Hier ganz ebenso. Engels und ich haben uns daher ganz . . . . . . zurückgezogen. (Ebenso Leßner.) Ausnahme macht nur ein mir befreundeter Arbeiter, dessen Name mir augenblicklich nicht einfällt (ich glaube Weyer [er hieß Weiler]); er hat Sitz im London Trades Union Council und hat die einzig vernünftige Resolution (daß die Arbeiter nur Arbeiter als Repräsentanten ins H. o. C. wählen sollen) auf dem shameful Trades Union-Kongreß zu Leicester durchgesetzt, wo die Bourgeois die Patrone spielten, unter anderen Herr Th. Brassey, großer ..... und Millionär und Sohn des berüchtigten Eisenbahn-Brassey, der Europa und Asien „unternommen" hatte. — Der Genter Kongreß, so viel er sonst zu wünschen übrig läßt, hatte wenigstens das Gute, daß Guillaume et Ko. total von ihren alten Bundesgenossen verlassen wurden. Mit Mühe wurden die flämischen Arbeiter abgehalten, den großen Guillaume durchzuprügeln. Der schwatzschweifige De Paepe mit Brismée insultierte sie. Herr John Hales ditto. Letzterer stellte sich unter Kommando von — Barry,[8] den ich veranlaßt, teils als Mitglied des Kongresses (ich weiß nicht als Delegat für wen), teils als Korrespondent für den „Standard" (London) hinzugehen. Ich für meinen Teil will persönlich nie mehr mit Jung und Hales zu tun haben, aber den Jurassiens gegenüber ist ihr zweiter Abfall nützlich. Barry ist mein Faktotum hier, er dirigierte auch den Berichterstatter der „Times" (die den Herrn Eccarius entlassen). Durch ihn namentlich unterhielt ich aber während Monaten inkognito ein Kreuzfeuer gegen den Russomanen Gladstone in der Londoner fashionable press („Vanity Fair" und „White Hall Review"), wie in der englischen, schottischen und irischen Provinzialpresse, enthüllte seine Mogelei mit dem russischen Agenten Novikoff, der russischen Gesandtschaft in London usw.; ditto wirkend durch ihn auf englische Parlamentler des Unter- und Oberhauses, die die Hände über dem Kopf zusammenschlagen würden, wüßten sie, daß der Red-Terror-Doctor, wie sie mich nennen, ihr Ohrenbläser in der orientalischen Krise.

Diese Krise ist ein neuer Wendepunkt der europäischen Geschichte. Rußland — und ich habe seine Zustände aus den russischen Originalquellen, unoffiziellen und offiziellen (letztere nur wenig Menschen zugänglich, die mir durch Freunde in Petersburg verschafft) studiert — stand schon lange an der Schwelle einer Umwälzung; alle Elemente dazu fertig. Die braven Türken haben die Explosion um Jahre beschleunigt durch die Keile, die sie nicht nur der russischen Armee und den russischen Finanzen, sondern der die Armee kommandierenden Dynastie (Zar, Thronfolger und sechs andere Romanoffs) höchst eigenpersönlich erteilt. Die Umwälzung wird secundum artem mit Konstitutionsspielereien beginnen, et il y aura un beau tapage. Wenn uns Mutter Natur nicht besonders ungünstig, erleben wir den Jubel noch![9] Das dumme Zeug, das die russischen Studenten machen, ist nur Symptom, an sich selbst wertlos. Aber es ist Symptom. Alle Schichten der russischen Gesellschaft sind ökonomisch, moralisch, intellektuell in voller Dekomposition.

Die Revolution beginnt diesmal im Osten, wo das bisher unverletzte Bollwerk und die Reservearmee der Konterrevolution.

Herr Bismarck sah mit Vergnügen dem Keilen zu, aber so weit sollte es nicht gehen. Rußland zu sehr geschwächt, könnte nicht wieder, wie im deutsch-französischen Krieg, Österreich im Schach halten! Und wenn es dort gar zur Revolution käme, wo bleibt dann die letzte Garantie für die Hohenzollerndynastie? —

Für den Augenblick kommt alles darauf an, daß die Polen (im Königreich Polen) sich ducks halten. Nur keine Emeuten dort in diesem Augenblick! Bismarck würde sofort einrücken, und der russische Chauvinismus würde wieder auf seiten des Zars treten. Warten dagegen die Polen ruhig ab, bis es in Petersburg und Moskau brennt, und träte Bismarck dann als Retter ein, so findet Preußen — sein Mexiko! Ich habe solchen Polen, die Einfluß auf ihre Landsleute, und mit denen ich in Verbindung stehe, dies wieder und wieder eingebleut.

Die französische Krise ist ein ganz sekundäres Ereignis, verglichen mit der orientalischen. Doch ist zu hoffen, daß die Bourgeoisrepublik siegt, oder das alte Spiel fängt wieder von vorne an, und keine Nation kann dieselben Dummheiten zu oft wiederholen.

Mit herzlichsten Grüßen von mir und Frau

Dein Karl Marx.

Postskriptum. Notar Wechsel von Genf zeigte mir die Geschichte wegen des Testaments von Lingenau an. Wir werden (i. e. die Exekutoren) einen Mandanten in Amerika ernennen müssen, wozu nur Du Dich eignen würdest. Vor allem aber nötig zu wissen, wie die Sache in Amerika steht und ob das Testament ohne unendliche Prozesse ausführbar. Du wirst mich verpflichten, wenn Du Erkundigungen darüber einziehst und mich informierst.

* * *

[1] Weydemeyer hatte „Kapital und Arbeit", Auszüge aus dem „Kapital" von Most, ins Englische übersetzt.

[2] So ist es auch geschehen.

[3] Das ist nicht geschehen.

[4] Douai hatte stets nach der englischen Übersetzung des „Kapital" verlangt, sich dann erboten, sie selbst anzufertigen und Sorge ersucht, es Marx mitzuteilen.

[5] Douai hatte keinen Herausgeber, er meinte, daß Marx für die Übersetzung einen Verleger finden würde.

[6] Sorge wagte das nicht zu entscheiden und übersandte Marx verschiedene Schriften Douais in englischer Sprache, damit er (Marx) ein Urteil fälle.

[7] Dies ist später Engels zur Herausgabe einer neuen Ausgabe des „Kapital" zugesandt und in der Vorrede dazu erwähnt worden.

[8] Maltman Barry war auch Delegierter im Haag und später konservativer Arbeiterführer.

[9] Von wohlunterrichteten Personen — unter anderen von Engels — wurde behauptet, daß Alexander II. gerade im Begriffe gewesen, eine Konstitution für Rußland zu proklamieren, als ihn die Bombe traf.

70

Karl Marx an Sorge.

19. Oktober 1877.

Lieber Sorge!

Du erhältst zugleich mit diesen Zeilen einliegend Manuskript[1] für Douai, falls er die Übersetzung des „Kapital" macht.[2] Das Manuskript enthält außer einigen Änderungen im deutschen Text angegeben, wo letzteres durch die französische Ausgabe zu ersetzen ist. In dem für Douai bestimmten und heute ebenfalls an Deine Adresse versandten Exemplar der französischen Ausgabe sind die im Manuskript angeführten Stellen markiert. Ich fand die Arbeit viel zeitraubender, als ich dachte, wozu noch eine garstige, nicht ganz überstandene Influenza hinzukam.

Im Fall der Herausgabe müßte Douai in der Vorrede bemerken, daß er neben der zweiten deutschen Ausgabe die später erschienene und von mir umgearbeitete französische Ausgabe benützt hat, aber by no means, daß die amerikanische Ausgabe vom Verfasser autorisiert ist. Täte er letzteres, so würden die englischen Buchhändler sofort Nachdruck in England veranstalten und legal dazu befugt sein. Obgleich ich überall in Europa, wo copyright mit England existiert, das Übersetzungsrecht mit Vergnügen gewähre, so sicher nicht in England, diesem Land des Mammons. Londoner Buchhändler haben schon einige von mir vereitelte Versuche gemacht, ohne meine Erlaubnis, also auch ohne Zahlung an mich, eine englische Ausgabe zu bewerkstelligen. Ich bin aber fest entschlossen, daß diese Herren sich nicht auf meine Kosten bereichern sollen auch nur um einen Deut.

Engels' Zeit ist für den Augenblick in verschiedener Weise beansprucht, erstens Arbeit für den „Vorwärts", zweitens Überflutung von Philisterbesuchen aus Deutschland, drittens persönliche „Influenza", und viertens

Krankheit seiner Frau. Daher konnte bis dato das „Manifest" noch nicht von uns gemeinsam in Angriff genommen werden.

In Deutschland macht sich in unserer Partei, nicht so sehr unter den Massen als unter den Führern (höherklassigen und „Arbeitern") ein fauler Geist geltend.

Der Kompromiß mit den Lassalleanern hat zu Kompromiß auch mit anderen Halbseiten geführt, in Berlin (siehe Most) mit Dühring und seinen „Bewunderern", außerdem aber mit einer ganzen Bande halbreifer Studiosen und überweiser Doktors, die dem Sozialismus eine „höhere ideale" Wendung geben wollen, das heißt die materialistische Basis (die ernstes objektives Studium erheischt, wenn man auf ihr operieren will) zu ersetzen durch moderne Mythologie, mit ihren Göttinnen der Gerechtigkeit, Freiheit und Gleichheit, und fraternité. Herr Dr. Höchberg, der die „Zukunft" herausgibt, ist ein Vertreter dieser Richtung und hat sich in die Partei „eingekauft" — ich unterstelle mit „den edelsten" Absichten, aber ich pfeife auf „Absichten". Etwas Miserableres wie sein Programm der „Zukunft" hat selten mit mehr „bescheidener Anmaßung" das Licht erblickt.

Die Arbeiter selbst, wenn sie wie Herr Most und Konsorten die Arbeit aufgeben und Literaten von Profession werden, stiften stets „theoretisch" Unheil an und sind stets bereit, sich an Wirrköpfe aus der angeblich „gelehrten" Kaste anzuschließen. Namentlich, was wir seit Jahrzehnten mit so viel Mühe und Arbeit aus den Köpfen der deutschen Arbeiter gefegt und was selben das theoretische Übergewicht (daher auch das praktische) über Franzosen und Engländer gab — der utopistische Sozialismus, das Phantasiegespiel über den künftigen Gesellschaftsbau —, grassiert wieder in einer viel nichtigeren Form, nicht zu vergleichen mit den großen französischen und englischen Utopisten, sondern mit — Weitling. Es ist natürlich, daß der Utopismus, der vor der Zeit des materialistisch-kritischen Sozialismus letzteren in nuce in sich barg, jetzt, wo er post festum kommt, nur noch albern sein kann, albern, fad, und von Grund aus reaktionär.

Der „Vorwärts" scheint das Hauptprinzip in der letzteren Zeit zu befolgen, Manuskript zu nehmen, „copie" wie die Franzosen sagen, woher es immer komme. Zum Beispiel in einigen der letzten Nummern schreibt erstens ein Bursche, der nicht das ökonomische Abc kennt, groteske Enthüllungen über die „Gesetze" der Krisen. Er enthüllt nichts als seinen eigenen inneren „Krach". Und nun gar der naseweise Bengel von Berlin, dem erlaubt wird, seine unmaßgeblichen Gedanken über England und den plattesten Panslawismusblödsinn in endlosen Bandwurmartikeln auf Kosten des „souveränen Volks" drucken zu lassen! Satis superque!

Dein Karl Marx.

Apropos. Vor einigen (wenigen) Jahren erschien eine Art Blaubuch (ich weiß nicht, ob offizielles) über die Zustände der miners in Pennsylvanien, die bekanntlich sich in feudalster Abhängigkeit von ihren money-lords befinden (ich glaube, die Sache erschien nach einem blutigen Konflikt). Es ist von der höchsten Wichtigkeit für mich, diese Veröffentlichung zu haben, und wenn Du mir sie verschaffen kannst, schicke ich Dir den Preis; wenn nicht, kannst Du mir vielleicht den Titel verschaffen, und würde ich mich dann an Harney wenden (in Boston).

* * *

[1] Siehe Anmerkung 7 zum vorhergehenden Briefe.

[2] Douai war jetzt so beschäftigt, daß er an die Übersetzung kaum noch dachte, sprach nie mehr davon und hatte keinen Verleger. Deshalb wurden weder Manuskript noch französische Ausgabe ihm abgeliefert, was Marx in einem der folgenden Briefe ausdrücklich billigte.

* * *

Ein Kongreß der „Arbeiterpartei" der Vereinigten Staaten war einberufen worden und tagte in Newark, N. J., vom 26. Dezember 1877 bis zum 1. Januar 1878. Die Hinterlassenschaft der I. A. A. wurde hier liquidiert, Statuten und Beschlüsse nach deutschem Muster gefaßt, die Gewerkschaftsfrage nach Kräften ignoriert, der Name umgeändert in „Sozialistische Arbeiterpartei" und die Exekutive nach Cincinnati verlegt.

Die alten Internationalen, die Pioniere der modernen Arbeiterbewegung in den Vereinigten Staaten, waren hinausgedrängt und unschädlich gemacht und zogen sich von diesem Treiben zurück. Sie hatten sich in den letzten Jahren in nähere Verbindung gesetzt mit der Eight Hours League (Achtstundenliga) in Boston, den Gründern des ersten Statistischen Arbeitsbureaus (von Massachusetts), und sie zum Eintritt in die Partei bewogen. Auch diese wurden hinausgedrängt und gründeten in New York, New Jersey usw. die Internationale Labor-Union, die besonders durch den Beitritt vieler Textilarbeiter schnell wuchs, aber nach einigen Jahren dem Ansturm der „geheimen" Organisationen erlag.

Ende Januar 1878 begann die „New Yorker Volkszeitung" zu erscheinen, das bedeutendste Blatt der Bewegung in den Vereinigten Staaten. Tägliche Blätter waren zum Teil schon vorher gegründet worden in Philadelphia, Cincinnati, Chicago, St. Louis und anderen Orten.

In Deutschland gab es Hödel und Nobiling.

71

Karl Marx an Sorge.

London, 4. September 1878.

Lieber Sorge!

Ich reise heute zur Herstellung of health nach Malvern ab, wo ich drei Wochen bleiben werde. (Adresse: Dr. K. Marx, Malvernbury, Great Malvern, Worcester.) Meine Frau ist schon mehrere Wochen da, sie ist very unwohl, auch mein kleiner Enkel passierte durch schlimme Krankheit — und all dieser Trubel erklärt Dir, warum ich nicht früher geschrieben. As to Douai bin ich ganz Deiner Ansicht, gib ihm das „Kapital" nicht.

Meinen besten Dank für Deine Bemühungen wegen der Philadelphia papers und Weydemeyers „Extracts".[1] Engels wie ich haben die Exemplare richtig erhalten, für England geht's nicht, schon wegen der Unzahl Druckfehler, auch ist einiges in der Übersetzung für den hiesigen Platz mangelhaft. Doch habe ich vor, eine etwas amended edition davon (bei meiner Rückkehr) für London zu besorgen, aber so, daß ich ein paar Worte Vorwort schreibe, die Sache aber selbst unter Weydemeyers Namen erscheinen lasse, das heißt wenn Euch das recht ist.

Herr Bismarck arbeitet gut für uns.[2]

Salut. Dein treuer Freund Karl Marx.

Ich hoffe, bald bessere Nachrichten über Deinen Gesundheitszustand zu haben. Meine Frau hat mir viele Grüße an Dich aufgetragen.

* * *

[1] Dies der Titel der früher erwähnten Übersetzung von „Kapital und Arbeit".
[2] Bismarck drückte das Ausnahmegesetz gegen die Sozialisten durch.

* * *

Geib in Hamburg schrieb über die Folgen des Ausnahmegesetzes an Sorge unter anderem: „Wie wäre es, wenn wir mit 100000 Personen im Westen ein neues Heim errichteten? Durchsetzen könnten wir es schon, doch hat die Sache eine Menge politischer Bedenken!"

Die sozialdemokratische Partei, ja, das Proletariat Deutschlands war durch das Schandgesetz machtlos gemacht, alle literarischen Unternehmungen und Preßorgane wurden unterdrückt, alle Versammlungen verboten, alle Vereine und die meisten Gewerkschaften aufgelöst und ihre Kassen konfisziert. Zahlreiche Arbeiter und Parteigenossen wandten der Heimat den Rücken und zogen über das Meer nach den Vereinigten Staaten, besonders als der kleine Belagerungszustand in Wirksamkeit trat. Sie wurden durchschnittlich gut aufgenommen und unterstützt in ihrem Fortkommen, und haben ihre Erkenntlichkeit dafür oft bewiesen durch mannhaftes Eingreifen in die Kämpfe ihrer amerikanischen Klassen- und Parteigenossen. In Deutschland war die Partei, waren die Arbeiter mundtot gemacht, und nun mußte vom Ausland her gewirkt werden. Karl Hirsch gab in Paris und Brüssel ein kleines trefflich geschriebenes Blättchen, „Die Laterne", heraus, so klein, daß es in Briefumschlägen versandt werden konnte, mußte es aber wegen wiederholter Ausweisung einstellen. In Zürich erschien das „Jahrbuch" des Dr. H. Richter, das Marx im nächsten Briefe bespricht. Das wichtigste aber war die Gründung eines wirklichen Organs der sozialdemokratischen Partei Deutschlands in Zürich, des „Sozialdemokrat", worüber Marx ebenfalls im folgenden Briefe ausführlich berichtet.

Der zehn Jahre früher gestiftete Orden der Arbeitsritter, Knights of Labor, machte immer mehr Fortschritte und bereitete der Gewerkschaftsbewegung große Hindernisse. Geheime Organisationen tauchten überall auf, und es war sogar der Versuch gemacht worden — durch einen Emissär — Marx dafür zu interessieren und zu gewinnen.

72

Karl Marx an Sorge.

19. September 1879.
41 Maitland Park Road, Haverstock Hill, London NW.

Lieber Freund!

Ich bin erst gestern, nach siebenwöchigem Aufenthalt in Jersey und später in Ramsgate nach London zurückgekehrt. Doch war sofern Vorsorge meinerseits getroffen, daß die in Deinen Briefen berührten Geschäftsangelegenheiten und Aufträge sofort durch Engels besorgt wurden. Aber der alte Becker hat mir noch nicht, wie Engels von ihm verlangte, das Formular der von mir zu unterschreibenden Vollmacht[1] für Dich zukommen lassen. Sobald es ankommt, fertige ich die Sache aus. Meine long rustication war wegen meines Nervenzustandes — (erschwert, weil mir seit zwei Jahren Karlsbad durch Bismarck[2] unzugänglich geworden) — der alle geistige Arbeit zuletzt fast „untubar" machte. Doch bin ich jetzt viel besser.

Die neue Ausgabe von Weitling[3] nicht mir zugekommen. Von amerikanischen Journalen[4] erhalte ich nur den keineswegs sehr inhaltsvollen „Paterson Labor Standard". Deine letzten Sendungen Arbeitsbureaustatistik von Pennsylvanien, Ohio und Massachusetts mit Dank erhalten, auch Stewards Rede.[5] Es ist mir sehr lieb, daß der chief des Massachusettsbureau, wie er mir brieflich angezeigt, mir von nun an die Publikationen (auch Zensus) gleich bei deren Erscheinen zuschickt.

Was Most und Konsorten angeht, so verhalten wir uns „passiv" zu ihnen, das heißt wir haben kein Verhältnis zu ihnen, obgleich ich Most selbst von Zeit zu Zeit bei mir sehe. Es ist eine Lüge des Herrn Lübeck, daß Engels und ich irgend eine „Erklärung" gegen Most oder die „Freiheit" erlassen hätten. Bernstein von Zürich hatte Engels geschrieben, Most habe nach Deutschland und der Schweiz geschrieben, daß wir hinter ihm stünden. Darauf antwortete Engels: wenn Bernstein Beweise dafür beibringe, werde er eine öffentliche Erklärung gegen diese Unwahrheit erlassen. Aber Bernstein hatte in fact kein Atom von einem Beweis beizubringen. Statt dessen flüsterte er dem Lübeck das falsche Geheimnis zu, der es mit gewohnter Diskretion dieser penny a liners sofort nach den U. St. verkaufte.

Unsere Streitpunkte mit Most sind keineswegs die der Züricher Herren (des Trio Dr. Höchberg, Bernstein (seines Sekretärs) und C. H. Schramm). Wir werfen dem Most nicht vor, daß seine „Freiheit" zu revolutionär ist, wir werfen ihm vor, daß sie keinen revolutionären Inhalt hat, sondern nur in Revolutionsphrasen macht. Wir werfen ihm nicht vor, daß er die Parteiführer in Deutschland kritisiert, sondern erstens, daß er öffentlichen Skandal macht, statt wie wir den Leuten schriftlich, i. e. brieflich seine Meinungen mitzuteilen; zweitens aber, daß er dies nur zum Vorwand nimmt, sich selbst wichtig zu machen und die blödsinnigen Geheimverschwörungspläne der Herren Weber junior und Kaufmann in Umlauf zu setzen.

Diese Burschen hatten lange vor seiner Ankunft sich berufen gefühlt, die „allgemeine Arbeiterbewegung" unter ihre allerhöchste Leitung zu nehmen und die vielfältigsten Versuche zur Realisation dieses „holden" Wagnisses nach allen Ecken hin angestellt. Der brave John Most, ein Mann von kindischster Eitelkeit, glaubt in der Tat, daß die Weltverhältnisse einen gewaltigen Umschwung erlitten haben, weil derselbige Most nicht mehr in Deutschland, sondern in London haust. Der Mensch ist nicht ohne Talent, aber er tötet sein Talent durch Vielschreiberei. Er ist zudem ohne esprit de suite. Jeder Windwechsel wirft ihn bald nach dieser, bald nach jener Richtung wie einen Wetterhahn. — Andererseits könnte es in der Tat dazu kommen, daß ich und Engels gezwungen würden, eine „öffentliche Erklärung" gegen die Leipziger und die mit ihnen verbündeten Züricher loszulassen. Die Sache verhält sich so: Bebel schrieb uns, man wolle ein Parteiorgan in Zürich gründen und verlangte unsere Namen als Mitarbeiter. Hirsch war als verantwortlicher Redakteur uns genannt. Darauf nahmen wir an und ich schrieb direkt an Hirsch (damals in Paris, von wo er seitdem ausgewiesen zum zweitenmal), die Redaktion anzunehmen, da er allein uns Sicherheit biete, daß solches Gemisch von Doktoren, Studenten und Kathedersozialisten, wie es sich in der „Zukunft" breit gemacht, und auch schon in den „Vorwärts" einzubringen begann, ferngehalten und die Parteilinie strikt eingehalten würde. Aber nun zeigte sich, daß Hirsch ein Wespennest in Zürich entdeckt hatte. Die fünf Männer: Dr. Höchberg, Bernstein (sein Sekretär), C. A. Schramm, und von Leipzig entsandt Viereck und Kaufmann Singer aus Berlin (hatte mich vor einigen Monaten besucht), diese fünf Männer konstituierten sich mit Leipziger höchster Erlaubnis als konstituierendes Komitee und ernannten als Verwaltungs- und die Redaktion beaufsichtigendes Komitee in Zürich das Trio *** (Höchberg-Bernstein-C. A. Schramm), das in erster Instanz zu entscheiden habe; als letzte Appellationsinstanz stand über ihnen Bebel, Liebknecht und noch einige aus der deutschen Führerschaft. Hirsch verlangte nun erstens zu wissen, von wem das Geld komme; Liebknecht hatte geschrieben, von der „Partei und Dr. Höchberg"; Hirsch zog die rhetorische Floskel ab und reduzierte dies ganz richtig auf „Höchberg". Zweitens wollte sich Hirsch nicht dem Trifolium Höchberg-Bernstein-C. A. Schramm unterwerfen, wozu er um so mehr berechtigt, da Bernstein ihn in Antwort auf Brief, worin er um Auskunft gebeten, bureaukratisch anschnauzte, seine „Laterne" — mirabile dictu — als ultrarevolutionär verwarf usw.

Nach längerem Briefwechsel, worin Liebknecht keine glänzende Rolle spielt, trat Hirsch zurück; Engels schrieb an Bebel, daß wir auch zurücktreten, wie wir von Anfang an der „Zukunft" (Höchberg) und „Neuen Gesellschaft" (Wiede) unsere Mitarbeit versagt hatten. Diese Leute, theoretisch Null, praktisch unbrauchbar, wollen dem Sozialismus (den sie sich nach den Universitätsrezepten zurecht gemacht) und namentlich der sozialdemokratischen Partei die Zähne ausbrechen, die Arbeiter aufklären, oder wie sie sagen, ihnen „Bildungselemente" durch ihre konfuse Halbwisserei zuführen, und vor allem die Partei in den Augen der Spießbürger respektabel machen. Es sind arme konterrevolutionäre Zungenbrescher. — Well. Das wöchentliche Organ erscheint nun (oder soll erscheinen) in Zürich, unter ihrer Aufsicht und Oberaufsicht der Leipziger. (Redakteur Vollmar.) — Unterdes kam Höchberg her, um uns zu ködern. Er fand nur Engels vor, der ihm den tiefen Abgrund zwischen uns und ihm durch kritische Besprechung des von Höchberg (unter dem Pseudonym Dr. H. Richter) herausgegebenen Jahrbuchs klar machte. (Sieh Dir das elende Fabrikat an: der Artikel, gezeichnet mit drei ⁂ ist das Dreigestirn Höchberg-Bernstein-C. A. Schramm.) (Aber auch der brave John Most in dem Kriechartikel über den Buchmacher Schäffle figuriert darin.) Etwas Blamableres für die Partei ist nie gedruckt worden. Wie wohl tat Bismarck, nicht sich, sondern uns, daß er durch die erzwungene Stille in Deutschland diesen Leuten es möglich machte, sich deutlich hörbar zu machen.

Höchberg fiel wie aus den Wolken, als Engels ihm reinen Wein einschenkte; er ist ein „friedlicher" Entwicklungsmann und erwartet die proletarische Emanzipation eigentlich nur von „gebildeten Bourgeois", i. e. seinesgleichen. Liebknecht habe ihm doch gesagt, daß wir alle au fond doch übereinstimmten. Alle in Deutschland — i. e. alle Führer — teilten seine Ansicht usw. Liebknecht hat in der Tat, nachdem er den großen Bock in den Transaktionen mit den Lassalleanern geschossen, allen diesen Halbmenschen Tür und Tor geöffnet und malgré lui eine Demoralisation in der Partei vorbereitet, die nur durch das Sozialistengesetz beseitigt werden konnte.

Sollte nun das „Wochenblatt" — das Parteiorgan — in der Tat in der von Höchbergs „Jahrbuch" initiierten Weise vorgehen, so wären wir gezwungen, öffentlich gegen solche Verluderung der Partei und der Theorie aufzutreten! Engels hat ein Zirkular (Brief) an Bebel usw. abgefaßt (natürlich nur für Privatzirkulation unter den deutschen Parteiführern), worin unsere Ansicht ohne Rückhalt auseinandergesetzt wird. Die Herren sind also vorgewarnt und kennen uns auch genug, um zu wissen, daß es hier heißt: Biegen oder brechen! Wollen sie sich kompromittieren, tant pis! Uns zu kompromittieren, wird ihnen in keinem Fall gestattet. Wie sehr der Parlamentarismus sie schon auf den Esel gebracht hat, kannst Du unter anderem daraus sehen, daß sie dem Hirsch ein großes Verbrechen machten — woraus? Daraus, daß er Kayser — von wegen seiner Rede bezüglich der Bismarckschen Zollgesetzgebung — in der „Laterne" etwas zerzaust hat. Aber, aber, heißt's nun, die Partei, i. e. die Handvoll von parlamentarischen Vertretern der Partei, hatte Kayser bevollmächtigt, so zu sprechen! Desto größer die Schmach für diese Handvoll! Aber selbst das ist eine leere Ausflucht. Tatsächlich waren sie albern genug gewesen, Kayser zu gestatten, für sich und im Namen seiner Konstituenten zu sprechen; er sprach dagegen im Namen der Partei. Wie dem auch sei, sie sind schon so weit vom parlamentarischen Idiotismus angegriffen, daß sie glauben, **über der Kritik** zu stehen, daß sie die Kritik als ein crime de lèse majesté verdonnern! —

Was das Kommunistische Manifest angeht, so ist die Sache bisher zu nichts gekommen, weil bald Engels, bald ich keine Zeit hatten. Doch muß endlich voran gemacht werden.

Ich hoffe, in nächstem Brief Beruhigendes über Dein und der Deinen Wohlsein und Wohlergehen zu hören.

Meanwhile — nebst freundlichen Grüßen meiner Frau — verbleibe ich

Dein treu ergebener

Karl Marx.

John Most hatte mir geschrieben von wegen Lübecks Klatschereien in dem Chicagoer Blatt. Ich habe ihm nicht geantwortet, jetzt aber, wo ich in London, werde ich ihn persönlich vorladen und ihm dann mündlich meine Meinung sagen.

Hirsch ist hier seit seiner Verbannung aus Paris, ich habe ihn noch nicht gesehen, da er mich natürlich nicht zu Hause treffen konnte während meiner Abwesenheit.

Ich schreibe nur in „registrierter“ Enveloppe, weil ich keine andere vorrätig fand und doch nicht länger aufschieben wollte.

* * *

[1] Vollmacht für die Lingenausche Erbschaft.

[2] Seit Marx den Brief L. Buchers veröffentlicht hatte, war es nicht ratsam für ihn, sich in Deutschland oder Österreich aufzuhalten.

[3] Die von S. Landsberg 1878 veranstaltete Neuausgabe von Weitlings „Garantien der Freiheit“.

[4] Sorge hatte Marx ersucht, die amerikanischen Journale anzugeben, die er regelmäßig erhalte.

[5] Ira Steward, der Gründer der Boston Achtstundenliga usw., hatte am 4. Juli in Chicago eine bedeutende Rede vor Arbeitern gehalten.

73

Karl Marx an Sorge.

London, 19. November 1879.

Lieber Sorge!

Endlich kann ich Dir sämtliche Vollmachten[1] schicken. Ich erhielt die anderen erst Ende voriger Woche, sie kamen an, als ich das Bett hüten mußte wegen höchst infamous Erkältung, und dann später hat mein Herr Solizitor es fertig gebracht, die Sache eine Woche zu verschleppen, bis ich endlich heute meine Vollmacht ausgefertigt erhielt. Ich werde Dir später sowohl für diese als die erste Rechnung zuschicken.

Ich schicke die drei (respektive vier) anderen Vollmachten gleichzeitig an Dich ab, aber in anderem Kuvert.

Du wirst meinen Brief, wo ich Dir über die letzten Vorgänge im Innern der Partei schrieb, wohl erhalten haben. Seitdem ist Höchberg und Züricher Konsorten wenigstens nominell entfernt worden aus der Redaktionskommission, die nun in Leipzig sitzt, während Vollmar als Redakteur zu Zürich funktioniert. Viel ist sein Blatt „Der Sozialdemokrat" nicht wert. Jedenfalls haben aber sämtliche Nennenswerte unter unseren Konsorten, Liebknecht, Bebel, Bracke usw., das „Jahrbuch" des Dr. Höchberg alias Richter desavouiert, obgleich bis jetzt nur — privatim.

Du wirst aus den Zeitungen ersehen haben, daß schließlich die antikommunistische, aus sehr heterogenen Bestandteilen zusammengesetzte Bande auf dem Marseiller Kongreß[2] geschlagen wurde.

Meine Frau ist immer noch gefährlich krank und ich selbst immer noch nicht auf dem Strumpf.

Mit besten Grüßen von seiten meiner Familie

Dein Karl Marx.

* * *

[1] Für die Lingenausche Erbschaft.

[2] Von diesem Kongreß datiert die Wiedererhebung der französischen Sozialisten und Arbeiter.

* * *

Die Greenbäckler (Geldreformer) hatten eine rege Agitation für ihre Panacea entfaltet und damit zuletzt die Sozialistische Arbeiterpartei eingefangen, die zu der Konvention der Greenbäckler eine Delegation abschickte unter der Führung von A. Douai, der schon 1869 und 1870 dafür gewirkt hatte. In New York wurde große Unzufriedenheit dadurch hervorgerufen und Chicago sezedierte gänzlich und wandte sich dem Anarchismus zu. — Arbeitsmarkt und Geschäftslage hatten sich im allgemeinen gebessert. — Anfangs Juli wurde das Testament Lingenaus in erster Instanz ungültig erklärt.

74

Karl Marx an Sorge.

London, 30. August 1880.

Lieber Sorge!

Ich schreibe Dir von Ramsgate aus, wo ich jetzt mit meiner Frau; war vorher mit ihr in Manchester zur Konsultation bei meinem Freund Dr. Gumpert. Sie leidet an gefährlicher Leberkrankheit.

Infolge unseres Hin- und Herwanderns habe ich Deinen Brief erst verspätet empfangen. Ich bin ganz Deiner Ansicht.[1] Wenn Du kein Geld — i. e. 200 Dollars — im Yankeeland auftreibst, muß die Sache fallen gelassen werden. Wie es hier steht, siehst Du schon daraus, daß die „Égalité"[2] aus Mangel an 3000 Franken eingegangen ist. Ich werde — der Form halber — die Affäre dem Liebknecht mitteilen.

Den Artikel des „Sun"[3] dankbarst erhalten; der Mann zeigt jedoch trotz besten Willens, daß er nicht die ersten Elemente der Sache begreift, über die er berichtet. De minimis non curat lex,[4] und unter die „minima" rechne ich unter anderem den priesterlichen Douai.

Mit bestem Gruß

Dein Karl Marx.

* * *

[1] Über eine Appellation von dem Urteil des Richters in der Lingenauschen Erbschaftssache.

[2] Ein vortreffliches Organ der Partei in Paris.

[3] Ein Artikel im Sonntagsblatt der „Sun" von einem Herrn Hazeltine über Marx' Tätigkeit und Schriften.

[4] „Mit Bagatellen gibt sich das Gericht (Gesetz) nicht ab." Marx meint damit eine Anzahl von Artikeln Douais.

75

Karl Marx an Sorge.

London, 5. November 1880
41 Maitland Park Road NW.

Lieber Sorge!

Mein langes Stillschweigen mußt Du erklären 1. aus sehr viel Arbeitsüberdrang, 2. aus der nun schon über ein Jahr dauernden lebensgefährlichen Krankheit meiner Frau. Du hast selbst gesehen, zu welcher Blüte sich John Most entwickelt hat, wie miserabel andererseits das sogenannte Parteiorgan, der Züricher „Sozialdemokrat" (nicht zu sprechen von dem dortigen „Jahrbuch") — duce Dr. Höchberg — geführt worden ist. Ich und Engels hatten deshalb beständige Korrespondenzauseinandersetzung mit den Leipzigern, wobei's oft scharf hergeht. Aber wir haben vermieden, irgendwie öffentlich einzuschreiten. Denen, die comparativement parlant ruhig im Ausland sitzen, ziemt es nicht, den unter den schwierigsten Umständen und mit großen persönlichen Opfern im Inland Wirkenden, zum Gaudium der Bourgeois und der Regierung, ihre Position noch zu erschweren. Liebknecht war vor einigen Wochen hier und in jeder Beziehung ist „Besserung" zugesagt. Die Parteiorganisation ist erneut, was nur auf geheimem Wege geschehen konnte, i. e. soweit „geheim" meint geheim vor der Polizei. — Die Gemeinheit des Most habe ich erst ganz entdeckt — in einem russisch sozialistischen Blatte. Er hat nie gewagt, deutsch zu drucken, was hier im russischen vernacular zu lesen. Es ist dies nicht mehr Angriff auf einzelne Personen, sondern in den Kotziehen der ganzen deutschen Arbeiterbewegung. Zugleich tritt hier sein absolutes Unverständnis der Doktrin, mit der er früher Handel trieb, grotesk hervor. Es ist ein Geschwätz, so albern, so unlogisch, so verlottert, daß es sich schließlich auflöst in nichts, nämlich in Johann Mosts bodenlose persönliche Eitelkeit. Da er in Deutschland trotz allem Geschrei — außer etwa unter gewissem Berliner Mob — nichts ausgerichtet, hat er sich verbündet mit dem Pariser Nachwuchs der Bakunisten, der Gruppe, die herausgibt die „Révolution sociale" (deren Leserkreis exactly gleich 210 Mann), die aber als Mitverbündeten Pyats „Commune" besitzt. Der feige melodramatistische farceur Pyat — in dessen „Commune" ich als Bismarcks rechte Hand figuriere — grollt mir, weil ich ihm von je meine absolute Verachtung gewidmet und alle seine Versuche, die Internationale für seine Knalleffekte zu verwenden, vereitelt habe. Jedenfalls hat Most das Gute getan, daß er alle Schreier — Andreas Schen, Hasselmann usw. usw. — als Gruppe zusammengebracht hat.

Infolge der neuen Bismarckschen Belagerungsverfügungen und Verfolgung unserer Parteiglieder ist es absolut nötig, Geld für die Partei aufzutreiben. Deswegen habe ich an John Swinton[1] (denn ein wohlgesinnter Bourgeois taugt am besten zu diesem Zwecke) geschrieben und ihm zugleich gesagt, daß er sich zu näherem Aufschluß über die deutschen Verhältnisse an Dich wenden solle.

Abgesehen von den auf voriger Seite erwähnten Lappalien — und wie viel dergleichen haben wir während unseres langjährigen Exils aufknallen und wieder spurlos verpuffen gesehen — gehen die Dinge ausgezeichnet im großen ganzen (ich meine hier die europäische Gesamtverwicklung) wie auch innerhalb des Kreises der kontinentalen wirklichen Revolutionspartei.

Du hast wahrscheinlich bemerkt, daß namentlich die „Egalité“ (dank en première instance[2] dem **Übergang Guesdes** zu uns und der Arbeiten meines Schwiegersohnes Lafargue) zum erstenmal ein französisches „Arbeiterblatt“, im weiteren Sinne des Wortes, bot. Auch **Malon** in der „Revue Socialiste“ — obgleich mit den von seiner eklektischen Natur untrennbaren Inkonsequenzen — mußte sich (wir waren Feinde, da er ursprünglich einer der Mitstifter der **Allianz**) zum socialisme moderne scientifique, i. e. dem **deutschen** bekennen. Ich habe für ihn den „Questionneur“ verfaßt, der erst in der „Revue Socialiste“ gedruckt und in größter Anzahl Abdrücke durch ganz Frankreich verbreitet worden ist. Kurz nachher kam Guesde nach London, um hier mit uns (myself, Engels und Lafargue) ein Elektoralprogramm für die Arbeiter für die bevorstehenden allgemeinen Wahlen zu verfassen.

Mit Ausnahme einiger Allotria, die trotz meines Protestes Guesde nötig fand den französischen Arbeitern hinzuwerfen, wie das Minimum des Salärs gesetzlich fixiert usw. (ich sagte ihm: Wenn das französische Proletariat noch so kindisch, solcher Köder zu bedürfen, so is it not worth while drawing up any programme whatever),[3] besteht das sehr kurze Aktenstück, außer Einleitungsworten, wo in wenigen Zeilen das kommunistische Ziel definiert, in seinem ökonomischen Teile nur aus Forderungen, die reell aus der Arbeiterbewegung selbst spontan hervorgewachsen sind. Es war ein gewaltsamer Schritt, die französischen Arbeiter aus ihrem Phrasennebel auf den Boden der Wirklichkeit herabzuziehen, erregte daher auch viel Anstoß unter allen französischen Schwindelköpfen, die von der „Nebelmacherei“ leben. Das Programm wurde nach heftiger Opposition der Anarchisten zuerst angenommen in der **Région centrale** — i. e. Paris und was drum und dran hängt, später an vielen anderen Arbeitersitzen. Die gleichzeitige Bildung gegenseitiger Arbeitergruppen, die jedoch (sauf les anarchistes, die nicht aus wirklichen Arbeitern bestehen, sondern aus déclassés mit einigen dupierten Arbeitern als ihren, gemeinen Soldaten) die meisten „praktischen“

Forderungen des Programms annahmen, nur daß mit Bezug auf andere sehr verschiedenartige Gesichtspunkte geltend gemacht wurden, beweist in meinen Augen, daß dies die erste wirkliche Arbeiterbewegung in Frankreich ist. Bisher gab es dort nur Sekten, die natürlich ihr mot d'ordre von dem Sektenstifter erhielten, wh.[4] die Masse des Proletariats den radikalen oder radikaltuenden Bourgeois folgten und sich am Tage der Entscheidung für sie schlugen, um den Tag darauf von den Burschen, die sie ans Ruder gebracht, niedergemetzelt, deportiert usw. zu werden.

Die vor einigen Tagen zu Lyon ausgegebene „Emancipation“ wird das Organ der auf Grundlage des deutschen Sozialismus entstandenen Parti ouvrier sein.

Unterdes hatten und haben wir auch unsere Vorkämpfer in dem Lager der Gegner selbst — i. e. im radikalen Lager. Theiß hat die Arbeiterfrage übernommen im „Intransigeant“, dem Organ Rocheforts; er kam nach Niederlage der Kommune wie alle „denkenden“ französischen Sozialisten als Proudhonist nach London, wo er sich total verwandelt — durch persönlichen Umgang mit mir und gewissenhaftes Studium des „Kapital“. Andererseits gab mein Schwiegersohn seine Professorstelle am Kings College auf, kehrte nach Paris zurück (seine Familie ist glücklicherweise noch einstweilen hier) und wurde einer der einflußreichsten Redakteure der „Justice“ von Clémenceau, Chef der äußersten Linken. Er hat so gut gearbeitet, daß Clémenceau, der noch letzten April öffentlich gegen den Sozialismus und als Verfechter amerikanisch-demokratisch-republikanischer Ansicht auftrat, in seiner jüngsten zu Marseille gegen Gambetta gehaltenen Rede sowohl der allgemeinen Tendenz nach als auch mit Bezug auf die wesentlichsten Einzelpunkte, wie sie im Programm-Minimum enthalten, zu uns übergetreten. Ob er hält, was er verspricht, ist ganz gleichgültig. Jedenfalls hat er unser Element eingeführt in die radikale Partei, deren Organe jetzt komischerweise im Munde Clémenceaus als something wonderful anstaunen, was, solange es nur als Parole der Parti ouvrier ausgegeben, von ihnen ignoriert oder verhöhnt wurde.

Ich brauche Dir kaum zu sagen — denn Du kennst den französischen Chauvinismus —, daß die Geheimfäden, wodurch die leaders von Guesde-Malon bis Clémenceau in Bewegung gesetzt worden[5] — entre nous. Il n'en faut pas parler. Quand on veut agir pour

Messieurs les Français, il faut le faire anonymement, pour ne pas choquer le sentiment „national".[6]

As it is the anarchists denounce our cooperators already as Prussian agents, under the dictatorship of the „notorious" Prussian agent — Karl Marx.[7]

In Rußland — wo das „Kapital" mehr gelesen und anerkannt als irgend sonstwo — ist unser Erfolg noch größer. Wir haben einerseits die Kritiker (meist junge Universitätsprofessoren, zum Teil persönlich mit mir befreundet, und auch some Revueschreiber), andererseits das terroristische Zentralkomitee, dessen neulich in Petersburg heimlich gedrucktes und ausgegebenes Programm große Wut erregt hat unter den anarchistischen Russen in der Schweiz, die zu Genf „Die schwarze Verteilung" (dies wörtlich verdeutscht aus dem Russischen) ausgeben. Sie — meist Leute (nicht alle), die freiwillig Rußland verlassen haben — bilden im Gegensatz zu den ihr Haupt zu Markte tragenden Terroristen die sogenannte Partei der Propaganda. (Um Propaganda in Rußland zu machen — ziehen sie nach Genf! Welches quid pro quo!) Diese Herren sind gegen alle politisch-revolutionäre Aktion. Rußland soll durch einen Salto mortale ins anarchistisch-kommunistisch-atheistische Millennium springen! Unterdes bereiten sie diesen Sprung vor durch ennuyanten Doktrinarismus, dessen sogenannte principes courent la rue depuis feu Bakounine.[8]

Und nun für diesmal genug. Laß bald einmal von Dir hören. Besten Gruß von meiner Frau.

Totus tuus Karl Marx.

Es wäre mir sehr lieb, wenn Du mir irgend etwas Tüchtiges (Inhaltvolles) über die ökonomischen Zustände in Kalifornien auftreiben könntest, of course at my expense.[9] Kalifornien ist mir sehr wichtig, weil nirgendwo sonst die Umwälzung durch kapitalistische Zentralisation in der schamlosesten Weise sich vollzogen hat — mit solcher Hast.

* * *

[1] John Swinton hat nichts derart getan, das bekannt geworden wäre. Er war viele Jahre der Hauptredakteur der New Yorker „Sun", hegte radikale bürgerlich-demokratische Ansichten und hatte Marx einmal besucht.

[2] „In erster Linie."

[3] „Dann ist es nicht der Mühe wert, überhaupt ein Programm aufzustellen."

[4] Während.

[5] Hier ist jedenfalls „von mir" oder „von uns ausgegangen sind" ausgelassen.

[6] „Unter uns. Man muß nicht davon reden. Wenn man für die Herren Franzosen handeln will, muß man es anonym tun, um das nationale Gefühl nicht zu verletzen."

[7] „So wie es steht, denunzieren die Anarchisten unsere Mitarbeiter bereits als preußische Agenten, unter der Diktatur des ‚notorischen' preußischen Agenten — Karl Marx."

[8] „Dessen sogenannte Prinzipien seit dem seligen Bakunin sie auf der Straße feilbieten."

[9] „Natürlich auf meine Kosten."

76

Karl Marx an Sorge.

5. November 1880, in haste.

Lieber Sorge!

Eben habe ich längeren Brief an Dich abgeschickt; da fällt mir noch nachträglich — post festum — aber noch nicht vor Postschluß — ein den armen Teufel Borkheim[1] betreffender Punkt ein.

Als ich ihn vergangenen Sommer von Ramsgate aus in Hastings besuchte, wo ich ihn auf seinem Krankenbett fand, bat er mich, Dich zu ersuchen, einen gewissen Francis Murhard[2] (215 Washingtonstr., Hoboken) zu treten. Dieser schuldet unserem Borkheim Geld — ich glaube mich zu erinnern 10 Pfund Sterling, die er dem Murhard zur Abreise nach Amerika vorschoß und wovon er das Schuldanerkennungsdokument in Händen hat.

Salut Dein K. M.

* * *

[1] Borkheim, Artillerieoffizier in der badischen revolutionären Armee, war alt und krank geworden.

[2] François Morhart, ein Genfer, der die Revolution und die Kämpfe in Baden als Freiwilliger mitgemacht hatte. Er ward erfolglos gemahnt und verschwand bald darauf.

* * *

Henry George erregte große Aufmerksamkeit, in erster Linie durch sein Werk „Progress and Poverty". — Zwei Abgeordnete der sozialdemokratischen Partei Deutschlands, Fritzsche und Viereck, kamen nach den Vereinigten Staaten, um Gelder zur Unterstützung der Opfer des Sozialistengesetzes zu sammeln. — In London wurde ein Arbeiterblatt, „The Labor Standard", unter Beihilfe von Engels gegründet. — Alexander II. wurde getötet durch eine von den Terroristen geworfene Bombe.

Josef Dietzgen, der Verfasser von „Das Wesen der menschlichen Kopfarbeit", hatte seinen Sohn Eugen im Jahre 1880 nach den Vereinigten

Staaten gesandt, um hier sein Fortkommen zu finden. Der junge Mann besuchte Sorge und nahm bald Quartier bei ihm. Der Vater Dietzgen schrieb nunmehr öfters interessante Briefe an Sorge. Hier einige Auszüge.

Am 14. März 1881 dankt er für die Aufnahme seines Sohnes, schildert seine ökonomischen Verhältnisse und fährt dann fort:

77

Siegburg, 14. März 1881.

„. . . Ich denke, Sie stimmen zu, daß drüben der Erwerb leichter und in irgend einem Unternehmen mehr Hoffnung ist zu prosperieren. Und wenn auch der Unterschied nicht so groß ist zwischen dort und hier, so ist er doch groß dadurch, daß hier die kleinstädtischen Verhältnisse meine Kinder mehr wie mich nötigen, Vorurteilen Rechnung zu tragen, welche allein schon ruinös sind, während die Verpflanzung auf amerikanisches Terrain jene noble Passion beseitigt, welche hier das Ökonomisieren und Entbehren so bitter macht, bitter nicht wegen der Entbehrung, sondern wegen des Beigeschmacks der Entehrung, welche in der alten Welt nicht nur auf der Armut, sondern auf der Bescheidenheit und Vernunft lastet. . . .

. . . Ganz besonders lieb ist mir sein Unterkommen in Ihrem Hause, weil er dort Gelegenheit findet, die soziale Entwicklung und Auffassung der Dinge — meine Herzensangelegenheit — von einer Seite kennen zu lernen, die ihm das Studieren derselben empfiehlt. Daran hat es ihm bislang gemangelt; da ich in meiner Umgebung niemals eine verständnisvolle Teilnahme dafür zu finden wußte, habe ich mich gewöhnt, auch der Familie gegenüber mein Bestes und Höchstes nur stillschweigend zu sagen, mich selten in ernster, meist nur in ironischer und humoristischer Weise auszulassen, was den übermächtigen Einflüssen der gegnerischen Umgebung gegenüber bei Frau und Kindern auch wohl das Geratenste sein mochte. . . .

J. Dietzgen.

78

Karl Marx an Sorge.

London, 30. Juni 1881.

Lieber Sorge!

Ich hatte mich heute in anderen Arbeiten unterbrochen mit der Absicht, endlich Dir einen ausführlichen Brief zu schreiben und nun will es . . . Teufel, daß ein Besuch nach dem anderen kommt und mir so kaum die Zeit bleibt, Dir wenige Zeilen noch vor Postschluß zu senden. Also summarische Darstellung.

Dein Sohn[1] gefällt hier allgemein. Da ein länger als sechs Monate fortdauernder Husten, Verkältung, Halsleiden und Rheumatismus mir das Ausgehen nur selten erlauben und mich von Gesellschaft fernhalten, haben er und ich about once a week ein Stündchen Privatunterhaltung zusammen und finde ich, daß er au fond doch mehr von unseren Ansichten aufgenommen hat, als es den Schein hat. Es ist überhaupt ein fähiger tüchtiger Bursche, dabei mit gebildeten Formen und von liebenswürdigem Temperament. Außerdem, was Hauptsache, full of energy.

Die letzten Besucher, die mich eben verließen, waren Viereck und die mit ihm neu Vermählte, ebenfalls geborene Viereck. Ich hatte den Herrn nicht gesehen seit seiner Rückkunft von Amerika.

Vor einigen Tagen hatte er den Kautsky mit verschiedenen kleinen Wischen (einer von Liebknecht geschrieben und auch von ihm unterzeichnet in eigenem und Bebels Namen) zu mir zur Unterzeichnung geschickt. Alle bezogen sich auf gewisse, durch Viereck vermittelte Abmachungen mit der New Yorker „Volkszeitung" u. Ko. bezugs der Lingenauschen Erbschaft.[2] Ich verweigerte meine Unterschrift, indem ich, wie ich erklärte, in dieser Angelegenheit nur mit unserem Generalbevollmächtigten Sorge zu verhandeln habe.

Zugleich ließ ich Viereck wissen, daß vor allem — nach meiner Ansicht — die 120 Dollar für den Advokat in St. Louis an Dich aus dem noch in New York befindlichen Rest der amerikanischen Sammlung auszuzahlen seien. Viereck erzählte mir nun heute, er habe das — auf meine Verantwortlichkeit den Leipzigern gegenüber — sofort nach New York befohlen. Er kam in the nick of time, denn sonst würde morgen ein förmlicher Protest meinerseits nach Leipzig spediert worden sein, ein Protest gegen den modus operandi der Leipziger Parteileiter, die in dieser Angelegenheit sich bisher so gebart hatten, als ob sie allein zu entscheiden.

Nun, post festum, sprach mit Viereck von Deinem Anspruch wegen vorgeschossener 80 Dollar. Ich sagte ihm, daß wir, die Exekutoren, nach Entscheidung des Prozesses, wenn sie ungünstig ausfalle, Dich entschädigen würden, wie dies unsere verdammte Schuldigkeit.

Vor Deinem Exemplar des Henry George hatte ich schon zwei andere erhalten, eins von Swinton und eins von Willard Brown;

gab also eins an Engels, eins an Lafargue. Ich muß für heute mich darauf beschränken, mein Urteil über das Buch ganz kurz zu formulieren. Der Mann ist theoretisch total arrière! Von der Natur des Mehrwerts hat er nichts verstanden und treibt sich daher, nach englischem Vorbild, in dabei noch hinter den Engländern zurückgebliebenen Spekulationen über die verselbständigten Stücke des Mehrwerts um — über das Verhältnis von Profit, Rente, Zins 2c. Sein Grunddogma, daß alles in Ordnung wäre, würde die Grundrente an den Staat bezahlt. (Du findest solche Zahlung auch unter den im Kommunistischen Manifest enthaltenen Übergangsmaßregeln.) Diese Ansicht ist ursprünglich den Bourgeoisökonomen angehörig; sie wurde zunächst geltend gemacht (abgesehen von ähnlicher Forderung Ende des 18. Jahrhunderts) von den ersten radikalen Anhängern Ricardos, gleich nach dessen Tod. Ich sagte darüber 1847 in meiner Schrift gegen Proudhon: „Nous concevons, que des économistes tels que Mill (der ältere, nicht sein Sohn John Stuart, der dies auch etwas modifiziert wiederholt), Cherbuliez, Hilditch et autres, ont demandé que la rente soit attribuée à l'État pour servir à l'acquittement des impôts. C'est la franche expression de la haine que le capitaliste industriel voue au propriétaire foncier, qui lui parait une inutilité, une superfétation, dans l'ensemble de la production bourgeoise.“ — Wir selbst, wie bereits erwähnt, nahmen diese Aneignung der Grundrente durch den Staat unter zahlreiche andere Übergangsmaßregeln auf, die, wie ebenfalls im Manifest bemerkt, in sich selbst widerspruchsvoll sind und sein müssen.

Aber aus diesem desideratum der radikalen englischen Bourgoisökonomen die sozialistische Panacea machen, diese Prozedur für Lösung der in der heutigen Produktionsweise eingeschlossenen Antagonismen erklären, das geschah erst von Colins, einem in Belgien geborenen ehemaligen alten Napoleonistischen Husarenoffizier, der in der letzten Zeit Guizots und in der ersten von Napoleon le petit von Paris aus die Welt mit dicken Bänden über diese seine „Entdeckung“ beglückte, wie er auch die andere Entdeckung machte, daß es zwar keinen Gott gibt, wohl aber eine „unsterbliche“ Menschenseele, und daß die Tiere „keine Empfindung“ haben. Hätten sie nämlich Empfindung, also Seele, so wären wir Kannibalen und könnte nie ein Reich der Gerechtigkeit auf Erden gegründet werden. Seine „Antigrundeigentumstheorie" zugleich mit seiner Seelen- ꝛc. Theorie, wird seit Jahr und Tag monatlich in der Pariser „Philosophie de l'Avenir" von seinen wenigen restierenden Anhängern, meist Belgiern, gepredigt. Sie nennen sich „collectivistes rationels" und haben den Henry George belobt. — Nach ihnen und neben ihnen hat unter anderem auch der preußische Bankier und ehemalige Lotteriebesitzer Samter aus Ostpreußen, ein Flachkopf, diesen „Sozialismus" in einem dicken Band ausgepatscht.

Alle diese „Sozialisten" seit Colins haben das gemein, daß sie die Lohnarbeit, also auch die kapitalistische Produktion bestehen lassen, indem sie sich oder der Welt vorgaukeln wollen, daß durch Verwandlung der Grundrente in Steuer an den Staat alle Mißstände der kapitalistischen Produktion von selbst verschwinden müssen. Es ist das Ganze also nur ein sozialistisch verbrämter Versuch, die Kapitalistenherrschaft zu retten und in der Tat auf noch weiterer Basis als der jetzigen neu zu begründen.

Dieser Pferdefuß, der zugleich ein Eselsfuß ist, guckt auch unverkennbar aus den Deklamationen von Henry George hervor. Bei ihm um so unverzeihlicher, als er sich umgekehrt die Frage hätte stellen müssen: Wie ging's zu, daß in den United States, wo relativ, das heißt verglichen mit dem zivilisierten Europa, der Boden den großen Volksmassen zugänglich war und to a certain degree (wieder relativ) noch ist, die Kapitalwirtschaft und die entsprechende Knechtung der Arbeiterklasse sich rascher und schamloser entwickelt haben als in irgend einem anderen Lande!

Andererseits hat das Buch des George, wie die Sensation, die es bei Euch gemacht, die Bedeutung, daß es ein erster, wenn auch fehlgeschlagener Versuch ist, sich von der orthodoxen politischen Ökonomie zu befreien.

H. George scheint übrigens nichts von der Geschichte der früheren amerikanischen Antirenters, die mehr Praktiker als Theoretiker waren, zu wissen. Er ist sonst ein Schriftsteller von Talent (auch Talent habend zur Yankeereklame), wie zum Beispiel sein Artikel über Kalifornien im „Atlantic" beweist. Er hat auch die widerliche Anmaßung und Überhebung, die alle solche Panacea-Hecker unverbrüchlich auszeichnet.

Die Krankheit meiner Frau ist, unter uns gesagt, leider unkurierbar. Ich gehe mit ihr in einigen Tagen nach Eastbourne an die seaside.

Salut fraternel

Dein K. Marx.

* * *

[1] Der Sohn Sorges war im vorhergehenden Winter nach England gereist und verkehrte viel bei Marx und Engels.

[2] Gewisse Leute wollten das Fell des Bären teilen, ehe derselbe erlegt war, und dem Bevollmächtigten Vorschriften für die Zukunft machen. Die Berufung gegen das erste Urteil war gemacht worden, verlief aber ungünstig.

Weitere Anmerkungen zu vorstehendem Brief sind zu finden in der „Neuen Zeit", Jahrgang X, Band 2, Seite 201, 202 und 203.

* * *

Leo Hartmann, der russische Flüchtling, der schon in Paris knapp der Auslieferung entronnen, kam im Sommer 1881 nach den Vereinigten Staaten. Seine Ankunft war von Sorge jr. vorher angekündigt, und binnen kurzem waren alle Tagesblätter voll von Nachrichten über ihn, und offiziöse Journale führten eine verdächtige Sprache. Ein New Yorker Anwalt, H. Wehle, der in der Angelegenheit konsultiert worden war, veröffentlichte einen offenen Brief an den Staatssekretär (Minister der äußeren Angelegenheiten), James G. Blaine, gegen eine etwa beabsichtigte Auslieferung, worauf Blaine in keineswegs beruhigender Weise antwortete. Petersburger Blätter hatten die im New Yorker „Herald" enthaltene Nachricht von der Ankunft Hartmanns in Zweifel gezogen, worauf der „Herald" seine Reporter in Tätigkeit setzte, auch bei Sorge, der auf dringenden Wunsch eines Redakteurs der „New Yorker Volkszeitung" dem „interviewer" die Empfehlungsbriefe von Marx und Engels aushändigte, die der „Herald" nebst anderem Material veröffentlichte, um die Identität Hartmanns zu beweisen. Die Briefe sind nie wieder zurückgegeben worden; Hartmann hielt sich einige Zeit in Kanada auf, der Sicherheit wegen, und ging dann nach England zurück. — Sorge jr. machte eine Reise durch Deutschland, Österreich, die Schweiz und Frankreich in Geschäften und wurde auf dem größten Teil der Reise bewacht und gefolgt von Geheimpolizisten. — Ein harter, ja der härteste Schlag traf Karl Marx; am 2. Dezember 1881 starb seine edle, hochgebildete und herzensgute Frau. Er war nun verwaist.

— —

Über kleinbürgerliche Vorurteile und Verhältnisse, unter denen er mit den Seinigen litt, schrieb Josef Dietzgen am 6. September 1881, ähnlich wie sechs Monate früher, fügte aber sehr treffende Bemerkungen hinzu über die ökonomische Entwicklung in Deutschland und den Vereinigten Staaten und anderes.

79

Jos. Dietzgen an Sorge. Siegburg, 6. September 1881.

. . . Ich muß meinen Kindern das Bewußtsein beibringen, daß es nicht nur ideale Wahrheit, sondern reale Vernunft ist: Wir sind und müssen Proletarier sein wollen und dürfen uns bei Strafe der Erfolglosigkeit nicht beifallen lassen, unser Glück in dem Scheine suchen zu wollen, daß wir der herrschenden Klasse angehörten. — Dieses Bewußtsein kann ich meinen Kindern nicht einreden. Eben weil ich es so klar weiß, ist es meinem Charakter nicht gegeben, noch viele Worte darum zu verschwenden. Und die Luft, in welcher meine Jugend hier atmet, die Zwitterluft meines Zwitterstandes, der zwischen oben und unten schwebt, ist so verpestet, daß es wirklich Wortverschwendung wäre, wenn ich meine Familie hier, in diesem kleinbürgerlichen Städtchen des kleinbürgerlichen Deutschlands theoretisch belehren wollte. . . .

Die Vereinigten Staaten bleiben nach meiner Ansicht das Land der Zukunft innerhalb der Bourgeoisgesellschaft. Von der neuen Welt aus, von der Konkurrenz, die sie dem alten Europa macht, wird hier die Stickluft ausgetrieben. Der Ackerbau geht bei uns sichtbar zugrunde. Das Land wird mehr und mehr Anhängsel der Städte, Jagdgrund, Park, Villegiatur. Und wenn ich es kenne und unser Volk sich nicht bald aufrafft und seine Dränger gründlich über'n Haufen wirft, dann wird ganz Europa Vergnügungstummelplatz der Amerikaner. Von hier wandern die Arbeiter dorthin, von dort wandern die Mastbürger hierher; dann haben sie drüben ihre Werkstätten und hier ihre Villas. . . .

. . . . Es hat mir sehr wohl getan, zu sehen, daß Marx und Engels eine lebhaftere Sympathie für Hartmann und die revolutionäre Bewegung in Rußland zeigen, als unsere deutschen Parteigenossen hier das bisher getan. . . . .

Aufrichtigst

Ihr J. Dietzgen.

80

Karl Marx an Sorge.

15. Dezember 1881.

Lieber Sorge!

Nach den Mitteilungen, die Dir Dein Sohn von hier mündlich überbracht, warst Du sicher vorbereitet auf die Nachricht vom Tode meiner teuren, unvergeßlichen Lebensgefährtin (am 2. Dezember). Ich selbst war noch nicht hinlänglich hergestellt, um ihr die letzte Ehre zu erweisen. Ich habe in der Tat bis jetzt Hausarrest, soll aber nächste Woche nach Ventnor (in Isle of Wight).

Ich komme aus der letzten Krankheit doppelt verkrüppelt heraus, moralisch durch den Tod meiner Frau, physisch dadurch, daß eine Verdickung der Pleura und größere Reizbarkeit der Luftröhrenäste geblieben.

Einige Zeit werde ich total verlieren müssen mit Gesundheitsherstellungsmanövern.

Eine neue Auflage der deutschen Ausgabe des „Kapital" ist nötig geworden. Kommt mir sehr ungelegen.

Euer Henry George entlarvt sich immer mehr als Humbug.

Ich hoffe, Sorge jun. ist wohlbehalten eingetroffen; grüß' ihn von mir.

Dein Karl Marx.

Die Engländer fangen an, in der letzten Zeit sich mehr mit dem „Kapital" usw. zu beschäftigen. So in der letzten Oktober- (oder November-, I am not quite sure[1]) Nummer des „Contemporary" ein Artikel von John Rae über German Socialism. (Sehr unzulänglich, voller Irrtümer, aber „fair", wie einer meiner English friends mir vorgestern sagte.) Und warum fair? Because John Rae does not suppose that for the forty years I am spreading my pernicious theories, I was being instigated by „bad" motives. „Seine Großmut muß ich loben!" The fairness of making yourself at least sufficiently acquainted with the subject of your criticism, seems a thing quite unknown to the penmen of British philistinism.

Before this, in the beginning of June, there was published by a certain Hyndman a little book: „England for all." It pretends to be written as an exposé of the program of the „Democratic Federation" — a recently formed association of different English and Scotch radical societies, half bourgeois half prolétaires. The chapters on Labour and Capital are only literal extracts from or circumlocutions of the „Capital", but the . . . . does neither quote the book, nor its author, but remarks at the end of his preface: „For the ideas and much of the matter contained in chapters II and III, I am indebted to the work of a great thinker and original writer etc. etc." Vis-à-vis myself, he wrote letters of excuse, f. i. that „the English don't like to be taught by Foreigners", that „my name was so much detested" etc. With all that his little book — so far as it pilfers the „Capital" — makes good propaganda, although the man is a „weak" vessel, and very far from having even the patience — the first condition of learning anything — of studying a matter thoroughly. All these amiable middleclass writers — if not socialists — have an itching to make money or name or political capital immediately out of any new thoughts they may have got at by any favorable windfall.

Lastly there was published on the 1st December last (I shall send you a copy of it) in the monthly review: „Modern Thought" an article: „Leaders of Modern Thought: No. XXIII — Karl Marx. By Ernest Belfort Bax."

Now that is the first English publication of that kind which is pervaded by a real enthusiasm for the new ideas themselves and boldly stands up against Brit. philistinism. This does not prevent that the biographical notices the author gives of me are mostly wrong etc. In the exposition of my economic principles and in his translations (i. e. quotations of the „Capital") much is wrong and confused, but with all that the appearance of this article, anounced in large letters by placards on the walls of Westend London, has produced a great sensation. What was most important for me, I received the said number of „Modern Thought" already on the 30th of November, so that my dear wife had the last days of her life still cheered up. You know the passionate interest she took in all such affairs.[2]

* * *

[1] „Ich bin nicht ganz sicher."
[2] (Deutsch.)

„Weil John Rae nicht unterstellt, daß ich in der vierzigjährigen Propaganda für meine gefährlichen Theorien durch schlechte Motive geleitet worden sei. „Seine Großmut muß ich loben!" Daß man sich mit dem Gegenstand der Kritik mindestens genügend bekannt mache, scheint den Federhelden des britischen Philistertums ganz unbekannt zu sein.

Vorher schon, im Anfang Juni, war von einem gewissen H. ein kleines Buch: „England für alle" veröffentlicht worden. Es gibt vor, geschrieben zu sein als eine Darstellung des Programms der „Demokratischen Föderation" — einer kürzlich gebildeten Assoziation verschiedener englischer und schottischer radikaler Gesellschaften, halb Bourgeois halb Proletarier.

Die Kapitel über Arbeit und Kapital sind nur wörtliche Auszüge oder Umschreibungen aus dem „Kapital", aber der Verfasser führt weder das

Buch noch dessen Autor an, bemerkt indessen am Ende seiner Vorrede: „Für den Gedankeninhalt wie für einen großen Teil des stofflichen Inhalts der Kapitel 2 und 3 bin ich dem Werke eines großen Denkers und selbständigen Schriftstellers verpflichtet usw." Mir selbst gegenüber schrieb er Briefe zur Entschuldigung, zum Beispiel daß „die Engländer sich nicht gerne von Fremden belehren lassen", daß „mein Name so sehr verabscheut sei" usw. Bei all dem macht das kleine Buch — soweit es das „Kapital" plündert — gute Propaganda, obgleich der Mann ein „schwaches" Gefäß ist und weit entfernt vom Besitz der nötigen Geduld — der fürnehmsten ersten Bedingung um etwas zu lernen —, um ein Sache gründlich zu studieren. Alle diese liebenswürdigen kleinbürgerlichen Schriftsteller — wenn sie nicht Sozialisten sind — haben einen Hang, Geld oder Ruf oder politisches Kapital unmittelbar aus allen neuen Gedanken zu prägen, die ihnen ein günstiger Wind zugeweht hat.

Zuletzt wurde am verflossenen 1. Dezember (ich werde Dir ein Exemplar zusenden) in der Monatsrevue „Modern Thought" ein Artikel veröffentlicht: „Führer des modernen Denkens", Nr. XXIII — Karl Marx. Von Belfort Bax.

Dies ist die erste englische Publikation dieser Art, die von einem wirklichen Enthusiasmus für die neuen Ideen selbst durchweht ist und sich kühn gegen britisches Philistertum aufrichtet. Dies hindert aber nicht, daß die von dem Verfasser gegebenen biographischen Notizen über mich meistens falsch sind usw. In der Darstellung meiner ökonomischen Prinzipien und seinen Übersetzungen (das heißt Zitaten aus dem „Kapital") ist vieles falsch und konfus, aber trotz all dem hat das Erscheinen dieses Artikels, mit großen Lettern in Plakaten auf den Wänden von Westend London angekündigt, großes Aufsehen erregt. Das wichtigste dabei für mich war, daß ich die betreffende Nummer von „Modern Thought" schon am 30. November erhielt, so daß meiner teuren Gattin noch die letzten Tage ihres Lebens erhellt wurden. Du weißt ja, welch leidenschaftliches Interesse sie an allen solchen Sachen nahm.

* * *

Dies war der letzte Brief des Mannes, der das geistige und öffentliche Leben, Wissenschaft und Politik in der zweiten Hälfte des neunzehnten Jahrhunderts beeinflußt hat wie kein anderer.

* *

183

Am 13. April 1882 schrieb Fr. Engels: „Marx ist in Algier, hat einen Rückfall von Pleuritis gehabt, jetzt fast ganz überwunden. Wird aber nächsten Winter sich sehr in acht nehmen müssen ...“

81

Fr. Engels an Sorge.

London, 20. Juni 1882.

Lieber Sorge!

... Marx ist zirka zwei Monate in Algier gewesen, wo er, wie ich Dir glaube geschrieben zu haben, einen Rückfall von pleurisy bekam, nachdem dieses kuriert, ging er nach Monte Carlo in Monaco, und bekam einen neuen aber gelinden. Von da ist er vor zirka drei Wochen nach Paris gereist und jetzt bei seiner Tochter, Frau Longuet, in Argenteuil bei Paris, wo er alle Tage nach Enghien fährt, um die dortigen Schwefelquellen für seinen chronischen Bronchialkatarrh und Husten zu gebrauchen.

Sein allgemeiner Gesundheitszustand ist sehr gut; was seine ferneren movements betrifft, so hängen die ganz von den Doktoren ab.

Die uns gesandte englische Übersetzung des Manifestes ist ohne totale Umarbeitung gänzlich undruckbar. Du begreifst aber, daß unter jetzigen Umständen an eine solche nicht zu denken ist.

Von Leo[1] sehe und höre ich seit Monaten nichts. Er ist ein wunderlicher Kauz, den man seinen eigenen Weg gehen lassen muß. Ich habe nicht mal seine Adresse. Apropos, seit einiger Zeit erhalte ich Mitteilungen für Leo von Dr. Lilienthal in New York, die ich nur via Paris ausführen kann. Wer ist dieser Lilienthal?

Die Vordrängelei der Lassalleaner nach ihrer Ankunft in Amerika war unvermeidlich. Leute, die das einzig wahre Evangelium im Sacke mitführen, konnten nicht mit wenigen Ansprüchen auftreten gegenüber den noch in geistiger Finsternis schmachtenden Amerikanern. Dazu galt es, statt des in Deutschland ihnen mehr und mehr unter den Füßen schwindenden Bodens in Amerika einen neuen zu finden.

Dafür sind wir sie dann in Deutschland glücklich los; in Amerika, wo alles zehnmal rascher sich abwickelt, werden sie bald überwunden werden ...

In Deutschland gehen die Sachen im ganzen vortrefflich. Zwar haben die Herren Literaten der Partei versucht, eine reaktionär -- bürgerlichzahm -- gebildete Schwenkung durchzuführen, aber sie ist glänzend gescheitert. Die Infamien, denen die sozialdemokratischen Arbeiter überall ausgesetzt sind, haben diese überall viel revolutionärer gemacht als sie noch vor drei Jahren gewesen. Das Detail wirst Du im „Sozialdemokrat" gelesen haben. Bebel ist von den Führern derjenige, der sich auch in dieser Sache am besten benommen. — — — — — — Diese Leute möchten um jeden Preis das Sozialistengesetz durch Milde und Sanftmut, Kriechen und Zahmheit wegbetteln, weil es mit ihrem literarischen Erwerb kurzen Prozeß macht. Sobald das Gesetz beseitigt (selbst die Bourgeois rechnen nicht auf Verlängerung durch den jetzigen oder einen anderen möglichen Reichstag, weil es sich als total unwirksam erwiesen), wird die Spaltung wahrscheinlich offen werden und die Viercks, Höchbergs einen separaten rechten Flügel bilden, wo man dann von Fall zu Fall mit ihnen verhandeln kann, bis sie endlich definitiv auf den Arsch fallen. Wir haben das schon gleich nach Erlaß des Sozialistengesetzes erklärt, als Höchberg und Schramm im „Jahrbuch" eine unter den Umständen ganz infame Beurteilung der bisherigen Parteitätigkeit losließen und ein mehr jebildetes, wohlanständiges, salonfähiges Betragen der Partei verlangten . . .

Besten Gruß Dein Fr. Engels.

[1] Leo Hartmann.

* * *

Am 10. August 1882 schrieb Engels unter anderem:

„M. noch in Argenteuil, Schwefelkur brauchend in Enghien für chronische Bronchitis. Vor Rückfällen von Pleuritis hat er sich noch sehr zu hüten. Weiteres wissen die Ärzte — oder auch nicht."

In großer Eile Dein F. E.

82

Fr. Engels an Sorge.

London, 9. November 1882.

. . . Marx war drei Wochen hier, hat sich sehr erholt, bedarf nur noch guter Luft und Schonung. Die kleinen Leiden sind soweit heruntergebracht, daß er sie nächsten Sommer sicher kuriert. Hauptsache ist, ihn durch den Winter zu bringen ohne Rückfall von pleurisy, und deshalb ist er nach Ventnor, Isle of Wight, gegangen, von wo er mir eben ein paar Zeilen schrieb. Die dritte Auflage wird nun dort mit Macht, soweit es die Umstände erlauben, in Angriff genommen und hoffentlich nicht zu viel Zeit in Anspruch nehmen. Im übrigen war er sehr munter und aufgelegt, und wenn's bis nächsten Herbst gut geht, wird er stärker sein als seit Jahren . . .

. . . H. ist ein rechter Schlemihl, auch seine Feldzüge, wie der gegen Sch . . ., drehen sich viel zu sehr um des Kaisers Bart. Wer wird sich denn so für „deutsche Kultur" begeistern! Er soll doch mal erst amerikanische Kultur kennen lernen. Aber das ist echt deutsch. Da kommt einer aus einem deutschen Mittel- (oder Winkel)städtchen und will gleich Amerika belehren. Indes Amerika wird ihn schon zähmen, und da er Talent hat und auch einmal viel Witz hatte, kann er dann noch sehr nützlich werden.

16. November. Da siehst Du, wie's hier geht. Vor acht Tagen unterbrochen, komme ich erst heute dazu, fortzufahren und hoffentlich auch abzuschließen.

Lafargue ist schon seit Frühjahr in Paris, seine Frau ist im Sommer nachgekommen. Sie war mit Marx in Vevey vier Wochen. Nämlich zuerst war M. in Algier, dann in Monte Carlo (Monaco) und hatte in beiden Orten Rückfall von pleurisy. Dann in Argenteuil bei Longuets, wo er wegen der chronischen Bronchitis die Schwefelbäder des benachbarten Enghien benutzte. Dann nach Vevey und endlich hierher.

Du weißt, Lafargue hat (unter meiner sehr starken Nachhilfe, da er von seiner Frau platterdings kein Deutsch lernen wollte) drei Kapitel meines Anti-Dühring (Einleitung und die beiden ersten des Abschnittes 3, Sozialismus) unter dem Titel „Socialisme utopique et Socialisme scientifique" französisch herausgegeben. Die Wirkung in Frankreich war enorm. Dicke Bücher wie das „Kapital" zu lesen, dazu sind die meisten zu faul, und so wirkt so ein dünnes Broschürli viel rascher. Ich werde nun die Sache — mit stark popularisierenden Einschüben — deutsch herausgeben, das Manuskript ist schon in Zürich und der erste Bogen gedruckt. Sobald fertig, schicke ich es Dir. Inzwischen habt Ihr ja den Dr. Stiebeling als Volksaufklärer für Amerika in utraque lingua.[1] Der Mann ist wohlmeinend, aber kein theoretischer Kopf und daher ziemlich konfus.

Die „Égalité" erscheint jetzt täglich und wöchentlich. Ob die Tagesausgabe (statt des „Citoyen", aus dem unsere Leute durch einen coup de finance herausgeworfen) sich hält, hängt vom Erfolg von Unterhandlungen mit einem Geldmann ab.

Der „Sozialdemokrat" ist in Beziehung auf die Spaltung zwischen den Unseren und Malon viel zu schlapp, aber der schlaue, sanfttuende Malon (einer der siebzehn Stifter von Bakunins geheimer „Allianz") hat sich bei den Pariser Deutschen so eingeschmeichelt und die Unsrigen einige so kolossale Dummheiten gemacht, daß die Pariser mit aller Macht auf Zürich drücken.

Dazu hat Liebknecht auch mit Malon gemogelt, als er von hier über Paris heimging. Indes wenn Lafargue und Guesde nicht gar zu große Narrheiten machen, werde ich den „S.-D." schon herumkriegen.

Grüße Adolf! Dein F. E.

* * *

[1] „In beiden Sprachen." Bezieht sich auf ein von Dr. Stiebeling herausgegebenes „Lesebuch für das Volk", deutsch und englisch.

* * *

Am 12. Januar 1883 starb Frau Jenny Longuet, die älteste und Lieblingstochter von Karl Marx, eine hochbegabte Frau, die als Mädchen im elterlichen Hause ihrem Vater wichtige Dienste geleistet hatte. Es traf den leidenden Vater hart.

Am 14. März 1883 erhielt Sorge von Engels eine Kabeldepesche:
„Marx died to day" („Marx starb heute").

83

Fr. Engels an Sorge. London, 15. März 1883, 11.45 abends.

Lieber Sorge!

Dein Telegramm kam heute abend an.

Herzlichen Dank!

Dir über Marx' Befinden regelmäßig zu berichten, war unmöglich wegen der ewigen Wechselfälle. Hier in kurzem die Hauptsache.

Kurz vor dem Tode seiner Frau bekam er, Oktober 1881, eine pleurisy. Davon hergestellt, wurde er im Februar 1882 nach Algier geschickt, hatte kaltes nasses Reisewetter und kam mit einer neuen pleurisy dort an. Das infame Wetter dauerte fort; als er aber kuriert, wurde er der herannahenden Sommerhitze wegen nach Monte Carlo (Monaco) geschickt. Kam wieder mit einer gelinden pleurisy an. Wieder infames Wetter. Endlich kuriert, ging er nach Argenteuil bei Paris zu seiner Tochter Frau Longuet. Dort benutzte er gegen die alteingewurzelte Bronchitis die benachbarten Schwefelquellen von Enghien. Auch da blieb das Wetter ganz abscheulich, doch half die Kur. Dann auf sechs Wochen nach Vevey, von wo er scheinbar fast gesund im September herkam. Man hatte ihm den Aufenthalt an der Südküste von England für den Winter erlaubt. Und er selbst war das tatlose Wanderleben so satt, daß neues Exil nach dem europäischen Süden ihm moralisch wahrscheinlich ebensoviel geschadet wie physisch genützt hätte. Als die Londoner Nebelzeit hereinbrach, schickte man ihn nach der Insel Wight. Dort regnete es in einem fort; neue Erkältung. Um Neujahr wollten Schorlemmer und ich ihn besuchen, da kamen Berichte, die Tussys Hinreise sofort nötig machten. Gleich darauf Jennys Tod — da kam er her mit einer neuen Bronchitis. Nach allem Vorhergegangenen und bei seinem Alter war das gefährlich. Eine Menge Komplikationen kamen hinzu, namentlich ein Lungengeschwür und enorm rascher Kräfteverlust. Trotzdem verlief die Gesamtkrankheit günstig, und vorigen Freitag noch machte uns der ihn en chef behandelnde Arzt, einer der ersten jüngeren Ärzte Londons und ihm besonders von Ray Lankaster empfohlen, die brillantesten Hoffnungen. Aber wenn man nur einmal Lungengewebe unter dem Mikroskop untersucht hat, so weiß man, wie groß die Gefahr, daß bei Lungenvereiterungen einmal eine Blutgefäßwand durchbrochen wird. Und deswegen hatte ich seit sechs Wochen jeden Morgen, wenn ich um die Ecke kam, Todesangst, die Vorhänge möchten heruntergelassen sein. Gestern mittag 2.30, seine beste Tagesbesuchszeit, kam ich hin — das Haus in Tränen, es scheine zu Ende zu gehen. Ich erkundigte mich, suchte der Sache auf den Grund zu kommen, zu trösten. Eine kleine Blutung, aber ein plötzliches Zusammensinken war eingetreten. Unser altes braves Lenchen, das ihn gepflegt, wie keine Mutter ihr Kind pflegt, ging hinauf, kam herunter: er sei halb im Schlaf, ich möge mitkommen. Als wir eintraten, lag er da, schlafend, aber um nicht mehr aufzuwachen. Puls und Atem waren fort. In den zwei Minuten war er ruhig und schmerzlos entschlummert.

Alle mit Naturnotwendigkeit eintretenden Ereignisse tragen ihren Trost in sich, sie mögen noch so furchtbar sein. So auch hier. Die Doktorenkunst hätte ihm vielleicht noch auf einige Jahre eine vegetierende Existenz sichern können, das Leben eines hilflosen, von den Ärzten zum Triumph ihrer Künste nicht plötzlich, sondern zollweise absterbenden Wesens. Das aber hätte unser Marx nie ausgehalten. Zu leben mit den vielen unvollendeten Arbeiten vor sich, mit dem Tantalusgelüst, sie zu vollenden, und der Unmöglichkeit, es zu tun — das wäre ihm tausendmal bitterer gewesen als der sanfte Tod, der ihn ereilt. „Der Tod ist kein Unglück für den, der stirbt, sondern für den, der überlebt," pflegte er mit Epikur zu sagen. Und diesen gewaltigen, genialen Mann als Ruine fortvegetieren zu sehen, zum größeren Ruhme der Medizin und zum Spotte für die Philister, die er in seiner Vollkraft so oft zusammengeschmettert — nein, tausendmal besser wie es ist, tausendmal besser wir tragen ihn übermorgen in das Grab, wo seine Frau schläft.

Und nach dem was vorangegangen, und was selbst die Doktoren nicht so gut kennen wie ich, war meiner Ansicht nach nur diese Wahl.

Dem sei wie ihm wolle. Die Menschheit ist um einen Kopf kürzer gemacht, und zwar um den bedeutendsten Kopf, den sie heutzutage hatte.

Die Bewegung des Proletariats geht ihren Gang weiter, aber der Zentralpunkt ist dahin, zu dem Franzosen, Russen, Amerikaner, Deutsche in entscheidenden Augenblicken sich von selbst wandten, um jedesmal den klaren unwidersprechlichen Rat zu erhalten, den nur das Genie und die vollendete Sachkenntnis geben konnte.

Die Lokalgrößen und die kleinen Talente, wo nicht die Schwindler, bekommen freie Hand. Der endliche Sieg bleibt sicher, aber die Umwege, die temporären und lokalen Verirrungen — schon so unvermeidlich — werden jetzt ganz anders anwachsen.

Nun — wir müssen's durchfressen, wozu anders sind wir da? Und die Courage verlieren wir darum noch lange nicht.

Dein F. Engels.

84

Fr. Engels an Sorge.

London, 24. April 1883.

Lieber Sorge!

Inliegend ein paar Zeilen für Hartmann von ...... Die „Volkszeitung" hat Dummheiten genug gemacht, indes noch nicht so viel als ich erwartete. Dabei haben sie alle ihr Teil geleistet, Schewitsch, Cuno, Douai, Hepner. Es war ein Quartett des Besserwissenwollens von Leuten, die verdammt wenig wußten, jointly and severally. Indes habe ich mich doch veranlaßt gefühlt, der Redaktion ein paar Zeilen zu schreiben: sie hätten meine Depesche an Dich[1] als an sie gerichtet abgedruckt und nur in die zweite an sie hineingefälscht, M. sei in Argenteuil gestorben. So was ließen wir uns hier nicht gefallen; sie hätten mir es dadurch unmöglich gemacht, ihnen fernerhin Mitteilungen zu machen, und falls sie sich wieder solchen Mißbrauch meines Namens erlaubten, würden sie mich dadurch zwingen, Dich zu bitten, das Ganze sofort öffentlich für Fälschung ihrerseits zu erklären. Übrigens sind die Amerikaner weit anständiger: nach der „Volkszeitung" war ein Telegramm an mich abgeschickt,[a] was ich nie erhielt und fast glaubte, die Herren von der „Volkszeitung" hätten das Geld selbst eingesteckt. Jetzt schreibt van Patten,[a] daß überhaupt kein Geld vorhanden gewesen. Das bin ich nun gezwungen hier zu veröffentlichen, sonst heißt es, ich hätte gegenüber der Pariser Presse und dem „Soz.-Dem." das Telegramm unterschlagen. Die Antwort wegen Most, die ich dem v. P. auf seine Anfrage geschickt, wird er wohl schon vor Ankunft dieses veröffentlicht haben.

Auf dem Kopenhagener Kongreß ist die Reise von Liebknecht und Bebel nach Amerika für nächstes Frühjahr beschlossen worden. Es handelt sich um Geld für die Wahlbewegungen 1884/85 (dies alles unter uns). L. hat Tussy vorgeschlagen, sie solle als sein Sekretär mitgehen, und sie hat große Lust dazu; da könnte es sich leicht treffen, daß Du sie bald dort sähest. Pläne haben wir überhaupt noch nicht gemacht. Die literarische Arbeit (3. Auflage, 1. Band des „Kapital", Herausgabe des 2. Bandes, dessen Manuskript gefunden, aber noch unbekannt wie weit druckfertig und ergänzungsbedürftig, Biographie auf Grund der massenhaften Korrespondenz usw.) absorbiert alle freie Zeit und dabei hat T. eine Masse literarische Engagements abzuwickeln.

Du hast natürlich das vollkommene Recht, aus M.s Briefen die Stellen über H. George abdrucken zu lassen. Es ist aber die Frage, ob es nicht besser wäre, zu warten, bis ich Dir die Randglossen von M. im Exemplar von Georges Buch senden kann und dann alles zusammenzutun. Theoretisch-scharfe aber kurze unexemplifizierte Resümees, wie M. sie gibt, sind den Alltagsamerikanern doch noch zu hoch und es eilt ja nicht. Sowie ich Zeit habe, seh' ich die Sachen näher an. Willst Du mir inzwischen die betreffende Stelle aus M.s Brief abschriftlich mitteilen, so wird das die Arbeit vereinfachen. . . .

Dein F. E.

* *

[1] Sorge hatte die Kabeldepesche der „New Yorker Volkszeitung" zur Nachricht zugesandt.

[2] Eine Trauerdemonstration war in Cooper Institute, New York, abgehalten und daselbst beschlossen worden, ein Telegramm an Engels zu senden.

[3] van Patten war damals Nationalsekretär der Sozialistischen Arbeiterpartei (S. A. P.).

* * *

Am 1. Mai meldete Engels die Anfertigung guter Photographien von Marx. Sorge übersandte ihm Abschrift des Marxschen Briefes über H. George (siehe Nr. 71).

85

Fr. Engels an Sorge.

London, 29. Juni 1883.

Lieber Sorge!

Mein Arbeitsabend ist mir durch Besuch verdorben worden, und das gibt mir einige freie Zeit, um an Dich zu schreiben.

Die Kritik des H. George, die M. Dir geschickt, ist sachlich ein solches Meisterstück und stilistisch so aus Einem Guß, daß es schade wäre, sie durch Versetzung mit den desultorischen, englisch geschriebenen Randglossen in M.s Exemplar zu schwächen. Diese bleiben immer zu späterem etwaigen Gebrauch. Der ganze Brief an Dich ist, wie M. das meist bei solcher Gelegenheit tat, mit Rücksicht auf spätere wörtliche Veröffentlichung geschrieben. Du begehst also keinerlei Indiskretion, wenn Du ihn drucken läßt. Soll das englisch geschehen, so will ich ihn Dir übersetzen, denn die Übersetzung des Manifestes[1] zeigt wieder, daß es dort keinen zu geben scheint, der wenigstens unser Deutsch in literarisches, grammatikalisches Englisch übertragen kann. Dazu gehört schriftstellerische Übung in beiden Sprachen, und zwar Übung nicht bloß in der Tagespresse. Das Manifest zu übersetzen, ist heillos schwer, die russischen Übertragungen sind noch weitaus die besten, die ich gesehen.

Die 3. Auflage des „Kapital" macht mir eine Heidenarbeit. Wir haben ein Exemplar, worin M. die zu machenden Änderungen und Zusätze nach der französischen Ausgabe bezeichnet, aber die ganze Einzelarbeit ist noch zu tun. Ich bin bis zur „Akkumulation" fertig, aber hier handelt es sich um eine fast totale Umarbeitung des ganzen theoretischen Teiles.[2] Dazu die Verantwortung. Denn die französische Übersetzung ist teilweise eine Verflachung des Deutschen, und deutsch würde M. nie so geschrieben haben. Dabei drängt der Buchhändler. Ehe ich damit fertig bin, kann ich nicht daran denken, an den 2. Band zu gehen. Vom Anfang existieren mindestens vier Bearbeitungen, so oft hat M. angesetzt und ist jedesmal durch Krankheit in der definitiven Redaktion unterbrochen worden. Wie die Anordnung und der Schluß der 1878 datierten letzten zu der von vor 1870 stammenden ersten stimmen wird, kann ich noch nicht sagen.

Aus der Zeit von[3] 1848 ist fast alles gerettet. Nicht nur die von ihm und mir damals ausgearbeiteten Manuskripte fast vollständig (soweit nicht von Mäusen zerfressen), sondern auch die Korrespondenz. Natürlich auch seit 1849 alles komplett, seit 1862 sogar einigermaßen geordnet. Auch sehr weitläufiges schriftliches Material über die Internationale, ich denke, genügend für deren Gesamtgeschichte, hab's aber noch nicht näher ansehen können.

Mathematische Arbeiten sind auch 3 bis 4 Hefte da, Deinem Adolf[4] habe ich einmal ein Exemplar von M.s neuer Begründung der Differentialrechnung gezeigt.

Wäre nicht das massenhafte amerikanische und russische Material (von russischer Statistik allein über zwei Kubikmeter) gewesen, der 2. Band wäre längst gedruckt. Diese Detailstudien haben ihn jahrelang aufgehalten. Es sollte wie immer alles vollständig sein bis auf den heutigen Tag, und jetzt ist alles das zu nichts geworden, ausgenommen seine Auszüge, worin hoffentlich nach seiner Gewohnheit viel kritische, für die Noten des 2. Bandes benutzbare Glossen.

Die Bilder[5] sind hier, sowie ich Zeit zum Verpacken finde, schicke ich sie Dir. Aber wie? ... Vielleicht kannst Du mir angeben, wie es am besten geschieht.

Von der 3. Auflage habe ich bereits fünf Bogen letzte Korrektur gelesen, der Mann verspricht, drei Bogen pro Woche zu liefern.

Dein Fr. Engels.

H..... auf seine vielen langen Briefe jetzt zu antworten, habe ich unmöglich die Zeit. Seine Berichte sind mir immer interessant, wenn auch mit viel persönlichem Tratsch versetzt und mit der Überlegenheit des eben erst Gelandeten verfaßt. Du mußt mich also bei ihm einstweilen entschuldigen.

Sch..... hat mir „würdevoll" geantwortet und bedauert meine „Kleinlichkeit". Die Würde steht ihm gut. Antwort bekommt er keine.[6]

Ebensowenig Most, der ja alles bestätigen muß, was ich behauptet, und eben deswegen wütend wird. Ich glaube, er wird in dem Sektenland Amerika Anhang finden und eine Zeitlang Wirrnis anrichten.

Aber das ist ja gerade der Charakter der amerikanischen Bewegung, daß alle Irrtümer praktisch durchgemacht werden müssen. Stände hinter amerikanischer Energie und Lebensfülle europäische theoretische Klarheit, die Sache wäre bei Euch in zehn Jahren abgemacht. Aber das ist einmal historisch unmöglich.

* * *

[1] Diese Übersetzung rührte her von dem verstorbenen H. Meyer.

[2] Man vergleiche hiermit den Brief Nr. 69, wo Marx darüber schreibt.

[3] Wird vor anstatt von heißen sollen.

[4] Dem Sohne Sorges.

[5] Die Photographien von Marx.

[6] Dies bezieht sich auf die Beschwerde, die Engels an die „New Yorker Volkszeitung“ gerichtet hatte (siehe vorhergehenden Brief Nr. 84).

Zweite Abteilung

1884 bis 1895

bis zum Tode von Friedrich Engels

86

Fr. Engels an Sorge.

London, 7. März 1884.

Lieber Sorge!

Nachdem ich den ganzen Herbst und Winter chronisch, doch unbedeutend, wenn auch störend, unwohl war und zwei Monate der Ruhe halber im Bett zubringen mußte, bin ich endlich wieder soweit, daß ich ordentlich arbeiten und meine Briefschulden abmachen kann. Hoffentlich wirst auch Du und Deine Frau allmählich über die Nachwehen Eurer weit schwereren Krankheit wegkommen, und dann allmählich alles wieder ins alte Geleise geraten.

Da ich nicht so ganz frei-bewegungsfähig bin, und meine Exkursionen sich auf die nächste Umgebung beschränken, ich auch keine Leute habe, die ich herumschicken kann, so habe ich Deinen Auftrag etwas anders ausgeführt. Dein Exemplar „Kapital" 3. Auflage, sowie ein Deville „Le Capital" gingen in zwei Paketen Book Post an Dich ab und die Photographien schick' ich auf demselben Wege, da ich sie jetzt verpacken gelernt. Die zwei anderen Exemplare „Kapital" wirst Du ja wohl dort leicht erhalten können.

Für „To-Day"[1] habe ich ein Jahresabonnement für Dich genommen und Du wirst es wohl regelmäßig erhalten. Die Leute haben alle viel guten Willen, aber verdammt wenig Kenntnisse, für „To-Day" geht das noch, aber jetzt gibt die Democratic Federation ein Wochenblatt „Justice" heraus, das sich durch große Öde des stets wiederholten Inhalts und durch absolute Unfähigkeit, auch nur eine Tagesfrage beim rechten Ende anzufassen, auszeichnet. Ich schicke Dir ein paar Nummern, es ist nicht der Mühe wert, zu halten. Überhaupt ist die Dem. Fed. nicht so ohne weiteres auf Treu und Glauben zu akzeptieren, es sind da allerhand zweifelhafte Elemente. Hyndman, der sich als Parteichef in partibus infidelium aufspielt, ist ein noch vor wenigen Jahren durchgefallener konservativer Parlamentskandidat, hat sich auch schofel gegen Marx benommen —, ich halte mich der ganzen Dem. Fed. fern, Zeitmangel ist eine nützliche Entschuldigung, und stehe nur mit „To-Day", namentlich Bax näher, dieser ist ein sehr braver Kerl, der nur sehr zur Unzeit jetzt Kant ochst. Wenn Du nichts dagegen hast, lasse ich Marx'

Brief an Dich wegen H. George englisch im „To-Day" abdrucken, Ihr könnt's dann dort weiter vernutzen.

Auf eine Debatte mit Stiebeling [3] mich einzulassen, werde ich schwerlich Zeit haben. Solch kleine Götterchen kann man ruhig sich selbst überlassen. Das Sektenwesen wird ohnehin in Amerika auf Jahre hinaus nicht zu verhindern sein. So wird auch der große Most wohl schließlich als K. Heinzen II endigen. Die „Wochen-Volkszeitung" erhalte ich, steht aber nicht viel drin.

Wie es mit Bebels, Liebknechts oder sonst jemandes Reise nach Amerika steht, weiß ich nicht. Ich habe den Leuten auf Befragen meine Ansicht dahin mitgeteilt, daß es wohl nicht angehen werde, Amerika alle drei Jahre für die Wahl anzuzapfen. In Deutschland steht's übrigens sehr gut. Unsere Jungen halten sich ganz famos. Das Sozialistengesetz verwickelt sie überall in einen Lokalkampf mit der Polizei, der mit allerhand Witz und Schindluder verbunden ist und meist für uns siegreich ausfällt und das beste Propagandamittel von der Welt gibt. Alle Bourgeoisblätter lassen von Zeit zu Zeit Seufzer entwischen über die enormen Fortschritte unserer Leute, und vor den Neuwahlen haben sie alle Angst. Vor 14 Tagen hatte ich einen Neffen aus Barmen hier, Freikonservativer, dem sagte ich: Wir sind jetzt in Deutschland so weit, daß wir die Hände in den Schoß legen können und unsere Feinde für uns arbeiten lassen. Ob Ihr das Sozialistengesetz abschafft, verlängert, verschärft oder mildert, ist einerlei, was Ihr auch tut, es arbeitet uns in die Hände. — Ja, sagte er, die Umstände arbeiten merkwürdig für Euch. — Allerdings, sagte ich, das täten sie auch nicht, wenn wir sie nicht schon vor 40 Jahren richtig erkannt und danach gehandelt hätten. — Keine Antwort.

In Frankreich geht's auch besser seit Lafargue, Guesde und Dormoy wieder aus dem Gefängnis. Sie sind sehr tätig, besuchen viel die Provinz, wo glücklicherweise ihre Hauptstärke, haben in Reims, St. Pierre-lès-Calais Blättchen, Kongreß in Roubaix in vier Wochen. Dazu halten sie alle Sonntag in Paris stark besuchte Vorlesung; Laf. über die materialistische Geschichtsauffassung. Deville über das Kapital. Ich werde schreiben, daß sie Dir die Sachen, die alle gedruckt werden, zuschicken. Es ist ein Glück, daß sie augenblicklich in Paris kein Tageblatt haben, dazu ist's noch viel zu früh. Von der „Misère de la Philosophie" erscheint in Paris eine neue Auflage. Ditto deutsch in Stuttgart, russisch in Genf. Von meiner „Entwicklung“ hab' ich Dir, glaub' ich, noch kein Exemplar zugeschickt, weil ich selbst nur immer eins oder zwei erhielt. Jetzt ist das Ding in dritter Auflage erschienen, dazu französisch, italienisch, russisch und polnisch. Aveling will es englisch übersetzen, auch dieser junge Mann ist sehr gut, hat aber too many irons in the fire[3] und jetzt einen zeitraubenden Kampf mit seinem Exfreund Bradlaugh; diesem entschwindet durch die hiesige soz. Bewegung der Boden unter den Füßen und damit die Lebensmittel. Da heißt's sich wehren, leicht ist's aber nicht für den bornierten und schuftigen Burschen.

Tussy geht's soweit gut, sie kommt meist Sonntags her. Lenchen, wie Du wissen wirst, führt mir die Haushaltung. In 14 Tagen werde ich endlich ernstlich an den zweiten Band des „Kapital“ gehen können — das ist auch noch eine Heidenarbeit, aber ich freue mich darauf.

Lies Morgan (Lewis H.), „Ancient Society“, 1877 in Amerika erschienen. Enthüllt die Urzeit und ihren Kommunismus meisterhaft. Hat Marx' Geschichtstheorie naturwüchsig neu entdeckt und schließt mit kommunistischen Forderungen für heute.

Grüße Adolf herzlich.

Dein F. E.

* * *

[1] „To-Day“ war ein kurzlebiges literarisches Unternehmen in London.
[2] Dr. Stiebeling von New York polemisierte auch in der „Neuen Zeit“.
[3] „Zu viele Eisen im Feuer.“

* * *

Josef Dietzgen war im Frühjahr 1884 nach Amerika übergesiedelt und wohnte in Hoboken.

Die Nationalexekutive der Sozialistischen Arbeiterpartei (S.A.P.) plante die Herausgabe eines Wochenblattes und hatte J. Dietzgen die Redaktion angeboten. Darüber und über anderes schrieb

87

Jos. Dietzgen an Sorge.

Hoboken, 14. Juli 1884.

. . . Vogt war hier und sprach von der Absicht des Exekutivkomitees, mich zum Redakteur zu machen; aber es ist noch kein Geld da, oder wenig, und erst nachdem die Sammlung für die deutsche Reichstagswahl beendigt ist, will man von neuem ans Werk gehen, Geld zu sammeln. Ich bin willfährig unter der Bedingung, daß mich kein Pensum drückt, so daß ich schreiben muß, um Raum zu füllen. Wenn ich darin frei bleibe, würde ich wahrscheinlich mehr und sicher Besseres leisten, als wenn die Verbindlichkeit eine spezifizierte ist. Ich will lieber halben Lohn haben und dann in der Qualität mir selbst genügen. Es scheint, daß man damit auch zufrieden ist, wenn ich nur den Namen hergebe und einige Artikel schreibe und dem Rosenberg das andere zu besorgen bleibt. Die Broschüre kontra George gab ich Vogt, um sie der Exekutive vorzulegen, wurde danach geladen, der Sitzung beizuwohnen, wo ich dann die Herren kennen lernte. . . . Vogt hatte etwas davon gelesen und tadelte, daß ich gegen die Begriffe des H. George polemisiere, aber zu wenig agitatorisch vorgehe; er meinte, ich solle das nachholen. Ich schlug dagegen vor, Vogt möge das Fehlende unter seinem Namen als „Nachschrift" oder irgendwie anhängen. Es sei nicht meine Sache, anders als mit „Begriffen" zu agitieren. . . .

Von Rich. Wagner habe ich bereits manches und nicht ohne Vergnügen gelesen.[1] Schade, daß er Marx nicht früh und speziell genug hat kennen lernen; eine wirklich genial gute Ahnung vom Kern des Weltgetriebes ist ihm ohnedem eigen und nicht abzusprechen.

Den Grant-Ward-Bankrott[2] kenne ich noch nicht, bin noch zu sehr Neuling hier, um die amerikanischen Tagesereignisse mit Interesse verfolgen zu können. Wenn ich erst etwas besser über die Persönlichkeiten orientiert bin, kommt das auch. Im ganzen aber bin und bleibe ich ein unverbesserlicher General-Mensch, der dem Speziellen wenig Aufmerksamkeit schenkt. Es kann mir passieren, daß ich wochen- und auch monatelang keine Zeitung lese, bis irgend etwas Auffälliges, was mir von anderen zu Ohren kommt, mich reizt. . . .

Ihr J. Dietzgen.

* * *

[1] J. D. benutzte die Bibliothek Sorges, worin sich R. Wagners Schriften befanden.

[2] Ein riesiger Börsenschwindel und Skandal, in den der Name des General Grant verwickelt war. Ward, Chef eines Bankhauses, bekam zehn Jahre Zuchthaus.

88

Jos. Dietzgen an Sorge.

Hoboken, 26. Juli 1884.

Lieber Freund Sorge!

Obgleich nichts Besonderes zur Meldung vorliegt, mag ich doch gern ein paar Worte mit Ihnen wechseln.

197

Die Redaktionsangelegenheit ist noch keinen Schritt weitergekommen ... Vogt war hier, ohne mich zu treffen ... gestern schrieb ich ihm ... die Sache zum Entscheid zu bringen. Meine pekuniären Ansprüche seien deshalb gleich bescheiden, aber man dürfe nicht erwarten, was ich nicht leisten könne; das „Agitieren" mit xmal wiederholten Phrasen, wie sie die Masse liebt, sei nicht mein Talent. Von meiner Eigenart, mit Begriffen zu agitieren, könne ich nicht ablassen. Ich wollte nicht sagen, daß ersteres weniger erforderlich sei, nur ich verstehe es nicht — und könne damit nicht dienen. — Nun laß sehen, was aus der Sache wird ...

Ich bin daran, für Adolf eine Stelle zu suchen. Wenn derart die Kinder ihr Brot verdienen, hab' ich für mich wenig Sorge; ich kann mich auf so Weniges beschränken, daß mir das aufzutreiben leicht wird. Unsere verkehrte Zivilisation, welche die Kultur in Äußerlichkeiten setzt, hat auch meine Kinder angesteckt, und bin ich hauptsächlich nach Amerika gekommen, um ihnen den Marxschen Ausspruch empirisch und faktisch klar zu machen, daß (auch für das Individuum) die Ökonomie die Grundlage ist, auf der sich aller geistige Überbau erhebt. — Unsere Welt will zivilisiert wohnen, essen, trinken, wenn auch inwendig Barbarei ist. Ich für meinen Teil kann bei einer barbarischen Lebensweise ganz vergnügt sein, wenn nur die Privatökonomie soweit geordnet ist, mich sorglos mit dem Überbau beschäftigen zu können. Diesen Zweck kann ich leicht erreichen, wenn ich es mit den Kindern soweit bringe, daß sie notdürftig auf eigenen Füßen gehen. Das ist dann gut für sie und mich ... Sie entschuldigen meine Schwatzhaftigkeit, ich hab' das Bedürfnis unbedingter Offenheit und Wahrheit.

J. Dietzgen.

89

Am 15. August 1884 schrieb J. Dietzgen an Sorge unter anderem folgendes:

„Der Marxsche Satz, daß der Broterwerb die Grundlage von Gott, Freiheit und Unsterblichkeit ist, wenn ich mich so ausdrücken darf, ist innerhalb unserer Partei noch viel mißverstanden. Auch Genosse Stiebeling hat ihn nicht verdauen können, wie ich in seinem „Volkslesebuch" sehe. Er meint, das „Bewußtsein" sei dadurch an seiner ihm zugehörigen Ehre gekränkt, und doch besagt der Satz weiter nichts, als daß Essen und Trinken eine solche Notwendigkeit ist, der gegenüber alle anderen Notwendigkeiten der reinste Luxus sind.

Ich werde von meinen Angehörigen ein unverbesserlicher Idealist gescholten, und denke doch durchaus materialistisch.

J. Dietzgen."

90

Fr. Engels an Sorge.

London, 31. Dezember 1884.

Lieber Sorge!

Hoffentlich geht es Dir jetzt besser, wie mir auch, wenn ich auch nicht ganz wieder der alte bin, so doch nahe daran. „Kapital" Buch II (zirka 600 Seiten gedruckt) wird im Januar in die Presse gehen. In zirka zehn Tagen ist die Redaktion fertig, und dann nur noch die Redaktion der Reinschrift zu besorgen. Hat Arbeit genug gekostet — zwei ganze und sechs bruchstückweise Redaktionen lagen vor.

Buch III kommt dann an die Reihe, nachdem ich noch einige dringende Zwischenarbeiten besorgt, es sind zwei Redaktionen und ein Heft Gleichungen, wird auch 600 bis 700 Seiten stark.

Endlich Buch IV, Theorien über den Mehrwert, aus dem ältesten Manuskript von 1859 bis 1861. Das ist noch ganz im dunkeln, kann erst in Hand genommen werden, wenn alles andere fertig vorliegt. Sind zirka 1000 enggeschriebene Quartseiten.

Meinen „Bauernkrieg" arbeite ich ganz um. Wird Angelpunkt der ganzen deutschen Geschichte. Das gibt auch Arbeit. Aber die Vorstudien sind so gut wie fertig.

Die englische Übersetzung des „Kapital" geht langsam voran. Tussys Mann Aveling hilft mit, macht's aber nicht so gründlich wie Sam Moore, der die Hauptsache macht.

Schorlemmer[1] ist diesen Sommer als der Verbreitung des „Sozialdemokrat" verdächtig in Darmstadt behaussucht worden. Großer Skandal unter den Philistern, hat uns zirka 500 Stimmen eingebracht.

Die Democr. Federation hier ist am Samstag gesprengt worden. Hyndman, der sich der ganzen Sache bemächtigt, wurde entlarvt als Verhetzer der Mitglieder untereinander, Unterschlager von Korrespondenz für den Council und Stifter von bogus branches in den Provinzen zur Unterbringung seiner Kreaturen in den Konferenzen und Kongressen. Er erhielt ein Mißtrauensvotum, aber die Majorität trat aus, hauptsächlich weil die ganze Organisation doch nur Schwindel sei. Das ist wahr, sie haben keine 400 zahlende Mitglieder und ihr Lesepublikum sind gefühlvolle Bourgeois. Sie wollen nun eine neue Organisation stiften[2] (Morris, Bax, Aveling usw.) und dem Hyndman und seinen Leuten (Fitzgerald, Champion, Burrows usw.) „Justice“ und „To-Day“ überlassen, selbst aber nur, in endlicher Erkenntnis ihrer schwachen Kräfte, mit einem kleinen monthly anfangen. Da die geldzahlenden Kapitalisten mit ausgetreten (sie merkten am meisten, wie Hyndman sie benutzte), so wird Hyndman also seine nichtzahlenden Blätter selbst zahlen, oder aber die ganze Partei, soweit sie ihm anhängt (was sich in zirka acht Tagen zeigen wird), an den Meistbietenden verkaufen müssen. Und da er bei der nächsten Wahl ins Parlament strebt, so muß er sich eilen.

Unter den deutschen Deputierten ist allerhand kleinbürgerliches Vorurteil, so zum Beispiel will die Majorität „im Interesse der Industrie“ für die Dampfersubvention stimmen. Das macht mir denn auch Korrespondenz genug. Glücklicherweise ist Bebel da, der immer den entscheidenden Punkt richtig anfaßt, und so hoffe ich, geht es ohne Blamage ab. Seit ich die „offizielle“ Korrespondenz mit Bebel führe, geht alles nicht nur glatt ab, sondern es kommt auch was dabei heraus, und meine Ansicht kommt unverkürzt vor die Leute. Bebel ist ein ganz famoser Kerl, ich hoffe, er ruiniert seine wackelige Gesundheit nicht. Nun aber Prosit Neujahr und bessere Gesundheit.

Grüße an Adolf. Dein F. E.

Dank für die „Volkszeitung“ mit dem weisen Mann und seinen Bedenklichkeiten wegen Abschaffung des Staats. Wenn ich auf alle solche Zweifel antworten wollte, könnte ich die anderen Arbeiten einfach zur Ruhe legen. Apropos, die „Volkszeitung“ schickt mir das Wochenblatt nicht mehr. Wenn also etwas Interessantes darin steht, würdest Du mich verbinden durch gelegentliche Zusendung.

* * *

[1] Der berühmte Chemiker und Freund von Marx und Engels.

[2] Von den Ausgetretenen wurde die Socialist League gegründet.

* * *

Frau Florence Kelley-Wischnewetzky, die mehrere Jahre in der Schweiz und Deutschland lebte, hatte Engels' Werk „Die Lage der arbeitenden Klasse in England“ übersetzt und sich deshalb mit Engels in Verbindung gesetzt.

91

Fr. Engels to Mrs. Florence Kelley Wischnewetzky.

122 Regents Park Road, NW London, February 4th 1885.

Dear Madam.

... I now forward to you, registered, the Ms. you sent to me, and only regret that press of work prevented my returning it earlier. I have looked it over carefully, and entered some corrections and suggestions in pencil, in order to show you how I should like it translated. Here and there you may find that my suggestions, taken together with the rest of the sentences, will not turn out to be correct English; in these cases I left it to you to set that right.

As for the technical terms, if you will be good enough to forward me from time to time a list of them with the pages on which they occur, I shall be glad to give you the English equivalents.

The German preface (as well as the English dedication) I would in your place, leave out entirely. They contain nothing of interest now. The first part of the preface refers to a phase of intellectual development in Germany and elsewhere which is now almost forgotten, and the second part is in our days superfluous.

As to translations of my other writings you will understand as a matter of course that I cannot now make any positive agreement. There are people here who also wish to translate one thing or another, and I have consented conditionally, that is to say if they find a publisher and really undertake the work.

The English preface I shall write when things are a little more advanced.

In the mean time I remain yours very truly

Fr. Engels.

* * *

(Deutsch.)

... Ich schicke Ihnen nun, eingeschrieben, das mir von Ihnen gesandte Manuskript, und bedauere nur, daß ich dringender Arbeit halber es nicht früher zurücksenden konnte. Ich habe es sorgfältig durchgesehen und mit dem Bleistift einiges berichtigt und angedeutet, um Ihnen zu zeigen, wie ich es übersetzt sehen möchte. Hier und da, zusammengenommen mit dem Rest der Sätze, mögen meine Andeutungen kein korrektes Englisch ergeben, in diesen Fällen habe ich Ihnen überlassen, es richtig zu stellen.

Was die technischen Ausdrücke betrifft, so werde ich Ihnen gern die englischen Ausdrücke geben, wenn Sie mir gefälligst von Zeit zu Zeit eine Liste derselben nebst Angabe der Seiten, wo sie vorkommen, zusenden wollen.

Die deutsche Vorrede (sowie die englische Widmung) würde ich, an Ihrer Stelle, ganz auslassen. Sie enthalten nichts, was jetzt noch von Interesse wäre. Der erste Teil der Vorrede bezieht sich auf eine Phase intellektueller Entwicklung in Deutschland und anderswo, die jetzt nahezu vergessen ist, und der zweite Teil ist in unseren Tagen überflüssig.

Was Übersetzungen meiner anderen Schriften betrifft, so werden Sie natürlich begreifen, daß ich jetzt keine bestimmten Abmachungen treffen kann. Es sind Leute hier, die eines oder ein anderes übersetzen wollen, und ich habe zugestimmt unter der Bedingung, daß sie einen Verleger finden, und wirklich an die Arbeit gehen.

Die englische Vorrede werde ich schreiben, wenn die Sache etwas weiter vorgeschritten ist.

Mittlerweile verbleibe ich aufrichtigst der Ihrige

F. Engels.

92

Fr. Engels to Mrs. Florence Kelley Wischnewetsky.

London, Febr. 10th 1885.

Dear Madam.

I herewith return Mr. Putnam's[1] letter — of course it would be a splendid success if we could secure publication by that firm — but I am afraid Mr. P. will stick to his objection, the great strength of which, from a publisher's stand point, Ifully recognize. Perhaps the fact that a new German edition of my work is in actual preparation, may shake him a little. My friends in Germany say that the book is important to them just now because it describes a state of things which is almost exactly reproduced at the present moment in Germany; and as the development of manufacturing industry, steam and machinery and their social outcrop in the creation of a proletariat in America corresponds at the present moment as nearly as possible to the English status of 1844 (though your go-ahead people are sure to outstrip the old world in the next 15—20 years altogether) the comparison of industrial England of 1844 with industrial America of 1885 might have its interest too.

Of course in the new preface to the English translation I shall refer as fully as space will permit to the changes in the condition of the British working class which has taken place in the interval; to the improved position of a more or less privileged minority, to the certainly not alleviated misery of the great body, and especially to the impending change for the worse which must necessarily follow the break-down of the industrial monopoly of England in consequence of the increasing competition, in the markets of the world, of Continental Europe and especially of America.

Very sincereily yours

F. Engels.

* * *

(Deutsch.)

Hiermit sende ich Mr. Putnams Brief[1] zurück — natürlich wäre es ein schöner Erfolg, wenn wir die Veröffentlichung durch diese Firma erlangen könnten —, aber ich fürchte, daß Mr. P. bei seinen Einwendungen beharren wird, deren große Berechtigung vom Standpunkt eines Verlegers ich vollständig anerkenne. Vielleicht mag die Tatsache, daß eine neue deutsche Ausgabe meines Werkes in Vorbereitung ist, ihn etwas schwankend machen. Meine Freunde in Deutschland sagen, daß das Buch gerade jetzt für sie wichtig ist, weil es einen Zustand der Dinge beschreibt, der augenblicklich in Deutschland nahezu genau reproduziert wird; und da die Entwicklung von Industrie, Dampf und Maschinerie und deren gesellschaftliches Produkt in der Bildung eines Proletariats in Amerika augenblicklich so nahe als möglich dem Stande der Dinge in England 1844 entspricht (obgleich Ihr vorwärts drängendes Volk sicherlich in den nächsten 15 bis 20 Jahren die ganze alte Welt überflügeln wird), so möchte der Vergleich des industriellen England von 1844 mit dem industriellen Amerika von 1885 auch ein gewisses Interesse erregen.

Natürlich werde ich in der neuen Vorrede zur englischen Übersetzung so ausführlich als der Raum gestatten wird, die in der Zwischenzeit eingetretenen Änderungen in der Lage der britischen Arbeiterklasse erwähnen, die gehobene Stellung einer mehr oder minder privilegierten

Minderheit, das sicherlich nicht gemilderte Elend der großen Masse, und besonders die drohende Verschlimmerung, notwendig herbeigeführt durch den Zusammenbruch der industriellen Monopolstellung Englands als Folge der wachsenden Konkurrenz des festländischen Europas und besonders Amerikas auf dem Weltmarkte.

Aufrichtig der Ihrige

F. Engels.

* * *

[1] Putnam — Name eines wohlbekannten Verlegers in New York.

93

Fr. Engels an Sorge.

London, 3. Juni 1885.

Lieber Sorge!

Es war mir leid, zu vernehmen, daß Du schreibunfähig bist, hoffentlich hat sich's gelegt. Die Grönlund und Elys[1] sowie Zeitungen dankend erhalten. Der Ely ist ein wohlwollender Philister und gibt sich wenigstens mehr Mühe als seine deutschen Leidens- und Dummheitsgenossen, was immer anzuerkennen ist. Der Grönlund hingegen macht mir einen stark spekulativen Eindruck: das Vorpoussieren unserer Sachen, soweit er sie versteht oder auch nicht, dient offenbar dem Zwecke, seine eigenen Utopistereien als real live German Socialism an den Mann zu bringen. Immerhin ein Symptom.

Die „To-Day's" und „Commonweals"[2] schicke ich Dir, erstere vom März an, letztere von Anfang. Die Verwaltung ist nur nicht sehr ordentlich; sollte das Blatt (die „Commonweal") beim „Sozialist"[3] nicht regelmäßig ankommen, so wäre mir Anzeige sehr lieb, um Beweis der Unordnung beibringen zu können, die von seiten des Sekretärs stets geleugnet wird, aber unzweifelhaft besteht. Fabian[4] tut man am besten absolut zu ignorieren, der Mann hat das Bedürfnis von sich reden zu machen, und das braucht man nicht zu befördern. Seine Hauptklage gegen mich ist, daß ich im Anti-Dühring die $\sqrt{-1}$ böswillig verleumdet habe, worüber er sich bereits brieflich bei Marx beschwerte.

Von den Reichstagsleutchen hast Du dieselbe richtige Vorahnung gehabt wie ich — sie haben bei der Dampfersubvention kolossale Spießbürgergelüste durchscheinen lassen. Es kam fast zur Spaltung, was jetzt, so lange das Sozialistengesetz dauert, nicht wünschenswert. Sobald wir aber wieder etwas elbow-room in Deutschland haben, wird die Spaltung wohl kommen und dann nur nützen. Eine kleinbürgerlich-sozialistische Fraktion ist in einem Lande wie Deutschland unvermeidlich, wo das Spießbürgertum, noch mehr als das historische Recht, „keinen Datum nicht hat." Sie ist auch nützlich, sobald sie sich getrennt von der proletarischen Partei konstituiert hat. Diese Trennung aber würde jetzt nur schaden, wenn sie von uns provoziert würde. Sagen sie selbst sich aber faktisch vom Programm los, dann ist's um so besser und man kann draufschlagen.

Ihr in Amerika leidet auch an allerhand solchen großen Gelehrten, wie sie die Spießbürgersozialisten Deutschlands besitzen. Die Geschichtsexkurse der Stiebeling, Douai usw. über die Völkerwanderung im „Sozialist" haben mich sehr erheitert, da die Leute das alles viel besser und gründlicher studiert haben als ich. Namentlich tut der Douai ganz riesenhaft groß. So sagt er in Nr. 13 des „Sozialist": bei den deutschen Eroberungen in Italien usw. bekam der König 1/3 des Landes, 2/3 die Soldaten und Offiziere und davon ging wieder 2/3 an die bisherigen Sklaven usw. „So zu lesen bei Jornandes und Cassiodorus." Ich fiel auf den Rücken, als ich dies alles las. „Ganz ebenso wird uns von den Westgothen berichtet." „Und in Frankreich ist es nicht anders gewesen." Nun ist das alles von A bis Z erfunden, und weder in Jornandes noch in Cassiodor noch in irgend einem Quellenschriftsteller der Zeit steht ein Wort davon. Es ist eine kolossale Unwissenheit und Unverschämtheit zugleich, mir solch einen Blödsinn vorzuhalten und mir zu sagen, ich sei da „nachweislich im Unrecht". In den Quellen, die ich so ziemlich alle kenne, steht von alledem das Gegenteil. Ich hab's diesmal passieren lassen, weil's in Amerika war, wo man so etwas doch kaum ausfechten kann, aber Monsieur soll sich in Zukunft in Acht nehmen, ich könnte doch einmal die Geduld verlieren.

Der 2. Band des „Kapital" erscheint nun bald, ich erwarte noch den letzten halben Aushängebogen Vorrede, wo Rodbertus wieder sein Fett erhält. Mit dem 3. Buch geht's lustig voran, wird aber noch lange dauern, das schadet auch nichts, der 2. Band muß erst verdaut werden. Der 2. Band wird große Enttäuschung erregen, weil er so rein wissenschaftlich ist und nicht viel Agitatorisches enthält. Dagegen wird der dritte wieder wie ein Donnerschlag wirken, weil da die ganze kapitalistische Produktion erst im Zusammenhang behandelt und die ganze offizielle bürgerliche Ökonomie über den Haufen geworfen wird. Es wird aber noch Mühe kosten. Seit Neujahr habe ich schon über die Hälfte ins Reine diktiert und denke in zirka 4 Monaten mit dieser ersten Arbeit fertig zu werden. Dann kommt aber die eigentliche Redaktionsarbeit und die ist nicht leicht, da die wichtigsten Kapitel in ziemlicher Unordnung — was die Form angeht. Indessen wird das alles schon gehen, nur Zeit will's haben. Du begreifst, daß ich alles andere liegen lassen muß, bis ich damit fertig bin, und daher auch meine Korrespondenz vernachlässige und vom Artikelschreiben keine Rede sein kann. Tu mir aber den Gefallen und laß von dem über den 3. Band Gesagten nichts in den „Sozialist" kommen. Das setzt in Zürich und sonst immer Unannehmlichkeiten. Das Erforderliche fürs Publikum sage ich in der Vorrede zum 2. Bande.

Tussy[5] geht's soweit gut. Die Zwei sind sehr fidel, leider aber nicht immer gesund. Lafargue hat jetzt wieder 4 Monate an der alten Geldstrafe und Kosten abzusitzen. Die Polizei in Paris wollte mit Gewalt am 24. Mai einen Krawall, es ist aber nicht gelungen und die Minister bekommen Angst. So ist denn der Viktor Hugoschwindel ruhig abgelaufen und das ist gut. Da keine Nationalgarde besteht, sind keine Waffen zu haben, und jeder Putsch muß mit Niederlage enden. Die Taktik muß eben nach den Umständen geändert werden.

Grüße Dietzgen und Adolf — Dein F. E.

* * *

[1] Sorge hatte Engels Drucksachen von Grönlund und Ely gesandt. Grönlund hat längere Zeit in den Vereinigten Staaten eine Rolle gespielt als Schriftsteller und Journalist. R. Ely war Professor an der John Hopkins-Universität in Baltimore.

[2] „Commonweal" war das Organ der Socialist League in London.

[3] „Sozialist" hieß das von der Nationalen Exekutive der S. A. P. in New York gegründete Blatt.

[4] Fabian, Mitglied der S. A. P. in New York, hatte vor einigen Jahren Marx und Engels aufgefordert, ihm Beiträge für ein literarisches Unternehmen zu liefern.

[5] Eleanor, die jüngste Tochter von Marx, wurde „Tussy" genannt. Sie hatte sich mit Aveling verbunden.

94

Jos. Dietzgen an Sorge.

Hoboken, 15. Juli 1885.

. . . Ich bin soeben von New York zurückgekehrt, wo eine neue Nummer des „Sozialist" fertig gestellt war. — Der übermütige Gedanke, daß ich „meine Perlen den Säuen vorwerfe",[1] kommt mir auch wohl zuweilen in den Sinn, doch gönne ich demselben nicht die Zeit, sich festzusetzen. Ich denke immer, der Same muß ausgestreut werden, und wenn pro Mille nur ein Exemplar auf fruchtbaren Boden fällt, und Keim erweckt, bin ich für meine Arbeit halbwegs belohnt, die andere Hälfte zahlt mir die Lust an der Sache.

Allerdings wünsche ich mir auch ein geschultes Publikum; ich hätte dann noch viel zu sagen, was ich jetzt verschweigen muß. Indessen hat die Sache auch so ihren Reiz: ich bin genötigt, die Gedanken bis zur vollendeten Klarheit durchzuarbeiten. Wenn das nicht immer gelingt, ist meine Schwäche schuld daran. Da ich nun Gelegenheit habe, mich zu wiederholen, habe ich auch Gelegenheit, mich und die Darstellung zu vervollkommnen.

Jeder Mensch, pflegt man zu sagen, hat sein Steckenpferdchen. Wenn ich nun das meinige vorreite und hin und wieder auch einem Anderen Spaß mache, so ist das genug, ich kann das ganze Publikum nicht amüsieren, das weiß ich. . . .

Liebknecht hat an Vogt geschrieben, daß er nächstes Frühjahr hierher kommen wolle.

Ihr J. Dietzgen.

[1] Sorge hatte gelegentlich diese Äußerung gemacht.

* * *

Die Nationalexekutive der S. A. P. war unzufrieden mit der Redaktion, weil zu wenig Agitatorisches im „Sozialist“ erschien, und Dietzgen schrieb am 26. Juli 1885 darüber an Sorge folgendes:

„Ein Artikel, den Sie demnächst im „Sozialist“ sehen, ist gegen Kritiker gerichtet, die in der Exekutive sitzen. Um nachträgliche Zensur zu vermeiden, habe ich denselben erst vorgelesen und bin da veranlaßt worden, einige der besten Stellen auszumerzen.“

Am 3. August 1885 beklagt er den Verlust wertvoller Briefe von Marx und Feuerbach und fügt hinzu:

„Ich bin viel emsiger auf das Aufräumen, als auf das Aufheben.“

Beim Erscheinen des zweiten Bandes „Kapital“ schreibt er an Sorge am 12. August 1885:

„Ich bin im Marx wohl fleißig gewesen, habe auch schon manches Willkommene gefunden, aber so anregend und Epoche machend, wie der erste Band, ist der zweite nicht. Engels gibt den Nationalökonomen eine Aufgabe in der Vorrede, die sie vor Erscheinen des dritten Bandes lösen sollen. Ich glaube, wenn ich mich daran gebe, daß ich sie zu seiner Zufriedenheit lösen würde, allerdings nicht aus mir, sondern mittels der Anleitung, die Marx bereits gegeben hat. . . .“

95

Fr. Engels to Mrs. Wischnewetzky.

London, January 7th 1886.

. . . As to those wise Americans who think their country exempt from the consequences of fully expanded Capitalist production, they seem to live in blissful ignorance of the fact that sundry States, Massachusets, New Jersey, Pennsylvania, Ohio etc. have such an institution as a Labor Bureau from the reports of which they might learn something to the contrary.

Yours very truly F. Engels.

* * *

(Deutsch.)

Was jene klugen Amerikaner betrifft, die da glauben, daß ihr Land von den Folgen vollausgeführter kapitalistischer Produktion ausgenommen sei, so scheinen sie in seliger Unkenntnis der Tatsachen zu leben, daß verschiedene Staaten, Massachusetts, New Jersey, Pennsylvania, Ohio usw., solch eine Einrichtung wie ein Arbeitsbureau haben, aus dessen Berichten sie etwas Gegenteiliges lernen dürften.

Aufrichtig der Ihrige F. Engels.

96

Fr. Engels an Sorge.

London, 29. Januar 1886.

Lieber Sorge!

Ich habe endlich etwas freie Zeit und schreibe Dir daher sogleich, ehe sie sonstwie in Beschlag genommen wird. . . .

Das Stück von Marx wegen der englischen Übersetzung[1] wäre mir sehr erwünscht. Ich habe endlich das ganze Manuskript der englischen Übersetzung im Hause und gehe nächste Woche dran. Sowie ich weiß, wie lange ungefähr die Revision dauern wird, also den Termin der Drucklegung bestimmen kann, schließe ich definitiv mit dem Verleger ab. Du hast gesehen, wie Herr Hyndman, alias Broadhouse mir einen Knüppel zwischen die Beine werfen wollte (in „To-Day“).[2] Das zwingt mich, rascher vorzugehen, damit nicht meine Stellung gegenüber dem Verleger sich verschlechtert, sonst hat's keinen Schaden.

Eine Amerikanerin[3] hat mein Buch über „Die arbeitende Klasse in England" übersetzt und mir auch das Manuskript zur Revision geschickt — die stellenweise zeitraubend wird. Der Druck in Amerika ist gesichert.

Ferner steht mir noch bevor allein an Übersetzungen: 1. „18. Brumaire" franz. — zirka 1/3 schon besorgt. 2. „Lohnarbeit und Kapital" von M. — italienisch. 3. „Ursprung der Familie" — dänisch. 4. Manifest und „Entwicklung des Sozialismus usw." dänisch, diese beiden sind schon gedruckt, aber voller Fehler. 4.[4] „Ursprung der Familie" — franz. 5.[4] „Entwicklung des Sozialismus" — englisch. Plenty more looming in the distance.[5] Du siehst, ich werde reiner Schulmeister, der Pensa korrigiert. Zum Glück reichen meine Sprachkenntnisse nicht weiter, denn sonst würden sie mir auch noch russischen, polnischen, schwedischen usw. Kram aufladen. Aber es ist eine Arbeit, die man doch endlich leid wird, — jedenfalls werden alle diese schönen Sächelchen (von 2—5 wenigstens) hinter dem 3. Band „Kapital" zurückstehen müssen, der aus dem Manuskript fertig diktiert ist, aber in einigen der wichtigsten Kapitel sehr viel Arbeit der Redaktion machen wird, da vieles nur gesammelte Bausteine sind. Das ist die einzige Arbeit, auf die ich mich freue.

Die New Yorker „Volkszeitung" habe ich noch nicht erhalten.

„To-Day" September erfolgt womöglich noch mit dieser Post. Du hast keine Vorstellung, wie schwierig diese Sachen hier zu haben sind. — Die Verleger sind von einer Unordnung, die schmählig ist.

Laß Dir von Dietzgen das von H. Blanc hier über Hyndmans Wahlmanöver mit den Tories und gleichzeitig mit den Liberalen geben, wenn Du es noch nicht kennst. Es ist buchstäblich wahr. Die Sozialdemokratische Föderation ist, wenn sie zusammenbleibt, hiernach moralisch tot. Hyndman muß verrückt sein, so zu handeln, wie er handelt. Seinen ganz wahnsinnigen Angriff gegen Aveling wirst Du nebst den Dokumenten in „Justice" und „Commonweal" gelesen haben. Leider taugen die übrigen Chefs der Föderation nicht viel mehr als er. Die ganze Bewegung hier ist überhaupt bis jetzt nur Schein, aber wenn es gelingt, in der Soc. League einen Kern von Leuten zu erziehen, die die Sache theoretisch verstehen, so ist für den Ausbruch der wirklichen Massenbewegung, der nicht mehr lange ausbleiben kann, sehr viel gewonnen.

Grüße Dietzgen von mir. Er hat einen harten Stand, aber es wird schon gehen. After all macht die Bewegung in Amerika doch schöne

Fortschritte. Daß die Anglo-Amerikaner die Sache in ihrer Weise anfangen, mit Verachtung von Vernunft und Wissenschaft, ist nun einmal nicht anders zu erwarten, aber sie nähern sich doch. Und schließlich werden sie auch ganz kommen. Die kapitalistische Zentralisation geht bei Euch mit Schritten von Siebenmeilenstiefeln, ganz anders wie hier.

Hoffentlich bist Du mit Deiner Gesundheit wieder ganz auf dem Damm, mir geht's meist recht gut, sonst käme ich gar nicht durch die Arbeit.

Ich bearbeite Bebel, daß er mit Liebknecht nach dort kommt. Vielleicht kommt auch Tussy und Aveling. Doch das ist noch in weitem Felde.

Mit bestem Gruße an Adolf

Dein F. Engels.

* * *

[1] Marx hatte Notizen zur Übersetzung des „Kapital" aus dem Französischen ins Englische gemacht und im Jahre 1877 Sorge übersandt.

[2] Im „To-Day" erschien eine unzureichende partielle Übersetzung des „Kapital".

[3] Frau Florence Kelley-Wischnewetzky.

[4] Sollte 5, anstatt 4 heißen und das nächste sollte 6, anstatt 5 heißen.

[5] „Eine Menge mehr steht noch in Aussicht."

* * *

Am 9. Februar 1886 schrieb Engels an Sorge unter anderem:

Gestern haben die Herren von der S. D. F. wieder den schauerlichsten Blödsinn auf der Straße angestellt — es wird Euch schon telegraphiert sein. Hoffentlich haben sie jetzt ausgespielt.

97

Fr. Engels to Mrs. Wischnewetzky.

London, February 3rd 1886.

My dear Mrs. Wischnewetzky.

To-day I forwarded to you, registered, the first portion of the Ms. up to your page 70 incl. I am sorry I could not possibly send it sooner. But I had a job on my hand which must be finished before I could go on with your Ms. Now I shall go on swimmingly; as I proceed I find we get better acquainted with each other, you with my peculiar old fashioned German, I with your American. And indeed, I learn a good deal of it. Never before did the difference between British and American English strike me so vividly as in this experimentum in proprio corpore vili.[1] What a splendid future must there be in store for a language which gets enriched and developed on two sides of an ocean, and which may expect further additions from Australia and India!

I do not know whether this portion of the Ms. will arrive in time to reach Miss F. . . . .[2] before her sailing, but I hope you will not be put to any particular inconvenience through my delay, which was indeed inavoidable. I cannot be grateful enough to all the friends who wish to translate both Marx' and my writings into the various civilized languages and who show their confidence in me by asking me to look over their translations. And I am willing enough to do it, but for me as well as for others the day has but 24 hours and so I cannot possibly always arrange to please everybody and to chime in with all arrangements made.

If I am not to often interrupted in the evenings I hope to be able to send you the remainder of the Ms. and possibly also the introduction in a fortnight. This latter may be printed either as a preface or as an appendix. As to the length of it I am utterly incapable of giving you any idea. I shall try to make it as short as possible, especially as it will be useless for me to try to combat arguments of the American press with which I am not even superficially acquainted. Of course if American workingmen will not read their own States Labor Reports, but trust to politician's extracts, nobody can help them. But it strikes me that the present chronic depression, which seems endless so far, will tell its tale in America as well as in England. America will swash up England's industrial monopoly — whatever there is left of it — but America cannot herself succeed to that monopoly. And unless one country has the monopoly of the markets of the worlds at least in the decisive branches of trade, the conditions — relatively favorable — which existed here in England from 1848 to 1870, cannot anywhere be reproduced, and even in America the condition of the working class must gradually sink lower and lower. For if there are three countries (say England, America and Germany) competing on comparatively equal terms for the possession of the Weltmarkt, there is no chance but chronic overproduction, one of the three being capable of supplying the whole quantity required. That is the reason why I am watching the development of the present crisis with greater interest than ever and why I believe it will mark an epoch in the mental and political history of the American and English working classes — the very two whose assistance is as absolutely necessary as it is desirable.

Yours very truly F. Engels.

* * *

(Deutsch.)

Heute habe ich, eingeschrieben, an Sie abgeschickt den ersten Teil des Manuskripts bis zu Ihrer Seite 70 inklusive. Leider konnte ich es unmöglich früher senden. Aber ich hatte eine Arbeit unter den Händen, die beendigt sein mußte, bevor ich an Ihr Manuskript gehen konnte. Jetzt werde ich leicht vorankommen; dabei bemerke ich, daß wir besser miteinander bekannt werden, Sie mit meinem eigentümlichen, altmodischen Deutsch, ich mit Ihrem Amerikanisch. Und wirklich lerne ich ein gutes Stück dabei! Der Unterschied zwischen britischem und amerikanischem Englisch ist mir früher nie so lebhaft vor die Augen gekommen als bei diesem *experimentum in proprio corpore vili*.[1] Welche glänzende Zukunft steht einer Sprache bevor, die auf zwei Seiten eines Ozeans bereichert und entwickelt wird und weitere Zugaben von Australien und Indien erwarten mag.

Ich weiß nicht, ob dieser Teil des Manuskripts zeitig genug ankommen wird, um Frl. F . . . .[2] vor ihrer Abreise zu treffen, aber ich hoffe, daß Sie nicht in besondere Unannehmlichkeiten geraten durch meine unvermeidliche Verzögerung. Ich kann all den Freunden nicht dankbar genug sein, die Marx' und meine Schriften in die verschiedenen Kultursprachen übersetzen wollen und mir ihr Vertrauen beweisen durch die Bitte, ihre Übersetzungen durchzusehen. Und ich bin gern bereit dazu, aber für mich so gut wie für andere hat der Tag nur 24 Stunden, und darum kann ich unmöglich es immer jedermann recht machen und allen getroffenen Abmachungen entsprechen.

Wenn ich abends nicht zu oft unterbrochen werde, hoffe ich, den Rest des Manuskripts und möglicherweise auch die Einleitung in 14 Tagen senden zu können. Diese letztere kann entweder als Vorrede oder als Anhang gedruckt werden. Ich bin durchaus nicht imstande, Ihnen anzugeben, wie lang sie sein wird. Ich werde versuchen, sie so kurz als möglich zu machen, ganz besonders weil für mich der Versuch nutzlos sein wird, Argumente der amerikanischen Presse zu bekämpfen, die ich nicht einmal oberflächlich kenne. Wenn amerikanische Arbeiter die Arbeitsberichte ihrer eigenen Staaten nicht lesen, sondern den Auszügen der Politiker trauen, so kann ihnen natürlich niemand helfen. Aber mir kommt es vor, als ob die jetzige chronische Depression, die soweit endlos zu sein scheint, in Amerika ihr Liedchen singen wird so gut wie in England. Amerika wird Englands industrielles Monopol — soviel davon übrig — zertrümmern, aber Amerika kann nicht selbst das Erbe dieses Monopols antreten. Und wenn nicht ein Land allein das Monopol der Märkte der Welt, wenigstens in den entscheidenden Handelszweigen, besitzt, so können die — verhältnismäßig günstigen — Bedingungen, die in England von 1848 bis 1870 bestanden, nirgends reproduziert werden, und selbst in Amerika müssen die Zustände der Arbeiterklasse fortschreitend tiefer und tiefer sinken. Denn wenn drei Länder (sagen wir England, Amerika und Deutschland) unter vergleichsweise gleichen Bedingungen um den Besitz des Weltmarktes konkurrieren, dann gibt es keinen Ausweg als chronische Überproduktion, da eins von den drei Ländern imstande ist, den ganzen Bedarf zu decken. Darum betrachte ich die Entwicklung der jetzigen Krise mit größerem Interesse als je, und darum glaube ich, daß sie eine Epoche anzeigen wird in der geistigen und politischen Geschichte der amerikanischen und englischen Arbeiterklassen — derjenigen beiden, deren Beistand ebenso absolut notwendig wie wünschenswert ist.

Aufrichtig der Ihrige F. Engels.

* * *

[1] (Etwas frei übersetzt:) „Als da ich es am eigenen Leibe spüre."

[2] Eine Freundin von Frau Wischnewetzky, die großes Interesse an der Arbeit nahm.

98

Fr. Engels to Mrs. Wischnewetzky.

London, February 25th 1886.

Dear Mrs. Wischnewetzky.

To day I mailed to you, registered, the rest of the Ms. with my — introduction or post-script — according to where it may suit you to place it. I believe the title had better be a simple translation: The Condition of the Working Class in England in 1844 etc.

I am glad that all obstacles to publication have been successfully overcome. Only I am sorry that Miss F. . . . has applied to the Executive of the Sozialistische Arbeiterpartei in New York, as appears from their report of meeting in „Der Sozialist", New York, 13th Febr. Neither Marx nor myself hare ever committed the least act which might be interpreted into asking any Workingmen's Organization to do us any personal favor — and this was necessary not only for the sake of our own independence but also on account of the constant bourgeois denunciations of „demagogues who coax the workmen out of their hard-earned pennies in order to spend them for their own purposes". I shall therefore be compelled to inform that Executive that this application was made entirely without my knowledge or authority. Miss F. . . . no doubt acted in what she thought the best way, and this step of hers is in itself no doubt perfectly admissible; still, if I could have foreseen it, I should have been compelled to do everything in my power to prevent it. —

The revision of your translation has delayed that of the English translation of „Das Kapital" by three weeks — and at a most critical period of the year too. I shall set about it tonight and it may take me several months. After that the German 3rd volume must be taken in hand; you see, therefore, that for some time it will be impossible for me to undertake the revision of other translations, unless few and far between and of small volume. I have at this moment waiting here an Italian translation of Marx' „Lohnarbeit und Kapital" which must wait some weeks at least. But if you will translate that into English (it was recently republished in Zurich) and will not be too pressing for time, I shall be glad to revise it, and you cannot have a better popular pamphlet than that. My Entwicklung Aveling intends to translate, and as the subject is in part rather difficult, I could not well give it to any one except he be here on the spot, accessible to verbal explanation. As to my Anti-Dühring I hardly think the English-speaking public would swallow that controversy and the hostility to religion which pervades the book. However we may discuss that later on, if you are of a different opinion. At present Marx's posthumous manuscripts must be dealt with before any thing else.

The semi-Hegelian language of a good many passages of my old book is not only untranslateable but has lost the greater part of its meaning even in German. I have therefore modernized it as much as possible.

Yours very truly F. Engels.

* * *

(Deutsch.)

Den Rest des Manuskriptes nebst Einleitung oder Nachschrift, je nachdem Sie es verwenden werden, habe ich heute eingeschrieben an Sie abgeschickt. Ich glaube, es ist besser, den Titel einfach zu übersetzen: „The Condition of the Working Class in England 1844" etc.

Es freut mich, daß alle Hindernisse der Veröffentlichung überwunden sind. Nur tut es mir leid, daß Frl. F . . . . sich an die Exekutive der Sozialistischen Arbeiterpartei in New York gewendet, wie aus deren Sitzungsbericht im „Sozialist", New York vom 13. Februar, hervorgeht. Weder Marx noch ich selbst haben jemals eine Handlung begangen, die ausgelegt werden könnte als eine Aufforderung an irgendwelche Arbeiterorganisation, uns irgend einen persönlichen Gefallen zu erweisen — und das war notwendig nicht bloß zur Wahrung unserer eigenen Unabhängigkeit, sondern auch gegenüber den beständigen Bourgeoisdenunziationen von „Demagogen, die den Arbeitern ihre sauer erworbenen Pfennige ablocken, um sie für ihre eigenen Zwecke zu verbrauchen". Ich bin daher gezwungen, die Exekutive zu benachrichtigen, daß dieses Ansuchen vollständig ohne mein Wissen und ohne Auftrag von mir gemacht wurde. Frl. F. handelte ohne Zweifel so, wie es ihr am besten dünkte, und dieser ihr Schritt ist an und für sich vollkommen zulässig; indessen, wenn ich ihn hätte voraussehen können, wäre ich genötigt gewesen, alles in meinen Kräften stehende zu tun, um ihn zu verhindern.

Die Revision Ihrer Übersetzung hat diejenige der englischen Übersetzung des „Kapital" um drei Wochen verzögert — und gerade in der kritischsten Zeit des Jahres. Heute abend werde ich daran gehen und mag mehrere Monate dazu gebrauchen. Nach diesem muß der deutsche 3. Band vorgenommen werden; Sie sehen also, daß für längere Zeit es mir unmöglich sein wird, die Revision anderer Übersetzungen zu übernehmen, es sei denn hier und da und von geringem Umfange.

Augenblicklich habe ich hier eine italienische Übersetzung von Marx' „Lohnarbeit und Kapital" liegen, die mindestens noch einige Wochen warten muß. Aber wenn Sie das ins Englische übersetzen wollen (es ist kürzlich in Zürich neu herausgegeben worden) und nicht zu arg drängen, werde ich's gern durchsehen und Sie können keine bessere populäre Broschüre als diese bekommen. Aveling beabsichtigt, meine „Entwicklung" zu übersetzen, und da der Gegenstand zum Teile ziemlich schwierig, könnte ich es nicht wohl jemand geben, der nicht hier am Orte und mündlichen Erläuterungen zugänglich wäre. Was meinen „Anti-Dühring" betrifft, so glaube ich kaum, daß das englischredende Publikum Geschmack finden würde an der Kontroverse und an der das ganze Buch durchwehenden Feindseligkeit gegen Religion. Immerhin können wir das später besprechen, wenn Sie anderer Meinung sind. Jetzt müssen Marx' nachgelassene Manuskripte vor allem anderen besorgt werden.

Die halb Hegelsche Ausdrucksweise in vielen Passagen meines alten Buches ist nicht bloß unübersetzbar, sondern hat selbst im Deutschen den größten Teil ihrer Bedeutung verloren. Ich habe sie daher soviel als möglich modernisiert.

Aufrichtig der Ihrige F. Engels.

* * *

Jos. Dietzgen war anfang März 1886 nach Chicago übersiedelt, wo sein Sohn Eugen ein kaufmännisches Geschäft betrieb, und schrieb von dort an Sorge am 6. März 1886:

„. . . Wir sind also wieder alle zusammen, gesund und munter, und nun wollen wir sehen, wie lange es dauert. Mir schwant, daß ich derjenige sein werde, der zuerst die Bande zerreißt. Wenn Sie dergleichen hören, müssen Sie nicht denken, daß das Übermut von mir sei. Es ist der Individualismus, der im Kommunisten spukt; ich will und muß unabhängig sein, und werde wahrscheinlich einer solchen Zivilisation, ... die mich mit ihrem Firlefanz inkommodiert, mich nicht unterwerfen. . . ."

* * *

Fr. Engels schrieb an Frau Wischnewetzky am March 12th 1886:

„Deeply buried as I am in the English ‚Capital', I have only the time to write a few lines in haste. It did not require all your exposition of the circumstances to convince me that you were perfectly innocent of what had been done in America with your translation. The thing is done and can't be helped, though we both are convinced that it was a mistake. . . . .

The dedication to the English Working Men should be left out. It has no meaning today."

* * *

(Deutsch.)

„Tief begraben in der Arbeit am englischen ‚Kapital', finde ich nur Zeit, in Eile ein paar Zeilen zu schreiben. Ihre ganze Auseinandersetzung der Umstände war nicht erforderlich, um mich zu überzeugen, daß Sie vollständig unschuldig waren an dem, was in Amerika mit Ihrer Übersetzung getan worden ist. Es ist geschehen und kann nicht geändert werden, obgleich wir beide überzeugt sind, daß es ein Fehler war. . . . . .

Die Widmung an die englischen Arbeiter sollte ausgelassen werden. Sie hat heutzutage keine Bedeutung."

99

Jos. Dietzgen an Sorge.

Chicago, 20. April 1886.

. . . . . . Spieß von der „Arbeiterzeitung" habe ich besucht und ihn persönlich sehr freundlich gefunden; dann auch ein kleines Artikelchen für sein Blatt geschrieben, welches er mit Namensunterschrift als „Eingesandt" aufgenommen. Darin erblickte ich eine übergroße Vorsicht und Reserve und werde nun mit meiner ferneren Beteiligung auch sehr reserviert sein. Ich für mein Teil lege sehr wenig Gewicht auf den Unterschied, ob „Anarchist" oder „Sozialist", weil mir scheinen will, daß man aus diesem Unterschied zuviel Aufhebens macht. Wenn die einen tolle Wüteriche zwischen oder unter sich haben, sind die anderen dafür mit Angstmeiern gesegnet. Deshalb sind mir die einen so lieb als die anderen; die große Zahl bei beiden Fraktionen bedarf noch sehr der Erziehung, die von selbst den Ausgleich bewerkstelligen wird. . . . .

Unter dem Titel: „Sozialistische Streifzüge in das Gebiet der Philosophie" gedenke ich eine Sammlung von Aufsätzen in Zürich drucken zu lassen, um einiges Alte zu erhalten und für einiges Neue Vorbereitung zu schaffen. . . . .

J. Dietzgen.

100

Fr. Engels an Sorge.

London, 29. April 1886.

Lieber Sorge!

Deine Briefe vom 15. und 28. Februar und 8. März und Postkarte vom 21. März erhalten.

Das Manuskript[1] enthält größtenteils dieselben Sachen, die M. in seinem Exemplar für die dritte Ausgabe angemerkt. In anderen, die mehr Einschübe aus dem Französischen anordnen, binde ich mich nicht unbedingt daran, 1. weil die Arbeit für die dritte Ausgabe weit später, also für mich entscheidend ist, 2. weil M. für eine in Amerika,[2] außerhalb seines Bereichs, zu machende Übersetzung manche schwierige Stelle lieber aus der französischen Verflachung richtig, als aus dem Deutschen unrichtig übersetzt wünschen mochte und diese Rücksicht jetzt wegfällt. Trotzdem hat es mir manche sehr nützliche Winke gegeben, die auch für die deutsche Ausgabe ihrerzeit Verwendung finden werden. Sobald ich damit fertig bin, schicke ich es Dir registriert zurück.

Die „Volkszeitung" und „Sozialist" kommen jetzt regelmäßig an. Ich habe Dir in den letzten vierzehn Tagen geschickt „To-Day" und „Commonweal", März und April. Sodann gestern „To-Day", Mai. Verspätung lediglich der Unordnung der Herausgeber geschuldet. Fehlt Dir nun noch etwas, so laß mich's wissen.

Die Broadhousesche Übersetzung des „Kapital" ist nur reine Komödie. Das erste Kapitel war aus dem Deutschen, voller Fehler bis zur Lächerlichkeit. Jetzt wird aus dem Französischen übersetzt, die Fehler sind dieselben. Nach der jetzigen Geschwindigkeit ist das Ding Anno 1900 noch nicht fertig.

Dank für Kalender.[3] Daß der Douai ein so schmählich verkannter großer Mann ist, habe ich allerdings nicht geahnt. Möge er das Bewußtsein seiner Größe mitsamt ihrer ganzen Verkanntheit mit ins Grab nehmen, ohne es vorher in Zuckerform geschmälert zu sehen. Er ist aber der rechte Mann für Amerika gewesen, und wäre er ordinärer Demokrat geblieben, so hätte ich ihm alles Gute gewünscht. So aber verlief er sich an die unrechte Schmiede. Dem Puristen,[4] der über unseren Stil und unsere Interpunktion eifert: er kann weder Deutsch noch Englisch, sonst würde er nicht Anglizismen finden wo keine sind. Das Deutsch, wofür er schwärmt und das uns auf der Schule eingepaukt wurde, mit seinem scheußlichen Periodenbau und dem Verbum durch zehn Meilen Einschiebsel vom Subjekt getrennt, hinten am Schwanz, dies Deutsch habe ich dreißig Jahre nötig gehabt, um es wieder zu verlernen. Dies bureaukratische Schulmeisterdeutsch, für das Lessing gar nicht existiert, ist sogar in Deutschland jetzt ganz am Verkommen. Was würde dieser Biedermann sagen, wenn er die Leute im Reichstag sprechen hörte, die diese schauerliche Konstruktion abgeschafft haben, weil sie sich immer darin festritten, und die da sprachen wie die Juden: „Als der Bismarck ist gekommen vor die Zwangswahl, hat er lieber den Papst geküßt auf den Hintern als die Revolution auf den Mund" usw. Diesen Fortschritt hat Laskerchen eingeführt, es ist das einzige Gute, was er getan hat. Wenn der Herr Purist mit seinem Schulmeisterdeutsch nach Deutschland kommt, wird man ihm sagen, er spräche amerikanisch. „Sie wissen, wie kleinlich der deutsche gelehrte Philister ist" — das scheint er namentlich in Amerika zu sein. Der deutsche Satzbau mitsamt der Interpunktion, wie sie vor vierzig bis fünfzig Jahren auf Schulen gelehrt wurden, sind nur wert in die Ecke geworfen zu werden, und das passiert ihnen in Deutschland endlich.

Ich glaube, Dir schon geschrieben zu haben, daß eine an einen Russen verheiratete Amerikanerin sich in den Kopf gesetzt hatte, mein altes Buch zu übersetzen. Ich habe die Übersetzung durchgesehen, was viel Arbeit machte. Aber sie schrieb, der Druck sei gesichert und es müsse gleich geschehen, da mußte ich denn. Jetzt stellt sich heraus, daß sie die Unterhandlung einer Miß F . . . . ., Sekr. einer women's rights Gesellschaft, übertragen und diese den Blödsinn begangen hat, es an die S. A. P. zu geben. Ich habe der Übersetzerin meine Meinung darüber gesagt, aber es war geschehen. Im übrigen bin ich froh, daß die Herren dort nichts von mir übersetzen, es würde schön werden. Ihr Deutsch ist schon hinreichend, und nun noch ihr Englisch?

Die Herren von der „Volkszeitung" müssen zufrieden sein. Sie haben die ganze Bewegung unter den Deutschen in die Hand bekommen und ihr Geschäft muß florieren. Daß da ein Mann wie Dietzgen zurückgedrängt wird, versteht sich von selbst. Die Spielerei mit dem Boykott und den kleinen Streiks ist natürlich viel wichtiger als theoretische Aufklärung. Aber bei alledem geht doch in Amerika die Sache mächtig voran. Zum erstenmal existiert eine wirklich massenhafte Bewegung unter den Englischredenden.[6] Daß diese erst tastend verfährt, ungeschickt, unklar, unwissend, ist unvermeidlich. Das wird sich alles klären, die Bewegung wird und muß sich an ihren eigenen Fehlern fortentwickeln. Theoretische Unkenntnis ist Eigenschaft aller jungen Völker, aber auch praktische Raschheit der Entwicklung. Wie in England, hilft alles Predigen nichts, auch in Amerika, bis die tatsächliche Notwendigkeit da ist. Und diese ist in Amerika vorhanden und kommt zum Bewußtsein. Das Eintreten der eingeborenen Arbeitermassen in die Bewegung in Amerika ist für mich das eine der großen Ereignisse von 1886. Was die dortigen Deutschen angeht, so mag die jetzt florierende Sorte sich allmählich an die Amerikaner anschließen, sie wird diesen immer noch etwas voraus sein; und schließlich bleibt unter den dortigen Deutschen doch immer noch ein Kern, der theoretische Einsicht in die Natur und den Gang der Gesamtbewegung behält und den Gärungsprozeß im Gang hält und schließlich wieder obenauf kommt.

Das zweite große Ereignis von 1886 ist die Bildung einer Arbeiterpartei in der französischen Kammer durch Basly und Camélinat, zwei Anstands-Arbeiterdeputierte, von den Radikalen auf die Liste gesetzt und durchgebracht, die aber gegen allen Komment nicht Diener der Herren Radikalen wurden, sondern als Arbeiter auftraten. Der Decazeviller Streik brachte den split zwischen ihnen und den Radikalen zum Ausbruch — fünf andere Deputierte schlossen sich an. Die Radikalen mußten jetzt mit ihrer Politik gegenüber den Arbeitern herausrücken, und da die Regierung nur durch die Radikalen besteht, war das schrecklich, denn sie wurden von den Arbeitern für jede Regierungshandlung mit Recht verantwortlich gemacht. Kurz, die Radikalen, Clemenceau und alle, benahmen sich erbärmlich und daher folgte das, was bisher kein Prediger zustande gebracht hatte: der Abfall der französischen Arbeiter von den Radikalen. Und das zweite Resultat war: die Vereinigung sämtlicher sozialistischen Fraktionen zu gemeinsamer Aktion. Nur die elenden Possibilisten hielten sich separat und zerfallen infolgedessen täglich mehr. Dieser new departure half die Regierung durch ihre Dummheiten kolossal voran. Nämlich sie will eine Anleihe von 900 Millionen aufnehmen und braucht dazu die hohe Finanz, aber diese sitzt auch als Aktionärin in Decazeville und weigert ihr Geld, wenn nicht die Regierung den Streik niederschlägt. Daher die Verhaftung von Duc und Roche; Antwort der Arbeiter ist: Roches Kandidatur in Paris für nächsten Samstag (Wahl zur Kammer) und Ducs (Quercys) Kandidatur für den Stadtrat, wo er sicher durchgeht. Kurz, in Frankreich ist wieder eine famose Bewegung flott im Gange, und das beste ist, daß unsere Leute, Guesde, Lafargue, Deville, die theoretischen Führer sind.

Die Rückwirkung auf Deutschland ist nicht ausgeblieben. Die revolutionäre Sprache und Aktion der Franzosen hat die Heulereien der Viereck u. Ko. erst recht matt erscheinen lassen, und so sind in der letzten Sozialistengesetzdebatte nur Bebel und Liebknecht aufgetreten und beide sehr gut. Mit dieser Debatte können wir uns wieder in anständiger Gesellschaft sehen lassen, was keineswegs mit allen der Fall war. Überhaupt ist es gut, daß den Deutschen, namentlich seit sie so viel Philisterelemente gewählt (was freilich unvermeidlich), die Führung etwas streitig gemacht wird. In Deutschland wird alles in ruhigen Zeiten philisterhaft; da ist der Stachel der französischen Konkurrenz absolut nötig. Und der wird nicht fehlen. Der französische Sozialismus ist plötzlich aus einer Sekte eine Partei geworden, und jetzt erst und dadurch erst der Massenanschluß der Arbeiter möglich, denn diese sind dort die Sektiererei übersatt, und das war das Geheimnis, weshalb sie der äußersten Bourgeoispartei anhingen, den Radikalen. Der nächste Sonntag wird bei der Wahl schon bedeutenden Fortschritt zeigen, obwohl kaum zu erwarten, daß Roche durchgeht.

Ich denke, in vierzehn Tagen bis drei Wochen beginnt der Druck der englischen Übersetzung von „Kapital", erster Band. Ich bin noch lange nicht fertig mit der Revision, aber 300 Seiten sind ganz und weitere 100 nahezu druckfertig. Noch eins. Ein Mr. J. T. Eumis interviewte mich dieser Tage unter dem Vorwand, im Namen des Staates Missouri Rat über Arbeitergesetzgebung zu erhalten. Ich fand bald, daß Preßgeschichten dahinter, und er gestand auch für the leading democratic paper of St. Louis zu arbeiten, versprach aber auf Ehrenwort, mir jedes Wort vorher zur Revision vorzulegen. Der Kerl war mir von dem Russen Stepniak zugeschickt. Das sind jetzt beinahe vierzehn Tage, und ich fürchte, er hat nicht Wort gehalten. Den Namen des St. Louis-Blattes habe ich vergessen. Sollte also etwas über den Interview erscheinen, so bitte ich Dich, inliegende Erklärung in „Sozialist", „Volkszeitung" und wo Du es sonst für nötig hälst, abdrucken zu lassen. Kommt der Kerl dennoch wieder und hält Wort, so benachrichtige ich Dich selbstredend sofort, und Du kannst dann die Erklärung zerreißen. Hier geht's glücklicherweise mit der Bewegung gar nicht voran. Hyndman u. Ko. sind politische Streber, die alles verderben, und in der Soc. League machen die Anarchisten reißende Fortschritte. Morris und Bax — der eine als Gemütssozialist und der andere als philosophischer Paradoxenjäger — sind momentan ganz in ihren Händen und müssen nun diese Erfahrung in corpore vili durchmachen. Aus der nächsten „Commonweal" wirst Du ersehen, daß Aveling, dank namentlich der Energie von Tussy, die Verantwortlichkeit für diesen Schwindel nicht mehr mitträgt, und das ist gut. Und diese Konfusionsräte wollen die englische Arbeiterklasse führen! Glücklicherweise will diese absolut nichts davon wissen.

Besten Gruß

Dein F. Engels.

* * *

[1] Marx' Instruktionen für eine englische Übersetzung in Amerika.

[2] Marx selbst hatte eine bessere Meinung davon.

[3] Dies war ein Kalender mit der Biographie Douais.

[4] Ein alter Parteigenosse hatte an Sorge eine Art Rezension über Stil und Interpunktion im zweiten Bande des „Kapital" geschickt, die Engels zugesandt worden war.

[5] Es herrschte große Erregung unter den Arbeitern des Landes, Ausstände wurden vorbereitet zur Erkämpfung des Achtstundentags, der Orden der Arbeitsritter (K. of L.) wuchs enorm.

* * *

Der 1. Mai 1886 brach an und mit ihm an vielen Orten der Vereinigten Staaten Ausstände der Lohnarbeiter um Verkürzung der Arbeitszeit und Lohnerhöhungen. Die bedeutendsten und folgenschwersten Kämpfe fanden statt in Milwaukee und Chicago, in letzterer Stadt besonders in den großen Fabriken von Ackerbaumaschinen, und bei einer Volksversammlung zugunsten der Arbeiter fiel am 4. Mai der weltbekannte Bombenwurf, den die Pächter und Hüter von Ordnung und Gesetz mit den infamsten terroristischen Exzessen beantworteten, links und rechts haussuchten und verhafteten.

101

Jos. Dietzgen an Sorge.

Chicago, 17. Mai 1886.

Mein lieber Freund!

Ihrem Wunsche habe ich heute morgen entsprochen. Beiliegend die Bescheinigung.[1]

Ich war auch der Meinung, daß man den Unterschied zwischen Anarchisten und Sozialisten nicht zu groß machen soll, und als nun jetzt die Bombe platzte und das Personal der „Arbeiterzeitung" eingesponnen wurde, bot ich sofort meine Dienste an. Das wurde sofort akzeptiert. Ich lieferte für die „Fackel",[2] die am 8. d. M., als die Setzer freigelassen wurden, erscheinen sollte, gleich mehrere Artikel, die jedoch nicht erscheinen konnten, weil sich zurzeit kein Drucker fand. In der Zwischenzeit bot mir Fricke, der zum Superintendent gewählt wurde, die Redaktion an. Wegen Unkenntnis der Persönlichkeiten, der künftigen Tendenz und aus Rücksicht für die gefangenen Redakteure erwiderte ich das Angebot mit dem Gesuch, einstweilen nicht als Redakteur, sondern nur als Mitarbeiter gelten zu dürfen. Vielleicht hätte ich resoluter sein sollen und möglicherweise einen ersprießlichen Wirkungskreis gefunden. Der „Anarchismus" hätte mich schwerlich viel stören können, nur mit dem Mostianismus, sofern er das Putschen und die Privatrache zum System macht, hätte ich mich nicht befreunden können. Daß das oder der vorgefallene Spektakel der Partei soviel schadet, wie die Zartseligen daraus machen, glaube ich gar nicht. Im Gegenteil, daß dem Volke ein Beispiel gegeben wird, wie man seine Zähne zeigen soll, hat auch viel für sich.

Nur eins hat mir an der „Arbeiterzeitung" bisher mißfallen: sie verlegte sich nur auf die Aufrührung der Herzen und vernachlässigte die Köpfe. Fricke erklärte mir heute morgen, daß von heute ab die Zeitung wieder im alten Format erscheinen werde, und möchte ich ihnen nun Beiträge liefern. Die Posten seien jetzt so besetzt, daß das Blatt wieder so ausgestattet sein könne wie früher; sie wollten ihre Sprache so mäßigen, daß sie von der Polizei ungeschoren blieben. Wenn man mir nun erlauben wird, täglich einen Artikel oder ein Artikelchen beizutragen, sollte ich glauben, daß das wenigstens soviel nützen als kosten könnte, besonders wenn man erwägt, daß es auch Leser gibt, die nicht gezählt, sondern gewogen werden sollten. Die Einsicht, daß die Arbeiter über ihren Kreis hinaus auch in den Kreis des Philisteriums dringen müssen, ist nicht hinreichend vorhanden . . .

J. Dietzgen.

* * *

[1] Bezieht sich auf eine Geldsendung.
[2] Das Sonntagsblatt der „Arbeiterzeitung" hieß „Die Fackel".

* * *

Am 26. Mai schrieb Dietzgen an Sorge einige Zeilen, darunter:

„Zugleich lege einen Brief von Derossi[1] bei, den ich nächstens in der „Arbeiterzeitung" beantworten will . . ."

* * *

[1] Derossi war Sekretär der Exekutive der S. A. P. und schrieb, daß die Exekutive den Bericht Dietzgens über den Bombenwurf nicht annehme, weil er den Ansichten der Exekutive zuwiderlaufe.

102

Jos. Dietzgen an Sorge.

Chicago, 31. Mai 1886.

Lieber Sorge!

...... Den Brief von Derossi[1] bewahren Sie nur ruhig dort; ich bewahre dergleichen gar nicht auf; obgleich ich oft empfunden, daß das Aufbewahren seine schöne Seite hat, kann ich gar nicht dazu kommen. Ich habe einen schönen Brief von Feuerbach und auch ein paar von Marx lange bewahrt und jetzt sind sie doch weg, was ich sehr bedaure. Wenn ich auch mehr Anlage zum Konservieren hätte, das Herumziehen verdirbt alles. Dem „Sozialist",[2] dem Exekutivkomitee, den Ehmännern und Fabianern (Vogt gehört auch dazu)[3] habe ich einen längeren Artikel gewidmet, der mir gut gelungen dünkt, besonders gegen die internen Hetzereien zwischen Sozialisten und Anarchisten gerichtet, soweit es pure Namens- und Organisationsdifferenzen sind, und zugleich auch gegen die Überschwenglichkeit, welche man mit der Differenz zwischen dem monarchischen Europa und dem „freien Amerika" treibt.

Sobald derselbe gedruckt ist, werde ich Ihnen denselben zukommen lassen. Außerdem hat das Sonntagsblatt der Arbeiterzeitung „Fackel" eine längere Arbeit von mir über die französische Revolution von 1789 begonnen, die mir durch Lektüre von Carlyle in den Sinn gekommen, aber keinen besonderen Wert hat, obgleich mir die Sache genug Arbeit macht, weil ich mich da um Details bekümmern muß, die mir bisher fernlagen.

Im ganzen habe Hoffnung, daß ich mich bei der „Arbeiterzeitung" noch etwas nützlich machen kann. — Von Engels freut mich zu hören, daß er einer Ansicht mit uns ist, über die schwächlichen „Mäßigkeits"-(apostel) hüben und drüben.

Also ist Ely[4] doch instruktionsbedürftig.

Mit den schönsten Grüßen

Ihr J. Dietzgen.

* * *

[1] Der schon erwähnte Brief des Exekutivkomitees.

[2] Organ des Exekutivkomitees in New York.

[3] Namen von Mitgliedern des Exekutivkomitees.

[4] Prof. R. T. Ely hatte sich von Sorge Auskunft erbeten.

103

Fr. Engels to Mrs. Wischnewetzky.

London, June 3rd 1886.

Dear Mrs. Wischnewetzky.

I have looked over the proofs and corrected in pencil a few additional mistakes.

That the get-up of the work would be anything but elegant, I foresaw as soon as I knew who had it in charge, and am therefore not much surprised; I am afraid there is no help now, so it's no use grumbling.

Whatever the mistakes and the Borniertheit of the leaders of the movement, and partly of the newly-awakening masses too, one thing is certain: the American working class is moving and no mistake. And after a few false starts, they will get into the right track soon enough. This appearance of the Americans upon the scene I consider one of the greatest events of the year.

What the downbreak of Russian Czarism would be for the great military monarchies of Europe — the snapping of their mainstay — that is for the bourgeois of the whole world the breaking out of class-war in America. For America after all was the ideal of all bourgeois: a country rich, vast, expanding, with purely bourgeois institutions unleavened by feudal remnants or monarchical traditions and without a permanent and hereditary proletariate. Here every one could become, if not a capitalist, at all events an independent man, producing or trading, whith his own means, for his own account. And because there were not, as yet, classes with opposing interests, our — and your — bourgeois thought that America stood above class antagonisms and struggles. That delusion has now broken down, the last Bourgeois-Paradise on earth is fast changing into a Purgatorio, and can only be prevented from becouming like Europe an Inferno by the go-ahead pace at which the development of the newly fledged proletariate of America will take place. The way in which they have made their appearance on the scene, is quite extraordinary — six months ago nobody suspected any thing and now they appear all of a sudden in such organized masses as to strike terror into the whole capitalist class. I only wish Marx could have lived to see it! —

I am in doubt whether to send this to Zurich or to the address in Paris you give at foot of your letter. But as in case of mistake Zurich is safest, I forward this and the proofs to Mr. Schlüter, who no doubt will forward them wherever it may be necessary.

Ever sincerely yours F. Engels.

* * *

(Deutsch.)

Ich habe die Probebogen gelesen und einige weitere Fehler mit Bleistift korrigiert.

Daß die Ausstattung des Werkes nichts weniger als elegant sein würde, sah ich voraus, sobald ich erfuhr, wer es in Händen hatte, und bin deshalb nicht sehr überrascht davon; ich fürchte, daß daran jetzt nichts mehr zu ändern ist, also unnütz, darüber zu brummen.

Was immer auch die Mißgriffe und die Borniertheit der Führer der Bewegung und teilweise auch der eben erwachenden Massen sein mögen — eins ist sicher: die amerikanische Arbeiterklasse ist unverkennbar in Bewegung. Und nach einigen falschen Vorstößen werden sie früh genug ins rechte Geleise kommen. Dies Auftreten der Amerikaner auf der Bühne betrachte ich als eins der größten Ereignisse des Jahres. Was der Zusammenbruch des russischen Zarismus für die großen Militärmonarchien Europas bedeuten würde — das Knicken ihrer Hauptstütze —, das ist für die Bourgeois der ganzen Welt der Ausbruch des Klassenkampfes in Amerika. Denn Amerika war immerhin das Ideal aller Bourgeois: ein reiches, großes, aufwärtsstrebendes Land mit rein bürgerlichen, von feudalen Überbleibseln und monarchischen Traditionen unberührten Institutionen und ohne stehendes erbliches Proletariat. Hier konnte jedermann, wenn nicht Kapitalist, so doch unter allen Umständen ein unabhängiger Mann werden, der mit seinen eigenen Mitteln, für seine eigene Rechnung, produzierte oder Handel trieb. Und da es, bis jetzt, keine Klassen mit entgegengesetzten Interessen gab, dachte unser — und Ihr — Bourgeois, daß Amerika über Klassengegensätzen und -kämpfen stehe. Diese Illusion ist jetzt zerstört, das letzte Bourgeoisparadies auf Erden verwandelt sich schleunig in ein Fegefeuer (purgatorio) und, daß es eine Hölle (inferno) gleich Europa werde, kann nur durch die sturmschrittartige Entwicklung des kaum flügge gewordenen amerikanischen Proletariats verhindert werden. Die Art und Weise ihres

Auftretens auf der Bühne ist gewiß außergewöhnlich: vor sechs Monaten ahnte kein Mensch etwas und jetzt erscheinen sie plötzlich in solchen organisierten Massen, daß die ganze kapitalistische Klasse in Schrecken gerät. Ich wünschte bloß, daß Marx es erlebt hätte!

Ich weiß nicht, ob ich dies nach Zürich oder an die von Ihnen am Schlusse des Briefes gegebene Pariser Adresse senden soll. Da aber im Falle eines Irrtums Zürich am sichersten ist, schicke ich Brief und Korrekturbogen an Herrn Schlüter, der es sicherlich an den richtigen Bestimmungsort befördern wird.

Aufrichtig der Ihrige

F. Engels.

104

Jos. Dietzgen an Sorge.

Chicago, 9. Juni 1886.

Lieber Sorge!

Letzter Tage habe ich einen Brandartikel gegen die Leisetreter beim „Sozialist" losgelassen. Man hat mir gesagt, daß derselbe im „Vorbote" [1] zum Abdruck gelange, und ich habe deshalb unterlassen, Ihnen das „Tageblatt", wo er in vier nacheinander folgenden Nummern erschien, zuzusenden, diese jedoch für Sie zurückgelegt, im Falle der „Vorbote" unterlassen sollte, Ihnen davon Nachricht zu geben. Im vierten aber hat die Redaktion einen Passus gestrichen, wovon ich Sie besonders instruieren möchte, um nicht in verkehrtes Licht zu geraten.

Ich nenne mich da einen „Anarchisten" und der weggelassene Passus erklärt sich darüber, wie ich den Anarchismus verstehe, ich unterschiebe ihm nämlich eine bessere Bedeutung als er bisher hat. Nach meinem Dafürhalten — und darin stimme ich ja mit all unseren besseren und besten Genossen überein — erreichen wir die neue Gesellschaft nicht ohne ernstliche Kämpfe; denke sogar, daß ohne wüsten Rummel, ohne „Anarchie" es nicht hergehen kann. Ich glaube an die Anarchie als Übergangsstadium. In der Wolle gefärbte Anarchisten tun zwar, als sei der Anarchismus das Endziel; es sind insoweit Tollköpfe, die sich für die Radikalsten halten. Die Radikalen sind wir, die hinter dem Anarchismus und über ihn hinaus die kommunistische Ordnung wollen. Das Endziel ist die sozialistische Ordnung, nicht die anarchistische Unordnung. Wenn sich jetzt die Chicagoer hier dieser Wendung ihrer Sache bedienen wollten, könnte ich dabei wirksam helfen. Die Anarchisten kämen dann in Reih und Glied und bildeten mit den wertvollsten

Sozialisten aller Länder eine einhellige schlagfertige Truppe, vor der die Schwächlinge, die Stiebelinge, Fabianer, Vogte, Vierecke usw. wie Streu verstieben und sich verkriechen müßten. Zu diesem Zwecke — ist meine Meinung — sollten die Namen „Anarchist", „Sozialist", „Kommunist" durcheinander geworfen und so gemixt werden, daß Hornvieh keinen Verstand mehr daraus gewinnen kann. Die Sprache ist nicht nur dazu da, die Dinge auseinanderzuhalten, sondern auch sie zu verbinden — dann ist sie dialektisch. Die Worte, der Intellekt, in dessen Hand die Sprache erst Sprache ist, soll und kann nichts weiter als ein Bild der Dinge malen, deshalb darf der Mensch sich derselben frei bedienen, sofern er nur mit seinem Zwecke zustande kommt.

Natürlich sind jetzt hier die Spitzen der Bewegung so ziemlich ratlos, wissen nicht recht, welcher Tendenz sie folgen sollen. Die bisherige ist nicht recht, und das plötzliche aus der Rolle fallen ist auch nicht recht. Sie müssen das Alte nach Möglichkeit und besonders dem Namen nach beibehalten, sonst gerät alles in Wirrwarr. Da könnte ich mich nützlich machen, aber Sie wissen ja, ich bin nicht zudringlich genug. An eine Versammlung — besonders an eine solche, der vom Verständnis zuviel abgeht — kann ich mich nicht wenden und kann auch die Persönlichkeiten schlecht ausfinden, die maßgebend sind. Also abwarten und Tee trinken. . . . . . Ihr J. Dietzgen.

* * *

[1] Der „Vorbote" war das Wochenblatt der Chicagoer „Arbeiterzeitung".

105

Fr. Engels an Sorge.

London, 3. August 1886.

Das Interview[1] dankend erhalten, hat mich sehr erheitert, natürlich läßt mich das Vieh alle Dummheiten sagen, die es selbst gesagt. „Commonweal", 1. Mai bis 17. Juli, folgt in zwei Paketen morgen. Ich erhalte sie jetzt durch Leßner in Zwischenräumen, aber komplett. „To Day" folgt, sobald ich Juli-Nummer erhalten, die fehlt noch.

Übersetztes Manuskript wird übermorgen fertig und Schluß dem Verleger übergeben. Gedruckt sind 320 Seiten, fast mit 3. Auflage deutsch stimmend. Denke bis Ende September fertig zu sein und im Oktober heraus. Gehe auch Sonntag an die See, hoffentlich bekommt sie uns beiden und Deiner Frau gut. Dein F. E.

* * *

[1] War in einem St. Louis-Blatt erschienen. Siehe Brief vom 26. April 1886.

106

Fr. Engels to Mrs. Wischnewetzky.

Eastbourne,[1] August 18th 1886.

Dear Mrs. Wischnewetzky.

My reply to your kind letter of the 9th June was delayed for the simple reason that overwork compelled me to suspend all my correspondence (such as did not command immediate despatch) until the Ms. of the translation of „Das Kapital" was finally ready for the printer. Such is now the case and I can at last attend to the heap of unanswered letters before me, and you shall have the first chance. Had you told me in the above letter that you had spare time on your hand for party-work, I should at once have sent you a short reply; I am sorry if through my fault you were prevented from doing some useful work.

I quite forgot, when proposing to you „Lohnarbeit und Kapital", that an English translation had already appeared in London. As this is offered for sale in New York it would be useless to translate it over again.

Now about „Der Ursprung".[2] The thing is more difficult to translate than „Die Lage"[3] and would require comparatively greater attention and more time per page on your part. But if I had time left to me for the looking it over, that would be no obstacle provided you could devote that time and attention to it, and leave me a larger margin of blank paper to suggest alterations. There is however an other matter to consider. If the thing is to come out in English at all, it ought to be published in such a way that the public can get hold of it through the regular book-trade. That will not be the case, as far as I can see, with „Die Lage". Unless the trade-arrangements are very different in America from those in Europe, the booksellers will not deal in works published by outside establishments belonging to a working men's party. This is why Chartist and Owenite publications are nowhere preserved and nowhere to be had, not even in the British Museum; and why all our German party-publications are — and were, long before the Socialist Law — not to be had through the trade, and remained unknown to the public outside the party. That is a state of things which sometimes cannot be avoided but ought to be avoided wherever possible. And you will not blame me if I wish to avoid it for the English translations of my writings, having suffered from it in Germany for more than 40 years. The state of things in England is such that publishers can be got — either now or in the near future — for socialist works, and I have no doubt that in the course of next year I can have an English translation, published here and the translator paid; and as I have moreover long since promised Dr. Aveling the translation of the „Entwicklung“ and the „Ursprung“, if he can make it pay for himself, you see that an American edition, brought out outside the regular booktrade, would only spoil the chance of a London edition to be brought out in the way of the regular trade and therefore accessible to the public generally and everywhere.

Moreover I do not think that this book is exactly what is wanted at the present moment by the American Workingmen. „Das Kapital“ will be at their service before the year is out, that will serve them for a pièce de résistance. For lighter, more popular literature for real propaganda my booklet will scarcely serve. In the present undeveloped state of the movement, I think perhaps some of the French popularisations would answer best. Deville and Lafargue have published two series of lectures, Cours d'économie sociale, about two years ago, Deville taking the economic and Lafargue the more general historic side of the Marxian theory. No doubt Bernstein can let you look at a copy, and get one from Paris, and then you might judge for yourself. Of course I do not mean Deville's larger work, the extract from „Das Kapital“, which in the latter half of it is very misleading.

14th August. — To return to the „Ursprung“. I do not mean to say that I have absolutely promised Aveling to let him have it, but I consider myself bound to him in case a translation is to come out in London. The final decision then would depend very much upon the nature of the publishing arrangements you can make in America. To a repetition of what Miss F . . . . has done with „Die Lage“ I decidedly object. When I see my way to an English edition, brought out by a firm in the bourgeois trade, and not only of this book, but probably of a collection of various other writings, with the advantage of having the translation done here (which saves me a deal of time) you will admit that I ought to look twice before sanctioning the bringing out in America of this little book alone and thereby spoiling the whole arrangement. And with the present anti-socialist scare[4] in America, I doubt whether you will find regular publishers very willing to associate their name with socialist works.

A very good bit of work would be a series of pamphlets stating in popular language, the contents of „Das Kapital". The theory of surplus-value Nr. 1; the history of the various forms of surplus-value (Cooperation, Manufacture, Modern Industry) Nr. 2; Accumulation and the history of primitive Accumulation Nr. 3; the development of surplus-value making in Colonies (last chapter) Nr. 4 — this would be specially instructive in America, as it would give the economical history of that country, from a land of independent peasants to a centre of modern industry and might be completed by facts specially American.

In the mean time you may be sure that it will take some time yet before the mass of the American working people will begin to read socialist literature. And for those that do read and will read, there is matter enough being provided, and least of all will „Der Ursprung" be missed by them. With the Anglo-Saxon mind, and especially with the eminently practical development it has taken in America, theory counts for nothing until imposed by dire necessity, and I count above all things upon the teaching our friends will receive by the consequences of their own blunders, to prepare them for theoretical schooling.

Yours very sincerely F. Engels.

I shall be in this place until 24th inst., after that, in London.

* * *

(Deutsch.)

Meine Antwort auf Ihren freundlichen Brief vom 9. Juni wurde verzögert einfach deshalb, weil Überarbeit mich nötigte, meine ganze Korrespondenz zu suspendieren (soweit sie nicht sofortige Erledigung erheischte), bis das Manuskript der Übersetzung des „Kapital" endlich fertig war für den Druck. Das ist jetzt der Fall und ich kann endlich an den vor mir liegenden Haufen unbeantworteter Briefe gehen, und Sie sollen zuerst daran kommen. Hätten Sie mir in dem erwähnten Briefe gesagt, daß Sie Zeit übrig hätten für Parteiarbeit, so würde ich Ihnen sofort eine kurze Antwort gesandt haben; es tut mir leid, wenn Sie durch meine Schuld verhindert gewesen, etwas nützliche Arbeit zu tun.

Als ich Ihnen „Lohnarbeit und Kapital" vorschlug, vergaß ich gänzlich, daß eine englische Übersetzung bereits in London erschienen war. Da sie in New York zu haben ist, wäre es unnötig, es nochmals zu übersetzen.

Nun über den „Ursprung".[2] Das Ding ist schwieriger zu übersetzen als die „Lage",[3] und würde verhältnismäßig größere Aufmerksamkeit und mehr Zeit pro Seite von Ihnen beanspruchen. Ließe man mir aber Zeit, es durchzusehen, so wäre das kein Hindernis, vorausgesetzt, daß Sie Zeit und Aufmerksamkeit daran wenden können und mir einen breiteren Rand auf dem Papier lassen, um Änderungen anzudeuten. Es ist aber noch ein anderer Punkt in Betracht zu ziehen. Wenn es überhaupt Englisch erscheinen soll, sollte es so geschehen, daß das Publikum es durch den gewöhnlichen Buchhandel erlangen kann. Das wird, soviel ich sehen kann, mit der „Lage" nicht der Fall sein. Wenn die Handelseinrichtungen in Amerika nicht sehr verschieden von denen in Europa sind, so werden die Buchhändler keine Werke vertreiben, die von außenstehenden, einer Arbeiterpartei angehörenden Unternehmungen herausgegeben werden. Das ist die Ursache, warum die Schriften der Chartisten und Oweniten nirgends aufbewahrt und nirgends zu haben sind, nicht einmal im Britischen Museum, und warum alle unsere deutschen Parteischriften im Handel nicht zu haben sind und nicht zu haben waren — lange vor dem Sozialistengesetz — und dem Publikum außerhalb der Partei unbekannt blieben. Das ist ein Stand der Dinge, der manchmal nicht zu vermeiden ist, der aber, wenn möglich, vermieden werden sollte. Und Sie werden mich nicht tadeln, wenn ich es zu vermeiden suche für die englischen Übersetzungen meiner Schriften, nachdem ich mehr als 40 Jahre in Deutschland darunter gelitten habe. Der Stand der Dinge in England ist ein solcher, daß Verleger für sozialistische Werke zu haben sind — jetzt oder in nicht zu ferner Zeit —, und ich zweifle nicht, im nächsten Jahre hier die Herausgabe einer englischen Übersetzung und Honorar für den Übersetzer zu bekommen; und da ich überdies Dr. Aveling schon längst die Übersetzung der „Entwicklung“ und des „Ursprungs“ versprochen habe, wenn er es einträglich für sich selbst machen kann, so sehen Sie wohl ein, daß eine außerhalb des gewöhnlichen Buchhandels veranstaltete amerikanische Ausgabe die Aussicht auf eine Londoner Ausgabe nur schädigen würde, die in regulärer Buchhändlerweise veranstaltet und daher im allgemeinen und überall dem Publikum zugänglich sein würde.

Auch glaube ich nicht, daß dieses Buch gerade das ist, was augenblicklich die amerikanischen Arbeiter haben möchten. Das „Kapital“ wird zu ihrer Verfügung stehen, ehe das Jahr um ist, und wird ihnen als pièce de résistance (Hauptstück) dienen. Als leichtere, volkstümlichere Literatur zu wirklicher Propaganda wird mein kleines Buch kaum dienen. Bei dem jetzigen unentwickelten Stande der Bewegung würden vielleicht, denke ich, einige der französischen Popularisierungen am besten dienen. Deville und Lafargue haben vor ungefähr zwei Jahren zwei Reihen von Vorlesungen herausgegeben, Cours d'économie sociale (Kursus gesellschaftlicher Ökonomie), Deville die ökonomische und Lafargue die mehr allgemeine historische Seite der Marxschen Theorie. Sicherlich kann Bernstein Sie ein Exemplar sehen lassen und eins von Paris bekommen, und dann können Sie selbst darüber urteilen. Natürlich meine ich nicht Devilles größeres Werk, den Auszug aus dem „Kapital“, das in der letzten Hälfte arg mißleitet.

14. August. Kommen wir auf den „Ursprung“ zurück! Ich will nicht sagen, daß ich es Aveling positiv zugesagt, aber ich betrachte mich ihm verpflichtet, falls eine Übersetzung in London herauskommen soll. Die endgültige Entscheidung würde daher sehr viel abhängen von der Art der Verlagsabmachungen, die Sie in Amerika treffen können. Einer Wiederholung des von Fräulein F..... mit der „Lage“ beobachteten Verfahrens muß ich bestimmt entgegentreten. Wenn ich Aussicht habe auf eine englische Ausgabe nicht bloß dieses Buches, sondern wahrscheinlich einer Sammlung verschiedener anderer Schriften, durch eine im bürgerlichen Handel bekannte Firma und die Übersetzung hier am Orte gemacht wird (was mir viel Zeit erspart), — werden Sie zugeben, daß ich die Sache näher betrachte und überlege, ehe ich eine amerikanische Ausgabe dieses kleinen Buches allein sanktioniere und damit die ganze Geschichte verderbe. Und bei dem augenblicklichen antisozialistischen Schrecken[4] in Amerika bezweifle ich, daß Sie reguläre

Verleger finden, die ihren Namen gern mit sozialistischen Werken in Verbindung bringen möchten.

Ein sehr gutes Stückchen Arbeit würde eine Reihe von Broschüren sein, die in volkstümlicher Sprache den Inhalt des „Kapital" wiedergäben. Die Theorie des Mehrwerts Nr. 1; die Geschichte der verschiedenen Formen des Mehrwerts (Kooperation, Manufaktur, Moderne Industrie) Nr. 2; Akkumulation und Geschichte der ursprünglichen Akkumulation Nr. 3; die Entwicklung der Mehrwerterzeugung in Kolonien (letztes Kapitel) Nr. 4 — dies würde in Amerika besonders instruktiv sein, da es die ökonomische Geschichte des Landes geben würde, von einem Lande unabhängiger Bauern zu einem Zentrum moderner Industrie, und könnte durch spezielle amerikanische Tatsachen vervollständigt werden.

Mittlerweile können Sie versichert sein, daß es noch geraume Zeit währen wird, ehe die Masse der amerikanischen Arbeiter anfangen wird, sozialistische Literatur zu lesen. Und für diejenigen, die wirklich lesen und lesen wollen, ist Stoff genug vorhanden und vorgesehen, und der „Ursprung" wird am allerwenigsten von ihnen vermißt werden. Dem angelsächsischen Verstand, besonders so wie er durchaus praktisch in Amerika entwickelt ist, gilt Theorie nichts, bis sie ihm durch die traurige Notwendigkeit eingepaukt wird, und für die Vorbereitung unserer Freunde zu theoretischer Schulung zähle ich vor allem auf die Lehren, die sie durch die Folgen ihrer eigenen Dummheiten empfangen werden.

Ihr wirklich aufrichtiger

F. Engels.

Ich bleibe hier bis zum 27. d. M., nachher in London.

* * *

[1] An der See gelegen; Engels suchte hier etwas Erholung.

[2] Engels' Werk: „Der Ursprung der Familie usw."

[3] Engels' Werk: „Die Lage der arbeitenden Klasse in England 1844."

[4] Schrecken und Furcht herrschte in groß- und kleinbürgerlichen Gemütern.

* * *

In Chicago wurden große Anstrengungen gemacht, um durch ein starkes Arbeitervotum im folgenden November den eingekerkerten und verurteilten Führern der Anarchisten Hilfe zu leisten. — In New York wurde die Henry George-Kampagne eingeleitet. — Die Arbeitsritter (K. of L.) benahmen sich schmählich gegen die Chicagoer Gefangenen. — Die Exekutive der S. A. P. arrangierte eine große Propagandatour mit Liebknecht, Aveling und Tussy Marx, denen Sorge durch Engels einen Warnungsruf zugehen ließ gegen ihre Mandanten und deren Freunde.

107

Fr. Engels an Sorge.

London, 6. September 1886.

Die Übersetzung des „Kapital" erscheint bei W. Swan Sonnenschein Lowrey u. Ko., Paternoster Square, London,[1] und sind bereits 23 Bogen davon gedruckt und das ganze Manuskript in des Druckers Hand. Leider habe ich den betreffenden Artikel[2] nirgends finden können, sonst würde ich Dir wohl noch mehr Auskunft geben können. Liebknecht wirst Du wohl schon vor Empfang dieses gesehen haben, er ging vorgestern pr. Servia. Sobald ich das Dringendste beseitigt — noch diese Woche — schreibe ich ausführlich.

Dein F. E.

[1] Diese Angabe beantwortet Anfragen, die an Sorge gerichtet waren.

[2] In der „New Yorker Volkszeitung" war ein Artikel erschienen, der Engels der Saumseligkeit beschuldigte.

108

Fr. Engels an Sorge.

London, 16. September 1886.

Lieber Sorge!

Ich mache mir gewaltsam ein Stündchen frei, um Dir zu schreiben. Nachdem die (dreifache) Korrektur der „Kapital"-Übersetzung mich wochenlang so weit im Atem gehalten, daß ich an anderem gehindert war, kommt sie jetzt faustdick. Sechs Bogen die Woche (das heißt 18 Bogen zu korrigieren die Woche) sollen geliefert und in vier Wochen alles fertig sein. Wollen's abwarten. Gibt aber eine lebhafte Zeit für mich, da ohnehin morgen der alte Becker von Genf mich besuchen kommt, nächste Woche Schorlemmer und wahrscheinlich Lafargues, und außerdem noch andere Leute von der Schweiz hierher kommen wollen. Wenn ich da heut keinen Brief fertig bringe, so weiß ich, nachher geht's nicht mehr.

Besten Dank für Deine Bemühungen wegen des Interviewer.[1] Es war der letzte. Jetzt mit dem Ehrenwortsbruch habe ich einen Grund, sie abstinken zu lassen, falls wir nicht selbst ein Interesse haben, einem solchen Lügner etwas aufzubinden. Du hast recht, im ganzen kann ich mich nicht beklagen, der Mann sucht wenigstens persönlich anständig zu sein, und für seine Dummheit kann nicht er, sondern nur die amerikanische Bourgeoisie.

In New York scheint eine schöne Bande an der Spitze der Partei zu stehen, der „Soz." ist ein Musterblatt, wie es nicht sein soll. Ich kann aber auch Dietzgen wegen seines Anarchistenartikels[2] nicht die Stange halten, er hat eine eigentümliche Art zu verfahren. Wenn einer eine vielleicht etwas engherzige Meinung hat über einen bestimmten Punkt, dann weiß Dietzgen nicht genug und oft zu viel hervorzuheben, daß das Ding seine zwei Seiten hat. Aber jetzt, weil die New Yorker sich erbärmlich benehmen, stellt er sich plötzlich auf die andere Seite und will uns alle als Anarchisten darstellen. Der Moment mag das entschuldigen, aber er sollte doch auch im entscheidenden Moment nicht seine ganze Dialektik vergessen. Indes hat er das wohl längst wieder ausgeschwitzt, er ist sicher schon wieder im richtigen Geleise, davor ist mir nicht bange.

In einem so naturwüchsigen Lande wie Amerika, das ohne alle feudale Vergangenheit rein bürgerlich sich entwickelt hat, dabei aber einen ganzen Haufen aus der Feudalzeit überkommener Ideologie unbesehen mit aus England übernommen, als da ist englisches gemeines Recht, Religion, Sektentum, und wo die Notdurft des praktischen Arbeitens und Kapitalkonzentrierens eine allgemeine, erst jetzt in den gebildeten Gelehrtenschichten abkommende Verachtung aller Theorien erzeugt hat — in einem solchen Lande müssen die Leute über ihre eigenen gesellschaftlichen Interessen dadurch ins klare kommen, daß sie Böcke über Böcke machen. Das wird auch den Arbeitern nicht erspart bleiben, die Konfusion der Trade Unions, Sozialisten, Knights of Labor usw. wird noch einige Zeit vorangehen, und erst durch Schaden werden sie klug werden. Aber die Hauptsache ist, daß sie in Bewegung gekommen sind, daß es überhaupt vorangeht, daß der Bann gebrochen ist, und rasch wird's auch gehen, rascher als irgendwo anders, wenn auch auf einem aparten, vom theoretischen Standpunkt aus fast verrückt erscheinenden Wege.

Dein Brief kam zu spät, als daß ich Aveling noch wegen Brooks[3] sprechen konnte — ich sah ihn nur noch ein paar Stunden 30. August und hatte Deinen Brief in Eastbourne gelassen. Jedenfalls hast Du ihn seitdem in New York gesehen, ebenso Liebknecht.

Ich schicke Dir dieser Tage die fehlenden „To-Days", soweit ich sie selbst erhalten, und „Commonweals". Sie direkt zu beziehen ist unmöglich. Französische Blätter werde ich Dir schicken, wenn ich selbst welche von Paris erhalte; von Eastbourne schicke ich einiges. Den

„Socialiste" solltest Du doch dort erhalten können, Redaktion und Administration ist 17 rue du Croissant, Paris, das Blatt ist wöchentlich. Abonnement étranger 4 Francs halbjährlich inklusive Porto. Ich selbst erhalte es sehr unregelmäßig, muß oft schreiben, muß es aber aufheben wegen Reference.

Auch schicke ich Dir einige überflüssige Korrekturbogen der „Kapital"-übersetzung, damit Du siehst, daß es vorangeht und wie das Ding aussieht.

Ich hoffe, mit Deiner Gesundheit bessert es sich, ich bin scheinbar noch rüstig genug, aber habe doch seit drei Jahren wegen eines inneren Fehlers ab und zu sehr, und immer etwas beschränkte Beweglichkeit, so daß ich leider nicht mehr kriegsdienstfähig bin.

Ich muß vor allen Dingen, sobald die Übersetzung fertig, die mir aufgedrängten Nebenarbeiten — Revision der Arbeiten anderer, namentlich Übersetzungen — abschütteln und mir keine neuen oktroyieren lassen, damit ich wieder an den dritten Band komme. Fertig diktiert liegt er da, aber es stecken noch reichlich sechs Monate harte Arbeit darin. Diese verdammte englische Übersetzung hat mich fast ein Jahr gekostet. Aber das war absolut notwendig und reut mich auch nicht.

17. September.

Die Druckbogen gingen gestern ab, die „Commonweals" bis 10. September folgen heute; „To-Days" muß ich erst wieder zusammensuchen.

Hier bleibt die Bewegung einerseits in den Händen von Abenteurern, andererseits von Marottenjägern und Gefühlssozialisten, die Massen stehen noch fern, obwohl ein Anfang von Bewegung sich auch da bemerklich macht. Es wird aber noch einige Zeit dauern, bis die Massen in Fluß kommen, und das ist gut, damit Zeit bleibt, worin ordentliche Führer sich entwickeln können. In Deutschland wird endlich wohl einmal wieder etwas Bewegung in die Bourgeoisie kommen, deren feige Stagnation uns schädlich wird; einerseits wird der baldige Thronwechsel alles ins Schwanken bringen, andererseits rüttelt Bismarcks Kniefall vor dem Zar auch die schläfrigsten Duselmeier auf. In Frankreich geht's vortrefflich. Die Leute lernen Disziplin, in den Provinzen an den Streiks, in Paris an der Opposition gegen die Radikalen.

Beste Grüße

Dein F. E.

* * *

[1] Siehe Briefe vom 29. April und 3. August 1886.

[2] Siehe Brief vom 9. Juni 1886.

[3] J. G. Brooks, ursprünglich ein unitarischer Prediger in Brockton, Mass., hatte (durch Sorge) Aveling und Tussy Marx zum Besuch eingeladen und wollte Versammlungen für sie einberufen.

* * *

Liebknecht, Aveling und Tussy Marx hatten ihre Agitationsreisen in den Vereinigten Staaten angetreten. Die Wahlbewegung zugunsten Henry Georges in New York erregte die Aufmerksamkeit des ganzen Landes, speziell durch die lebhafte Beteiligung der Sozialisten daran.

109

Jos. Dietzgen an Sorge.

Chicago, 8. November 1886.

... Aveling habe ich dieser Tage begrüßt, und in der Frau Aveling eine sehr liebenswürdige Dame kennen gelernt; einen versprochenen Besuch erwarte ich noch. Von einem Friedensrichter, ich weiß nicht genau, ob er Frist oder so ähnlich heißt, war ich mit Liebknecht am 5. abends zu einem Souper geladen, wo wir eine gemütliche Stunde zusammen verbracht, ohne uns jedoch über den Anarchismus auszusprechen. Amerika gefällt ihm und will er nochmals als „freier Mann" hierher zurückkehren, jetzt seufzte er unter der „Parteisklaverei". Ich habe das so verstanden und aufgenommen, daß die Herren vom New Yorker Exekutivkomitee zu ihm sagen: Du bist von uns engagiert, reisest für unser Geld, für das Geld der S. A. P. und bist deshalb verpflichtet, für diese spezielle Organisation zu agitieren — wenn du ein Wort zugunsten der „Anarchisten" äußerst, bist du ein Verräter an unserer Spezialsache. — Ich kenne diese engbrüstigen Seelen für solche Sprache und Denkweise, hätte aber erwartet, daß Liebknecht nicht darauf eingegangen, sondern es verstände, ihnen Räson beizubringen. Doch was sollen wir uns weiter damit behelligen; die Sache der Arbeit geht vorwärts, trotz alledem ...

Ihr J. D.

110

Fr. Engels an Sorge.

London, 29. November 1886.

Lieber Sorge!

Heute morgen hab' ich die letzte Korrektur der Vorreden zum Verleger getragen und bin somit endlich von diesem Alp los. In vierzehn Tagen hoffe ich Dir ein Exemplar der Übersetzung senden zu können.

Übermorgen kommt Frau Liebknecht ihren Mann erwarten, der erst vorgestern von New York abgefahren.

Der Henry George Boom hat natürlich eine kolossale Masse Schwindel an den Tag gefördert, und ich bin froh, daß ich nicht dabei war. Trotz alledem aber ist es ein epochemachender Tag gewesen. Die Deutschen haben nun einmal nicht verstanden, von ihrer Theorie aus den Hebel anzusetzen, der die amerikanischen Massen in Bewegung setzen konnte; sie verstehen die Theorie großenteils selbst nicht und behandeln sie doktrinär und dogmatisch als etwas, das auswendig gelernt werden muß, dann aber auch allen Bedürfnissen ohne weiteres genügt. Es ist ihnen ein Credo, keine Anleitung zum Handeln. Dazu lernen sie aus Prinzip kein Englisch. Daher mußten die amerikanischen Massen ihren eigenen Weg suchen und scheinen ihn zunächst in den K. of L. gefunden zu haben; deren konfuse Grundsätze und lächerliche Organisation ihrer eigenen Konfusion zu entsprechen scheint. Nach allem aber, was ich höre, sind die K. of L. namentlich in New England und dem Westen eine wirkliche Macht, und werden es täglich mehr durch die brutale Gegnerschaft der Kapitalisten. Ich glaube, daß es nötig ist, innerhalb ihrer zu wirken, innerhalb dieser noch ganz plastischen Masse einen Kern von Leuten auszubilden, der die Bewegung und ihre Ziele versteht, und damit von selbst die Anleitung wenigstens eines Teils bei der unvermeidlich kommenden Sprengung des jetzigen „Ordens" übernimmt. Die faulste Seite der K. of L. war ihre politische Neutralität, die auf reine Mogelei der Powderlys usw. hinausläuft; dieser ist aber die Spitze abgebrochen durch die Haltung der Massen bei den Novemberwahlen und namentlich in New York. Der erste große Schritt, worauf es in jedem neu in die Bewegung eintretenden Lande ankommt, ist immer die Konstituierung der Arbeiter als selbständige politische Partei, einerlei wie, solange es nur eine distinkte Arbeiterpartei ist. Und dieser Schritt ist geschehen, viel rascher, als wir erwarten durften, und das ist die Hauptsache. Daß das erste Programm dieser Partei noch konfus und äußerst mangelhaft, daß sie den H. George als Fahne aufgesteckt, das sind unvermeidliche Übelstände, aber auch nur vorübergehende. Die Massen müssen Zeit und Gelegenheit haben, sich zu entwickeln, und die Gelegenheit haben sie erst, sobald sie eine eigene Bewegung haben — einerlei in welcher Form, sobald es nur ihre eigene Bewegung ist —, in der sie durch ihre eigenen Fehler weitergetrieben werden, durch Schaden klug werden. Die

Bewegung steht in Amerika da, wo sie bei uns vor 1848 stand, die wirklich intelligenten Leute dort werden zunächst die Rolle zu spielen haben, wie der Kommunistenbund vor 1848 unter den Arbeitervereinen. Nur daß es jetzt in Amerika unendlich schneller gehen wird; daß nach kaum achtmonatiger Existenz der Bewegung solche Wahlerfolge erzielt worden, ist ganz was Unerhörtes. Und was noch fehlt, das werden die Bourgeois ins Werk setzen, nirgendwo auf der ganzen Welt treten sie so unverschämt und tyrannisch auf wie dort, und Eure Richter schlagen die Bismarckschen Reichsrabulisten glänzend aus dem Felde. Wo der Kampf von den Bourgeois mit solchen Mitteln geführt wird, da kommt er rasch zur Entscheidung, und wenn wir in Europa uns nicht beeilen, kommen uns die Amerikaner bald vor. Aber gerade jetzt wäre es doppelt nötig, daß auf unserer Seite ein paar Leute da wären, die in der Theorie und altbewährten Taktik fest im Sattel sind und auch Englisch sprechen und schreiben können; denn die Amerikaner sind aus guten historischen Gründen in allen theoretischen Fragen himmelweit zurück, haben zwar keine mittelalterlichen Institutionen aus Europa hinübergenommen, wohl aber Massen mittelalterlicher Tradition, Religion, englisches, gemeines (feudales) Recht, Aberglauben, Spiritismus, kurz allen Blödsinn, der dem Geschäft nicht direkt schädlich war und jetzt zur Massenverdummung sehr brauchbar ist. Und wenn da theoretisch klare Kämpfer vorhanden sind, die ihnen die Folgen ihrer eigenen Fehler vorhersagen können, ihnen klar machen, wie jede Bewegung, die nicht die Vernichtung des Lohnsystems als letztes Ziel stets im Auge behält, irregehen und fehlschlagen muß — da kann mancher Unsinn vermieden, und der Prozeß wesentlich abgekürzt werden. Aber es muß englisch geschehen, der deutsche Sondercharakter muß abgestreift werden und die Herren vom „Sozialist" haben schwerlich das Zeug dazu, die von der „Volkszeitung" sind auch nur im Geschäft gescheiter.

Die Wirkung der amerikanischen Novemberwahlen in Europa war ungeheuer. Daß England und besonders Amerika bisher keine Arbeiterbewegung hatten, war der große Trumpf der radikalen Republikaner überall, namentlich in Frankreich. Jetzt sind die Herren total aufs Maul geschlagen, am 2. November ist speziell dem Herrn Clemenceau die ganze Basis seiner Politik zusammengebrochen: seht auf Amerika, war sein ewiges Sprüchlein; wo eine wirkliche Republik herrscht, da ist kein Elend und keine Arbeiterbewegung! Und ebenso geht's den Fortschrittlern und „Demokraten“ in Deutschland und hier — wo sie eben auch ihre eigene anfangende Bewegung erleben. Gerade daß die Bewegung als Arbeiterbewegung so scharf akzentuiert und so plötzlich und gewaltsam emporgesprungen, das hat die Leute vollständig betäubt.

Hier hat einerseits der Mangel an aller Konkurrenz, andererseits die Dummheit der Regierung den Herren von der Social Democratic Federation erlaubt, eine Stellung einzunehmen, die sie sich vor drei Monaten noch nicht zu träumen wagten. Der Lärm, der von dem — nie ernstgemeinten — Plan einer Prozession hinter dem Lordmayorszug am 9. November gemacht worden, und nachher derselbe Lärm wegen des Trafalgar Square Meetings vom 21. November, wo von Aufstellung von Artillerie die Rede war, und die Regierung am Ende doch den Schwanz zwischen die Beine nahm — alles das zwang die Herren von der S. D. F., am 21. endlich einmal ein ganz gewöhnliches Meeting zu halten, ohne hohle Rodomontaden und scheinrevolutionäre Demonstrationen mit obligater Pöbelbegleitung — und die Philister bekamen jetzt plötzlich Respekt vor den Leuten, die so viel Staub aufgewirbelt und sich doch so honett benommen hatten. Und da außer der S. D. F. sich niemand um die Unemployed kümmert, die jeden Winter während der chronischen Geschäftsstagnation eine stärkere Masse bilden und ein sehr akutes Elend durchmachen, hat die S. D. F. gewonnen Spiel. Die Arbeiterbewegung beginnt jetzt hier and no mistake, und wenn die S. D. F. die Ernte zunächst einheimst, ist das die Folge der Feigheit der Radikalen und der Dummheit der Soc. League, die sich mit den Anarchisten katzbalgt und sie nicht los werden kann, und deshalb keine Zeit hat, sich um die lebendige Bewegung zu kümmern, die draußen vor ihrer Nase vorgeht. Wie lange übrigens Hyndman u. Ko. ihre jetzige relativ rationelle Handlungsweise beibehalten, ist fraglich. Ich erwarte, daß sie bald doch wieder kolossale Dummheiten machen, sie haben's zu eilig. Und dann werden sie merken, daß das in einer ernstlichen Bewegung nicht so hingeht.

In Deutschland wird's immer schöner. In Leipzig wegen „Aufruhr“ auf Zuchthaus bis zu vier Jahren erkannt! Es soll mit aller Gewalt ein Krawall provoziert werden.

Jetzt habe ich noch sieben kleinere Arbeiten im Pult — italienische, französische Übersetzungen, Vorreden, Neuauflagen usw., und dann geht es unaufhaltsam an Band III. Dein alter Fr. E.

111

Jos. Dietzgen an Sorge.

Chicago, 23. Dezember 1886.

Mein lieber Sorge!

Ihre Karte betreffs der Erscheinung des englischen „Kapital“ habe ich sofort der „Arbeiterzeitung“ zugehen lassen. Ich schreibe für dieselbe wöchentlich noch ein oder zwei Artikel, soweit habe ich mich zurückgezogen, weil dort das Knotentum zu sehr überwiegt, das seine einzige Freude am Poltern hat. Außerdem beschäftige ich mich mit „Streifzügen in das Gebiet der Erkenntnistheorie“. In Zürich wird demnächst ein Heftchen erscheinen, teils Altes, teils Neues. Ich habe letztjährig noch merkliche Fortschritte in der Selbstklärung über dies Thema gemacht. Die hiesige städtische Bibliothek steht nicht nur dem Publikum offen, sondern gestattet auch, Bücher mitzunehmen. — Die betreffenden alten Artikel aus dem „Volksstaat“ hat man mir von Zürich in Abschrift[1] gesandt, aber sie sind ursprünglich gar nicht von mir geschrieben. Dieselben, dünkt mir, rühren von Engels her. — Sie fragen nach dem Friedensrichter, bei dem ich mit Liebknecht zusammentraf. Wenn ich nicht irre, ist sein Name Mr. Kirsten. . . .

Wenn ich meine Reise nach Deutschland[2] über New York mache, werde ich mich Ihrer freundlichen Einladung mit größtem Vergnügen bedienen. . . . Ich werde per Zwischendeck reisen, weil derjenige, der nichts verdienen kann, die Moneten dreimal herumlegen muß, ehe er sie ausgibt. Zudem fühle ich mich aber auch in einer gedemütigten Rolle wohler als auf hohem Pferde. An der Möncherei hab' ich einen besonderen Gefallen, weil ich nur unter dieser Bedingung die mir unentbehrliche Unabhängigkeit wahren kann. — Nachdem die Kinder jetzt hier etabliert sind, besitze ich in Deutschland noch ein Nettoeinkommen von zwei Mark pro Tag. Ich werde nun — und ich freue mich darauf — nächsten Sommer versuchen, ob ich damit nicht wie ein heruntergekommener Kavalier in einem deutschen Dorfe leben kann. . . .

Ihr Ihnen herzlich gewogener

J. Dietzgen.

* * *

[1] Es handelt sich um Artikel im „Demokratischen Wochenblatt“ 1868.

[2] Diese Reise war geplant, wurde aber nicht ausgeführt.

112

Fr. Engels to Mrs. Wischnewetzky.

London, Decbr. 28th 1886.

Dear Mrs. Wischnewetzky.

Your letter of November 13th never reached me, for which I am very sorry; it would have suited me much better to write a preface then, and moreover would have left me more time.

— — — — — — — — — — — — — — — —

Of course appendix is now a little out of date, and as I anticipated something of the kind, I proposed it should be written when the book was ready through the press. Now a preface will be much wanted, and I will write you one; but before, I must await the return of the Avelings to have a full report of the state of things in America; and it seems to me that my preface will not be exactly what you desire.

First you seem to me to treat New York a little as the Paris of America, and to overrate the importance, for the country at large, of the local New York movement with its local features. No doubt it has a great importance, but then the North West, with its background of a numerous farming population and its independent movement will hardly accept blindly the George theory.

Secondly — the preface of this book is hardly the place for a thoroughgoing criticism of that theory, and does not even offer the necessary space for it.

Thirdly I should have to study thoroughly H. G's. various writings and speeches (most of which I have not got) so as to render impossible all replies based on subterfuges and side issues.

My preface will of course turn entirely on the immense stride made by the American workingman in the last ten months, and naturally also touch H. G. and his land scheme. But it cannot pretend to deal extensively with it. Nor do I think the time has come for that. It is far more important that the movement should spread, proceed harmoniously, take root and embrace as much as possible the whole American proletariate, than that it should start and proceed from the beginning on theoretically perfectly correct lines. There is no better road to theoretical clearness of comprehension than to learn by one's own mistakes,' „durch Schaden klug werden". And for a whole large class, there is no other road, especially for a nation so eminently practical and so contemptuous of theory as the Americans. The great thing is to get the working class to move as a class; that once obtained, they will soon find the right direction, and all who resist, H. G. or Powderly, will be left out in the cold with small sects of their own. Therefore I think also the K. of L. a most important factor in the movement which ought not to be poo-poohed from without but to be revolutionized from within, and I consider that many of the Germans then have made a grievous mistake when they tried, in the face of a mighty and glorious movement not of their own creation, to make of their imported and not always understood theory a kind of alleinseligmachendes dogma, and to keep aloof from any movement, which did not accept that dogma. Our theory is not a dogma but the exposition of a process of evolution, and that process involves successive phases. To expect that the Americans will start with the full consciousness of the theory worked out in older industrial countries is to expect the impossible. What the Germans ought to do is to act up to their own theory — if they understand it, as we did in 1845 and 1848 — to go in for any real general working class-movement, accept its faktischen starting point as such and work it gradually up to the theoretical level by pointing out, how every mistake made, every reverse suffered, was a necessary consequence of mistaken theoretical orders in the original programme: they ought, in the words of the Kommun. Manifest: in der Gegenwart der Bewegung die Zukunft der Bewegung repräsentieren. But above all give the movement time to consolidate, do not make the inevitable confusion of the first start worse confounded by forcing down people's throats things, which, at present they cannot properly understand but which they soon will learn. A million or two of workingmen's votes next November for a bona fide workingmen's party is worth infinitely more at present than a hundred thousand votes for a doctrinally perfect platform. The very first attempt — soon to be made if the movement progresses — to consolidate the moving masses on a national basis — will bring them all face to face, Georgites, K. of L., Trades Unionists, and all; and if our German friends by that time have learnt enough of the language of the country to go in for a discussion, then will be the time for them to criticise the views of the others and thus, by showing up the inconsistencies of the various standpoints, to bring them gradually to understand their own actual position, the position made for them by the correlation of capital and wage-labour. But anything that might delay or prevent that national consolidation of the workingmen's party — on no matter what platform — I should consider a great mistake, and therefore I do not think the time has arrived to speak out fully and exhaustivelly either with regard to H. G. or the K. of L.

— — — — — — — — — — — — — — — — — —

As to the title: I cannot omit the 1844, because the omission would give an entirely false idea of what the reader has to expect. And as I, by the preface and appendix, take a certain responsibility, I cannot consent to its being left out. You may add: „With preface and appendix by the author", if you think proper.

The proofs I return corrected by same mail.

Yours very faithfully

F. Engels.

* * *

(Deutsch.)

Ihren Brief vom 13. November habe ich nie erhalten, zu meinem großen Leidwesen; es hätte mir viel besser gepaßt, die Vorrede damals zu schreiben und überdies hätte es mir mehr Zeit gelassen.

— — — — — — — — — — — — — — — — — —

Natürlich ist der Anhang (appendix) jetzt nicht mehr recht zeitgemäß, und da ich etwas Derartiges voraussah, schlug ich vor, daß er geschrieben werde, sobald das Buch fertig aus der Presse komme. Jetzt wird eine Vorrede sehr verlangt sein und ich werde Ihnen eine schreiben; aber vorher muß ich die Rückkehr der Avelings abwarten, um einen vollständigen Bericht über den Stand der Dinge in Amerika zu bekommen, und es scheint mir, daß meine Vorrede nicht so ausfallen wird, wie Sie es wünschen.

Erstens scheinen Sie mir New York als das amerikanische Paris zu behandeln, und gegenüber dem ganzen Lande die Bedeutung der New Yorker lokalen Bewegung mit ihren lokalen Einzelheiten zu überschätzen.

Ohne Zweifel hat es große Bedeutung, aber der Nordwesten mit seinem Hintergrund einer zahlreichen Bauernbevölkerung und einer unabhängigen Bewegung wird schwerlich die George-Lehre blindlings annehmen.

Zweitens ist die Vorrede dieses Buches kaum der Platz für eine gründliche Kritik dieser Lehre und bietet nicht einmal genügenden Raum dazu.

Drittens müßte ich H. Georges verschiedene Schriften und Reden (von denen ich die meisten nicht besitze) gründlich studieren, um alle auf Ausflüchte und Seitenfragen gegründeten Erwiderungen unmöglich zu machen.

Meine Vorrede wird sich natürlich vollständig um den immensen Vorstoß drehen, den die amerikanischen Arbeiter in den letzten zehn Monaten gemacht haben und gewiß auch H. George und sein Landprojekt berühren. Sie kann aber nicht den Anspruch erheben, eine ausführliche Behandlung desselben zu sein. Auch glaube ich nicht, daß die Zeit dafür gekommen ist. Es ist bedeutend wichtiger, daß die Bewegung sich ausbreite, harmonisch vorangehe, Wurzel fasse und soviel als möglich das ganze amerikanische Proletariat umfasse, als daß sie von vornherein auf theoretisch vollständig korrekter Bahn vorschreite. An den eigenen Fehlern zu lernen, „durch Schaden klug werden“ ist der beste Weg zu theoretischer Klarheit des Verständnisses. Und für eine ganze große Klasse gibt es keinen anderen Weg, ganz besonders für eine so hervorragend praktische und alle Theorie verachtende Nation wie die Amerikaner. Die Hauptsache ist, daß die Arbeiterklasse sich als Klasse in Bewegung setze; ist das erst erreicht, so werden sie bald die rechte Bahn einschlagen und alle, die sich ihnen in den Weg stellen, H. George oder Powderly, werden sich mit ihren kleinen Sekten beiseite geschoben finden. Deshalb halte ich auch die K. of L. für einen sehr wichtigen Faktor in der Bewegung, den man nicht von außen verächtlich machen, sondern von innen revolutionieren sollte, und ich meine, daß viele der Deutschen einen schweren Fehler begangen haben, als sie im Angesicht einer starken und ruhmreichen Bewegung, die nicht ihr Werk war, versuchten, aus ihrer importierten und nicht immer verstandenen Theorie ein „alleinseligmachendes Dogma“ zu machen und sich von jeder Bewegung fern zu halten, die dieses Dogma nicht akzeptierte. Unsere Theorie ist kein Dogma, sondern die Darstellung eines Evolutionsprozesses, und dieser Prozeß bringt aufeinander folgende Erscheinungen (verschiedene Phasen)

zutage. Zu erwarten, daß die Amerikaner mit vollem Verständnis der in älteren industriellen Ländern ausgearbeiteten Theorie vorangehen, heißt das Unmögliche erwarten. Die Deutschen sollten nach ihrer eigenen Theorie handeln — wenn sie diese verstehen, wie wir 1845 und 1848 —, sie sollten für irgend welche wirklich allgemeine Arbeiterklassenbewegung eintreten, deren „faktischen" Ausgangspunkt annehmen und nach und nach zu theoretischer Höhe bringen durch den Nachweis, daß jeder begangene Fehler, jeder erlittene Rückschlag nur die notwendige Folge irrtümlicher theoretischer Ansichten im Originalprogramm war, — sie sollten in den Worten des Kommunistischen Manifestes: „in der Gegenwart der Bewegung die Zukunft der Bewegung repräsentieren". Vor allem aber gebe man der Bewegung Zeit, sich zu konsolidieren, man mache die unvermeidliche Konfusion des ersten Aufmarsches nicht noch schlimmer, indem man die Leute zwingt, Sachen hinabzuwürgen, die sie augenblicklich noch nicht begreifen können, aber bald lernen werden. Eine oder zwei Millionen Arbeiterstimmen im nächsten November für eine echte (bona fide) Arbeiterpartei sind augenblicklich unendlich mehr wert als ein Hunderttausend Stimmen für ein theoretisch vollkommenes Programm. Der allererste Versuch — der bald gemacht werden wird, wenn die Bewegung fortschreitet —, die in Bewegung befindlichen Massen auf einer nationalen Basis zu konsolidieren, wird sie alle von Angesicht zu Angesicht einander gegenüber bringen, H. George-Leute, K. of L., Gewerkschaftler, alle, alle; und wenn unsere deutschen Freunde dann genug von der Landessprache gelernt haben, um in eine Diskussion einzutreten, dann ist die Zeit für sie gekommen, die Ansichten der anderen zu kritisieren und durch den Nachweis der Unzulänglichkeit und Unvereinbarkeit der verschiedenen Standpunkte sie nach und nach dahin zu bringen, daß sie ihre eigene wirkliche Lage erkennen, eine Lage, die ihnen durch die Wechselbeziehungen von Kapital und Arbeit bereitet ist. Alles aber, was diese nationale Konsolidation der Arbeiterpartei verzögern oder hindern könnte — auf welchem Programm immer —, würde ich als einen großen Fehler betrachten, und deshalb glaube ich nicht, daß die Zeit schon gekommen, um vollständig und erschöpfend zu reden, sei es bezüglich H. Georges oder K. of L. — — — — — — — — — —
— — — — — — — — — — — — — — — — — —

Was den Titel anbetrifft: Ich kann 1844 nicht auslassen, denn diese Auslassung würde eine ganz falsche Idee geben von dem, was der

Leser zu erwarten hat. Und da ich, durch Vorrede und Anhang, eine gewisse Verantwortlichkeit übernehme, kann ich nicht zugeben, daß es weggelassen werde. Sie mögen hinzufügen: „Mit Vorrede und Anhang vom Verfasser", wenn Sie es für passend halten.

Die Korrekturbogen sende ich korrigiert mit gleicher Post zurück.

Ihr sehr treuer F. Engels.

* * *

Gegen die Verurteilung von Spieß und Genossen in Chicago (zum Tode) war Berufung eingelegt an das Obergericht des Staates. In vielen Staaten des Landes waren Arbeiterkandidaten (mehr oder weniger bona fide) in der Novemberwahl aufgestellt worden. In Chicago war das Resultat nicht besonders ermutigend, während die von der New Yorker Central Labor Union (Gewerkschaftsverband) zugunsten H. Georges eingeleitete und von den Sozialisten eifrig betriebene Wahlkampagne sehr günstig verlief, nahezu siegreich war. Die gemeinsame Aktion hatte den prinzipiellen Unterschied nicht verwischt, der nun bald zu Zerwürfnissen zwischen H. George und seinen sozialistischen Hilfstruppen führte. Die von der National-Exekutive der S. A. P. arrangierte Propagandatour endete mit starken Differenzen zwischen Aveling und der National-Exekutive. In Deutschland bereitete Bismarck die nächste Reichstagswahl vor mit Kriegsgerüchten und Drohungen, die in den Nachbarstaaten Mißtrauen erregten.

113

Fr. Engels an Sorge.

London, 11. Januar 1887.

Hiermit geht registered an Dich ab, die englische Übersetzung des „Kapital". Vorige Woche 1 Paket — 2 „Commonweals", 1 „To-Day" usw. Weitere Sendungen folgen. Den New Yorker „Herald"[1] mit dem Schweineartikel wegen Avelings soeben erhalten, dieser ist uns sehr viel wert, da Avelings sonst nicht erfahren haben würden, was die Bourgeoisblätter zusammenlügen. Beide Avelings kamen heute vor acht Tagen wieder an, sehr gesund und wohlgemut. Lafargues sind auch hier, lassen bestens grüßen. Das „Kapital" geht hier reißend ab, für Zufuhr nach Amerika ist gesorgt. Das wird den Yankees den Standpunkt bald klar machen.

Prosit Neujahr!

Dein F. E.

* * *

[1] Im New Yorker „Herald" war ein hämischer Ausfall gegen Aveling gemacht worden, inspiriert von einem Mitgliede der National-Exekutive, was damals weder Engels noch Aveling wußten.

114

Fr. Engels to Mrs. Wischnewetzky.

London, January 27th 1887.

Dear Mrs. Wischnewetzky.

— — — — — — — — — — — — — — — — — —

The movement in America, just at this moment, is I believe best seen from across the Ocean. On the spot personal bickerings and local disputes must obscure much of the grandeur of it. And the only thing that could really delay its march, would be the consolidation of these differences into established sects. To some extent that will be unavoidable, but the less of it the better. And the Germans have most to guard against this. Our theory is a theory of evolution, not a dogma to be learnt by heart and to be repeated mechanically. Je weniger sie den Amerikanern von aussen eingepaukt wird und je mehr sie sie durch eigene Erfahrung — unter dem Beistand der Deutschen — erproben, desto tiefer geht sie ihnen in Fleisch und Blut über. When we returned to Germany, in spring 1848, we joined the Democratic party as the only possible means of gaining the ear of the working class; we were the most advanced wing of that party, but still a wing of it. When Marx founded the International, he drew up the General Rules in such a way that all working class socialists of that period could join it — Proudhonists, Pierre Lerouxists, and even the more advanced section of the English Trades Unions; and it was only through this latitude that the International became what it was, the means of gradually dissolving and absorbing all these minor sects, with the exception of the Anarchists, whose sudden appearance in various countries was but the effect of the violent bourgeois reaction after the Commune and could therefore safely be left by us to die out of itself, as it did. Had we from 1864 to 1873 insisted on working together only with those who openly adopted our platform — where should we be to-day? I think all our practice has shown that it is possible to work along with the general movement of the working class at every one of its stages without giving up or hiding our own distinct position and even organization, and I am afraid that if the German Americans chose a different line they will commit a great mistake.

— — — — — — — — — — — — — — — — —

Very truly yours F. Engels.

* * *

(Deutsch.)

Ich glaube, die amerikanische Bewegung wird von der anderen Seite des Ozeans am besten gesehen. An Ort und Stelle wird ihre Größe sehr verdunkelt durch persönliche Zänkereien und lokale Streitigkeiten. Und das einzige, was den Vormarsch verzögern könnte, wäre die Verdichtung dieser Differenzen in bestimmte Sekten. Bis zu einem gewissen Grade wird dies unvermeidlich sein, aber je weniger, desto besser. Und die Deutschen müssen sich am meisten davor hüten. Unsere Theorie ist eine Evolutionstheorie, kein Dogma, das man auswendig lernt und mechanisch hersagt. Je weniger sie den Amerikanern von außen eingepaukt wird und je mehr sie sie durch eigene Erfahrung — unter dem Beistand der Deutschen — erproben, desto tiefer geht sie ihnen in Fleisch und Blut über. Als wir im Frühling 1848 nach Deutschland zurückkehrten, schlossen wir uns der Demokratischen Partei an, als einzige Möglichkeit, das Ohr der Arbeiterklasse zu gewinnen, wir waren der fortgeschrittenste Flügel der Partei, aber immerhin ein Flügel derselben. Als Marx die Internationale gründete, entwarf er die allgemeinen Regeln, so daß alle Arbeiterklassensozialisten jener Zeit eintreten konnten — Proudhonisten, Pierre Lerouxisten und sogar der vorgeschrittenere Teil der englischen Gewerkschaften, und nur durch diese Weite der Auffassung konnte die Internationale das werden, was sie wirklich war, das Mittel, alle diese kleinen Sekten aufzulösen und zu absorbieren, mit Ausnahme der Anarchisten, deren plötzliches Auftreten in verschiedenen Ländern nur die Folge der gewalttätigen bürgerlichen (Bourgeois-) Reaktion nach der Kommune war und daher von uns ruhig seinem eigenen Geschick, unterzugehen, überlassen werden konnte, was auch geschah. Hätten wir von 1864 bis 1873 darauf bestanden, nur mit denen zusammenzuwirken, die unser Programm offen annahmen — wo würden wir heute stehen? Ich denke, unsere ganze Praxis hat bewiesen, daß man mit der allgemeinen Bewegung der Arbeiterklasse an jedem Punkte ihrer Bahn wohl zusammengehen kann, ohne unsere eigene besondere Stellung oder gar die Organisation aufzugeben oder zu verbergen, und ich fürchte, daß unsere deutschen Amerikaner einen schweren Fehler begehen, wenn sie einen anderen Weg einschlagen. — — —

Ihr aufrichtiger

F. Engels.

* * *

Hauptsächlich richten sich diese Ausführungen Engels' gegen die Unlust der Deutschen, sich mit den K. of L. einzulassen. Diese Unlust war noch intensiver geworden durch das schmähliche Verhalten der K. of L. gegen die Verurteilten in Chicago. — Im Osten und Westen der Vereinigten Staaten tobten riesige Ausstände. — H. George gründete ein Wochenblatt in New York, sandte darin Absagebriefe an seine besten Verbündeten im Wahlkampf, die New Yorker Sozialisten, und weigerte sich, etwas zugunsten der Chicagoer Verurteilten zu tun. Eine heftige Fehde, besonders geschürt durch den eben erwähnten Artikel des New Yorker „Herald", brach aus zwischen der National-Exekutive der S. A. P. in New York und Aveling, unterstützt von Engels. Die Einzelheiten dieser Fehde gehören nicht in diese Sammlung und nur einige charakteristische Partien sind hier aufgenommen.

115

Fr. Engels to Mrs. Wischnewetzky.

London, February 9th 1887.

Dear Mrs. Wischnewetzky.

I reply at once to your letter, postmark January 28th. The preface was sent on January 27th. —

Your fear as to my being unduly influenced by Aveling in my view of the American movement, is groundless. As soon as there was a national American working class movement independent of the Germans, my standpoint was clearly indicated by the facts of the case. That great national movement, no matter what its first form, is the real starting point of American working class development; if the Germans join it, in order to help it or to hasten its development in the right direction, they may do a deal of good and play a decisive part in it; if they stand aloof, they will dwindle down into a dogmatic sect, and will be brushed aside as people who do not understand their own principles. Mrs. Aveling who has seen her father at work, understood this quite as well from the beginning, and if Aveling saw it too, all the better. And all my letters to America, to Sorge, to yourself, to the Avelings, from the very beginning, have repeated this view over and over again. Still I was glad to see the Avelings, before writing my preface, because they gave me some new facts about the inner mysteries of the German party in New York. — — —

— — — — — — — — — — — — — — — — — — —

In the early hole-and-corner stages of the working class movement, when the working men are still under the influence of traditional prejudices, woe be to the man, who, being of bourgeois origin or superior education, goes into the movement and is rash enough to enter into money-relations with the working class element. There is sure to be a dispute upon the cash-accounts and this is at once enlarged into on attempt of exploitation. Especially so, if the „bourgeois“ happens to have views on theoretical or tactical points that disagree with those of the majority or even of a minority. This I have constantly seen for more than forty years. The worst of all were the Germans; in Germany, the growth of the movement has long since swept that failing away, but it has not died out with the Germans out of Germany. For that reason Marx and I have always tried to avoid having any money dealings with the party, no matter in what country. —

— — — — — — — — — — — — — — — — — — —

Had he tried to swindle the party,[1] how could he do that during all his tour without his wife being cognizant of it? And in that case the charge includes her too. And then it becomes utterly absurd, in my eyes at least. Her I have known from a child, and for the last seventeen years she has been constantly about me. And more than that, I have inherited from Marx the obligation to stand by his children as he would have done himself, and to see, as far as lies in my power, that they are not wronged. And that I shall do, in spite of fifty Executives. The daughter of Marx swindling the working class — too rich indeed!

— — — — — — — — — — — — — — — — — — —

Very truly yours

F. Engels.

* * *

(Deutsch.)

Ihren Brief, Postzeichen 28. Januar, beantworte ich sofort. Die Vorrede wurde am 27. Januar abgesandt. —

Ihre Befürchtung, daß ich in meiner Ansicht von der amerikanischen Bewegung durch Aveling ungehörig beeinflußt sei, ist grundlos. Sobald es eine nationale amerikanische Arbeiterklassenbewegung, unabhängig von der deutschen, gab, war mein Standpunkt klar vorgezeichnet durch die Tatsachen. Diese große nationale Bewegung, was auch immer ihre erste Gestalt sei, ist der wirkliche Ausgangspunkt amerikanischer Arbeiterklassenentwicklung; gehen die Deutschen hinein, um zu helfen oder um die Entwicklung in der rechten Richtung zu beschleunigen, so können sie Gutes leisten und eine entscheidende Rolle darin spielen; halten sie sich fern, so schwinden sie zusammen zu einer Glaubenssekte und werden beiseite geschoben als Leute, die ihre eigenen Grundsätze nicht verstehen. Frau Aveling, die ihren Vater an der Arbeit gesehen, begriff dies genau so gut von Anfang an, und wenn Aveling es auch einsah, um so besser. Und alle meine Briefe nach Amerika an Sorge, an Sie selbst, an die Avelings, haben vom ersten Anfang an diese Ansicht immer und immer wiederholt. Ich war immerhin froh, die Avelings zu sehen, bevor ich die Vorrede schrieb, weil sie mir über die inneren Mysterien der deutschen Partei in New York einige neue Tatsachen mitteilten. —

In der Hinterstubenzeit der Arbeiterklassenbewegung, wenn die Arbeiter noch unter dem Einfluß überkommener Vorurteile stehen, wehe dem Manne von bürgerlicher Herkunft oder höherer Bildung, der in die Bewegung eintritt und voreilig finanzielle Beziehungen zu dem Arbeiterelement unterhält. Es gibt sicherlich Streit um Geldsachen, der sofort aufgebauscht wird zu einem Ausbeutungsversuch. Ganz besonders ist dies der Fall, wenn es sich trifft, daß der „Bourgeois" über theoretische oder taktische Fragen Ansichten hat, die nicht mit denen der Majorität oder selbst der Minderheit übereinstimmen. Seit mehr als vierzig Jahren habe ich das stets beobachtet. Die schlimmsten von allen waren die Deutschen; in Deutschland selbst ist diese Schwäche durch das Wachstum der Bewegung längst überwunden, aber bei den Deutschen außerhalb Deutschlands ist sie noch nicht verschwunden. Deshalb haben Marx und ich stets versucht, Geldgeschäfte mit der Partei

zu vermeiden, in welchem Lande es auch sei. — — — — — — —
— —

Hätte Aveling die Partei zu beschwindeln versucht,[1] wie konnte er das tun während der ganzen Tour, ohne daß seine Frau darum wußte? Und in diesem Falle trifft die Beschuldigung auch sie. Und dann wird sie vollständig absurd, wenigstens in meinen Augen. Ich habe sie gekannt von Kindesbeinen an, und in den letzten siebzehn Jahren ist sie stets unter meinen Augen gewesen. Und noch mehr. Ich habe von Marx die Verpflichtung geerbt, bei seinen Kindern zu stehen, wie er selbst es getan haben würde, und darauf zu sehen, soweit meine Kräfte reichen, daß ihnen kein Unrecht geschehe. Und das werde ich tun — trotz fünfzig Exekutiven. Marx' Tochter die Arbeiterklasse beschwindeln — das ist wirklich zu stark!

— —

Ihr aufrichtiger F. Engels.

* * *

[1] Eine Verdächtigung dieser Art war ausgesprochen worden gegen Aveling.

116

Fr. Engels an Sorge.

London, 12. Februar 1887.

Lieber Sorge!

Deinen Brief vom 30. Januar gestern erhalten, und vorgestern wieder Diverses an Dich abgesandt. Weiteres folgt in ein paar Tagen. Das „Kapital", englisch, verkauft sich sehr gut, der Esel von Verleger, der gar nicht ahnte, was er daran hatte, ist ganz überrascht.

Mit Deiner Gesundheit geht's hoffentlich besser, die Enthaltsamkeit wird auch mir zur Pflicht, alle Tage kommt irgend ein kleines körperliches Häkchen, das Rücksicht verlangt und in die gewohnte devil-may-care Lebensweise eingreift. Dagegen ist nun einmal kein Kraut gewachsen.

Lafargue versprach mir, als er Weihnachten hier war, Dir den „Soc." regelmäßig zu schicken. Von dem Artikel Situation usw. erhielt ich erst nach seiner Rückkehr ein paar Extraexemplare! Er hat den Franzosen die Augen darüber geöffnet, daß der Krieg für sie den Untergang der Republik bedeutet — es sei denn, daß ganz ausnahmsweise günstige Umstände eine europäische Revolution daraus hervorgehen lassen, was aber die Bourgeois, Kleinbürger und Bauern auch nicht wollen. Daran hatte vorher keiner gedacht, jetzt sagen sie es alle. Ich lese den Artikel jetzt rumänisch in einer in Jassy erscheinenden konfusen „Revista Sociale“ und lerne dabei die Sprache.

— — — — — — — — — — — — — — — — — —

Dein F. E.

117

Jos. Dietzgen an Sorge.

Chicago, 14. Februar 1887.

Lieber Sorge!

— — — — — — — — — — — — — — — — — —

Von Ihrer neu eingeführten Diät möchte ich gern etwas Näheres hören, in der eigennützigen Absicht, Mitgebrauch davon zu machen. Merke nämlich, daß ich in den letzten Jahren angefangen beleibter zu werden. Da möchte ich gern vorbauen, was mir hoffentlich nicht schwer wird, weil ich ohnehin viel Liebhaberei für die Abstinenz habe; sie ist in der Tat das einzige Mittel, den Genuß zu erhöhen und recht lange genußfähig zu bleiben. Wenn man den Tag über schlechten Tabak raucht, schmeckt abends eine gute Zigarre noch dreimal besser. Darum hab' ich auch so viel Sehnsucht nach Deutschland. Wenn man da für gewöhnlich morgens Hafersuppe frühstückt und man kommt dann gelegentlich zu einem Freunde, der mit Kartoffeln zum Kaffee aufwartet, so ist das ein Genuß und ein göttlicher Freund. Aber die Erfahrung hab' ich auch gemacht: zufrieden ist der Mensch nimmer. Denkt man unter beschriebenen Umständen an Amerika, an Beefsteak und Pfannkuchen, so wird die Auswanderungslust unwiderstehlich. Apropos der Psychologie, in die ich hier gerate, habe ich jüngst ein Werkchen gelesen, das mir Vergnügen gemacht hat: „Ideale Fragen“ von Lazarus. Dieser Mann ist ein feiner Kopf. Schade um seine Professormäßigkeit! Er geht gar zu sehr auf den Zehen, gar zu schleichend vor; er macht tausend feine Bemerkungen und lüftet an den Zipfeln; wenn er etwas derber zugreifen wollte, könnte er seiner Sache wirklich etwas nützen. Aber die Professoren sind generaliter in der entschiedenen Versumpfung begriffen, und den besseren unter ihnen kann man das Elend am klarsten abmerken. — — — — — — — — — — — — —

— — — — — — — — — — — — — — — — — —

Von Zürich erhielt ich diese Woche Nachricht, daß mein Manuskript angekommen und nach den Wahlen, welche gegenwärtig die Druckerei mit Flugblättern usw. beschäftigen, in Angriff genommen werden soll.

Gegenwärtig bin ich von dem größeren Werke, das ich in Arbeit habe und welches „Das Acquisit der Philosophie" darstellen soll, für kurze Zeit auf einen Nebenweg geraten. Ich beschäftige mich mit dem Thema: „Die Religion muß dem Volke erhalten werden." Ich will versuchen, daraus ein passendes Flugschriftchen zu machen durch Verbindung eines guten Humors mit erkenntnistheoretischer Tiefe. Das kann nichts Gründliches werden, aber wohl etwas Anregendes. Außer dem vielen Schönen, das uns die Potentaten der Philosophie in ihren klassischen Werken hinterlassen, ist so viel leeres Stroh in Folianten gebunden worden, daß jetzt das Publikum zur Förderung dieser Fragen der Anregung mehr bedarf als der Gründlichkeit. Wahrscheinlich hat es deshalb auch unserem Marx so schwer gehalten, die nötige Anerkennung zu finden, weil heutzutage der Geschmack für tüchtige Leistungen noch rarer ist als die Tüchtigkeit selbst. — — — — — — — — — —
— — — — — — — — — — — — — — — — — — —

Ihr J. Dietzgen.

118

Fr. Engels an Sorge.

London, 3. März 1887.

Lieber Sorge!

Hiermit gleichzeitig sende ich ab ein Paket mit 1 „Commonweal", „To-Day", 3 „Gleichheit" und 4 deutsche und 4 engl. . . . Zirkulare.
— — — — — — — — — — — — — — — — — — —

Mit den Wahlen in Deutschland können wir sehr zufrieden sein. Der Stimmenzuwachs ist brillant, besonders unter dem herrschenden Hochdruck nicht nur der Regierung, sondern auch der Fabrikanten, die überall, wo es anging, die Arbeiter zwischen Entlassung und Zwangsabstimmung für den Bismärcker stellten. Ich fürchte, dies wird sich bei den gestrigen Stichwahlen aufs neue zeigen, deren Resultate hier noch nicht bekannt sind. Der Papst verbietet den Katholiken, für uns zu stimmen, die Fortschrittsherren ziehen den Bismärcker dem Sozialisten freiwillig vor, und die Fabrikanten üben direkten Zwang — wenn wir da noch ein paar Sitze erobern, so sind sie redlich erkämpft. Aber auf die Zahl der Sitze kommt's gar nicht an, nur auf die statistische Darlegung des unaufhaltsamen Parteizuwachses.

Du meinst, die Leute blamierten sich mit der Wahl von Leuten wie Viereck. Das geht nicht anders. Sie müssen die Kandidaten nehmen, wo sie sie finden und wie sie sie finden. Das ist allgemeines Geschick aller Arbeiterparteien bei diätenlosen Parlamenten. Hat auch gar nichts zu sagen. Die Leute machen sich über ihre Repräsentanten gar keine Illusionen; der beste Beweis war die vollständige Niederlage der „Fraktion" in ihrem Kampfe mit dem „Sozialdemokrat".[1] Und die Herren Abgeordneten wissen es auch; die Herren vom rechten Flügel wissen, daß sie nur infolge des Sozialistengesetzes noch toleriert werden und sofort an die Luft fliegen an dem Tage, wo die Partei wieder Bewegungsfreiheit erhält. Auch dann wird's mit der Repräsentation noch nicht viel besser stehen, aber ich meine, es ist mir lieber, wenn die Partei besser ist als ihre Parlamentshelden — als umgekehrt.

Auch wegen Liebknecht kannst Du ruhig sein. Sein unverbesserlicher Optimismus namentlich bei allen Dingen, wo er selbst ein Händchen im Spiel hat; sein fester Glaube, daß er die Seele der Bewegung ist, alles macht, alles zum Besten leitet und nur die anderen „Esel" die Sachen verderben, sein Drang, alles in Ordnung zu bringen und alle Gegensätze durch Auflösung in Phrasen zu vertuschen, seine Sucht, äußere momentane Erfolge zu erreichen, selbst auf Kosten dauernder Verluste — — alles das ist sehr gut bekannt. Aber die Leute wissen auch, daß alle diese Fehler nur die Kehrseiten sehr wertvoller Eigenschaften sind, und daß er ohne diese Schwächen eben das nicht leisten könnte, was er wirklich leistet. Solange Bebel neben ihm steht, wird er zwar viel unnütze Scherereien und Klüngeleien verursachen, aber keine großen Böcke machen. Und wenn es zur Trennung von den Spießbürgern kommt, wird er sie bis zum letzten Augenblick verteidigen, aber im entscheidenden Moment am richtigen Orte stehen.

Dein F. Engels.

* * *

[1] Wegen der Dampfersubvention.

119

Fr. Engels an Sorge.

London, 10. März 1887.

Lieber Sorge!

Postkarte und Brief 21. Februar erhalten. —

Die W. ist nicht imstande, das Manifest zu übersetzen. Das kann nur einer, nämlich Sam Moore, und der ist gerade daran; den ersten Abschnitt habe ich schon im Manuskript. Es ist aber dabei zu erinnern, daß sowohl das Manifest wie fast alle kleineren Sachen von Marx und mir für Amerika augenblicklich noch viel zu schwer verständlich sind. Die dortigen Arbeiter kommen erst eben in die Bewegung hinein, sind noch ganz roh, namentlich theoretisch enorm zurück durch ihre allgemein angelsächsische und speziell amerikanische Natur und Vorbildung — es muß der Hebel unmittelbar an die Praxis angesetzt werden, und dazu ist eine ganz neue Literatur nötig. Ich habe der W. schon früher vorgeschlagen, die Hauptpunkte aus dem „Kapital" in selbständigen kleinen Broschüren populär zu verarbeiten. Sind die Leute erst einigermaßen auf der richtigen Bahn, dann wird das Manifest seine Wirkung nicht verfehlen, jetzt würde es nur bei wenigen wirken.

Deine Bemerkungen wegen des englischen „Kapital" habe ich dem Verleger mitgeteilt, der die sehr praktische Antwort gab: ein günstiger Artikel im „N. Am. Review"[1] würde hinreichen, einen amerikanischen Nachdruck hervorzurufen, und da wolle er vorher erst das Fett abschöpfen. Übrigens verkauft sich das Ding auch in Amerika sehr gut, außer Bordello hat noch ein anderer großer Buchhändler fest bestellt, und dabei ist der Absatz auch hier so rasch gegangen, daß die ganze erste Auflage bis auf 50 Exemplare bereits vergriffen und die zweite — noch zum selben Preis — im Druck ist. Und das trotz sehr geringen Annoncierens und ehe noch ein einziges großes Blatt davon gesprochen! Der erste ernsthafte Artikel darüber stand im „Athenäum", 5. März, sehr günstig. Jetzt werden die anderen nachfolgen und uns die zweite Auflage verkaufen helfen, worauf dann wohl die wohlfeile dritte Ausgabe kommen kann.

Die Soz. Arbeiterpartei mag sein wie sie will,[2] und sich die Erfolge der Arbeit ihrer Vorgänger noch so sehr aneignen, so ist sie die einzige im ganzen auf unserer Basis stehende Arbeiterorganisation, die es in

Amerika gibt, ist in über 70 Sektionen über den ganzen Norden und Westen verbreitet, und als solche, und nur als solche habe ich sie anerkannt. Daß sie eine Partei nur dem Namen nach, habe ich ausdrücklich gesagt. Und ich bin überzeugt, die Herren von der Ex. waren sehr enttäuscht über meine Vorrede und hätten sie lieber nicht gehabt. Sie gehören ja selbst der Richtung an, von der ich sage, daß sie die Partei ruinieren wird, wenn sie die Oberhand bekommt. Und sie scheint es darauf abzusehen. Rosenberg greift in dem hiesigen „Justice“ die K. of L. an wegen des longshoremen's[3] Streik, mag in den einzelnen Tatsachen nicht ganz unrecht haben, beweist aber einen Mangel an Einsicht in den Gang der Bewegung, der die Partei bald kaput machen wird, wenn die Leute fortregieren. Gerade die Dummheiten der streberhaften Führer der K. of L. und ihre unvermeidlichen Konflikte in den östlichen Großstädten mit den Central Labor Unions müssen ja die Krise innerhalb der K. of L. herbeiführen und auf die Spitze treiben, aber das sieht das Rindvieh nicht.

Hier ist Unemployed Agitation der S. Dem. Federation auch resultatlos zusammengeklappt, die Kirchenparade in S. Pauls war eine alberne Nachäffung der Chartisten und ebenfalls resultatlos, kurz, es ist hier noch nichts. Nächsten Herbst geht's vielleicht besser, wünschenswert wäre, daß vorher die Leute an der Spitze der S. D. Federation sich abgeschliffen hätten und verschwänden.

Dein F. E.

* * *

[1] „The North American Review“ war lange Zeit die angesehenste nordamerikanische Monatsschrift.

[2] Man hatte Engels Vorstellungen gemacht gegen seine Äußerungen über die S. A. P. in der Vorrede.

[3] „Werftarbeiter“, die einen großen Ausstand im New Yorker Hafen in Szene gesetzt hatten.

120

Fr. Engels an Sorge.

London, 16. März 1887.

Lieber Sorge!

Besten Dank für Deine Briefe vom 28. Februar und 2. März nebst Beilagen und für Deine vielfachen Bemühungen — — — — —
— —

Ein wahres Glück, daß Du mir den „Soz.“ zugeschickt. Bisher konnte ich das von der Exekutive erhaltene zweite Exemplar an Kautsky oder Avelings geben, so daß es seinen Nutzen hatte. Diese Woche hat die saubere Gesellschaft mir das Blatt nicht mehr zugeschickt. Daraus schließe ich, daß die nächsten Nummern wieder Gemeinheiten .... enthalten werden.

— — — — — — — — — — — — — — — — — —

Leider keine Zeit mehr, Dir noch diverse Zeitungen heut' zu schicken — morgen sollen sie abgehen — Postschluß.

Dein F. E.

121

Fr. Engels an Sorge.

London, 6. April 1887.

Postkarte nebst Ausschnitt, Dietzgen 24. März und Brief 25. ditto erhalten. — — — — — — — — — — — — — — — —

— — — — — — — — — — — — — — — — — —

Wer Dir gesagt hat, Kautsky sei kopfscheu geworden, hat entweder gelogen oder ist belogen worden. Ich verlasse mich auf Kautsky wie auf mich selbst, er kann zuweilen, wie die meisten jungen Leute, etwas altklug tun, aber wenn er irgend Zweifel hätte, würde er sie mir zuerst mitteilen. Übrigens werde ich ihn heute abend fragen, auf was, wenn auf irgend etwas sich die Angabe beziehen kann. — — — —

— — — — — — — — — — — — — — — — — —

Unsere Pariser haben sich wieder einmal hineingeritten. Den „Cri du Peuple" verloren sie und der „Socialiste" ist nun auch tot an Geldmangel. Die Pariser Arbeiter haben sich an ihrem Sekten- und Phrasensozialismus während 50 Jahren so den Magen verdorben, daß sie augenblicklich keine gesunde Kost vertragen können. Paris, le centre des lumières, la ville des idées est dégoutée d'idées.[1]

Dagegen scheint die Krisis in Rußland bevorzustehen. Die letzten Attentate haben dem Faß den Boden so ziemlich ausgeschlagen, es geht drüber und drunter, und dazu hat die allgemeine Wehrpflicht unter den bekannten russischen Umständen die russische Armee ruiniert, wie ich das schon vor zehn Jahren für unvermeidlich hielt.

Besten Gruß

Dein F. Engels.

* * *

[1] Paris, das Zentrum der Aufklärung, die Stadt der Ideen, ist der Ideen überdrüssig!

122

Fr. Engels an Sorge.

London, 9. April 1887.

Lieber Sorge!

Ich schrieb Dir am 6. und erhielt Deinen Brief vom 29. März. Besten Dank für Deine Bemühungen. Ich denke, sie werden fruchten

— — — — — — — — — — — — — — — — — — —

— — — — — — — — — — — — — — — — — — —

Die schweizer Regierung scheint — nach englischen konservativen Berichten — Maßregeln gegen den Züricher „Sozialdemokrat" vorzubereiten. Das hab' ich erwartet seit das Kriegsgeschrei anfing; wenn die schweizer Neutralität in Gefahr kommt, wird der Schweizer hundsgemein. Indes kann's noch vorüberblasen.

Dagegen sieht alles so aus, als ob die letzten zwei Attentate in Rußland dem Faß den Boden ausgeschlagen hätten. Der Glaube an die Regierung war schon lange futsch, jetzt auch der Glaube an den Zar. Die Armee ist voll malkontenter konspirierender Offiziere. Die Panslawisten wollen den Halbbruder des jetzigen, den ältesten Sohn Alexanders II. und der Dolgoruki, auf den Thron setzen. Und die Polizei ist gegen die Nihilisten ohnmächtig. Nach der „Frankfurter Zeitung" sind 482 Offiziere von Moskau über Odessa nach der Strafkolonie auf Sachalin im Pacific verschickt worden. Ich glaube nicht, daß es noch dies Jahr vorhält; wenn es erst in Rußland losgeht, dann Hurra!

Avelings Kampagne hier unter den radikalen Klubs im Ostend geht gut voran. Die amerikanischen relativen Wahlerfolge, jetzt wieder in Chicago und Cincinnati,[1] halfen ihm da sehr — der John Bull will sich nicht von jenen überflügeln lassen, es ist der einzige fremde Einfluß, der hier zieht. Übermorgen beim großen Coercion Meeting[2] im Hyde-Park wird Aveling von zwei und Tussy von einer der 15 Plattformen sprechen. Es verspricht, eins der großen Meetings zu werden, wodurch die Londoner Arbeiter einen Wendepunkt in der englischen Politik zur Erscheinung bringen. Übrigens sind auch die deutschen Wahlen hier nicht ohne Effekt geblieben. — — — —

Dein F. Engels.

* * *

[1] Bei den Frühjahrswahlen in Illinois und Ohio und anderen Staaten hatte eine sogenannte Union Labor Party einige Erfolge errungen.

[2] Eine Protestversammlung wider die Zwangsgesetze und Maßregeln gegen Irland.

123

Fr. Engels an Sorge.

London, 23. April 1887.

Lieber Sorge!

Ich schrieb Dir am 9. ds. Postkarte und Sendungen dankend erhalten. Die Publikation einer dort gemachten Übersetzung meiner Vorrede in der „V.-Z." ist eine doppelte Unverschämtheit. Einmal weil ich mit dem Blatt nichts zu tun haben will — — — — — — — — Zweitens aber, weil ich mir keine fremde Verdeutschung meiner englischen Arbeiten gefallen lassen kann, und noch dazu eine solche, die von Böcken wimmelt und die wichtigsten Sachen mißversteht. Die Wischnewetzky hatte meine Vorrede seit Anfang Februar (abgesandt 27. Januar) und spricht in ihrem einzigen seitdem erhaltenen Briefe vom 19. März (Poststempel 8. April) nur von der Absicht einer deutschen Ausgabe, wozu sie meine Zustimmung verlangt, — sie wußte, daß ich keine Abschrift hier hatte. Ich schrieb ihr sogleich, mir das Original zurückzuschicken, damit ich es übersetzen könne. Es sind Sachen darin, wo jedes Wort auf die Goldwage gelegt werden muß. Und da mogelt sie inzwischen hinter meinem Rücken mit Jonas und Ko.

Ich habe sofort protestiert. Laß Dir meine Briefe von ihr zeigen.

— —

Hyndmans Korrespondenz im „Standard"[1] ist jämmerlich. Er will sich den George offen halten, wo doch dieser sich täglich mehr in seiner Landmarotte festreitet, und muß daher alles Sozialistische unterdrücken. Es geht ihm auch hier schlecht. Die Sensationseffekte sind verpufft und neue sind nicht jeden Tag zu haben. Ohne diese aber kann Hyndman seine Rolle nicht aufrecht halten. Dagegen haben die Avelings eine sehr wirksame Agitation in den Radical Clubs des East End begonnen, und zwar mit spezieller Vorhaltung des amerikanischen Beispiels einer unabhängigen Arbeiterpartei. Und das amerikanische Beispiel ist das einzige, was hier zieht — daneben noch das der deutschen Wahlen. Die Sache geht gut voran und kann den Liberalen — wenn's in Amerika so fort geht — in einem Jahr das ganze East End von London kosten.

Auch in der Soc. League kommt's allmählig zur Krisis. Pfingsten ist Konferenz der Delegierten und da kommt der Kampf mit den eingeschlichenen und von Morris gehaltenen anarchistischen Elementen hoffentlich zur Entscheidung.

In Deutschland Verfolgung über Verfolgung. Es scheint, Bismarck will alles fertig haben, damit bei Ausbruch der Revolution in Rußland, die jetzt wohl nur noch eine Frage von Monaten, auch in Deutschland gleich losgeschlagen werden kann.

Dein F. E.

* * *

[1] Das von Henry George in New York gegründete Blatt.

124

Fr. Engels an Sorge.

London, 4. Mai 1887.

Lieber Sorge!

Ich hoffe, es geht Dir besser und Deine Befürchtung, ganz schreibunfähig zu werden, trifft nicht ein. Mir geht's auch mit dem Schreiben schlecht, seit Neujahr chronische Augenentzündung, muß Lesen und namentlich auch Schreiben sehr einschränken, werde nächste Woche einen der ersten Augenärzte hier konsultieren.

Was Du den 28. April über die New Yorker Knoten sagst, ist sicher ganz recht, aber Du mußt nicht außer Acht lassen, daß ich Dir eben nur auf die Gesichtspunkte antworten kann, die Du selbst hervorhebst, nicht auf die, von denen Du nichts sagst.

Das Manifest ist übersetzt, und nur meine verfluchten Augen hindern mich, die Arbeit durchzusehen. In meinem Pult warten ein französisches, ein italienisches, ein dänisches Manuskript außerdem noch auf Durchsicht! Im übrigen waret Ihr vor 40 Jahren Deutsche[1] mit deutschem theoretischen Sinn und deshalb wirkte das Manifest damals, während es, obwohl französisch, englisch, flämisch, dänisch usw. übersetzt, bei den anderen Völkern absolut wirkungslos blieb. Und für die untheoretischen matter of fact Amerikaner glaube ich um so mehr andere plattere Kost zuträglich, als **wir** die im Manifest dargestellte Geschichte durchgemacht hatten, sie aber nicht.

Die Geschichte mit meinem Buche ist rein — — — verpfuscht worden — — — — — — — — — — — — — — — — — —

An Liebknecht habe ich das von Dir geschickte Exemplar des Zirkulars auf Verlangen, aber unter Bedingung der Rücksendung geschickt. Er verspricht, uns das Nötige zur Veröffentlichung zu schicken.

Aveling macht eine famose Agitation im East End von London. Das amerikanische Beispiel zieht da, die radikalen Klubs — denen die

Liberalen ihre 12 Sitze aus 69 in London verdanken — haben sich an ihn gewandt wegen Vorträgen über die amerikanische Bewegung, und er und Tussy sind tüchtig an der Arbeit. Es handelt sich direkt um Stiftung einer englischen Arbeiterpartei mit unabhängigem Klassenprogramm. Dies, wenn's gut geht, wird sowohl Soc. Dem. Federation wie Soc. League in den Hintergrund drängen, was die beste Lösung der schwebenden Krakeele wäre. Hyndman sieht, daß es ihm an den Kragen geht, namentlich da er es auch mit fast allen seinen Leuten verdorben hat. Er hat also die Anklage der Exekutive gegen Aveling jetzt in „Justice" aufgenommen. Dies ist sehr gut, damit wird dem Klatsch hinter dem Rücken ein Ende gemacht und Aveling bekommt Gelegenheit, die Sache überall zur Sprache zu bringen. Pfingsten kommt auch die Stellung der Soc. League hoffentlich ins reine, die Anarchisten müssen hinausfliegen oder man läßt den ganzen Kram fallen.

Avelings haben Dir „Time"[2] mit ihrem Artikel über Amerika zuschicken lassen, Du hast sie doch erhalten? (März-, April-, Mai-Heft). Sogar der torystische „Standard" lobt sie. Die Avelings tun in diesem Augenblick mehr als alle andere hier und wirken weit nützlicher — —

— — — — — — — — — — — — — — — — — —

Mit heutigem Steamer gehen an Dich ab „Commonweal", „Gleichheit" und „To Day". In der „Gleichheit" werden Dir die Flunkereien des De Paepe über die belgischen Sozialisten Spaß gemacht haben. Die Bewegung geht dort sehr gut, seitdem die Flamänder den Wallonen und die Genter den Brüsselern die Sache aus der Hand genommen, aber das Kerlchen kann das Flunkern nicht lassen. Das komischste ist, daß, während die Brüsseler gerne eine neue Internationale stiften möchten, worin sie Generalrat wären, hat ihnen Powderly antragen lassen, in die K. of L. einzutreten. Also Konkurrenz von Papst Powderly gegen Papst De Paepe!

Herzlichen Gruß und gute Besserung. Gestern war ich mit Avelings in Amerika, das heißt in Buffalo Bill's Camp — sehr nett.

Dein F. E.

[1] Sorge hatte um Übersetzung des Manifestes gedrängt und auf Engels' Zögern erwidert, daß das Manifest schon vor 40 Jahren auf uns Knaben gewirkt.

[2] Eine damals in London erscheinende Monatsschrift.

125

Fr. Engels an Sorge.

London, 7. Mai 1887.

Lieber Sorge!

Ich schrieb Dir am 4. und erhielt Deins vom 26. April. Besten Dank für die gewiß unter schweren körperlichen Tribulationen geschriebenen Nachrichten — — — — — — — — — — — — — — —

— — — — — — — — — — — — — — — — — —

Daß Herr Z . . . . . hat klein beigeben müssen, freut mich ganz besonders. — — — — — — — — — — — — — — — —

— — — — — — — — — — — — — — — — — —

Unser Freund wünscht jetzt plötzlich, nicht „mit der Exekutive zu brechen". Ich habe ihm, der jetzt plötzlich es mit keinem von beiden verderben will, die Pistole auf die Brust gesetzt, und er wird schon herumkommen. Hätte er uns nicht so zum Narren gehalten, so wäre unsere Antwort schon fertig. Sie ist aber kaum so dringend und soll schlagend werden. Wir haben gesiegt, dank Deiner Unterstützung und Tätigkeit, ohne die wir noch lange nicht so weit wären. Es ist doch gut, daß wir Alten uns noch aufeinander verlassen können.

Dein F. Engels.

126

Fr. Engels to Mrs. Wischnewetzky.

London, May 7th 1887.

Dear Mrs. Wischnewetzky.

I have received your note of April 25th with thanks, but no preface; if I receive it pr. next Steamer on Monday I shall send you word at once. In the meantime as I received no copy of the book as yet, will you please see that I get at least something to work upon, a proof sheet or whatever it is, as the V. Z. translation cannot pass under any circumstances. I shall work at the translation as fast as my inflamed eye will allow; I am only sorry you did not send the Ms. or a proof as the idea of a German translation occurred to you. — — — — — — — — — —

— — — — — — — — — — — — — — — — — —

— — — — — — — — — — — — — — — — — —

— — — — — — — — — — — — — — — — — —

Nobody was more rejoiced than I when I learnt that the book was finally out of the hand of that despisable Executive and of the S. L. P. generally. Forty years experience have shown me how useless and literally thrown away are all those publications by small cliques, that by their very mode of publication are excluded from the general book-market, and thereby from literary cognizance. It was the same thing even with the party publications in Germany up to 1878; and only since the Sozialistengesetz which forced our people to organize a book trade of their own, in opposition both to the Government and to the officially organized Leipzig book-trade, has this been overcome. And I do not see why in America where the movement begins with such gigantic and imposing force, the same mistakes, with the same drawbacks in their wake, should be quite unnecessarily gone through over again. The whole Socialist and, in England, Chartist literature has thereby been made so extinct that even the British Museum cannot now procure copies at any price.

I remain dear Mrs. Wischnewetzky very sincerily yours

F. Engels.

(Deutsch.)

Ihren Brief vom 25. April habe ich dankend erhalten, aber keine Vorrede; erhalte ich sie Montag mit dem nächsten Dampfer, so sende ich sofort Nachricht. Mittlerweile, da ich bis jetzt noch kein Exemplar des Buches erhielt, sorgen Sie gefälligst dafür, daß ich wenigstens etwas erhalte, um daran zu arbeiten, einen Probebogen oder sonst etwas, da die V.-Z.-Übersetzung unter keinen Umständen durchgehen darf. Ich werde an der Übersetzung arbeiten so schnell als mein entzündetes Auge gestatten wird, und bedaure nur, daß Sie mir das Manuskript oder einen Korrekturbogen nicht sandten, sobald Sie auf die Idee einer deutschen Übersetzung gerieten — — — — — — — — — — — — — —

— — — — — — — — — — — — — — — — — — — —

Niemand war froher als ich, zu hören, daß das Buch endlich aus den Händen der verächtlichen Exekutive und der S. A. P. im allgemeinen sei. Vierzigjährige Erfahrung hat mir gezeigt, wie nutzlos und geradezu weggeworfen all diese Veröffentlichungen durch kleine Cliquen sind, die durch die Art ihrer Publikation ausgeschlossen sind vom allgemeinen

Buchhandel und damit von literarischer Kenntnisnahme. Es war dieselbe Geschichte mit den Parteipublikationen in Deutschland bis 1878, und dies ist erst anders geworden, als das Sozialistengesetz unsere Leute zwang, ihren eigenen Buchhandel zu organisieren trotz der Regierung und des organisierten Leipziger Buchhandels. Und ich sehe nicht ein, warum in Amerika, wo die Bewegung mit solchen Riesenkräften einsetzt, dieselben Irrtümer mit den gleichen schädlichen Folgen unnötigerweise wieder begangen werden sollen. Die ganze sozialistische (und in England die chartistische) Literatur ist dadurch so vollständig verloren gegangen, daß sogar das Britische Museum für schweres Geld kein Exemplar mehr erlangen kann.

Ich verbleibe Ihr sehr aufrichtiger

F. Engels.

127

Jos. Dietzgen an Sorge.

Chicago, 13. Mai 1887.

Mein lieber Sorge!

Zunächst meinen herzlichsten Dank für die letzte Zusendung. Daß ich Vorrede und Nachtrag von Engels mit dem befriedigtsten Interesse gelesen, ist selbstverständlich. Ich bitte Sie auch, der Übersetzerin gelegentlich meinen verbindlichsten Dank für die freundliche Dedikation auszusprechen, und wenn die Züricher ihrem Versprechen nachgekommen sind, das von mir gesandte Material zu drucken und zu veröffentlichen, würde ich nicht verfehlen, ihre Freundlichkeit zu erwidern.

Im letzten Wochenblatt der „Volkszeitung" fand ich einen Brief von Marx „Über die wirtschaftliche Zukunft Rußlands", der mich sehr angesprochen, besonders die Auseinandersetzung, daß er (Marx) keine Theorie fertig habe für die geschichtliche Entwicklung aller Länder — „das wäre Superhistorismus" —, sondern umgekehrt: aus verschiedenen konkreten Erscheinungen des Kapitalismus ziehe er seine Schlüsse auf dessen allgemeine abstrakte Tendenz, und wie solche Tendenz in verschiedenen Ländern und unter verschiedenen Bedingungen verschieden wirke, sei ihm gerade sehr klar.

Dieser Marxsche Brief kommt sehr gelegen. Rußland tritt immer mehr und mehr in die europäische Bewegung. Den vielgescholtenen Moskowitern wird der freundliche Ton, mit dem sie diesmal von Marx behandelt worden, sehr wohltun und den Leistungen unseres großen Vorgängers zugut kommen. Wir laufen noch lange nicht in das Millennium hinein, aber „es bewegt sich doch".

Herzlichen Gruß und frisch auf!

Ihr J. Dietzgen.

128

Fr. Engels to Mrs. Wischnewetzky.

London, May 28th 1887.

Dear Mrs. W.

I find both in „Justice" and „Socialdemocrat" of this week a notice of the English „Lage", but have myself up to now not received a single copy, nor even seen the book. There seems to be some queer management somewhere, which may want looking into by you. Just this moment K. K.[1] comes in and says he has received a box with 18 copies, of which he kindly places a few at my disposal, so that I have at least a chance of a look at the book.

I am informed that the London Agent of Mr. L.[2] is the firm which specially represents Bismarckism in the London Book Trade. This cannot of course be helped but is an unfortunate circomstance for us. Transl. of preface just too late for this Steamer, pr. next mail certain.

Yours faithfully F. E.

* * *

(Deutsch.)

Ich finde in „Justice" und „Socialdemocrat" dieser Woche eine Notiz über die englische „Lage", habe aber selbst bis zu diesem Augenblick kein einziges Exemplar erhalten, ja nicht einmal das Buch gesehen. Da scheint irgendwo ein sonderbares Gebaren zu existieren, in das Sie Einsicht nehmen sollten. In diesem Augenblick kommt K. K.[1] herein und sagt, daß er eine Kiste mit 18 Exemplaren erhalten habe, von denen er einige zu meiner Verfügung stellt, so daß ich wenigstens Gelegenheit habe, einen Blick auf das Buch zu werfen.

Ich erfahre, daß der Londoner Agent des Herrn L.[2] die Firma ist, die im Londoner Buchhandel den Bismarckismus speziell vertritt. Dagegen ist natürlich nichts zu tun, aber es ist ein unliebsamer Umstand für uns. Übersetzung der Vorrede gerade zu spät für diesen Dampfer — mit nächster Post sicher.

Ihr aufrichtiger F. E.

* * *

[1] Karl Kautsky.
[2] Lovell, ein New Yorker Buchhändler.

129

Fr. Engels an Sorge.

London, 4. Juni 1887.

Lieber Sorge!

Keine Bewegung gibt so viel fruchtlose Arbeit, als die noch auf der Stufe der Sekte steht. Das weißt Du so gut wie ich. Dann dreht sich noch alles um Klatsch. Und so auch wieder dieser Brief über englische Geschichten.

Also vorigen Sonntag war Konferenz der Soc. League. Die darin zugelassenen anarchistischen Elemente, unterstützt von Morris, der alles Parlamentarische tödlich haßt und überhaupt konfus ist und als Poet über der Wissenschaft steht, haben gesiegt. Resolution — an sich ziemlich unschuldig, da heute von parlamentarischer Aktion hier ja gar keine Rede sein kann — mit 17 gegen 11 Stimmen angenommen (s. „Commonweal", 4. Juni). Davon eine, eine ad hoc wieder konstituierte bogus branch (drei Männer, ihre drei Frauen und — Frau Schack), und drei Londoner Delegierte mit Mandaten aus der Provinz, die aber die Verpflichtung enthielten, gegen jede derartige Abstentionsresolution zu stimmen. Also drei gestohlene Stimmen und eine ungültige.

Der wirklich entscheidende Grund war, daß Morris austreten zu wollen erklärte, sobald irgend welche parlamentarische Aktion im Prinzip anerkannt werde. Und da Morris das Defizit der „Commonweal", wöchentlich £ 4 deckt, überwog das bei vielen.

Unsere Leute wollen nun die Provinz organisieren, womit sie gerade im besten Zug, und nach drei bis vier Monaten eine außerordentliche Konferenz berufen, die das umstoßen soll. Das wird schwerlich gelingen, im Fabrizieren von Stimmsektionen sind die Anarchisten den Unseren weit überlegen, und machen aus sieben Mann acht stimmfähige Sektionen. Aber die Komödie hat immerhin gewisse gute Seiten und ist bei der

Stimmung der Arbeiter in der League nicht zu vermeiden. Bax natürlich mit uns, von Arbeitern Donald, Binning, Mason und andere — die besten. Keiner der Unserigen nahm eine Wahl in den Ex. Council an. Übrigens werden die Anarchisten vielleicht die Unseren kurzerhand herauswerfen und das wäre das beste.

Worauf es ankommt, ist, daß unsere Leute beim bevorstehenden Ausbruch einer wirklichen Arbeiterbewegung nicht an eine Organisation gefesselt sind, die Ansprüche auf Leitung des Ganzen erhebt — à la Exekutive in New York und Soc. Dem. Federation hier. Die Arbeiter in den Provinzen organisieren überall lokale Verbände (sozialistisch), unabhängig von London. Sie haben eine kolossale Verachtung gegen alles was von London kommt.

Und hiermit lebe wohl für heute. Ich schicke per selbe Post Paket mit 1 „To Day", 2 „Commonweal", 1 „Gleichheit", 5 englischen und 5 deutschen Aveling-Zirkularen.

Der Wischnewetzky habe ich die Vorrede jetzt deutsch registriert zugeschickt. (Mittwoch Stmr.)

Dein Fr. Engels.

130

Jos. Dietzgen an Sorge.

Chicago, 18. Juni 1887.

Mein lieber Sorge!

...... Bitte lassen Sie nicht so leicht sich von Widerwärtigkeiten anfechten. Wenn nicht alles gerade ist, wie es sein sollte, tut man gut, die Sache auf die andere Seite zu legen und sich vorzureden, die Welt sei doch in der Tat und Wahrheit comme il faut.

Ich habe letzter Tage Düntzers „Goethes Leben" gelesen. Dieser alte Dichter ist ein herrlicher Don Juan. Wie der zu lieben und untreu zu werden versteht! Seine vielen Liebschaften haben mich arg für die Nachahme(ung) begeistert, nur seine Untreue würde mir (etwas) Sorgen machen. Im ganzen ist der Mann doch eine bewunderungswürdige Persönlichkeit.

In warmer herzlichster Freundschaft

Ihr J. Dietzgen.

131

Fr. Engels an Sorge.

London, 18. Juni 1887.

Lieber Sorge!

Dieser Brief geht schon nach Rochester[1] oder doch noch besser nach Hoboken, um Deine Instruktion genau zu erfüllen.

Postkarte erhalten. Richtig geraten. Die ganze Verzögerung kam von Wilhelm, dem ich erst die Pistole auf die Brust setzen mußte. Zirkulare (6 englische, 6 deutsche) wirst Du von Sendung 4. Juni inzwischen erhalten haben.

— — — — — — — — — — — — — — — — — —

Ich schicke Dir einstweilen die „Commonweal" nach, wegen der Debatte zwischen Bax und Bradlaugh. Bax wird mit dem schlauen Bradlaugh — in den Augen des großen Publikums — schwerlich fertig. Er ist sehr talentvoll, studiert sehr viel, sitzt aber noch dick in deutscher Philosophie, die er wohl auf die Dauer überwinden wird, aber noch lange nicht verdaut hat.

— — — — — — — — — — — — — — — — — —

Der „Socialiste" erscheint wieder. Deville hat von seinem Alten geerbt und 12000 Fr. zur Verfügung gestellt. Ich schreibe an Lafargue, daß man ihn Dir zuschickt, ob's aber geschieht oder nicht, werde ich wohl erst von Dir erfahren, ich kenne die Wirtschaft.

Gestern abend ist die irische Zwangsbill in zwei Minuten Paragraph für Paragraph durchs Unterhaus durchgepeitscht worden. Ein würdiges Seitenstück zum Sozialistengesetz, die reine Polizeiwillkür. Was in England Grundrecht, wird in Irland verboten und Verbrechen. Es ist der Grabstein der jetzigen Tories, die ich nicht für so dumm, und der Unionist Liberals, die ich kaum für so gemein gehalten. Dabei soll die Bill nicht auf Zeit, sondern für immer gelten. Das englische Parlament heruntergebracht aufs Niveau des deutschen Reichstags. Lange wird's freilich nicht vorhalten.

Es wird jetzt bald Zeit, Marx' Brief an Dich über H. George abzudrucken. Vielleicht nach den nächsten Novemberwahlen in New York, wenn George sich da wieder breit macht. Man muß ihm den Spielraum lassen, sich entweder fortzuentwickeln oder sich abzuarbeiten, und letzteres scheint er vorzuziehen.

Ein Paket geht wieder an Dich ab. Die letzte „Commonweal" habe ich noch nicht erhalten, folgt nächstens.

Ich hoffe, die Ruhe in Rochester bringt Dich bald wieder auf die Beine. Das Faulenzen, wozu mich mein Auge noch immer nötigt, bekommt mir bei dem brillanten Wetter sehr gut. Wollen hoffen, daß es so bleibt.

Dein F. Engels.

* * *

[1] Sorge war im Begriff, nach Rochester umzuziehen.

132

Fr. Engels an Sorge.

London, 30. Juni 1887.

Lieber Sorge!

Briefe usw. bis 16. Juni erhalten.

Ich schreibe an Wischnewetzkys, sie sollen die Anmerkung so machen: „die albernen Verleumdungen zurückzuweisen, denen Aveling infolge seiner amerikanischen Agitationsreise ausgesetzt gewesen ist.“ Wollen sie auch das nicht, so sollen sie sich an Dich wenden, und dann kannst Du im Notfall sie autorisieren, die ganze Anmerkung zu streichen. Denn ich kann Aveling unmöglich zitieren, ohne auch über den Kram ein Wort zu sagen.

— — — — — — — — — — — — — — — — — — — —

— — — — — — — — — — — — — — — — — — — —

Die Geschichte mit der Annonce des „Kapital“ bei Scribner[1] sieht aus wie eine beabsichtigte piracy.[2] Dank für die Mitteilung, ich werde sie an Sonnenschein gehen lassen. Soviel ich weiß, ist Scribner nicht Sonnenscheins[3] Agent in New York.

— — — — — — — — — — — — — — — — — — — —

— — — — — — — — — — — — — — — — — — — —

Ich habe Lafargue geschrieben, Dir den „Soc.“ nach Rochester zu schicken, aber keine Antwort.

Hoffentlich bringt Dich das Sommerwetter wieder auf die Beine. Mir tut's sehr gut. Seit vier Wochen Dürre, ich habe alle Fenster weit auf, lebe sozusagen in der freien Luft, das hilft mir fast wie eine Badereise, und wird auch hoffentlich meine Augen wieder in Ordnung bringen.

Father Mac Glynn[4] steht mir zum Hals heraus, und George hat sich als echter Sektenstifter herausgebissen. Ich hab's eigentlich nicht anders erwartet, aber bei der Neuheit der Bewegung war dieser Durchgang schwer zu vermeiden. Solche Leute müssen the length of their tether[5] haben, die Massen lernen aber nur durch die Folgen ihrer eigenen Böcke.

Gute Besserung und gutes Wetter in Mount Desert!

Dein F. Engels.

* * *

[1] Ein angesehener Buchhändler in New York.

[2] Piraterie.

[3] Swan Sonnenschein, Verleger der englischen Übersetzung des „Kapital" in London.

[4] Ein katholischer Pfarrer in New York, begeisterter Anhänger H. Georges und Stifter der damaligen Anti Poverty League.

[5] „Die ganze Länge ihrer Futterleine."

133

Fr. Engels to Mrs. Wischnewetzky.

July 20th 1887.

Dear Mrs. Wischnewetzky.

I have returned to you by this mail the whole of the two sets of reviews you sent me, with sincere thanks. They have greatly amused me. — Criticism is almost on the same level everywhere, from Stockholm and London to New York and San Francisco, and since the rapid rise of a shoddy-Bourgeoisie in Russia I am afraid that even there the reviews will soon sink to the common level.

Yours sincerely F. Engels.

* * *

(Deutsch.)

Mit aufrichtigem Dank habe ich mit heutiger Post Ihnen sämtliche zwei Reihen Revuen zurückgeschickt, die Sie mir gesandt. Sie haben mir viel Spaß gemacht. Die Kritik steht überall ungefähr auf gleicher Stufe, von Stockholm und London bis New York und San Francisco, und bei dem schnellen Emporkommen einer Shoddy-Bourgeoisie in Rußland fürchte ich, daß auch dort die Revuen auf dieselbe Stufe sinken werden.

Ihr aufrichtiger F. Engels.

* * *

Am 29. Juli 1887 schreibt J. Dietzgen von Chicago an Sorge: „Seit Neujahr hat man die Zusendung des „Sozialist“ an mich eingestellt; ich will mir auch das Blättchen nicht kaufen und so sehe und höre ich nichts mehr von den „Genossen“.

134

Fr. Engels an Sorge.

Eastbourne, 8. August 1887.

Lieber Sorge!

Postkarten, Briefe und Sendungen bis 27. Juli dankend erhalten bis auf einige Zeitungen, die noch in London liegen und täglich erwartet werden. Wir sind seit 14 Tagen hier und bleiben bis zirka 25. ds. Es ist furchtbar heiß, seit 1. Juni fast kein Tropfen Regen, also amerikanischer Sommer. Für Dein Bein gibt's nur ein Mittel, Ruhe und Geduld, dann wird's hoffentlich wieder in Ordnung kommen, aber in unserem Alter ziehen sich solche Dinge immer verflucht in die Länge.

Der Monsieur G . . . . mag sehen, wie er eine Biographie von mir zusammenstoppelt.[1] Du hast ganz recht getan, den Mann seinen eigenen Ressourcen zu überlassen, wer weiß, welchen Blödsinn er aus Deinen Notizen gemacht und sich dann auf Dich berufen hätte. Im österreichischen Arbeiterkalender erscheint eine Biographie von mir von Kautsky, die ich durchgesehen und berichtigt und ergänzt habe, die also, was die Fakta anbelangt, für etwaige spätere Fälle dienen kann, ich werde sie Dir schicken. Natürlich bin ich für den sonstigen Inhalt nicht verantwortlich.

Die Korrektur von „Kapital“ I, dritte Auflage, habe ich während meiner Krankheit meist im Bett besorgen müssen, da ist manches durchgeschlüpft. Die Interpunktion ist absichtlich geändert, der französischen und englischen genähert, was jetzt in Deutschland viel geschieht. Überhaupt wird das alte Schulbeutsch unserer Jugendzeit nur noch in Amerika gelesen und geschrieben.

Aveling hat mir gesagt, er habe die Nummern „Time“[2] selbst an Dich abgeschickt. Aber wenn er nur einen halfpenny stamp zu wenig draufgetan, unterschlägt die englische Post Buchsendungen ins Ausland. Ich werde nach meiner Rückkehr nochmals anfragen. Aveling und Tussy machen Ferien in Stratford on Avon, Shakespeares Heimat.

Die Geschichte mit den Wischnewetzkys[3] wird immer ergötzlicher. Eine solche Exekutive wäre in Deutschland längst abgesetzt. Die Leute müssen doch glauben, sie könnten sich alles erlauben, und die Partei werde mit ihnen durch dick und dünn gehen zum Lohn dafür, daß sie den Amerikanern zumuten, sich unter das Kommando einer deutschen Gesellschaft zu stellen, in der das reine Knotentum mehr und mehr Oberwasser zu bekommen scheint. Wenn die Herren Deutschen dort das zur Bedingung ihrer Mitwirkung machen, wird die Bewegung bald über sie wegschreiten. Die Geschichte ist bei Euch endlich einmal im Gang, und ich müßte meine Amerikaner schlecht kennen, wenn sie uns nicht alle in Erstaunen setzen durch die Großartigkeit der Bewegung, aber auch durch die Riesenhaftigkeit der Böcke, die sie schießen, und vermittels deren sie sich endlich zur Klarheit durcharbeiten werden. Praktisch allen voraus und theoretisch noch in den Windeln — so ist es einmal und kann nicht anders sein. Aber dabei ein Land ohne Tradition (außer der religiösen) und das von der demokratischen Republik ausgegangen ist, und ein Volk voll Energie wie kein anderes. Der Gang der Bewegung wird keineswegs die klassische gerade Linie verfolgen, sondern arg im Zickzack gehen und stellenweise rückläufig scheinen, aber das macht dort viel weniger als bei uns. H. George war ein unvermeidliches Übel, wird aber schon verwischt werden, ebenso wie Powderly oder gar Mac Glynn, dessen momentane Popularität in dem frommen Lande ganz begreiflich. Im Herbst wird sich manches dort — ich will nicht sagen klären, aber doch noch mehr und mehr verwickeln und die Krise näher rücken. Ein wahres Glück sind die jährlichen Herbstwahlen, die immer und immer wieder die Massen zur Einigung drängen.

Mount Desert[4] ist gewiß sehr schön, hier ist's aber auch nicht zu verachten — große alte Ulmen- und Eichenalleen dicht an der See, der Kreidefels von Beachy Head dicht neben der Stadt, die ganz kontinental aussieht, mit Baumalleen in den Straßen — wenn ich nur erst wieder vier bis fünf Meilen laufen könnte!

Bis zirka 18. bis 20. August schreibe ich von hier noch nach Mount Desert. Dann nach Rochester, falls nicht anders instruiert.

In „To-Day", August, das ich Dir schicke, einiges über Avelings Zirkulare, das nicht unbegründet. Der Junge hat all sein Pech selbst mit verschuldet durch seine totale Unkenntnis der Welt, der Menschen und der Geschäfte, und seine Vorliebe für poetische Träumerei. Ich habe ihn aber aufgerüttelt und Tussy wird den Rest besorgen. Der Junge ist sehr talentvoll und brauchbar, dabei kreuzbrav, aber gushing[5] wie ein Backfisch und es juckt ihm immer in den Fingern, eine Dummheit zu machen. Nun, ich erinnere mich noch der Zeit, wo ich ein ähnlicher Esel war.

In Paris treten unsere Leute jetzt sehr brav gegen die Chauvinisten und Russophilen auf, und ohne sie hätte die „Justice“[6] nicht gewagt, den Katkoffkultus[7] anzugreifen. Dies ist gerade jetzt wichtig, da Bismarck alles aufbietet, um die Franzosen in einen Krieg hineinzuhetzen, noch ehe der alte Wilhelm abkratzt.

Im übrigen geht's mir besser und hoffentlich Dir auch.

Dein F. Engels.

* * *

[1] Sorge hatte es abgelehnt, einem Journalisten Material für eine Biographie Engels' zu liefern.

[2] Für dieses Blatt hatte Aveling Artikel über die Tour in Amerika geschrieben.

[3] Wegen der Aveling-Angelegenheit hatten beide Wischnewetzkys die Exekutive in New Yorker Sektionsversammlungen heftig angegriffen und wurden deshalb ausgestoßen.

[4] Mount Desert Island, eine an der nordöstlichen Küste des Staates Maine, nahe Kanada, gelegene Insel.

[5] Überschäumend.

[6] Nicht das Londoner, sondern das Pariser Blatt gleichen Namens.

[7] Der bekannte Moskauer Panslawist.

* * *

Die zwischen der Exekutive und Aveling schwebende Sache wurde zuletzt vor den Kongreß der S. A. P. in Buffalo gebracht, dann dem Aufsichtsrat in Philadelphia überwiesen, der die Angelegenheit und die Ausstoßungen zu regeln suchte, aber auf den ungebrochenen Widerstand der New Yorker stieß.

Die Anhänger H. Georges hielten eine sogenannte Staatskonvention in Syracuse (N. Y.) ab und verweigerten den Sozialisten den Eintritt, worauf die Letzteren eine unabhängige Wahlbewegung einleiteten. Die Wahlkampagneversammlungen beider Fraktionen verliefen in der Stadt New York teilweise sehr stürmisch, und eine Versammlung der Sozialisten wurde von der Polizei gesprengt.

Das Obergericht des Staates Illinois verwarf die Berufung der Chicagoer Verurteilten, und nunmehr wurde Berufung eingelegt an das höchste Gericht des Landes, das Obergericht der Vereinigten Staaten, mit welchem Erfolge ist bekannt.

In Europa schwirrten Kriegsgerüchte.

135

Jos. Dietzgen an Sorge.

Chicago, 18. August 1887.

Mein lieber Sorge!

Zwei Zusendungen, die „Arbeiterbewegung in Amerika“[1] und H. Georges „Standard“[2] habe ich von Ihnen erhalten und danke verbindlichst. Besonders der Artikel, worin George sich mit dem Sozialismus auseinandersetzen will, war mir wertvoll, regt mich vielleicht zu einer Antwort an. Auch Hepner hat mir Vergnügen gemacht mit seinem „Home Rule contra Rome Rule“.[3] Dies kleine Schriftchen ist eine ganz vorzügliche Leistung. Für diese Beschränkung auf die radikalsten und schlagendsten Argumente verdient Hepner warme Anerkennung. Wenn Sie ihm schreiben, bitte ich ihm meine Reverenz zu übermitteln.

Sehr schön ist der Nachweis, wie der Katholizismus seine Sache sub specie aeternitatis[4] betrachtet: „Catholicism comprises and involves all conditions of life, moral, social and political“[5] und duldet keine liberale Zwieschlacht, die aus der religiösen Gebundenheit und politischer Freiheit zwei Dinge machen will. Auf die zwei Bücher, die Hepner noch weiter angekündigt hat, bin ich neugierig. — — — — — — —

Ihre Ermahnung, pünktlicher in der Korrespondenz zu sein, hat gute Vorsätze erweckt, doch muß ich auch zugleich Sie zur Nachsicht ermahnen. Die Liederlichkeit sitzt mir im Fleisch wie der Nagel in der Mauer.

Die herzlichsten Grüße

J. Dietzgen.

* * *

[1] Engels' Vorrede zur „Lage“ unter diesem Titel separat herausgegeben.

[2] H. Georges Organ in New York.

[3] Eine aus Anlaß der Exkommunikation des Priesters Mac Glynn von A. Hepner verfaßte Broschüre.

[4] Verdeutscht etwa: „als unvergänglich feststehend“.

[5] „Der Katholizismus begreift in sich und umfaßt alle Zustände des Lebens, sittliche, gesellschaftliche und politische.“

136

Fr. Engels to Mrs. Wischnewetzky.

London, Sept. 15th 1887.

Dear Mrs. Wischnewetzky.

I have received your letter of August 28th.

I am glad the pamphlet[1] sells so well. The copies I received I shall hand over to Aveling who has just returned from the country, to be distributed partly among the Socialist periodicals partly at his East End meetings at his lectures on the Am. movements. I shall also try through him to get an Agent for its sale and let you know the result.

What I wrote about Trübner[2] has come true stronger than I expected. Yesterday Dr. Baernreither, Austrian M. P., told me that he had asked Tr. — with whom he dealt regularly — to procure him a copy of our book. Tr. said he had none and that Dr. B. had better order it through an American Agency, whose adress he gave to B. and through which B. ordered the book. Thus Tr. not only boycotts but actually burkes the book.

As to the copies sent to Kautsky he could hardly act otherwise than he did. Neither Lovell[3] nor yourself ever wrote him a line of instruction. I myself never heard whether any copies had been sent to the press here and to what papers. We were completely in the dark, and if the book has not got into the hands of the English press and not been noticed, that is entirely the fault committed on your side of the water. Had I been informed of what had been done in that respect, or had I been told that that was left to me I could have acted. There is no doubt of a sale for it here, but not while it is in Trübner's hands; and if I was authorized to find an agent here I have no doubt of being able to do so; of course you would have to send a limited number of copies as a consignment.

The repudiation of the Socialists by George[4] is in my opinion an unmerited piece of good-luck which will redeem to a great extent the — unavoidable — blunder of placing George at the head of a movement he did not even understand. George as the standard bearer of the whole working class movement was a duper; George as the chief of the Georgites will soon be a thing of the past, the leader of a sect, like the thousands of sects in America.

Your pamphlet on philanthropy has not yet come to hand.

Your translation of Marx's Free Trade speech I shall look over with pleasure and compare it with the French original of which I have perhaps the only copy extant. We will see about the preface later on. The 7th[5] Bemerkung from the „Misère de la Phil.“ would fit in very well. As to the chapter on Rent, that seems more doubtful, as there is a good deal of reference to Proudhon's notions in it and I doubt whether Mr. Tucker's[6] lucubrations deserve any attention.

The reply of the Ex. to my footnote[7] is in itself so deprecatory and meaningless that to reply to it would be a work of supererogation. I cannot reply in time for the congress,[8] and the fact remains that I have openly taken sides against the Ex. in this matter. A fresh controversy across the Atlantic can lead to nothing. As to the „Socialist" and „Volksztg." boycotting me, I am sorry for it on account of the book and pamphlet, otherwise it is a matter of perfect indifference to me, I have got too often over such chicanery by simply waiting and looking on.

Your expulsion I read in the „Volksztg." at the time, it was what I expected. I hope your pamphlet will come in time for the congress, it would have been well if it had been out a month ago so as to come into the hands of the sections before they sent delegates. I am curious what the congress will do, but do not hope for too much. Faithfully yours F. Engels.

Fortunately the movement in America has now got such a start that neither George, nor Powderly nor the German intriguers can spoil or stop it. Only it will take unexpected forms. The real movement always looks different to what it ought to have done in the eyes of those who were tools in preparing it.

(Verschiedene Stellen und Punkte in dem vorliegenden Briefe bedürfen keiner Uebersetzung, da sie im folgenden Briefe von Engels an Sorge in deutscher Sprache fast genau wiedergegeben werden.)

* * *

(Deutsch.)

Ihren Brief vom 28. August habe ich erhalten.

Es freut mich, daß die Broschüre[1] sich so gut verkauft. Die Exemplare, die ich erhalten, werde ich Aveling einhändigen — der eben vom Lande zurückgekehrt — zur Verteilung an die sozialistischen Blätter und in seinen Ostend-Versammlungen bei seinen Vorträgen über die amerikanische Bewegung. Auch werde ich versuchen, durch ihn einen Verkaufsagenten zu gewinnen und Ihnen das Resultat mitteilen.

Was ich Ihnen über Trübner[2] geschrieben, hat sich mehr als erwartet bewahrheitet. Gestern erzählte mir Dr. Baernreither, österreichischer

Abgeordneter, daß er Trübner — mit dem er regelmäßig Geschäfte hat — ersucht habe, ihm ein Exemplar unseres Buches zu besorgen. Trübner sagte, er habe keins und Dr. Baernreither sollte sich lieber eins bestellen durch eine amerikanische Agentur, deren Adresse er ihm gab, und Baernreither bestellte dort das Buch. Also Trübner boykottiert nicht bloß das Buch, sondern er sucht es dem Blick zu entziehen.

Was die an Kautsky geschickten Exemplare betrifft, so konnte er gar nicht anders handeln als er getan. Weder Lovell[3] noch Sie selbst haben ihm eine Zeile Instruktion geschrieben. Ich selbst habe nie erfahren, ob irgendwelche Exemplare an die hiesige Presse gesandt wurden und an welche Blätter, und wenn das Buch nicht in die Hände der englischen Presse gelangt und nicht besprochen worden ist, so ist das ganz und gar die Schuld der auf Ihrer Seite des Wassers begangenen Fehler. Wäre ich benachrichtigt worden von dem, was in dieser Beziehung geschehen, oder hätte man mir gesagt, das sei mir überlassen, so hätte ich handeln können. Unzweifelhaft findet das Buch hier Käufer, aber nicht in Trübners Händen; und wäre ich bevollmächtigt, hier einen Agenten zu finden, so könnte ich das sicherlich tun; aber Sie müssen natürlich eine beschränkte Zahl von Exemplaren hier konsignieren.

Die Repudiation der Sozialisten[4] usw. (siehe nächsten Brief). — —

Ihre Broschüre über Philanthropie ist noch nicht angekommen.

Ihre Übersetzung von Marx' Rede über den Freihandel werde ich mit Vergnügen durchsehen und mit dem französischen Original vergleichen, von dem ich wohl das einzige existierende Exemplar besitze. Wegen der Vorrede wollen wir später reden. Die 7. Bemerkung[5] aus „Misère de la Philosophie" paßt sehr gut dazu. Das Kapitel über die Rente erscheint mir zweifelhaft, weil darin zu viele Hinweise auf Proudhons Sachen sind, und ich zweifle, daß Herrn Tuckers[6] Elaborate Aufmerksamkeit verdienen.

Die Antwort der Exekutive[7] usw. . . . . . (siehe folgenden Brief).

Von Ihrer Ausstoßung las ich seinerzeit in der „Volkszeitung", es war zu erwarten. Ich hoffe, daß Ihre Broschüre noch zeitig kommt für den Kongreß,[8] es wäre gut gewesen, wenn sie einen Monat früher erschienen wäre, um in die Hände der Sektionen zu gelangen vor der Wahl der Delegierten. Ich bin neugierig, was der Kongreß tun wird, erwarte aber nicht zu viel. — — — — — — — — — — — —

Aufrichtig Ihr F. Engels.

Glücklicherweise hat die Bewegung in Amerika einen solchen Vorsprung, daß weder George, noch Powderly, noch die deutschen Intriganten sie schädigen oder hemmen können. Nur wird sie unerwartete Formen annehmen. Die wirkliche Bewegung sieht immer verschieden aus von dem, was sie in den Augen derer sein sollte, die als Werkzeuge sie vorbereiteten.

* * *

[1] Die Vorrede zur „Lage".

[2] Siehe Brief vom 28. Mai.

[3] Der New Yorker Buchhändler, der den Vertrieb der „Lage" übernommen hatte.

[4] Auf der Konvention in Syracuse und in Georges Organ „The Standard".

[5] Es ist nicht ganz klar, welche Bemerkung in „Misère d. l. Phil." gemeint ist.

[6] Ein Amerikaner Tucker gab längere Zeit in New York und Boston ein (philosophisch) anarchistisches Blatt, „Liberty", heraus, worin er besonders Proudhons Lehren verteidigte und verbreitete.

[7] Die Fußnote, von der er in seinem Briefe vom 30. Juni 1887 spricht.

[8] Der Kongreß der S. A. P. ist gemeint, der kurze Zeit darauf in Buffalo zusammentrat.

137

Fr. Engels an Sorge.

London, 16. September 1887.

Lieber Sorge!

Brief 1. September erhalten. Hoffentlich kommt dein Bein allmählich ins Geleise. Ruhe und Geduld ist die Hauptsache.

Ich habe heillos viel Unruhe diesen Sommer, Besuch im Hause von aller Herren Ländern, was bis Mitte Oktober dauern wird, da ich Bebel in 14 Tagen erwarte. Den Marxschen Brief über George kann ich erst wieder heraussuchen, wenn ich ans Ordnen komme, d. h. sobald einige bestellte neue Bücherschränke da sind, die mir Raum schaffen. Dann erhältst du sofort Übersetzung. Es hat keine Eile, George muß sich noch etwas mehr festreiten. Seine Lossagung von den Sozialisten ist das größte Glück, was uns passieren konnte. Seine Erhebung zum Bannerträger vorigen November war ein unvermeidlicher Fehler, der sich rächen mußte. Die Massen sind nun einmal nur auf dem, jedem Lande und den jedesmaligen Umständen entsprechenden Wege — der meist ein Umweg ist — in Bewegung zu bringen. Alles andere ist Nebensache, wenn nur die wirkliche Aufrüttelung erfolgt. Die dabei gemachten unvermeidlichen Böcke strafen sich jedesmal. So war hier zu befürchten, daß die Erhebung eines Sektenstifters zum Schildträger die Bewegung auf Jahre hinaus mit den Narrheiten der Sekte belasten würde. Indem G. die Stifter der Bewegung hinauswirft, seine Sekte als spezielle, orthodoxe George-Sekte konstituiert, seine Borniertheit als borne[1] der ganzen Bewegung proklamiert, rettet er diese und ruiniert sich selbst.

Die Bewegung selbst wird natürlich noch viele und nicht angenehme Phasen durchmachen — nicht angenehm besonders für den, der im Lande wohnt und sie zu erleiden hat. Aber ich glaube bombenfest daran, daß es jetzt drüben vorwärts geht und vielleicht rascher als bei uns; trotzdem daß die Amerikaner vor der Hand noch fast ausschließlich aus der Praxis lernen werden und nicht so sehr aus der Theorie.

Die Antwort der Exekutive auf meine Anmerkung ist jammervoll. Auf ihren Kongreß setze ich auch nicht viel Hoffnung. Die Leute im Osten — die Sektionen — scheinen nicht viel wert zu sein und doch Verlegung des Schwerpunkts der sozialdemokratischen Partei nach Westen wenig wahrscheinlich.

Der hiesige Trade Unions-Kongreß hat wieder neue Beweise geliefert, daß die Revolution innerhalb der alten vorangeht. Sie haben gegen die Führer, namentlich gegen Broadhurst und die übrigen Arbeiter-Parlamentsmitglieder, Stiftung einer besonderen Arbeiterpartei beschlossen. Ein kathedersozialistischer österreichischer Abgeordneter[2] war ganz erstaunt über den Umschwung seit 1883, wo er zuletzt hier war.

Von Frankreich höre und sehe ich nichts, seit Laf. auf einige Wochen nach Jersey ging.

Über Deutschland schreibe ich Dir, sobald ich mit Bebel hier gesprochen.

In der allgemeinen Politik rüstet sich alles auf den Tod des alten Wilhelm, wo dann die Russen sich im Orient etwas mausiger machen werden und Bismarck sie darin ermutigen wird, um sich zu halten. Aber ich glaube kaum, daß es zum Krieg kommen wird. Die Unsicherheit dessen, was aus einem Krieg wird, ist so groß, die gegenseitige Absicht der Kabinette, einander zu verraten, so konstatiert, die Gewißheit, daß der Krieg heftiger, blutiger, kostspieliger und erschöpfender werden muß als je ein früherer (10 bis 12 Millionen Soldaten gegeneinander) so gewiß, daß alle drohen, aber keiner den Mut hat anzufangen. Bei diesem Spiel kann's aber losgehen, ohne daß sie es wollen, und das ist die Gefahr.

Von Kautskys Schrift über die Marxsche Theorie sind bereits 5000 Exemplare verkauft.

Hiermit leb wohl für heute — Postschluß und Essen vor der Tür.

Dein F. E.

[1] Schranke, Grenze.
[2] Dr. Baernreither.

138

Jos. Dietzgen an Sorge.

Chicago, 17. September 1887.

Lieber Sorge!

Die „Arbeiterzeitung" war in Verlegenheit und hat auf den Vorschlag Spies' mich um Führung der Redaktion ersucht. Ich habe provisorisch angenommen, und zwar in diesen moralisch heißen und nicht ungefährlichen Tagen — gewissermaßen eine Torheit, zumal wenn man bedenkt, wie ich voraussehe, daß die Publishing Society[1] über kurzem mich wegen Mangel an lautem Toben und Schreien wieder wegjagt. Allerdings finde ich auch selbst, daß ich für solche Arbeit recht schlecht geeignet bin; indessen kann man doch seine Freunde und ihre gute Sache nicht in der Verlegenheit sitzen lassen.

Daß Sie Ihren bereits so nah erhofften Besuch wieder aufgeschoben, hat uns allen recht leid getan. — — — — — — — — — — —
— — — — — — — — — — — — — — — — — —

Die herzlichsten Grüße

Ihr J. Dietzgen.

[1] So hieß die Gesellschaft zur Herausgabe der „Arbeiterzeitung", des „Vorbote" und der „Fackel".

In einer Note teilt Dietzgen auf Anfrage mit, daß der deutsche Arbeiterverein von Chicago, der 1866 einen Delegierten, Schlegel, auf den Kongreß der Nationalen Arbeiter-Union in Baltimore sandte, „Republikanischer Arbeiterverein" hieß.

139

Jos. Dietzgen an Sorge.

Chicago, 10. Oktober 1887.

Mein lieber Freund Sorge!

Muß mich doch noch einmal nach Ihrem Befinden erkundigen. — —

Ich schreibe Ihnen auf der Office der „Arbeiterzeitung" und bin bis jetzt noch ganz froh, etwas Zeitvertreib gefunden zu haben. Spies und Schwab arbeiten fleißig mit und das macht mein Amt sehr leicht. Mit der eigentlichen Redaktion beschäftige ich mich sehr wenig, darf sagen gar nicht. Dem Verwaltungsrat habe ich bei meiner Anstellung auch erklärt, daß ich mich dazu nicht eigne, sie müßten zufrieden sein, wenn ich durch meine Beiträge mitwirken könne, daß die Zeitung an Ansehen gewinne. Jeder andere meiner Mitarbeiter bleibe für sich selbst verantwortlich. Ich wollte als betitelter Redakteur mein bestes tun, daß der Friede unter dem Personal erhalten bleibe, wozu ich mich denn auch geeignet glaube und finde. Wie die nun ihre Spalten füllen, ist deren Sache; ich interessiere mich für die Stadt- und Landneuigkeiten zu wenig, als daß ich sie nachlesen oder gar vor dem Druck durchlesen möchte. Auch verträgt sich das viele Unterhandeln, Disponieren, Befehlen usw. nicht mit der mir zum Schreiben und Stoffsuchen benötigten Ruhe. Auch muß ich mich ja eigentlich der redaktionellen Disposition entschlagen, weil die Mitarbeiter nicht von mir angestellt sind und abhängen, sondern vom Verwaltungsrat, dem ich die einfache Bedingung gestellt habe: bist du nicht mit mir zufrieden, so such dir einen anderen. Auch Spies habe ich über die Auffassung meines Berufs verständigt, und so fühle ich mich denn ganz leicht und in meinem Element. Ich betrachte mich als Nothelfer für Spies und Schwab, denen die Zeitung in ihrer traurigen Lage treue Dienste tun, als Organ dienen muß.

Most in seiner „Freiheit“ hat schon ein paarmal tüchtig auf mich geschimpft, womit er mir jedoch nur wohlgetan, denn ob ich auch ein Blatt „redigiere“, welches er zu den seinigen rechnet, möchte ich doch nicht gern mit ihm und seinem Anarchismus in einen Topf geworfen werden.

Sonst nichts Neues. — — — — — — — — — — — — — —

Viele herzliche Grüße

von Ihrem J. Dietzgen.

140

Fr. Engels an Sorge.

London, 29. Oktober 1887.

Schicke Dir per heutige Post den österreichischen Kalender (Österreichischer Arbeiterkalender) mit Biographie, ditto „Commonweal“. Bebel und Bernstein sind hier, um auch wegen nächstjährigem internationalen Kongreß Vorbereitungen zu treffen. Bebel sehr zufrieden mit St. Galler Kongreß, wie mit Lage der Dinge in Deutschland.

Hier beweisen beide Fraktionen bei der spontanen Agitation der Unbeschäftigten, wie gar wenig Fühlung sie mit den Massen haben. „Commonweal“, wie Du siehst, sogar total rat- und hilflos.

* * *

Henry George hatte die Sozialisten abgeschüttelt und breitete seine Wahlkampagne über den Staat New York aus. Er erhielt bei der Novemberwahl im ganzen Staate nicht einmal so viel Stimmen wie im vorhergehenden Jahre in der Stadt New York allein. Die Sozialisten hatten nur einen Achtungserfolg in der Stadt New York. Der letzte Versuch, die Verurteilten in Chicago durch eine imposante Zahl von Arbeiterstimmen zu retten, schlug fehl, der Justizmord wurde am 11. November ausgeführt, aber Fielden und Schwab zu lebenslänglichem Zuchthaus begnadigt.

Über die europäischen Zustände geben die Briefe von Engels den besten Aufschluß.

141

Jos. Dietzgen an Sorge.

Chicago, 25. November 1887.

Mein lieber Freund Sorge!

— — — — — — — — — — — — — — — — — —

Meine Stellung hier an der Zeitung habe ich noch immer und habe sie so vereinfacht, daß ich recht zufrieden sein würde, wenn mir dieselbe noch eine Zeitlang Beschäftigung gewährt.

Eines Tages hatte ich einen Artikel geschrieben, den die Drucker, weil sie von einem der Mitredakteure aufgehetzt waren, nicht drucken wollten, weil dann der Most in seiner „Freiheit“ dagegen lamentieren würde. Darauf schrieb ich dem Verwaltungsrat, der mich Tags zuvor ersuchen ließ, darauf zu achten, daß nichts in das Blatt gelange, was zu Verleumdungsklagen Veranlassung gebe, ich könne fortan keine Verantwortung übernehmen, als nur für die Artikel, die ich selbst schriebe. Hier auf der Redaktion ginge es durchaus herrschaftslos oder anarchistisch zu; jeder tue, was ihm beliebe und ich könne nur dann die nötige Autorität haben, wenn die Leute in ihrer Stellung von mir abhingen, entlassen und engagiert würden. Indessen wäre ich zu alt, um dergleichen übernehmen zu können. Sie müßten einstweilen zufrieden sein, daß es eben gehe, wie es geht, sollten jeden verantwortlich machen für das was er schriebe. Und dabei ist es denn auch geblieben. Ich schreibe täglich einen, zuweilen auch zwei Artikel und lasse Gottes Wasser über Gottes Boden laufen.

Wenn man die Welt zurechtsetzen will, hat man zuviel Ärger.

Sonst, mein lieber Freund, ist alles beim alten. Die Mädchen kochen und die Jungens schachern. Wir leben aber sehr, sehr einsam. — — Der Verdienst ist sehr klein; ich habe wenig verlangt, weil ich von vornherein erklärte: ich wollte mich nicht überbürden mit Arbeit. Ich tue nur halbe Dienste und begnüge mich gern mit halber Zahlung. Man zahlt mir 15 Dollar die Woche; ein Verdienst, dessen ich mich freue, weil ich nun doch wieder etwas besser in die Kleidung komme.

Habe ich Ihnen nicht früher erzählt, daß ich unter dem Titel „Streifzüge in das Gebiet der Erkenntnistheorie" eine Sammlung teils älterer, teils neuer Artikel der Volksbuchhandlung in Zürich in Verlag gegeben? Es ist beinahe ein Jahr, daß ich nichts davon hörte. Dieser Tage schrieb sie, daß die Sache nunmehr als Heft der Sozialdemokratischen Bibliothek erscheinen werde und Höhne in New York angewiesen habe, mir als Honorar 35 Dollar dafür zu zahlen.

Nun also bin ich bald wieder ein reicher Mann; dann gehe ich aber auch, sobald es hier mit der Zeitung ausläuft, nach Deutschland und versuche die Luft der Einsiedelei in meinem Heimatsdörfchen. Das ist mein Ideal. Wenn ich dann dort so eine alte Jugendfreundin auftreiben könnte — was sehr wahrscheinlich — die mir Gesellschaft leistete, dann fordere ich mein Jahrhundert in die Schranken.

Mit den allerfreundlichsten und allerherzlichsten Grüßen

Ihr J. Dietzgen.

142

Fr. Engels to Mrs. Wischnewetzky.

London, Decbr. 3rd 1887.

Dear Mrs. Wischnewetzky.

— — — — — — — — — — — — — — — — —

We shall send copies[1] to the Socialistic press (except „Justice" which had one from America and said just two lines about it), to the „Athenaeum", „Academy" and „Pall Mall Gazette"; „Weekly Dispatch" and „Reynolds". The „Commonweal" (I sent a copy to Morris) has begun a series of extracts from the book, the first of which I mailed to you to day. Altogether the prospects are very good. Only we must not send the copies to the press until after Christmas, otherwise they would be wasted.

As to the pamphlet,[2] as I told you, Reeves has pirated it and will of course sell his own lot first. I shall hand the thousand copies to Aveling to do the best he can — either sell at meetings or give to Reeves as he may want them; but I am afraid a good deal of them will have to be given away gratis in the long run at meetings.

Your translation of „Free Trade" shall have attention as soon as ever possible. I shall also write a preface, only I am sure it will not in any case be what you want. It is impossible for me to answer the probable arguments of American protectionists beforehand. I do not know that sort of literatnre and have no time to go into it. My reasoning in nine cases out of ten would miss the mark, and moreover whatever we may say, they will always find a way out, and have something to say that we cannot foresee. To enter into polemics with them directly, one must be in America. And I have always found that a good book makes its way and has its effects whatever the penny a liners of the day may say.

Yours faithfully

F. Engels.

* * *

(Deutsch.)

Wir werden der Sozialistischen Presse Exemplare[1] zusenden (ausgenommen „Justice", die eins von Amerika hatte und gerade zwei Zeilen darüber schrieb), dem „Athenaeum", „Academy", und „Pall Mall Gazette", „Weekly Dispatch" und „Reynolds". Das „Commonweal" (ich hatte Morris ein Exemplar geschickt) hat eine Reihe von Auszügen aus dem Buch begonnen, deren ersten ich Ihnen heute zugesandt. Im ganzen sind die Aussichten recht gut. Nur dürfen wir der Presse die Exemplare erst nach Weihnachten schicken, sonst werden sie weggeworfen.

Was die Broschüre[2] betrifft, habe ich Ihnen gemeldet, daß Reeves sie gestohlen (nachgedruckt) hat und natürlich zuerst seinen eigenen Haufen verkaufen wird. Die tausend Stück werde ich Aveling einhändigen, um sein bestes damit zu tun — entweder in Versammlungen verkaufen oder Reeves geben, wie der sie brauchen mag; aber ich fürchte, daß ein großer Teil davon zuletzt in Versammlungen umsonst verteilt werden muß.

Ihre Übersetzung vom „Freihandel" wird bedacht, sobald als nur möglich. Ich werde auch eine Vorrede schreiben, bin aber sicher, daß sie keinesfalls sein wird, was Sie wünschen. Es ist mir unmöglich, auf die wahrscheinlichen Argumente amerikanischer Schutzzöllner im voraus zu antworten. Ich kenne diese Sorte Literatur nicht und habe keine Zeit für sie. In neun Fällen unter zehn würde meine Beweisführung das Ziel verfehlen, und was immer übrigens wir sagen mögen, sie werden stets einen Ausweg finden und etwas zu sagen haben, das wir nicht voraussehen können. Sich mit ihnen direkt in Polemik einzulassen, müßte man in Amerika sein. Und ich habe immer gefunden, daß ein gutes Buch seinen Weg und seine Wirkung macht, was auch die Tintenkulis der Zeit dazu sagen mögen.

Aufrichtig Ihr Fr. Engels.

* * *

[1] Des Buches „Die Lage der arbeitenden Klasse in England".
[2] Der als Broschüre gedruckten Vorrede.

143

Jos. Dietzgen an Sorge.

Chicago, 15. Dezember 1887.

Mein lieber Sorge!

— — — — — — — — — — — — — — — — — —

Ich wollte nur auf Wunsch unseres Verwaltungsrates bei Ihnen anfragen, ob Sie uns keine gute Kraft als Redakteur für die „Arbeiterzeitung" empfehlen können. Es geht dabei noch mehr um ein administratives als journalistisches Talent. Zu dem administrativen bin ich schlecht geeignet, besonders wenn man einen vielköpfigen Verwaltungsrat über sich hat, der selbst nicht recht weiß was er will. Da schreibe ich meine Leitartikelchen und lasse die anderen schreiben und tun was sie wollen. Wollte ich mich in diese Reibereien einlassen, würde ich mir nur noch das wenige Gute, was ich kann, verderben.

Herzliche Grüße von Ihrem J. Dietzgen.

* * *

Am 4. Januar 1888 schrieb J. Dietzgen an Sorge unter anderem: „Ich mache Sie noch aufmerksam über gegenwärtig von der „Arbeiterzeitung" gebrachte und zu bringende drei Artikel „Zur sozialen Doktrin des Anarchismus". — Ich habe sie verübt und möchte gerne hören, daß Sie mich deshalb ausschimpften."

144

Fr. Engels an Sorge.

London, 7. Januar 1888.

Lieber Sorge!

Zuerst Prosit Neujahr und die Hoffnung, daß Du Dich in die neue Lokalität gut eingewöhnen wirst, und daß Du von allen Unfällen des Sommers wieder vollständig kuriert bist.

Hoffentlich bläst die Kriegswolke vorbei — es geht alles ohnehin so schön nach unseren Wünschen, daß wir eine Störung durch einen allgemeinen Krieg, und zwar einen so kolossalen wie nie vorher, sehr gut entbehren können, obwohl auch dies schließlich zu unseren Gunsten ausschlagen müßte. Die Politik Bismarcks treibt uns die Arbeiter- und Kleinbürgermassen haufenweis zu, die Jämmerlichkeit der so pompös angekündigten Sozialreform, die ein purer Vorwand ist zu Zwangsmaßregeln gegen die Arbeiter (Streikerlaß Puttkamers, vorgeschlagene Wiedereinführung der Arbeitsbücher, Diebstahl von Gewerkschafts- und Hilfskassen), wirkt enorm. Das neue Sozialistengesetz wird wenig schaden, die Verbannung geht diesmal schwerlich durch, und wenn sie durchgeht, ist ihre Dauer fraglich. Denn wenn — was für uns am besten wäre — der alte Wilhelm bald stürbe und dann der Kronprinz auch nur für sechs Monate ans Ruder käme, so würde wahrscheinlich alles in Verwirrung kommen. Bismarck hat so stark daran gearbeitet, den Kronprinzen ganz zu beseitigen und eine Regentschaft des jungen Wilhelm zustande zu bringen, daß er in diesem Falle wohl beseitigt würde, und ein kurzes illusionsvolles liberales Regime ihn ersetzte. Das würde hinreichen, das Vertrauen des Philisters in die Beständigkeit der Bismarckschen Wirtschaft zu zerstören; und wenn dann auch nachher Bismarck wieder dran käme, so ist doch der Glaube des Philisters fort. Die falschen Bonapartes von heute sind nichts, wenn man nicht an sie und ihre Unbesiegbarkeit glaubt. Und wenn dann Bismarck frech würde und noch schnodderigere Maßregeln als jetzt vorbrächte, dann würden die Dinge rasch auf den kritischen Punkt losmarschieren.

Ein Krieg dagegen würde uns um Jahre zurückwerfen. Der Chauvinismus würde alles überfluten, da es einen Kampf um die Existenz gäbe. Deutschland würde an die fünf Millionen Bewaffnete stellen oder zehn Prozent der Bevölkerung, die anderen etwa vier bis fünf

Prozent, Rußland relativ weniger. Aber zehn bis fünfzehn Millionen Kombattanten wären da. Wie sie zu ernähren, möchte ich sehen; es würde eine Verwüstung geben wie im dreißigjährigen Krieg. Und rasch ist nichts zu erledigen trotz der kolossalen Streitkräfte. Denn Frankreich ist durch sehr ausgedehnte Befestigungen an der Grenze im Nordosten und im Südosten geschützt und die Neuanlagen von Paris sind musterhaft. Das dauert also lange, und ebenso ist Rußland nicht im Sturm unterzukriegen. Und wenn also alles nach Bismarcks Wunsch geht, werden Ansprüche an die Nation gestellt wie nie vorher, und möglich genug ist, daß Verschleppung des entscheidenden Kriegs und partielle Schlappen einen Umschwung im Innern hervorrufen. Würden aber die Deutschen von vornherein geschlagen oder auf die dauernde Defensive gedrängt, so ging's sicher los. Wenn der Krieg ohne innere Bewegungen bis zuletzt ausgekämpft würde, so träte eine Erschöpfung ein, wie Europa sie seit zweihundert Jahren nicht durchgemacht. Die amerikanische Industrie würde dann auf der ganzen Linie siegen und uns alle vor die Alternative stellen: entweder Rückfall in die reine Agrikultur für den Selbstgebrauch (jeden anderen verbietet das amerikanische Getreide), oder — soziale Umgestaltung. Ich vermute daher, daß man es nicht zum Äußersten, zu mehr als zu einem Scheinkrieg nicht zu bringen vorhat. Aber ist der erste Schuß gefallen, so hört die Kontrolle auf, das Roß kann durchgehen.

So drängt alles zur Entscheidung, Krieg oder Friede, und ich muß mich beeilen, mit dem dritten Bande fertig zu werden. Aber die Ereignisse verlangen, daß ich au courant bleibe und das nimmt viel Zeit weg; besonders nach der militärischen Seite; und doch muß ich meine Augen noch schonen. Ja, wenn ich mich auf den reinen Stubengelehrten zurückziehen könnte! Indes es muß gehen, spätestens nächsten Monat gehe ich dran.

Schorlemmer[1] ist hier und läßt grüßen.

Die Pariser Präsidentschaftskrisis ist direkt durch unsere Leute entschieden worden. Die Blanquisten stellten sich an die Spitze, Vaillant riß das Bureau des Stadtrats mit sich. Vaillant, wenn es bald losgeht, wird die Seele der nächsten provisorischen Regierung. Er hat es gut, als Blanquist braucht er keine ökonomische Theorie zu vertreten, kann also manchem Krakeel fernbleiben. Die Possibilisten haben sich total blamiert, waren für Abstention von aller Aktion, haben dem

Stadtratsbureau, das sich so gut benahm, wie von solchen Radikalen nur erwartet werden konnte, ein Tadelsvotum im Stadtrat bringen wollen, zusammen mit den Reaktionären, fielen aber durch.

„Commonweal", „Gleichheit", „To Day" hast Du hoffentlich regelmäßig erhalten.

Dein alter F. E.

* * *

[1] Schorlemmer, der berühmte Chemiker.

145

Fr. Engels an Sorge.

London, 22. Februar 1888.

Lieber Sorge!

— — — — — — — — — — — — — — — — — —

Ich mache eine Kur wegen meiner Augen durch — der Augenarzt sagt, there was nothing the matter with them, aber Schonung während der Kur tut not. Der Mann hat gut sprechen, und da sind ungefähr ein Dutzend Leute, die an mir herumzerren, deutsche, englische, italienische usw. Arbeit von mir verlangen — alles dringend! — und daneben darauf drängen, ich soll den dritten Band „Kapital" herausgeben. Alles sehr schön, aber die Leute selbst verhindern mich dran.

Ein alter Wunsch von Dir wird jedenfalls in einigen Tagen erfüllt; das Manifest erscheint hier bei Reeves englisch, Übersetzung von S. Moore, revidiert von uns beiden, Vorrede von mir, erste Korrektur ist schon gelesen. Sobald ich Exemplare erhalte, schicke ich Dir zwei, wovon eins für Wischnewetzkys. Nämlich Reeves zahlt Sam Moore royalty[1] für Autorrecht, und da ich den Kontrakt abgeschlossen, kann ich nicht direkt dazu beitragen, daß es in Amerika nachgedruckt wird. Sonst könnte Reeves den Kontrakt dadurch gebrochen erklären und der arme Sam Moore erhielte nichts. Es ist aber klar, daß ich gegen einen Nachdruck nichts tun kann und nichts tun werde. Hat doch Reeves auch meine Vorrede zur „Condition of the Working Class" nachgedruckt.

— — — — — — — — — — — — — — — — — —

Der „Socialiste" ist wieder einmal tot. Die Pariser Arbeiter wollen kein Wochenblatt lesen. Vaillant macht sich famos im Gemeinderat; bei der Präsidentenkrisis, wo Ferrys Wahl durch die drohende Haltung der

Arbeiter verhindert wurde, hat er sich sehr hervorgetan. Er wird die Seele der nächsten provisorischen Regierung, wenn's bald kommt.

Bebel und Singer haben den Preußen eine heillose Niederlage beigebracht beim Sozialistengesetz. Zum erstenmal hat ganz Europa auf unsere Reichstagsleute horchen müssen. Du wirst B.s Rede in der „Gleichheit" gelesen haben — ein Meisterstück, worin er sich selbst übertroffen.

Ich hoffe, es kommt nicht zum Krieg, obwohl ich dann meine militärischen Studien, die ich jetzt eben wegen des Kriegslärms habe wieder aufnehmen müssen, für die Katz gemacht habe. Die Chancen stehen so: Deutschland, dank der lange bestehenden allgemeinen Wehrpflicht und Schulbildung, kann zweieinhalb bis drei Millionen gediente Leute aufstellen und mit Offizieren und Unteroffizieren versehen. Frankreich nicht über eineinviertel bis eineinhalb Millionen, Rußland kaum eine Million. Schlimmstenfalls ist Deutschland beiden gewachsen zur Abwehr. Italien kann dreihunderttausend Mann stellen und auf den Beinen erhalten; Österreich zirka eine Million. Für den Landkrieg stehen also die deutsch-österreichisch-italienischen Chancen gut, und den Seekrieg entscheidet Englands Verhalten. Es wäre gottvoll, wenn Bismarck seine eigene Hauptstütze, den russischen Zarismus, absägen müßte!

Es nähert sich alles einer Krisis, Krieg oder nicht. Die Geschichte in Rußland kann nicht lange mehr halten. Der Kaiser im Sterben, der Kronprinz todkrank. In Frankreich der Sturz der Bourgeoisrepublik, der Ausbeuter, immer näher rückend; die Skandäler wie 1847 drohen eine révolution de mépris.[2] Und hier bemächtigt sich der Massen mehr und mehr ein instinktiver Sozialismus, der glücklicherweise noch aller bestimmten Formulierung nach dem Dogma einer oder der anderen sogenannten Organisation widerstrebt, sie also um so leichter von einem entscheidenden Ereignis annehmen wird. Es braucht nur irgendwo loszugehen und die Bourgeois werden sich wundern über den versteckten Sozialismus, der dann ausbrechen und offenbar werden wird.

Dein alter F. Engels.

* * *

[1] Eine bestimmte Abgabe von jedem verkauften Exemplar.
[2] Revolution aus Verachtung (gegen die bestehenden Gewalten).

140

Fr. Engels to Mrs. Wischnewetzky.

London, Febr. 22nd 1888.

Dear Mrs. Wischnewetzky.

I have duly received your letters Dec. 21st and Jan. 8th and return Lovell's letter with thanks.

I am not astonished at Gronlund's[1] proceedings, I was rather glad he did not call on me here. From all I hear he is full of vanity and self-conceit, to a degree unattainable even to a German, and to be reached only by a Scandinavian, but also so naive in it as only a Scandinavian can be — in a German it would be offensive. Es muss auch solche Käuze geben. In America not less than in England all these self-announced grands hommes will find there own level as soon as the masses begin to stir — and will then find themselves shifted to that level of their own with a velocity that will astonish them. We have had all that in Germany, and France, and in the International too.

— — — — — — — — — — — — — — — — — —

Justice[2] brought out again the old American translation of the Communist Manifesto. This set Reeves inquiring about an authorized translation. I had one by S. Moore, and Sam happened to be here. So we revised it and sold it to R. — he got the proofs last week and as soon as it is out you shall have a copy. Sam Moore is the best translator I know but not in a position to do work without getting something for it.

— — — — — — — — — — — — — — — — — —

Your remarks about my books being boycotted by the official German Socialists of New York are quite correct, but I am used to that sort of things, and so the efforts of these gents amuse me. Better so than to have to undergo their patronage. With them the movement is a business, and „business is business". This kind of things won't last very long, their efforts to boss the American movement as they have done with the German-American one, must fail miserably. The masses will set all that right, when once they move.

Here things go slowly but well. The various little organizations have found their level and are willing to cooperate without bickerings. The police brutalities in Trafalgar Square have done wonders in helping to widen the gap between the working men Radicals and the Middle Class Liberals and Radicals, the latter have behaved cowardly in and out of Parliament. The Law and Liberty League — a body gaining ground every day — is the first organization in which Socialist delegates, as such, sit aside of Radical delegates. The stupidity of the present Tory government is appalling, — if old Disraely was alive, he would box their ears right and left. But this stupidity helps on matters wonderfully. Home Rule for Ireland and for London is now the cry here, the latter a thing which the Liberals fear even more than the Tories do. The working class element is getting more and more exasperated, through the stupid Tory provocations, is getting daily more conscious of its strength at the ballot box, and more penetrated by the Socialist leaven. The American example has opened their eyes, and if next autumn there was to be a repetition, in any large American town, of the New York election campaigne of 1886, the effect here would be instantaneous. The two great Anglo-Saxon nations are sure to set up competition in Socialism, as well as in other matters and then it will be a race with ever accelerated velocity.

Can you let me have the American Custom's Tariff, and the list of internal taxes upon American industrial and other products? and if possible some information as to how the latter are balanced by the former with regard to cost of production? that is, for instance, if the inland duty on cigars is 20%, an import duty of 20% would balance it as far as foreign competition is concerned. That is what I should like to have some information about, before I write my preface to „Free Trade."

Reciprocating your kind wishes I remain

Yours very truly F. Engels.

* * *

(Deutsch.)

Ihre Briefe vom 21. Dezember und 8. Januar habe ich richtig erhalten; Lovells Brief anbei mit Dank zurück. Über Gronlunds[1] Verhalten bin ich nicht erstaunt, bin eigentlich froh, daß er mich hier nicht aufgesucht hat. Nach allem, was ich höre, ist er voller Eitelkeit und Selbstüberschätzung in einem sogar Deutschen unerreichbaren Grade, den nur ein Skandinavier erreichen kann, aber dabei auch so naiv wie nur ein Skandinavier sein kann — bei einem Deutschen wäre es anstößig. „Es muß auch solche Käuze geben." Alle diese ihren eigenen Ruhm verkündenden grands hommes (großen Männer) gelangen auf das ihnen gebührende Niveau in Amerika nicht weniger als in England, sobald die Massen sich zu rühren beginnen — und auf dieses ihnen gebührende Niveau werden sie sich geschoben finden mit einer Schnelligkeit, die sie erstaunen wird. Wir haben das alles erlebt in Deutschland und Frankreich, und auch in der Internationalen.

— — — — — — — — — — — — — — — — — —

„Justice"[2] brachte die alte amerikanische Übersetzung des Kommunistischen Manifestes wieder heraus. Das veranlaßte Reeves, wegen einer autorisierten Übersetzung anzufragen. Ich hatte eine von Sam Moore, und Sam war gerade hier. So revidierten wir sie und verkauften sie an Reeves — er bekam die Probebogen letzte Woche und sobald es heraus kommt, erhalten Sie ein Exemplar. Sam Moore ist der beste Übersetzer den ich kenne, aber nicht in der Lage, zu arbeiten, ohne etwas dafür zu bekommen.

— — — — — — — — — — — — — — — — — —

Ihre Bemerkungen über die Boykottierung meiner Schriften durch die offiziellen deutschen Sozialisten New Yorks sind gewiß richtig, aber ich bin an derlei Dinge gewöhnt und deshalb amüsieren mich die Anstrengungen dieser Leute. Die Bewegung ist bei ihnen ein Geschäft, und „Geschäft ist Geschäft".

Diese Art Sachen kann nicht lange währen, ihre Anstrengungen, die amerikanische Bewegung zu beherrschen und zu meistern, wie sie es mit der deutsch-amerikanischen getan, müssen schmählich scheitern. Die Massen werden das alles in Ordnung bringen, sobald sie einmal in Bewegung.

Hier gehen die Dinge langsam, aber gut. Die verschiedenen kleinen Organisationen haben ihren Platz gefunden und sind bereit, ohne Zänkerei miteinander zu arbeiten. Die Polizeibrutalitäten auf Trafalgar Square haben wunderbar dazu beigetragen, die Kluft zu erweitern zwischen den Arbeiter-Radikalen und den bürgerlichen Liberalen und Radikalen; die letzteren haben sich in und außer dem Parlament feig benommen. Die

Gesetz- und Freiheitliga — die jeden Tag mehr Boden gewinnt — ist die erste Organisation, in welcher sozialistische Delegaten, als solche, an der Seite von radikalen Delegierten sitzen. Die Stupidität der jetzigen Toryregierung ist erschreckend; wenn der alte Disraeli noch lebte, würde er sie links und rechts an die Ohren schlagen. Indessen fördert diese Stupidität die Sache wunderbar. Home Rule für Irland und für London ist jetzt die Losung hier; das Letztere etwas, das die Liberalen sogar mehr fürchten als die Tories. Das Arbeiterklassenelement wird immer mehr durch die stupiden Toryprovokationen gereizt, wird täglich seiner Stärke am Stimmkasten mehr bewußt und mehr durchdrungen von sozialistischem Sauerteig. Das amerikanische Beispiel hat ihnen die Augen geöffnet, und gäbe es nächsten Herbst in einer größeren amerikanischen Stadt eine Wiederholung der New Yorker Wahlkampagne von 1886, so würde die Wirkung eine blitzartige sein. Die beiden angelsächsischen Nationen werden sicherlich miteinander konkurrieren im Sozialismus wie in anderen Dingen, und dann wird es ein Wettrennen geben in immer schnellerem Tempo.

Können Sie mir den amerikanischen Zolltarif besorgen und eine Liste der Inlandsteuern auf industrielle und andere Produkte? Und wenn möglich einige Auskunft darüber, wie die letzteren ausgeglichen werden durch den ersteren mit Rücksicht auf die Produktionskosten? Das heißt zum Beispiel, wenn die Inlandsteuer auf Zigarren 20 Prozent beträgt, so würde ein Einfuhrzoll von 20 Prozent sie ausgleichen, soweit es die ausländische Konkurrenz betrifft. Darüber möchte ich gern einige Auskunft haben, bevor ich meine Vorrede zum „Freihandel“ schreibe.

Ihren liebenswürdigen Wunsch erwidernd, verbleibe ich

Ihr sehr treuer

F. Engels.

* * *

[1] Gronlund, eigentlich Grönlund, von Geburt Däne, trat zuerst in die Öffentlichkeit nach dem großen Eisenbahnerausstand 1877 mit einer Broschüre „The coming Revolution“. Er war Eklektiker, und als solcher hatte er keine Ruhe, weder körperlich noch geistig, hielt sich vorübergehend in vielen Teilen des Landes auf, besuchte das Phalanstère zu Guise in Frankreich, gehörte auch eine Zeitlang der S. A. P. an, und verfaßte mehrere Schriften, die häufig einen gewissen Mystizismus verrieten. Er starb 1901 als Mitarbeiter des „New York Journal“ in großer Armut.

[2] Das Londoner Blatt.

147

Jos. Dietzgen an Sorge.

Chicago, 9. April 1888.

Mein lieber Sorge!

— — — — — — — — — in betreff des nächsten Sonntagsblattes [1] bin ich recht gespannt. Ich halte zwar nur das Wochenblatt, zweifle aber nicht, daß die neue Vorrede zum Kommunistischen Manifest darin mit aufgenommen wird.

— —

Hier ist alles beim alten. Daß Christensen Chefredakteur der „Arbeiterzeitung" geworden, werden Sie gesehen haben; ich schreibe täglich einen Artikel hier zu Hause, was für mich viel angemessener ist als der Redakteurtitel, dem ich nicht entsprechen konnte, weil dazu bei einem täglichen Blatte viel mehr Beweglichkeit und Vielseitigkeit gehört, als mir eigen.

— —

— —

Sonst weiß ich nichts Neues, was Sie nicht auch wüßten. Von meiner Anlehnung an die sogenannten Anarchisten bin ich noch voll erbaut, und glaube fast, damit heilsam gewirkt zu haben.

In Freundschaft der Ihrige

J. Dietzgen.

* * *

[1] Der „New Yorker Volkszeitung".

* * *

Dies war der letzte Brief Josef Dietzgens. Er starb am 15. April 1888 plötzlich in der Mitte seiner Kinder. Seinen vorzeitigen Tod beklagen die Partei der Zukunft, das Proletariat, und die wachsende Hilfstruppe der Arbeit, die freien unabhängigen Denker.

148

Fr. Engels to Mrs. Wischnewetzky.

London, April 11th 1888.

Dear Mrs. Wischnewetzky.

Your call for the Ms. comes upon me very suddenly and I am afraid I shall not be able to oblige you. I am allowed to write two hours a day, not more; have a large correspondence to attend to; find that at the end of the two hours, am only just getting warm in harness, and then, just then, must stop. Under these circumstances I am quite unable to do articles de saison to order, especially for a distant market, and do not see my way to having the pamphlet ready in Ms. by May 15th, much less have it ready printed in N. Y. by that time. Still I will set about it at once, after clearing off urgent letters, and do my best. I interrupt an important piece of business on purpose, to clear this matter off.

Still in my opinion you need not fear of losing your opportunity. The Free Trade question will not disappear from the American horizon until settled. I am sure that Protection has done its duty for the U. S. and is now an obstacle, and whatever may be the fate of the Mills bill,[1] the struggle will not end until either Free Trade enables the U. S. manufacturers to take the leading part in the world market to which they are entitled in many branches of tráde, or until both Protectionists and Free Traders are shoved aside by those behind them. Economic facts are stronger than politics, especially if the politics are so much mixed up with corruption as in America. I should not wonder if during the next few years one set of American manufacturers after the other . . . . . .[2] over to the Free Traders — if they understand their interests they must.

Thanks for the official publications[3] — I think they will just be what I want.

I am glad of your success against the Ex. as far as it goes — from „Volksz. Weekly" March 31st I see they won't give in yet — there you see what an advantage it is to be on the spot. The non-resisting weakness which went straight against the Avelings because they were absent — that weakness you could rock round to your favor because you were not absent; and thus the hostility to you is reduced to mere local klatsch which with perseverance you are sure to overcome and to live down.

— — — — — — — — — — — — — — — — — —

I return herewith the letters of the Board of Supervision.[4]

In haste.

Yours faithfully

F. Engels.

* * *

(Deutsch.)

Ihr Verlangen nach dem Manuskript kommt sehr plötzlich und ich fürchte, Ihnen nicht dienen zu können. Ich darf täglich nur zwei Stunden schreiben, nicht mehr; habe eine ausgedehnte Korrespondenz zu besorgen; fühle mich am Ende der zwei Stunden gerade erst warm im Geschirr, und dann, gerade dann, muß ich aufhören. Unter diesen Umständen bin ich wirklich nicht imstande, Saisonartikel auf Bestellung zu machen, noch dazu für einen fernen Markt, und ich kann nicht sehen, wie ich die Broschüre im Manuskript zum 15. Mai fertig haben, viel weniger noch, wie sie um dieselbe Zeit in New York fertig gedruckt sein soll. Immerhin werde ich mich sofort daran machen, nachdem ich dringende Briefe besorgt, und mein Bestes tun. Ich unterbreche ein wichtiges Stück Arbeit absichtlich, um diese Sache zu erledigen.

Übrigens brauchen Sie, meiner Meinung nach, den Verlust einer passenden Gelegenheit nicht zu befürchten. Die Freihandelsfrage wird vom amerikanischen Horizont nicht verschwinden, bis sie erledigt ist. Ich bin sicher, daß der Schutzzoll seine Aufgabe für die Vereinigten Staaten erfüllt hat und jetzt ein Hindernis bildet, und was auch mit dem Millsgesetz[1] geschehen mag, der Kampf wird nicht enden, bevor entweder Freihandel die Fabrikanten der V. St. in den Stand setzt, die Führung auf dem Weltmarkt zu übernehmen, zu der sie in vielen Handelszweigen berechtigt sind — oder bis beide, Schutzzöllner und Freihändler, beiseite geschoben werden von denen, die hinter ihnen stehen. Ökonomische Tatsachen sind stärker als Politik, ganz besonders wenn die Politik so sehr mit Korruption durchseucht ist wie in Amerika. Ich würde mich gar nicht wundern, wenn in den nächsten Jahren eine Reihe amerikanischer Fabrikanten nach der anderen zu den Freihändlern übergingen — wenn sie ihre Interessen verstehen, müssen sie.

Besten Dank für die offiziellen Schriftstücke[2] — ich denke, sie sind gerade, was ich brauche.

Ich freue mich über Ihren Erfolg gegen die Ex., soweit er geht — im Wochenblatt der „Volkszeitung" 31. März sehe ich, daß sie sich noch nicht fügen wollen — da sehen Sie, welchen Vorteil es bietet, an Ort und Stelle zu sein. Die untätige, indolente Schwäche, die sich direkt gegen die Avelings wendete, weil sie abwesend waren — diese Schwäche konnten Sie zu Ihren Gunsten mildern, weil Sie nicht abwesend waren, und daher ist die Feindseligkeit gegen Sie reduziert auf bloßen lokalen Klatsch, den Sie sicherlich mit Ausdauer überwinden und unterkriegen werden.

— — — — — — — — — — — — — — — — — —

Ich sende Ihnen hiermit die Briefe des Aufsichtsrats zurück.[4]

In Eile. Ihr aufrichtiger

F. Engels.

* * *

[1] Ein dem Kongreß der V. St. vorliegendes Gesetz über die Einfuhrzölle.

[2] Ein unleserliches Wort, dessen Sinn aber wohlverständlich.

[3] Über die Zollgesetze.

[4] Der Aufsichtsrat der S. A. P. hatte die Aufhebung der Disziplinarbeschlüsse gegen die Wischnewetzkys verlangt.

149

Fr. Engels to Mrs. Wischnewetzky.

London, May 2nd 1888.

Dear Mrs. Wischnewetzky.

— — — — — — — — — — — — — — — — — —

— — — — — — — — — — — — — — — — — —

— — — — Please tell Sorge that according to present arrangements the „Social Democrat“[1] is going to be removed to London. But it will be well to keep this quiet for the present; when our friends intend this to be talked about and to get it into the news-hunting press, they will no doubt arrange that themselves.

I am boycotted here almost as much as you are in N. Y. — The various socialist cliques here are dissatisfied at my absolute neutrality with regard to them, and being all of them agreed as to that point, try to pay me out by not mentioning any of my writings. Neither „Our Corner“ (Mrs. Besant) nor „To-Day“ nor the „Christian Socialist“ (of this latter monthly however I am not quite certain) have mentioned the „Condition of the Working Class“ though I sent them copies myself. I fully expected this but did not like to say so to you until the proof was there. I don't blame them, because I have seriously offended them by saying that so far there is no real working class movement here, and that, as soon as that comes, all the great men and women who now make themselves busy as officers of an army without soldiers, will soon find their level, and a rather lower one than they expect. But if they think their needle-pricks can pierce my old well tanned and pachydermatous skin, they are mistaken.

Yours very truly

F. Engels.

* * *

(Deutsch.)

— — — — Bitte, sagen Sie Sorge, daß den jetzigen Vorbereitungen gemäß der „Sozialdemokrat“ [1] nach London verlegt wird. Es wird aber gut sein, dies einstweilen nicht an die große Glocke zu hängen; wenn unsere Freunde es besprochen und in die neuigkeitslüsterne Presse gebracht zu sehen wünschen, werden sie das schon selbst besorgen.

Ich werde hier beinahe ebensoviel boykottiert wie Sie in New York. — Die hiesigen sozialistischen Cliquen sind unzufrieden wegen meiner absoluten Neutralität ihnen gegenüber, und da sie in diesem Punkte alle übereinstimmen, suchen sie sich an mir zu rächen durch Totschweigen meiner Schriften. Weder „Our Corner“ (Mrs. Besant), noch „To-Day“, noch der „Christian Socialist“ (von letzterer Monatsschrift kann ich es übrigens nicht bestimmt sagen) haben die „Lage der arbeitenden Klasse“ erwähnt, obgleich ich selbst es ihnen zugeschickt.

Ich habe das erwartet, wollte Ihnen aber nichts davon sagen, bevor ich Beweise hatte. Ich tadle sie nicht, denn ich habe sie schwer beleidigt durch meine Bemerkung, daß bis jetzt hier keine wirkliche Arbeiterklassenbewegung bestehe und daß bei deren Eintreten alle die großen Männer und Frauen, die sich jetzt als Offiziere einer Armee ohne Soldaten so wichtig tun, ihr Niveau finden werden, und zwar viel niedriger als sie erwarten. Aber wenn sie glauben, daß ihre Nadelstiche mein altes, wohlgegerbtes und dickhäutiges Fell durchbringen können, so irren sie sich.

Ihr sehr treuer

F. Engels.

* * *

[1] Nach der Ausweisung von Bernstein, Motteler, Schlüter und Tauscher.

* * *

Die Übersetzungen, um die es sich in den Briefen von Engels an Frau W. handelt, waren nun fertig, mit Vorreden von Engels versehen und veröffentlicht worden. Engels war sehr erschöpft, litt an den Augen und bedurfte der Erholung und Ruhe. Er entschloß sich zu einer Reise nach Amerika, auf der ihn Schorlemmer und die beiden Avelings begleiteten. Bei seiner Ankunft in New York sah er sehr angegriffen und ermüdet aus, hielt sich mit Schorlemmer eine Woche bei Sorge auf und machte dann mit den anderen eine Rundreise über Boston nach den Niagarafällen, Montreal, einen Teil der Adirondacks und den Hudson hinab nach New York zurück.

Von verschiedenen Halteplätzen aus schrieb er an Sorge, und diese Briefe bieten des Interessanten und Charakteristischen genug, um veröffentlicht zu werden.

150

Fr. Engels an Sorge.

London, 11. Juli 1888.

Lieber Sorge!

In aller Eile eine Mitteilung, die Du aber absolut geheim halten mußt. Du darfst Dich nicht wundern, wenn Du mich um Mitte August oder ein paar Tage später dort bei Dir siehst — ich werde vielleicht eine kurze Spritztour über den Ozean machen. Sei so gut, mir umgehend zu sagen, wo Du wohnst, damit ich Dich aufsuchen kann, und falls Du um jene Zeit nicht dort sein solltest, wo ich Dich finden kann. Auch ob Wischn. um jene Zeit in New York sein werden. Sonst werde ich bei Ankunft niemand sehen, denn ich will nicht in die Hände der Herren deutschen Sozialisten fallen — daher muß die Sache geheim gehalten werden. Ich werde, wenn ich komme, nicht allein kommen — mit Avelings, die dort Geschäfte haben. Nächstens mehr.

Dein F. E.

151

Fr. Engels an Sorge.

London, 4. August 1888.

Lieber Sorge!

Deine beiden Briefe dankend erhalten und danke ich Dir bestens für die mir angebotene Gastfreundschaft. Ob ich sie aber werde benutzen können, ist — — — — ziemlich fraglich.

Nämlich, wenn alles gut geht, kommt Schorlemmer auch mit — er ist in Deutschland und nicht ganz wohl, telegraphiert aber seine Ankunft auf Montag — — — . Jedenfalls werden Schorlemmer und ich nur ein paar Tage in der Stadt bleiben und sobald als möglich das Land besichtigen, denn er muß Anfang Oktober wieder Vorlesungen halten, und wir wollen doch möglichst viel sehen.

Daß mir der kleine S . . . . auflauern wird, erwarte ich, ich denke indeß, ich habe einen Zauberspruch, womit ich ihn kirre machen kann.

Wenn ich wieder, kurz vor der Abreise, nach dort komme, werde ich doch diesen und jenen von der „V.-Z." sehen müssen, das ist nicht zu vermeiden und schadet auch nichts, ich will nur im Anfang Ruhe haben.

— — — — — — — — — — — — — — — — — —

— — — — — — — — muß daher schließen. Auch ich freue mich ungeheuer aufs Wiedersehen. Also alles andere mündlich.

Dein F. E.

Am 17. August kam Engels mit seinen Begleitern hier an.

152

Fr. Engels an Sorge.

Boston, 28. August 1888.

Lieber Alter!

Gestern morgen hier angekommen, heute morgen Deine Briefe an Schorlemmer und mich erhalten — besten Dank! Das Husteuzeug habe ich in Hoboken gelassen und auch Schorlemmer ist von seinen Beschwerden kuriert. Wir waren soeben bei Frau Harney, sie sagt, Harney[1] werde Oktober nach London kommen, wo ich ihn also sehen werde. Meinen Neffen[2] habe ich noch nicht auftreiben können, denke ihn morgen hier im Hotel oder in Roxburg[3] zu treffen. Das Nest Boston ist arg weitläufig, aber menschlicher als New York City, Cambridge[4] sogar sehr hübsch, ganz europäisch kontinental anzusehen. Herzliche Grüße an Dich und Deine Frau, ohne Euch wären wir noch nicht gesund! Wir bleiben bis Samstag hier. Briefe treffen uns bis Freitag abend sicher.

Dein F. E.

[1] Der alte Chartistenführer.
[2] Eigentlich der Neffe seiner verstorbenen Frau.
[3] Eine Vorstadt von Boston.
[4] Auch eine Vorstadt von Boston und Sitz der Harward-Universität.

153

Fr. Engels an Sorge.

Boston, 31. August 1888.

Lieber Sorge!

Die Zeitung vorgestern und Deinen Brief heute erhalten. Dank! Aber leid tut es mir, daß Du mit Deinem Hals noch nicht in Ordnung bist und sogar, wie es scheint, meinen Husten übernommen hast. Wenn unsere Besuche bei Dir uns gesund und Dich krank machen, so ist das sehr fatal.

Gestern in Concord[1] im Reformatory[2] und der Stadt. Beides hat uns sehr gefallen. Ein Gefängnis, worin die Gefangenen Romane und wissenschaftliche Bücher lesen, Klubs bilden, sich ohne Gegenwart von Beamten versammeln und beraten, zweimal täglich Fleisch und Fisch, dabei Brot ad libitum essen, Eiswasser in jedem Arbeitsraum, fließendes frisches Wasser in jeder Zelle, die Zellen mit Bildern usw. dekoriert, wo die Leute, wie gewöhnliche Arbeiter gekleidet, einem frei ins Gesicht schauen, ohne den hang-dog-look[3] des gewöhnlichen Verbrechergefangenen, das sieht man in ganz Europa nicht, dazu sind die Europäer, wie ich dem Superintendenten sagte, not bold enough.[4] Und der antwortete echt amerikanisch: Well, we try to make it pay, and it does pay.[5] Ich habe dort großen Respekt vor den Amerikanern bekommen.

Concord ist wunderschön, geschmackvoll, wie man es nach New York und selbst Boston nicht erwarten sollte, aber ein prächtiges Örtchen, um dort begraben zu sein, aber nicht lebendig! Ich wäre in vier Wochen dort kaput oder verrückt.

Mein Neffe — — — — — — — ist ein prächtiger Kerl, gescheit, energisch, mit Leib und Seele in der Bewegung — — — — —. Er ginge um keinen Preis nach England zurück, er ist ganz der Junge für ein Land wie Amerika.

Rosenbergs Abgang und die sonderbare Debatte über den „Sozialist“ in der „V.-Z.“ scheinen Symptome des Zusammenbruchs.[6]

Von Europa erfahren wir hier nur wenig und selten, nur durch „N. Y. World“ und „Herald“.

Heute wird Aveling[7] mit seiner ganzen Arbeit in Amerika fertig. Der Rest ist freie Zeit. Ob wir nach Chicago gehen, ist noch unsicher, für das übrige Programm[8] haben wir reichlich Zeit.

Herzliche Grüße an Deine Frau und Dich von uns allen, besonders aber von Deinem • • • F. Engels.

[1] Das Dichter- und Philosophenheim von New England, nicht zu verwechseln mit Concord im Staate New Hampshire.

[2] Gefängnis.

[3] „Scheuen Blick.“

[4] „Nicht kühn genug.“

[5] „Wir probieren, ob es sich rentiert, und es rentiert sich wirklich.“

[6] Der Zusammenbruch kam ein Jahr nachher.

[7] Aveling hatte Geschäfte mit Theaterunternehmern.

[8] Engels hatte sich von Sorge eine Art Reiseprogramm entwerfen lassen.

154

Fr. Engels an Sorge.

Niagara Falls, N. Y., 4. September 1888.

Lieber Sorge!

Wir sind seit Sonntag morgen hier und amüsieren uns sehr gut, die Natur ist sehr schön hier, die Luft ausgezeichnet, das Essen vortrefflich, die Nigger waiters[1] erheiternd — was will man bei dem schönen Wetter noch mehr? Moskitos gibt's auch bis jetzt nicht, trotz dem vielen Wasser. Die Tour nach den Oil Regions[2] ist aufgegeben — ob wir nach Chicago kommen, wird sich wohl heute entscheiden — ich glaube nicht. Gehen wir nicht hin, so wird dein Reiseprogramm strikt befolgt.

Daß J . . . . hinter meine Schliche gekommen, ist ein Grund mehr, die Rückkehr nach New York so lange wie möglich aufzuschieben. Indes wenn er mir jetzt auch seinen C. . . . zuschickt, so macht das gar nichts aus, ich hab' die Reise hinter mir und er kann mich höchstens ½ Stunde schinden.[3]

Herzliche Grüße usw.

Dein F. E.

* * *

[1] Die Aufwärter waren Neger.

[2] „Ölgegenden." Schorlemmer wollte sie besuchen und beobachten.

[3] Der ganze Schlußsatz bezieht sich auf von Zeitungsleuten beabsichtigte Interviews.

155

Fr. Engels an Sorge.

Montreal, 10. September 1888.

Lieber Sorge!

Gestern hier angekommen, nachdem wir zwischen Toronto und Kingston[1] wegen Sturm (es war eine ganz lumpige Brise) einkehren und in Port Hope beilegen gemußt. So wurden aus den zwei Tagen von Toronto bis hier drei. Der Lorenz[2] und die Stromschnellen sehr schön. Canada ist reicher an verfallenen Häusern als irgend ein Land außer Irland. Hier bemühen wir uns, das kanadische Französisch zu verstehen, that language beats Yankee English holler.[3] Heute Abend geht's nach Plattsburg[4] und dann in die Adirondacks und womöglich auch in die Catskills, so daß wir am Sonntag schwerlich in New York zurück sein werden. Da wir Dienstag abend aufs Schiff müssen und noch Verschiedenes in New York zu sehen haben, auch gerade in diesen letzten

Tagen mehr alle zusammen sein müssen als sonst nötig, so werden Sch. und ich diesmal nicht nach Hoboken zu Dir ziehen können, so leid es uns tut, sondern mit Avelings ins St. Nicholas gehen müssen. Jedenfalls kommen wir zu Dir, Dich aufzusuchen, sobald wir dort sind. Es ist ein sonderbarer Übergang von den Staaten nach Canada. Erst kommt's einem vor, als wäre man wieder in Europa, dann meint man, man wäre in einem positiv zurückgehenden und verkommenden Lande. Es zeigt sich hier, wie notwendig zur raschen Entwicklung eines neuen Landes der fieberhafte Spekulationsgeist der Amerikaner ist (kapitalistische Produktion als Basis vorausgesetzt) und in zehn Jahren wird dies schläfrige Canada zur Annexion reif sein — die Farmer in Manitoba usw. werden sie dann selbst verlangen. Das Land ist ohnehin schon halb annektiert in sozialer Beziehung — Hotels, Zeitungen, Reklamen usw. alles nach amerikanischem Muster. Und sie mögen sich zerren und sträuben, die ökonomische Notwendigkeit der Infusion von Yankeeblut wird sich durchsetzen und diese lächerliche Grenzlinie abschaffen — und wenn die Zeit gekommen ist, wird John Bull Ja und Amen dazu sagen.

Dein F. E.

* * *

[1] Städte in Canada, Kingston am Ontario-See.

[2] Der St. Lawrence-Fluß.

[3] „Diese Sprache übertrifft selbst das Yankee-Englisch."

[4] Ein Ort am Eingang zu den Adirondacks, einem ansehnlichen Gebirge im Norden des Staates New York.

* * *

Am 11. September schrieb Engels von Plattsburg, daß sie alle Samstag 15. September in New York sein würden und am 12. September meldete er Rückkehr von den Adirondacks usw.

Am 19. September trat Engels die Rückreise nach Europa an. Der Hauptzweck seiner Reise nach Amerika war erreicht, er hatte sich erholt und frische Kräfte gesammelt für die Arbeiten, die seiner warteten. Er war wieder munter und fidel geworden.

156

Fr. Engels an Sorge.

London, 10. Oktober 1888.

Lieber Sorge!

Wir sind endlich vorigen Samstag vor acht Tagen wieder hier angekommen. — — — — — Hier wenig Änderung, die nächste Nr.

„Soz.-Demokr.“[1] wird hier gedruckt. Sonst scheint aber auch gar nichts vorgefallen zu sein.

— — — — — — — — — — — — — — — — — —

Soweit sich die politische Lage übersehen läßt, haben wir sie drüben ganz richtig beurteilt. Wilhelm will „Kaiser und Kanzler in einer Person“ sein. Jetzt läßt Bismarck ihn gewähren, um dann als rettender Genius einspringen zu können. Der Konflikt wird nicht lange auf sich warten lassen.

In Frankreich blamieren sich die Radikalen an der Regierung mehr als zu hoffen war. Gegenüber den Arbeitern verleugnen sie ihr ganzes eigenes altes Programm und treten als reine Opportunisten auf, holen den Opportunisten die Kastanien aus dem Feuer, waschen ihnen die schmutzige Wäsche. Das wäre ganz vortrefflich, wäre nicht Boulanger und jagten sie nicht diesem die Massen fast zwangsmäßig in die Arme. Der Mann ist persönlich nicht sehr gefährlich, aber diese Massenpopularität jagt ihm die Armee vollständig zu und da liegt eine ernsthafte Gefahr, ein momentanes Emporkommen dieses Abenteuerers und als Rettung aus seiner Verlegenheit der Krieg.

J . . . . hat sich also doch noch ganz geschickt aus der Schlinge gezogen und ein Interview fingiert in einer Weise, die ich nicht gut dementieren kann.[2] — — — — — — — — — — — — — —

— — — — — — — — — — — — — — — — — —

Herzliche Grüße an Deine Frau.

Dein alter F. Engels.

* * *

[1] Der „Sozialdemokrat“ erschien nach Ausweisung von Bernstein, Schlüter usw. in London bis zur Einstellung des Erscheinens.

[2] Bezieht sich auf einen Artikel der N. Y. „Volkszeitung“ über Engels' Besuch in den Vereinigten Staaten.

* * *

Am 15. Dezember schrieb Engels an Sorge: „. . . . . . Der 3. Band macht mehr Arbeit, als ich dachte. Ein Kapitel habe ich ganz aus dem Material umarbeiten müssen, ein zweites, wovon nur der Titel vorhanden, muß ich selbst fabrizieren. Indes geht's voran und wird die Herren Ökonomen sehr in Verwunderung setzen.

Meine Augen sind besser und ich bin immer noch fünf Jahre jünger als vorigen Juli. Grüße an Deine Frau!“

157

Fr. Engels an Sorge.

London, 12. Januar 1889.

Lieber Sorge!

Prosit Neujahr Dir und Deiner Frau von ganzem Herzen!

Brief vom 29. Dezember erhalten. Es tut mir leid zu hören, daß Dir die Arbeit anfängt schwer zu fallen, und Deiner Frau auch. Ich will aber hoffen, es ist nur temporär und findet sich mit der Eingewöhnung. Mir geht's gut, aber während der schauerlichen Dezembernebel wurden meine Augen wieder etwas schlimmer. Dem habe ich so ziemlich ein Ende gemacht durch verstärkte Bewegung und Aufenthalt in freier Luft.

Das Zeichen, worin der europäische Sozialismus steht, heißt eigentlich Krakeel. In Frankreich haben sich die Possibilisten an die Regierung verkauft und stützen ihre absatzlosen Blätter durch die geheimen Fonds; bei der Wahl am 27. stimmten sie für den Bourgeois Jaques, während die Unseren den Blanquisten Boulé aufgestellt, von dem Lafargue glaubt, daß er nur 10= bis 20000 Stimmen erhalten wird und darin sehen sie eine Niederlage. Dagegen in der Provinz geht's besser. Die Possibilisten hatten ihren Kongreß nach Troyes angesagt, ließen ihn aber fallen, als die Organisatoren dort alle Sozialisten einluden. Es kamen also nur die Unserigen und diese haben dort bewiesen, daß wenn die Possibilisten in Paris herrschen, die Provinz jenen gehört. Nun gibt's dies Jahr in Paris zwei Kongresse (internationale), den der Unseren und den der Possibilisten. Die Deutschen werden wohl zu keinem gehen.

Hier in London dauert der . . . . der Armee von Offizieren ohne Soldaten fort. Es ist die Kolonne Robert Blum von 49; ein Oberst, elf Offiziere, ein Hornist und ein Mann.[1] Vor dem Publikum vertragen sie sich äußerlich, aber der Klüngel im stillen ist um so größer. Von Zeit zu Zeit gibt's doch wieder öffentlichen Zank. So ist Champion aus der Sozialdemokratischen Föderation geworfen, hat ein Blatt gegründet (wovon eine Nummer diese Woche an Dich geht) und greift nun Hyndman an, besonders aber dessen Alliierten Adolf Smith=Headingley, einen Franco=Engländer, der auf die Possibilisten schwört und Hauptvermittler der Allianz von Hyndman und den Possibilisten ist.

— — — — — — — — — — — — — — — — — —

— — — — — — — — — — — — — — — — — —

Sobald die jetzt nur noch zuckende Arbeiterklasse hier wirklich in Bewegung gerät, wird jeder der Herren hier auf sein Niveau und seinen Posten verwiesen werden — teils in, teils außerhalb der Bewegung. Es ist das Stadium der Kinderkrankheiten.

Auf dem Bureau des „Soz.-Demokrat" herrscht auch Krakeel. — — — — — — Wenn ich sehe, wie verkehrt hier am Zentrum des Blattes operiert wird, bewundere ich unsere Arbeiter um so mehr, die das alles auszugleichen und zu neutralisieren wissen.

Mrs. Wischnewetzky ist sehr beleidigt, daß ich statt mein Unwohlsein bei Dir auszukurieren und mich für die Reise auf den Damm zu bringen, ihr nicht einen Besuch — — — abgestattet. Sie scheint wegen Etikettenbruchs und Mangel an Galanterie gegen ladies verletzt. Ich erlaube aber nicht den Women's rights-Madämchen, von uns Galanterien zu verlangen; wollen sie Männerrechte, sollen sie sich auch als Männer behandeln lassen. —

Bismarck hat sich bei Geffcken[2] und Morier[3] zwei hübsche Ohrfeigen geholt. Daß das Reichsgericht noch immer nicht so weit ist, seine Korpsburscheninterpretation des Strafgesetzes zu akzeptieren, hat indes zur Folge gehabt, daß . . . . diese Herren neulich in Leipzig durch besondere Verachtung ausgezeichnet hat.

Die diplomatische Klüngelei ist auf dem Höhepunkt. Die Russen haben 20 Millionen Pfund[4] bekommen. Die Preußen bekommen im April ihr neues 8 mm Magazingewehr (das 11 mm — umgeändertes Mauser — war absolut nicht kriegstüchtig), die Österreicher renommieren wie toll, daß sie prêts und archiprêts[5] sind, was beweist, daß sie wieder Keile haben wollen, und in Frankreich kann Boulanger daran kommen. Bismarcks Manöver mit Salisbury in Ostafrika haben nur den Zweck, England so tief mit Deutschland in gemeinsame Operation zu verwickeln, daß es auch unter Gladstone nicht zurück kann. Die Moriergeschichte ist daher entschieden gegen seinen Willen von . . . . . inszeniert, aber sie fällt auch ihn. Kurz, die Situation spitzt sich zu, und kann zu Krieg im Frühjahr führen.

Vom 3. Band Abschnitt I fertig, II und III in Arbeit. Sieben Abschnitte in allem.

Dein F. E.

* * *

[1] Eins der vielen Freikorps im badischen Feldzug.
[2] Ein konservativer Frondeur, der Bismarck scharf angegriffen.
[3] Ein englischer Gesandter.
[4] Eine große Anleihe — Pfund = Pfund Sterling.
[5] „Bereit und überbereit."

* * *

Unter demselben Datum schrieb Engels an Frau Wischnewetzky über die Verbreitung der Freihandelsbroschüre und Zusendung an die sozialistische Presse. „. . . . . As the boycott of the London Socialists against Marx and myself (exactly like that of English prehistoric old fogies against Morgan) seems still in force, I am curious what the effect will be" . . . . . Das heißt: Da der Boykott der Londoner Sozialisten gegen Marx und mich (genau gleich dem der Englischen prähistorischen alten Traber gegen Morgan[1]) noch in Kraft zu sein scheint, bin ich neugierig auf die Wirkung. . . . . .

* * *

[1] Lewis H. Morgan, Verfasser von „Ancient Society".

158

Fr. Engels an Sorge.

London, 23. Februar 1889.

Lieber Sorge!

Postkarte 19. Januar und Brief 10. Februar erhalten. Den „Labor Standard"[1] erhalte ich und gebe die Artikel der Wischnewetzky an Tussy, die sie für etwaige Neuauflage des „Labor Movement" benutzen wird. Sie enthalten ein für Amerika charakteristisches Material. Dergleichen Vernachlässigung der Sicherheit gegen Feuer usw. würde sich in Europa einfach nicht bezahlen. Aber bei Euch geht's damit wie mit Eisenbahnen und allem anderen: wenn sie nur da sind, einerlei wie, das reicht hin.

Dank für Appleton-Notiz.[2] Sonnenschein erklärt auf Befragen, daß er 500 Exemplare der wohlfeilen Ausgabe an Appleton verkauft hat.

Den „Armen Teufel"[3] sehe ich nicht. Der ist Mottelers Lieblingslektüre und es beneidet ihn kein Mensch darum. Was er über Aveling sagt, ist einfach gelogen, was es auch sein mag. Dem Kautsky werde ich schreiben, was Du über R . . . . . . sagst: Mangel an Stoff und Wunsch nach Vielseitigkeit bringt da manchen hinein, der nicht hingehört. Kautsky ist seit Juli in Wien und kommt vor Juli nicht wieder her.

Ich habe Dir ein registriertes Book-Paket geschickt, enthaltend außer einigen französischen Sachen die „Heilige Familie". Du barfst aber

Schlüter nicht sagen, daß ich sie Dir geschickt; ich hatte ihm mein Reserveexemplar halb und halb fürs Archiv versprochen, ehe ich nach Amerika ging — aber Du gehst vor. Es wird wohl im März oder April kommen.

Ferner — alles per heutige Post — außer „Commonweal“ und „Gleichheit“ noch ein Paket französischer Sachen. Die Vorlesungen von Lafargue und Deville sind hier nicht mehr zu haben und von den Verfassern bekommt man keine Antwort. Ich pauke aber immer wieder drauf los.

Die „Égalité“-Nummer wirst Du erhalten haben. Die Blanquisten haben mit ihrem „Cri du Peuple“ kein Glück gemacht, sie waren tödlich langweilig und so haben sie sich genötigt gesehen (was Vaillant von vornherein wollte, aber überstimmt wurde) mit Guesde, Lafargue u. Ko. zusammenzugehen. Dazu einige unzufriedene Radikale. Bis jetzt verträgt sich die Gesellschaft gut — wollen hoffen, es bleibt so. Nächstens wieder einige Nummern.

Bei der letzten Wahl in Paris haben die Possibilisten sich schmählich blamiert und für den Opportunisten Jaques gearbeitet. Jetzt fangen die Arbeiter an, ihnen untreu zu werden. In der Provinz, die weit besser als Paris, haben sie allen Anhang verloren. Der Versuch, mit Hilfe der englischen Trade Unions und Hyndman hier, ihres treuen Alliierten, einen internationalen Kongreß in Paris zustande zu bringen, ohne unsere Franzosen, aber mit den Belgiern, Dänen und Holländern und, wie sie hofften, dann auch den Deutschen, ist schmählich am Scheitern. Die Deutschen erklären, auf keinen Kongreß zu gehen, wenn ihrer zwei stattfinden in Paris. Und beide Parteien sind auf 28. c. nach dem Haag vorgeladen vor eine Konferenz, wo Liebknecht, Bebel und Bernstein von Deutschland, dann die Holländer und Belgier sein werden. Lafargue geht hin. Da müssen sie entweder klein beigeben oder sie bekommen alle gegen sich.

In Deutschland wird's immer bunter. Der Philister hat kein Vertrauen mehr in die Machthaber, seitdem der alte Wilhelm tot ist und Bismarck wackelt. Die Urreaktionäre, Pfaffen und Junker am Hof bieten alles auf, um den Kaiser gegen Bismarck zu verhetzen und einen Konflikt zu erzeugen. Inzwischen werden alle alten Generale pensioniert. Noch drei Jahre und die Armee ist für Jena reif. Das sieht Bismarck, und das ist es, was ihn zu einem raschen Kriege treiben könnte, besonders wenn der Lappes Boulanger obenauf kommt. Dann wird's schön:

eine Allianz Frankreichs mit Rußland, die den Franzosen jede Revolution verbietet, da sonst Rußland sich gegen sie wendet. Aber ich hoffe, es weht vorüber.

Herzliche Grüße an Deine Frau.

Dein F. E.

* * *

[1] Ein in Paterson, New York, erscheinendes Blatt.

[2] Ein Buchhändler in New York, der die englische Übersetzung des „Kapital“ annonciert hatte.

[3] „Der arme Teufel“, herausgegeben in Detroit von R. Reitzel.

159

Fr. Engels an Sorge.

London, 11. Mai 1889.

Lieber Sorge!

Die Schreibereien und Laufereien wegen des verdammten Kongresses lassen mir keine Zeit zu etwas anderem. Es ist eine Schererei vom Teufel, nichts als Mißverständnisse, Krakeel und Verdrießlichkeit von allen Seiten, und dabei kommt bei der ganzen Sache schließlich nichts heraus.

Die Haager Konferenzler haben sich von den Belgiern zum Narren halten lassen. Statt, wie beschlossen war, nach Ablehnung der Possibilisten gleich mit Protest und Berufung des Gegenkongresses vorzugehen (was Schweizer und Belgier zusammen tun sollten), taten die Belgier nichts, schwiegen hartnäckig auf alle Briefe, und kamen endlich mit der lahmen Ausrede — sie müßten die Sache ihrem Nationalkongreß — 21./22. April — vorlegen! Darauf taten die andern erst recht nichts und so legten die Possibilisten mit ihren Proklamationen die ganze Öffentlichkeit mit Beschlag, während die Unserigen nicht nur schwiegen, sondern auch den noch Zweifelhaften unter den Engländern auf deren Anfragen, wie es mit dem Gegenkongreß stehe, nur nichtssagende Antworten gaben. Diese schlaue Politik brachte es endlich dahin, daß selbst in Deutschland die Leute rebellisch wurden, und Auer und Schippel verlangten, man solle auf den Possibilistenkongreß gehen. Das öffnete endlich Liebknecht die Augen und da schrieb er — nachdem ich und Ed. Bernstein den Franzosen gesagt, sie seien nun frei und könnten den Kongreß, wie sie ursprünglich vorgehabt, auch auf den 14. Juli berufen — ganz dasselbe an die Franzosen. Und so haben die Franzosen ihren Willen, schimpfen aber mit Recht auf die Verwirrung, wofür sie alle Deutschen verantwortlich machen.

Hier aber sind wir es, die am meisten unter der Klugscheißerei zu leiden haben. Unser Pamphlet hatte wie der Blitz eingeschlagen und den Hyndman u. Ko. ihren Plan verdorben, alles war uns günstig, und hätte Liebknecht, wie seine verdammte Schuldigkeit war, bei den Belgiern eine rasche Aktion durchgesetzt oder aber sie laufen lassen und mit den übrigen selbst gehandelt, und den Kongreß auf irgend ein Datum einberufen oder von den Franzosen einberufen lassen, so lief uns hier die Masse zu, und die S. D. Fed. wurde dem Hyndman untreu. So aber kam nichts als Vertröstung, man solle warten, und da hier der Hauptstreit in den Trade Unions war, ob man, wie die Führer wollten, den Kongreß nicht beschicken, oder aber ihn, gegen die Führer, doch beschicken sollte, — wobei die Qualität des Kongresses ganz sekundär war und es sich nur um den Eintritt oder Nichteintritt in die internationale Bewegung handelte — so war es klar, daß die Leute sich denen anschlossen, die wußten, was sie wollten, und nicht denen, die das nicht wußten. Und so haben wir eine famose eben eroberte Position wieder verloren, und wenn kein Wunder geschieht, kommt kein der Rede werter Engländer auf unseren Kongreß.

Eben war Bernstein hier, hat mich bis Postschluß aufgehalten; muß also schließen.

— — — — — — — — — — — — — — — — — —

Dein F. E.

160

Fr. Engels an Sorge.

London, 8. Juni 1889.

Lieber Sorge!

— — — — — — — — — — — — — — — — — —

Die Stimmung über den Kongreß, in dem Dein Brief geschrieben, hat mich auch von Mitte März bis fast Mitte Mai beherrscht. Wunderbarerweise ist jetzt alles gerettet, wie Dir das gesandte zweite Berufungszirkular mit den Unterschriften von fast ganz Europa gezeigt hat (vervollständigt im Anhang zu Bernstein Nr. 2, heute gesandt).

Die erste Broschüre, gezeichnet Bernstein, war von mir redigiert wie alles, was englisch in der Sache erschienen. Was Du daran zu tadeln finden kannst, war von hiesigem Standpunkt notwendig. Namentlich die Aufklärungen über die Possibilisten, die Dir als Angriffe erschienen. Am allernotwendigsten aber war die Veröffentlichung der Haager Beschlüsse,[1] die die weisen Leute im Haag beschlossen hatten geheim zu halten, und zwar in infinitum.[2] Glücklicherweise wußte hier und in Paris niemand von diesem gescheiten Beschluß, und so legten wir los, da die Possibilisten und ihre hiesigen Anhänger gerade auf diesen Beschlüssen tagtäglich herumritten, die größten Lügen darüber erzählten usw.

Natürlich mußte nun, da die Possibilisten abgelehnt, rasch gehandelt werden. Aber die Belgier, die ja mit den Schweizern den Kongreß einberufen sollten, rührten sich nicht — sie wollten die Sache bis zu ihrem Kongreß, Ostern in Jolimont, verschleppen und sich hinter den dort zu fassenden Beschlüssen verschanzen. Und von den Schweizern war Scherrer auch a bissel faul, unter dem Vorwand, mit Liebknechts Einwilligung die Masse der Possibilisten „über die Köpfe von Brousse u. Ko. weg" zum Übertritt auf unsere Seite zu verführen!! Liebknecht aber hielt Festreden in der Schweiz, und Bebel kannte das Terrain viel zu wenig, um in seiner Abwesenheit selbständig vorzugehen.

Der eigentliche Kampfplatz war hier. Bernsteins Broschüre Nr. 1 hatte wie das Donnerwetter hier eingeschlagen. Die Leute sahen, daß sie von Hyndman u. Ko. schmählich angelogen werden. Wurde unser Kongreß sofort einberufen, so hatten wir sie alle, und Hyndman und Brousse waren allein. Die hiesigen Unzufriedenen der Trade Unions wandten sich an uns, an die Deutschen, Holländer, Belgier, Dänen. Aber von keinem erhielten sie Auskunft über unseren Kongreß, wann, wo und wie. Für sie aber war Beschickung eines Kongresses, einerlei welchen, als Opposition gegen Broadhurst, Shipton u. Ko., die Hauptsache, und da entschieden sie sich für den, der berufen war.

So verloren wir hier Terrain Schritt um Schritt, auch unser foothold[3] in der hiesigen radikalen Presse wackelte stark, und zuletzt kam noch der belgische Kongreßbeschluß: beide Kongresse mit einem Delegierten zu beschicken. Und selbst in der deutschen Parteipresse traten Auer und Schippel dafür auf, man müsse zu den Possibilisten gehen, schon um zu beweisen, daß man nicht franzosenfeindlich-chauvinistisch sei. Kurz, ich gab die Sache verloren, wenigstens für England.

Ich schrieb aber gleich an die Franzosen (die von vornherein darauf bestanden, der Kongreß müsse am 14./21. Juli neben dem possibilistischen gehalten werden, sonst sei er nicht der Mühe wert), der belgische Beschluß gebe ihnen ihre Freiheit wieder und sie sollten jetzt den Kongreß auf diese Zeit sofort berufen. Und Liebknecht, dem die Artikel von Auer und Schippel das Feuer unter dem eigenen Arsch angezündet, fand jetzt plötzlich, daß er die Sache lange genug verschleppt und daß jetzt rasch gehandelt werden müsse — er gab den Franzosen denselben Rat. Die Berufung erfolgte — die Wirkung war über alle Erwartung gut, Adhäsionen[4] strömten zu und kommen noch immer. Und selbst hier haben wir mehr als einen succès d'estime, und die Veröffentlichung der Unterschriften wirkt hier nach und nach. Selbst hier haben wir alles was außerhalb der (sehr heruntergekommenen) Soc. Dem. Federation steht, und moralisch einen Teil von dem was noch in ihr steht; denn John Burns, der sozialistische County Councillor von London, wird sich mit der ganzen Battersea branch wahrscheinlich lossagen oder hat es schon getan. Er und Parnell[5] (der auf unserem Zirkular gezeichnet) sind als Delegierte zum Possibilistenkongreß schon gewählt und werden dort für uns wirken.

Die Possibilisten haben außer der Soc. Dem. Federation keine einzige sozialistische Organisation in ganz Europa. Sie fallen daher auf die nichtsozialistischen Trade Unions zurück und gäben die Welt darum, könnten sie selbst die alten Trade Unions hier haben, Broadhurst und Konsorten, aber die hatten im November hier in London genug. Von Amerika erhalten sie Einen Knight of Labor.

Die Hauptsache dabei ist — und war für mich der Grund, mich so ins Zeug zu legen —, daß es wieder der alte Riß durch die Internationale ist, der hier zutage tritt, der alte Kampf vom Haag. Die Gegner sind dieselben, nur daß die anarchistische Flagge mit der possibilistischen vertauscht ist: Verkauf des Prinzips an die Bourgeoisie gegen Konzessionen im Detail und namentlich gegen gut bezahlte Posten für die Führer (Stadtrat, Arbeitsbörse usw.). Und die Taktik ist ganz dieselbe. Das Manifest der Soc. Dem. Federation, das offenbar von Brousse geschrieben, ist eine neue Auflage des Zirkulars von Sonvilliers.[6] Und Brousse weiß es auch; er greift le Marxisme autoritaire noch immer mit denselben Lügen und Verleumdungen an, und Hyndman macht es ihm nach — seine Hauptquellen über die Internationale und über die politische Tätigkeit von Marx sind die hiesigen Malkontenten des Generalrats,[7] Eccarius, Jung u. Ko.

Die Allianz der Possibilisten und der Soc. Dem. Federation sollte den Kern der neuen Internationalen bilden, die in Paris gegründet werden sollte: mit den Deutschen, wenn sie sich einfügten als dritte im Bunde, sonst gegen sie. Daher die vielen kleinen, stets wachsenden Kongresse nacheinander, daher die Ausschließlichkeit, womit die Alliirten alle anderen französischen und englischen Richtungen als nicht existierend behandelten, daher die Klüngelei, namentlich mit den kleinen Natiönchen, auf die auch Bakunin sich stützte. Dieses Treiben wurde aber unheimlich, als die Deutschen mit dem St. Galler[8] Beschluß ganz naiv — in absoluter Unwissenheit über das was draußen vorging — auch in die Kongreßbewegung eintraten. Und da die Leutchen lieber gegen als mit dem Deutschen gingen — die galten doch als zu vermarxt — wurde der Kongreß unvermeidlich. Aber von der Naivetät der Deutschen hast Du keinen Begriff. Es hat mich unendliche Mühe gekostet, selbst Bebel beizubringen, um was es sich eigentlich handelt, obwohl die Possibilisten es sehr gut wissen und täglich proklamieren. Und bei allen diesen Irrungen hatte ich wenig Hoffnung, daß es gut gehe, daß die immanente Vernunft, die sich in dieser Geschichte allmählich zum Bewußtsein ihrer selbst entwickelt, schon jetzt siegen werde. Um so mehr freut mich der Beweis, daß doch heute solche Dinge wie 1873 und 1874 nicht mehr möglich sind. Die Intriganten sind schon jetzt geschlagen, und die Bedeutung des Kongresses — ob er den anderen an sich zieht oder nicht — besteht darin, daß die Einhelligkeit der sozialistischen Parteien Europas vor aller Welt dargelegt wird, und die paar Klüngler, wenn sie sich nicht fügen, draußen im Kalten bleiben.

Sonst hat der Kongreß wenig zu bedeuten. Ich gehe natürlich nicht hin; ich kann mich dauernd nicht wieder in die Agitation stürzen. Aber die Leute wollen nun einmal wieder Kongresse spielen und da ist es besser, diese werden nicht von Brousse und Hyndman dirigiert. Es war gerade noch Zeit, ihnen das Handwerk zu legen.

Auf die Wirkung von Bernstein Nr. 2 bin ich neugierig.[9] Hoffentlich ist's das letzte Aktenstück in der Sache.

Im übrigen geht's hier so so. Ich habe das Rauchen dran geben müssen wegen Nervenwirkung, kostet merkwürdig wenig Überwindung, rauche alle zwei bis drei Tage noch den Inhalt einer Drittelzigarette, denke aber, nächstes Jahr doch wieder anzufangen. Sam Moore geht als Oberrichter ins Nigergebiet nach Afrika. Nächsten Samstag ab von

Liverpool, kommt in achtzehn Monaten auf ein halbes Jahr zurück, wird dort dritten Band übersetzen.

Herzliche Grüße an Deine Frau.

Dein F. Engels.

* * *

[1] Das heißt der früher erwähnten Vorkonferenz, nicht etwa des Kongresses im Haag 1872.

[2] Auf unbestimmte Zeit (eigentlich unendlich).

[3] Halt.

[4] Zustimmungen, Beitrittserklärungen.

[5] Ein Londoner Gewerkschaftler, nicht etwa der irische Politiker.

[6] Vor dem Haager Kongreß 1872 hielten die Bakunisten und Allianzisten in Sonvilliers im Jura eine Konvention und erließen ein separatistisches, verleumderisches Zirkular.

[7] Das heißt des Generalrats in London 1872.

[8] Kongreß der sozialdemokratischen Partei Deutschlands in St. Gallen.

[9] Die zweite unter Bernsteins Namen herausgegebene Broschüre über den beregten Kongreß gegen die S. D. Fed. und die Possibilisten.

161

Fr. Engels an Sorge.

London, 17. Juli 1889.

Lieber Sorge!

Unser Kongreß sitzt und ist ein brillanter Erfolg. 358 Delegierte bis vorgestern und noch immer neue am Kommen. Über die Hälfte Ausländer, darunter 81 Deutsche aus allen Staaten und Stätchen und Provinzen außer Posen. Das erste Lokal schon am ersten Tage zu klein, das zweite schon am zweiten, ein drittes wurde gesucht. Die Sitzungen, trotz einzelner französischer Einwendungen (sie dachten, in Paris würden die Possibilisten ein größeres Publikum haben und deshalb sitze man besser geschlossen) auf einstimmiges Verlangen der Deutschen — einzige Sicherheit vor Mouchards — durchweg öffentlich. Ganz Europa vertreten. Mit nächster Post wird der „Sozialdemokrat" die Zahlen nach Amerika bringen. Schottische und deutsche Bergleute aus den Kohlendistrikten kommen dort zum erstenmal zu gemeinsamer Beratung.

Die Possibilisten haben 80 Ausländer (42 Briten, davon 15 Soc. Dem. Fed., 17 Trade Unions, 7 Oesterreich-Ungarn (kann nicht viel mehr als Schwindel sein, die ganze wirkliche Bewegung dort ist mit uns), 7 Spanier, 7 Italiener (3 Repräsentanten von italienischen Gesellschaften im Ausland), 7 Belgier, 4 Amerikaner (2 davon, Bowen und Georgii aus Washington, D. C., waren bei mir), 2 Portugiesen, 1 Schweizer (nommé par lui-même[1]), 1 Pole. Fast alles Trade Unionisten. Daneben 477 Franzosen, die aber nur 136 Chambres Syndicales[2] und 77 cercles d'études socialistes[3] vertraten. Jede kleine Clique kann nämlich 3 Delegierte schicken, während unsere 180 Franzosen jeder eine besondere Gesellschaft vertreten.

Der Verschmelzungsschwindel bei beiden Kongressen natürlich sehr stark; die Fremden wollen Verschmelzung, die Franzosen in beiden Fällen halten zurück. Die Verschmelzung unter rationellen Bedingungen ist ganz gut, aber der Schwindel besteht im Geschrei nach Verschmelzung à tout prix[4] von seiten einiger der Unseren.

Soeben auf dem S.-D.[5] erfahren, daß Liebknechts Verschmelzungsantrag mit großer Majorität angenommen. Worin er besteht, ob er eine Verschmelzung auf Grund privater Verhandlungen bedeutet, oder nur einen abstrakten Wunsch, der zu solchen leiten soll, ist leider aus dem Brief nicht zu ersehen. Die deutsche Gemütlichkeit ist über solche Kleinigkeiten erhaben, indes bürgt mir die Tatsache, daß die Franzosen ihn akzeptiert, hinreichend dafür, daß keine Blamage gegenüber den Possibilisten vorliegt. Weiteres werde ich erst nach Postabgang erfahren können, wohl erst morgen.

Übrigens erfährst Du wahrscheinlich das Wesentliche ebenso früh wie ich, da Avelings mit dem Pariser „New York Herald"-Mann Arrangements abgeschlossen wegen cabling.[6] Ich schicke Dir heute „Reynolds" vom Samstag und „Star"[7] vom Montag. Alles, was jetzt hier in der Presse Wesentliches erschienen. Weiteres am Samstag.

Die Intrige der Possibilisten und Soc. Dem. Fed., sich die leitende Stelle in Frankreich und England respektive zu erschleichen, ist jedenfalls total gescheitert, und ihre Prätension auf internationale Leitung noch mehr. Wenn die beiden Kongresse nebeneinander nur den Zweck erfüllten, die Streitkräfte aufmarschieren zu lassen — der possibilistischen und Londoner Klüngler hier, der europäischen Sozialisten (die dank jenen als Marxisten figurieren) dort, und damit vor der Welt zu zeigen, wo die wirkliche Bewegung konzentriert ist und wo der Schwindel, so reicht das hin. Natürlich wird die wirkliche Verschmelzung, wenn sie zustande kommt, keineswegs die Fortdauer des Krakeels in England und Frankreich verhindern, im Gegenteil. Sie wird nur eine imposante

Demonstration für das große Bourgeoispublikum bedeuten, einen Arbeiterkongreß von über 900 Mann, und von den zahmsten Trade Unions bis zu den revolutionärsten Kommunisten. Und sie wird den Klünglern für die nächsten Kongresse das Handwerk ein für allemal gelegt haben, denn diesmal haben sie gesehen, wo die wirkliche Macht liegt, daß wir in Frankreich gewachsen, auf dem ganzen Kontinent überlegen sind und daß ihre Stellung auch in England sehr wackelt.

— — — — — — — — — — — — — — — — — —

Grüß Deine Frau herzlich. Schorl.[8] kommt heute abend. Nächste Woche kommt Adler aus Wien von Paris herüber.

Dein F. E.

* * *

[1] „Von sich selbst ernannt."
[2] Gewerkschaften.
[3] Sozialistische Studienklubs.
[4] „Um jeden Preis."
[5] Redaktion des „Sozialdemokrat".
[6] Kabeldepeschen.
[7] „Reynolds" und „Star" — Londoner Blätter.
[8] Schorlemmer.

162

Fr. Engels an Sorge.

London, 20. Juli 1889.

Lieber Sorge!

In meinem letzten Brief vergaß ich Dich zu bitten, womöglich Hartmann[1] wegen des Artikels der „Evening News" und „Post" zu interpellieren. Können wir zwei Zeilen von seiner Hand bekommen, daß die Sache erlogen ist und er nicht in Europa war, so wäre das für hier wichtig. Nämlich:

1. Bismarck versucht, den Zar an sich zu fesseln durch Entdeckung angeblicher Komplotte gegen dessen Leben.

2. Diese spielten bis jetzt in der Schweiz, da aber die Schweiz alle möglichen Komplotteure ausgewiesen, muß der Sitz nach London verlegt werden.

3. Dazu dient der Mouchard Karl Theodor Reuß, der schon früher in der „Evening News" seine Dynamitlügen abgelagert.

4. Diese neueste Reussiade ist von **Berlin aus** allen deutschen Blättern zutelegraphiert.

Können wir die Geschichte direkt enthüllen, so gibt's einen netten Skandal hier.

— —

Out! Die Versöhnungsblase in Paris ist geplatzt. Welches Glück, daß die Possibilisten und S. D. F. in richtiger Erkenntnis ihrer Lage es vorgezogen, den Unseren einen Tritt zu versetzen, der dem Schwindel ein Ende macht. Die Sache war vorbereitet de longue main,[2] wie eine ganze Reihe jetzt verständlicher Manöver und Äußerungen dieser Herren seit zwei Monaten beweisen. Es ist die alte bakunistische Verleumdung gegen den Haager Kongreß usw., als hätten wir stets mit falschen Mandaten operiert. Diese stets von Brousse seit 1883 wieder aufgewärmte Verleumdung mußte hier wieder vorhalten, sobald sie sahen, daß sie von allen Soz. verlassen waren und sich nur durch die Trade Unions retten konnten. Wie **ihre** Mandate beschaffen, wird sich nun wohl auch während der jetzt entbrennenden wütenden Polemik zeigen. Leider zieht dieser alte Dreck, der schon 1873 nicht ziehen wollte, heute erst recht nicht mehr; aber es mußte was gefunden werden, die kolossale Blamage zu verdecken, die den Herren passiert war. Recht aber ist es unseren sentimentalen Versöhnungsbrüdern, daß sie für alle ihre Freundschaftsbeteuerungen diesen derben Tritt auf den Allerwertesten erhalten. Das wird sie wohl auf einige Zeit kurieren.

Neue Blätter kann ich Dir erst mit nächster Post senden (Wochenbl., worin Aveling schreibt, die aber erst heut abend und morgen kommen). Briefe aus Paris habe ich seit Dienstag nicht einen.

— —

Dein F. E.

* * *

[1] Leo Hartmann.

[2] Von langer Hand.

163

Fr. Engels an Sorge.

Eastbourne, 17. August 1889.

Lieber Sorge!

Brief vom 1. August erhalten — — — — — — — — — — —

Blätter kann ich nicht schicken, derlei wird mir von London aus nur unregelmäßig nachgeschickt. Nur „Labour Elector". Das Blatt wird jetzt wichtig: Nämlich gegründet von Champion gegen Hyndman, aber mit verdächtigen Geldern (von Liberal Unionist-Seite) gehalten, und daher auch arg toryfreundlich und albern antiirisch, so daß man sich damit schon in acht nehmen mußte; es war eben verdächtig und schon so verrufen als tory socialist, daß kein Mensch mehr es kaufte. Das brachte aber die Revolution zustande. Die Torygelder schienen alle geworden zu sein und so sah Champion sich genötigt — nach langem Widerstreben — die Offerten eines Komitees anzunehmen (Burns, Bateman [Typograph], Mann [Engineer], Cunninghame Graham), wonach dieses Komitee Eigentümer und Champion sein absetzbarer Redakteur sein wird. Die Namen des Komitees bürgen für Abbruch aller Verbindungen mit anderen Parteien und deren Geldern, und das Blatt hebt sich zusehends, soll sich schon fast decken. Der Tory- und antiirische Blödsinn hat aufgehört, dagegen hat das Blatt uns in der Kongreßgeschichte vortreffliche Dienste geleistet.

Der Plan Hyndmans u. Ko. war, die Mandate des marxistischen Kongresses als gefälscht zu verdächtigen; daher ihre unannehmbare Fusionsbedingung. Es war die alte bakunistische Taktik von Anno Tobak, und speziell auf England berechnet. Daß die Sache auf dem Kontinent nicht ziehen würde, war klar, war ihnen aber auch egal; zog es nur hier in England — so waren sie auf einige Zeit in ihrer Position gesichert — und hier hatten sie alle Chancen. Aber unsere energische Offensive hat dem Ding ein jähes Ende gemacht. — Burns und meine Artikel (über die österreichischen Mandate) im „Labour Elector" haben ihnen, denk' ich, alle Lust benommen, weiter auf Mandatsanzweiflung zu rekurrieren; die Possibilisten haben's eben selbst so toll getrieben, daß da nichts zu wollen ist.

Es ist nun Aussicht, daß sich eine lebensfähige sozialistische Organisation hier bildet, die der S. D. F. allmählich den Boden entzieht oder sie aufsaugt. Mit der League ist nichts zu machen, es sind lauter Anarchisten und Morris ist ihre Gliederpuppe. Der Plan ist, in den demokratischen und radikalen Klubs — our recruiting grounds here[1] — und den Trade Unions Achtstundenagitation zu machen und die 1. Mai 1890-Demonstration zu organisieren. Da diese letztere auf unserem Kongresse beschlossen, so muß die S. D. F. entweder sich anschließen — das heißt sich unseren Beschlüssen unterwerfen — oder opponieren und sich damit kaput machen. Wie Du aus dem „Labour Elector" siehst, ist die Bewegung unter den Trade Unions endlich ausgebrochen und mit

Broadhurst, Shipton u. Ko.[2] scheint's rasch zu Ende zu gehen. Ich glaube bis nächstes Frühjahr machen wir hier sehr große Fortschritte.

Die Russen sind fortwährend am Mogeln. Erst die armenischen atrocities,[3] dann welche an der serbischen Grenze. Dann das den Serben mit der Laterna magica gezeigte großserbische Reich und die Andeutung der Notwendigkeit einer serbischen Militärkonvention mit Rußland. Jetzt die kretischen Krawalle, die sonderbarerweise damit anfingen, daß die kretischen Christen sich untereinander totschlugen, bis der russische Konsul es fertig brachte, sie zum Massakrieren von Türken zusammen und unter einen Hut zu bringen. Und die dumme türkische Regierung schickt den Schakir Pascha nach Kreta, der acht Jahre türkischer Gesandter in Petersburg war und dort von den Russen gekauft wurde. Diese ganze kretische Geschichte hat unter anderem den Zweck, die Engländer am Abschluß einer Allianz mit Preußen zu verhindern. Darum wurde sie gerade losgelassen als der Kaiser herkam — damit Gladstone wieder in Philhellenismus machen und die Liberalen sich für die kretischen Hammeldiebe begeistern können. Der Kaiser sollte den Russen zuvorkommen, um den Griechen Kreta zu verschaffen, aber die Russen haben wieder mal gezeigt, daß wenn Griechenland Kreta bekommt, dann von Rußlands Gnaden.

Dank für Nachricht wegen Hartmann. Näheres sehr erwünscht, ich möchte diesem preußischen Lügenbepot in der „Evening News" ein Ende machen.

— — — — — — — — — — — — — — — — — —

Herzliche Grüße an Dich und Deine Frau. Schorlemmer ist Mittwoch von hier nach Deutschland.

Dein F. E.

* * *

[1] „Unser hiesiges Rekrutierungsfeld."
[2] Hervorragende Führer der Trade Unions.
[3] Die armenischen Greuel.

164

Fr. Engels an Sorge.

London, 26. September 1889.

Dank für „V.-Z." usw. Die Revolution im Glas Wasser,[1] die sich bei Euch ereignet hat, ist sehr heiter. Wo möglich Anfang der Besserung. Die Nemesis marschiert langsam aber sicher, und die Ironie der Geschichte bringt es mit sich, daß dieselben Leute, die sich gegen die

Masse der Partei, besonders des Westens, stets auf die New Yorker stützten, gerade von den New Yorkern gestürzt werden.

Von dem Russen[2] kein Wort gehört. Seine Postkarte mit nächstem zurück. Daß ich nur per Postkarte schreibe, kommt von der vielen Arbeit. Hier, von Eastbourne zurück, empfing mich die Nachricht, daß 4. Auflage „Kapital" erster Band nötig. Dazu werden nur wenige Änderungen und Zusatznoten nötig, diese müssen aber um so sorgfältiger ausgesucht und bearbeitet werden, und der gedruckte Text genau durchgesehen, damit keine Sinnverdrehung durchschlüpft. Auch müssen die Hinweise auf Buch III jetzt präzisiert werden. Der Dockerstreik war grandios. Tussy hat schwer mitgearbeitet, der Neid auf die Stellung, die sie sich gemacht, bricht schon an verschiedenen Ecken hervor. Ich schicke Dir den Artikel von Harney,[3] der im „Labour Elector" zitiert. Der alte Kerl liegt zwölf Meilen von hier, war im August am Draufgehen, ist aber besser. Lenchen[4] dankt für Kalender und läßt grüßen. In Frankreich hat Guesde Chance bei Stichwahl. Leider bin ich noch ohne genaue Nachrichten über die Wahlen.[5] Beste Grüße an Deine Frau und Schlüters.

Dein F. E.

* * *

[1] Die New Yorker Sektion hatte die Nationale Exekutive der S. A. P. abgesetzt und einen Kongreß berufen; die Exekutive fügte sich nicht und berief auch einen Kongreß. Die Folge war Abzweigung einer Fraktion, die es mit der alten Exekutive hielt und diese nach Baltimore verlegte.

[2] Leo Hartmann hatte Sorge eine Postkarte geschickt.

[3] Der alte Chartist.

[4] Helene Demuth.

[5] In Frankreich.

165

Fr. Engels an Sorge.

London, 12. Oktober 1889.

Hiermit wie gewöhnlich „Labour Elector" und „Commonweal". Die „International Review" soll bereits verstorben sein, so rasch hat Hyndman sie abgewirtschaftet. Dagegen ist Bax in Unterhandlung wegen einer anderen Revue, erhält er sie, so wird Aveling wahrscheinlich sein Unterredakteur. Die New Yorker Revolution wird immer amüsanter, die Versuche von Rosenberg u. Ko., sich à tout prix oben zu erhalten, sind erheiternd, aber glücklicherweise auch nutzlos. Deine Korresp. mit den Nationalisten im „W. A."[1] hat mich gefreut, erstens weil man darin den alten Sorge auf zehn Meilen weit erkennt und zweitens weil es wieder ein öffentliches Lebenszeichen von Dir ist.

Ich weiß nicht, ob ich Dir geschrieben, daß Sam Moore im Juni nach Asaba am Niger (Afrika) gegangen ist als Oberrichter im Gebiet der englischen Niger-Kompagnie. Gestern erhielt ich den ersten Brief von dort, er findet das Klima sehr gut und anscheinend gesund, die Hitze nicht groß; 75 Grad Fahrenheit morgens, 81—83 Grad nachmittags. Also kühl gegen New York. Somit wird der dritte Band des „Kapital" wohl in Afrika ins Englische übersetzt werden. Ich bin an der vierten Auflage des ersten Bandes; die sämtlichen Zitate müssen nach der englischen Ausgabe revidiert werden, das geht nun einmal nicht anders. Dann mit Macht an den dritten.

Longuet ist gestern gekommen seine zwei ältesten Jungen abholen, die bei Tussy sind. Er ist durch Stimmenthaltung der Opportunisten um 800 Stimmen in der Minorität geblieben. Von den Unseren zirka sechs gewählt, Guesde leider nicht.

Dein F. E.

* * *

[1] „Workman's Advocate", Organ der Exekutive in englischer Sprache.

166

Fr. Engels an Sorge.

London, 7. Dezember 1889.

Lieber Sorge!

Briefe vom 8. und 29. Oktober dankend erhalten.

So gut wird's nicht, daß die „Soz. Arbeiterpartei" liquidiert. Außer Schewitsch hat Rosenberg noch eine Masse anderer Erben, und die eingebildeten doktrinären Deutschen dort haben sicher keine Lust, ihre angemaßte Lehrerstelle bei den „unreifen" Amerikanern aufzugeben. Sie wären sonst gar nichts.

Daß eine große Nation nicht so einfach doktrinär und dogmatisch einzupauken ist, selbst wenn man die beste Theorie hat, die aus ihren eigenen Lebensverhältnissen herausgewachsen und relativ bessere Einpauker als die S. A. P. hat, das zeigt sich hier. Die Bewegung ist jetzt endlich im Gange, und wie ich glaube, for good. Aber nicht direkt sozialistisch, und diejenigen Leute, die unter den Engländern unsere Theorie am besten verstanden, stehen außer ihr: Hyndmann, weil er ein unverbesserlicher Zänker, Bax, weil er ein Stubengelehrter. Die Bewegung ist formell zunächst Trade Unions-Bewegung, aber total verschieden von der der alten Trade Unions, der skilled labourers,[1] der Arbeiteraristokratie.

Die Leute gehen jetzt ganz anders ins Geschirr, führen weit kolossalere Massen ins Gefecht, erschüttern die Gesellschaft weit tiefer, stellen viel weitergehende Forderungen: Achtstundentag, allgemeine Föderation aller Organisationen, komplette Solidarität. Die Gas Workers and General Labourers Union[2] hat durch Tussy zum erstenmal women's branches[3] erhalten. Dabei sehen die Leute ihre momentanen Forderungen selbst nur als provisorisch an, obwohl sie selbst noch nicht wissen, auf welches Endziel sie hinarbeiten. Aber diese dunkle Ahnung sitzt tief genug in ihnen, um sie zu bewegen, nur offenkundige Sozialisten zu Führern zu wählen. Wie alle anderen, müssen sie durch ihre eigenen Erfahrungen, an den Folgen ihrer eigenen Fehler lernen. Aber da sie, entgegen den alten Trade Unions, jede Andeutung von der Identität der Interessen von Kapital und Arbeit mit Hohngelächter aufnehmen, wird das nicht sehr lange dauern. Ich hoffe, daß die nächste allgemeine Wahl sich noch drei Jahre hinauszieht, 1. damit nicht in der schlimmsten Kriegsgefahr der Russenknecht Gladstone am Ruder — was allein hinreichend für den Zar, den Krieg zu provozieren; 2. damit die antikonservative Majorität so groß wird, damit eine wirkliche Home Rule für Irland eine Notwendigkeit wird, sonst be...... Gladstone die Irländer wieder und dieses Hindernis — die irische Frage — wird nicht aus dem Weg geräumt; 3. aber damit die Arbeiterbewegung noch weiter entwickelt, und möglicherweise durch den Rückschlag der, nach der jetzigen Prosperität sicheren, schlechten Geschäftszeit rascher gereift wird. Dann kann das nächste Parlament 20 bis 40 Arbeitervertreter zählen, und zwar von anderem Schlag als die Potter, Cremer u. Ko.

Das widerwärtigste hier ist die den Arbeitern tief ins Fleisch gewachsene bürgerliche „respectability". Sozial ist die Gliederung der Gesellschaft in zahllose, unbestritten anerkannte Abstufungen, von denen jede ihren eigenen Stolz, aber auch ihren angeborenen Respekt vor ihren „betters" und „superiors" hat, so alt und fest gegründet, daß die Bourgeois noch immer das Ködern ziemlich leicht haben. Ich bin keineswegs sicher, zum Beispiel daß John Burns nicht auf seine Popularität bei Kardinal Manning, dem Lord Mayor und den Bourgeois überhaupt im stillen stolzer ist als auf die bei seiner eigenen Klasse. Und Champion — Exleutnant — hat vor Jahren mit bürgerlichen, namentlich konservativen Elementen gemogelt, auf dem pfäffischen Church Congress Sozialismus gepredigt usw. Und selbst Tom Mann, den ich für den bravsten halte, spricht gern davon, daß er mit dem Lord Mayor lunchen wird. Wenn man dagegen die Franzosen hält, merkt man doch, wozu eine Revolution gut ist. Übrigens wird es den Bourgeois wenig nützen, wenn es ihnen gelingt, einige der Führer in ihr Garn zu locken. Bis dahin ist die Bewegung soweit erstarkt, daß so was überwunden wird.

Die vierte Auflage ist fertig gemacht und im Druck.

R... ist an Kautsky besorgt. — — — — — — — — — — — —

H. ist ein so kluges, in seinen eigenen Augen so unparteiisches, dabei so total unpraktisches Männchen (was die Juden Schlemihl nennen, geborener Pechvogel), daß es mich wundert, wie er nicht schon längst drüben has come to grief.[4] Es ist schade um das Kerlchen, aber da ist nichts zu ändern. „Time“ ist jetzt von Bax gekauft, und ich glaube auch alles mit Avelings arrangiert. Kommt aber darauf an, was Bax daraus macht. Bei allem Talent und allem guten Willen ist Bax doch unberechenbar — ein Stubengelehrter, der sich auf den Journalismus geworfen, und dadurch etwas die Balance verloren hat. Dazu seine sonderbare Marotte, die Weiber unterdrückten heute die Männer.

Deine Liste der „Tribune“-Artikel[5] von Marx wird wohl unter dem Berg ungeordneter Briefe begraben sein. Die eingeklebten „Tribune“-Artikel[6] habe ich, ob sie aber vollständig sind, kann ich augenblicklich nicht sagen. Ich habe sie erst im Herbst wiedergefunden.

— — — — — — — — — — — — — — — — — —

— — — — — — — — — — — — — — — — — —

Vor 14 Tagen langen Brief von Sam Moore erhalten. Er findet die Gegend gesund, die Lage sehr schön, die Gesellschaft erträglich, bestellt eine Masse Journale, scheint sich aber doch schon wieder auf die sechs Monate europäischen Urlaub 1891 zu freuen.

In Deutschland geht's famos. Wir haben jetzt noch bessere Agitatoren als Bismarck, die Ruhrkohlengräber sind uns sicher, die Saar- ditto kommen nach, der Elberfelder Prozeß hilft auch mit seinen Mouchardenthüllungen. In Frankreich hat unsere parlamentarische Fraktion jetzt acht Mann, darunter fünf Delegierte zum Pariser Marxistenkongreß. Guesde ist ihr Sekretär und arbeitet ihnen die Reden aus. Ein Tageblatt ist wieder einmal in Aussicht. Die Fraktion wird die Kongreßbeschlüsse als Motion einbringen. Für den 1. Mai 1889[7] wird überall gearbeitet. In Österreich geht's auch sehr gut. Adler hat die Sache famos in Ordnung gebracht, die Anarchisten sind tot dort.

Mir geht's auch gut, die Augen sind besser, und wenn's so fort geht bis Ende Januar über die Nebelzeit und kurzen Tage, werde ich wieder fester arbeiten können. Tussy arbeitet schwer im Silvertown Streik, der längst beendet wäre, hätten nicht Burns u. Ko. ihn vernachlässigt.

Herzliche Grüße an Deine Frau.

Dein F. E.

* * *

[1] Gelernte Arbeiter.
[2] Gas- und allgemeiner Arbeiterverein.
[3] Frauenabteilungen, Zweigverein von Arbeiterinnen.
[4] „Zu Schaden gekommen ist."
[5] Im Jahre 1872 hatte Marx von Sorge eine vollständige Liste der Artikel erhalten, die Marx für die „New York Tribune" von 1852 bis 1859 geschrieben hatte. Sie wurden
[6] Marx im Jahre 1877 übersandt und später in zwei Werken herausgegeben: „Revolution und Konterrevolution" und „The Eastern Question" (Die östliche Frage).
[7] 1890 ist gemeint.

167

Fr. Engels an H. Schlüter.

London, 11. Januar 1890.

Lieber Schlüter!

— —

Die Geschichte mit John Burns' Reise[1] nach dort scheint mir sehr zweifelhaft, er kann hier schwerlich fort, ohne Raum zu machen für Konkurrenten, und muß auch auf dem County Council[2] gegenwärtig sein, da er allein dort die Arbeiter vertritt.

Der stürmische Strom der Bewegung vom vorigen Sommer hat sich etwas gestaut. Und was das beste ist, die gedankenlose Sympathie des Bürgerpacks für die Arbeiterbewegung, wie sie beim Dockerstreik ausbrach, hat sich auch gelegt und fängt an, dem weit natürlicheren Gefühl des Mißtrauens und der Beängstigung Platz zu machen. Beim Gasstreik in Südlondon, der den Arbeitern von der Gaskompanie gewaltsam aufgezwungen wurde, stehen die Arbeiter wieder ganz von allen

Spießbürgern verlassen da. Es ist dies sehr gut und ich wünsche nur, daß Burns selbst einmal diese Erfahrung durchmacht an einem von ihm selbst geleiteten Streik, er macht sich da allerhand Illusionen.

Dabei gibt's allerhand Reibereien, zum Beispiel zwischen Gasarbeitern und Dockern, wie das nicht anders zu erwarten. Aber die Massen sind trotz alledem in Fluß und da ist kein Halten mehr. Je länger die Stauung, desto gewaltsamer wird der Durchbruch sein, wenn er kommt. Und diese Unskilled* sind ganz andere Kerls als die Zopfbrüder von den alten Trade Unions; keine Spur von dem alten Zopfgeist, von der Zünftlerei zum Beispiel der Engineers, im Gegenteil allgemeiner Ruf nach Organisation aller Trade Unions zu einer Verbrüderung und zum direkten Kampf gegen das Kapital. Zum Beispiel beim Dockerstreik waren bei den Commercial Docks drei Engineers, die die Dampfmaschine im Gange hielten. Burns und Mann wurden aufgefordert — beide sind selbst Engineers und Burns auf der Exekutive der Amalg. Eng. Tr. Union — die Leute zum Fortgehen zu bewegen, dann könne kein Krahnen arbeiten und die Dock-Kompanie müsse klein beigeben. Die drei Engineers weigerten sich, die Exekutive der Engineers schritt nicht ein, und daher die Länge des Streiks! Ferner, in Silvertown Rubber Works — zwölf Wochen Streik — scheiterte der Streik an den Engineers, die nicht mitmachten, und selbst gegen ihre Unionregeln Labourers' Work taten! Und weshalb? Diese Narren, um die Zufuhr von Arbeitern kurz zu halten, haben das Gesetz, daß nur die eine regelrechte Lehrzeit durchgemacht, in ihrer Union zugelassen werden. Dadurch haben sie sich eine Armee von Konkurrenten geschaffen, sogenannte black legs, die ebenso geschickt sind wie sie selbst, die gern in die Union einträten, aber gezwungen sind, black legs zu bleiben, weil sie wegen dieser Pedanterie, die heute gar keinen Sinn hat, draußen stehen müssen. Und weil sie wissen, daß in den Comm. Docks wie in Silvertown diese black legs sofort an ihre Stelle getreten wären, deshalb bleiben sie da, und wurden so selbst black legs gegenüber den Streikenden. Da siehst Du den Unterschied: die neuen Unions halten zusammen, beim jetzigen Gasstreik stehen Sailors (Steamer) und Firemen, Lightermen, Coal Carters und alle zusammen, natürlich die Engineers wieder nicht, die arbeiten fort!

Indes werden diese alten renommistischen großen Trade Unions doch bald klein gekriegt werden, ihre Hauptstütze, der London Trades Council, wird mehr und mehr durch die neuen untergekriegt, und in zwei bis drei Jahren längstens ist auch der Trade Unions-Kongreß revolutioniert. Schon beim nächsten erleben die Broadhursts ihr blaues Wunder.

Daß Ihr den Rosenberg u. Ko. abgemurkst habt, ist bei Eurer Revolution im amerikanischen sozialistischen Teekessel die Hauptsache. Die deutsche Partei drüben, als solche, muß kaput gehen, sie wird das schlimmste Hindernis. Die amerikanischen Arbeiter kommen schon, aber sie gehen ganz wie die Engländer ihren eigenen Weg. Man kann ihnen die Theorie nicht von vornherein einpauken, aber ihre eigene Erfahrung und ihre eigenen Böcke und die schlimmen Folgen daraus werden sie schon mit der Nase auf die Theorie stoßen — und dann all right. Selbständige Völker gehen ihren eigenen Weg, und von allen sind die Engländer und ihre Sprößlinge doch die selbständigsten. Der insulanermäßige bockbeinige Starrsinn ärgert einen oft genug, aber er garantiert auch die Durchführung des Angefangenen, wenn's einmal losgeht.

— — — — — — — — — — — — — — — — —

Dein F. Engels.

[1] Man beabsichtigte, John Burns zu einer Tour in den Vereinigten Staaten einzuladen. Einige Jahre später kam er als Delegierter des englischen Trade Unions-Kongresses.

[2] Der Grafschaftsrat von London.

[3] Ungelernte Arbeiter.

168

Fr. Engels an Sorge.

London, 8. Februar 1890.

Lieber Sorge!

Deinen Brief vom 14. und zwei Postkarten ...... erhalten.

Meiner Ansicht nach verlieren wir kaum etwas Wägbares durch den Überlauf der dortigen offiziellen Sozialisten zu den Nationalisten.[1] Wenn dadurch die ganze deutsche S. A. P. in die Brüche ging, wär's ein Gewinn, aber so gut wird's uns schwerlich. Die wirklich brauchbaren Elemente werden sich schließlich doch wieder zusammenfinden, und um so eher, je mehr das Schlackenzeug sich selbst abgesondert hat; es wird genügen, um in dem Moment, wo die Ereignisse selbst das amerikanische Proletariat weiter treiben, durch ihre überlegene theoretische Einsicht und Erfahrung die Führerrolle zu übernehmen und Du wirst dann erfahren, daß Eure jahrelange Arbeit nicht umsonst gewesen ist.

Die Bewegung dort, ganz wie hier und jetzt auch in den Kohlenbezirken Deutschlands, läßt sich nicht durch Predigen allein machen. Die Tatsachen müssen's den Leuten einpauken und dann geht's aber auch rasch, am raschesten natürlich da, wo bereits ein organisierter und theoretisch gebildeter Teil des Proletariats vorhanden, wie in Deutschland. Die Kohlengräber gehören uns heute potentiell und mit Notwendigkeit: im Ruhrgebiet geht der Prozeß rasch vor sich, das Aachener und Saarbecken folgen, dann Sachsen, dann Niederschlesien, endlich die Wasserpolacken von Oberschlesien. Bei der Stellung unserer Partei in Deutschland bedurfte es da nur des aus den eigenen Lebensverhältnissen der Kohlengräber entspringenden Anstoßes, um die unaufhaltsame Bewegung hervorzurufen.

Hier geht's ähnlich. Die Bewegung, die ich jetzt für ununterdrückbar halte, entsprang aus dem Dockerstreik, rein aus der absoluten Notwendigkeit der Verteidigung. Aber auch hier war der Boden durch die verschiedenartigen Agitationen der letzten acht Jahre so weit vorbereitet, daß die Leute, ohne selbst Sozialisten zu sein, doch nur Sozialisten zu Führern haben wollten. Jetzt kommen sie, ohne es selbst zu merken, in die theoretisch richtige Bahn, they drift into it,[2] und die Bewegung ist so stark, daß ich glaube, sie wird die unvermeidlichen Böcke und ihre Folgen, die Reibungen der verschiedenen Trade Unions und der Führer ohne wesentlichen Schaden überstehen. Davon unten noch.

Ich glaube, so geht's auch bei Euch in Amerika. Die Schleswig-Holsteiner und ihre Nachkommen in England und Amerika sind nun einmal nicht durch Dozieren zu bekehren, diese störrische und eingebildete Baude muß es am eigenen Leibe erfahren. Das tun sie aber von Jahr zu Jahr mehr, aber sie sind urkonservativ — eben weil Amerika so rein bürgerlich ist, so gar keine feudale Vergangenheit hat, und daher stolz ist auf seine rein bürgerliche Organisation — und werden daher dem alten traditionellen Gedankenschund nur durch die Praxis los. Also mit Trade Unions usw. muß es anfangen, wenn's Massenbewegung sein soll, und jeder weitere Schritt muß ihnen durch eine Niederlage aufgezwungen werden. Ist aber einmal der erste Schritt über die bürgerliche Anschauung hinaus getan, dann wird's rasch gehen, wie alles in Amerika, wo die naturnotwendig wachsende Geschwindigkeit der Bewegung den sonst so langsamen schleswig-holsteiner Angelsachsen etwas gehöriges Feuer unter den Hintern legt, und dann wird auch das fremde Element in der Nation durch größere Beweglichkeit sich geltend machen. Ich halte den Verfall der spezifisch deutschen Partei mit ihrer lächerlichen theoretischen Unklarheit, ihrer dementsprechenden Hochnasigkeit und ihrem Lassalleanismus für ein wahres Glück. Erst wenn diese Sonderbündler beseitigt, werden die Früchte Eurer Arbeit wieder an den Tag treten. Das Sozialistengesetz war ein Unglück, nicht für Deutschland, aber für Amerika, dem es die letzten Sektierer zuschickte. Ich habe mich drüben oft gewundert über die vielen, in Deutschland ausgestorbenen, drüben aber florierenden echten Kartengesichter, die einem begegnen.

Hier ist also wieder Sturm im Teetopf. Du wirst die Krakeelerei im „Labour Elector" gesehen haben wegen Packe, dem Unterredakteur des „Star", der in einem Lokalblatt den Lord Easton direkt der Päderastie beschuldigt hatte in Verbindung mit den bugger-Skandalen unter der hiesigen Aristokratie. Der Artikel war infam, aber nur persönlich, politisch war die Sache kaum. Aber er erregte großen Skandal, der „Star" griff ihn auf, provozierte Burns direkt, und Burns, statt sich mit dem Komitee zu beraten, desavouierte Champion direkt im „Star". Auf dem Komitee des „Labour Elector" war großer Sturm, alle gegen Champion, aber jeder der Leute will ins Parlament und hat daher besondere Interessen, so wurde nichts beschlossen, vielleicht auch weil sie keine Macht hatten. (Champion hatte Tussy erklärt vorigen Herbst, das Blatt gehöre dem Komitee, er sei nur absetzbarer Redakteur, aber das war schwerlich ganz so der Fall) — kurz, Burns und Bateman zogen sich wegen der Sache, Burns auch speziell noch wegen des chauvinistischen Artikels über den portugiesischen Krakehl, vom Komitee zurück, und diese Woche ist das ganze Komitee im Blatt verschwunden. Tussy hat nun auch dem Champion, dem sie bisher internationale Notizen über Frankreich, Deutschland, Belgien, Holland und Skandinavien gab, abgeschrieben. (Das tolle Zeug über Spanien, Portugal, Mexiko usw. ist von Cunninghame Graham, einem sehr braven, sehr tapferen, aber sehr konfusen ex-ranchman.[3])

Der Fall beweist mir nun, daß Champion in der Tat Torygelder genommen und jetzt in der Zwangslage war, bei Parlamentseröffnung etwas zu tun für den value received.[4]

Der Verfasser der Artikel selbst soll unser Ex-Freund vom Haag Maltman Barry sein, der hier als Toryagent gilt, und von dem Jung,

Hyndman u. Ko. wunderbare, aber erlogene Räubergeschichten erzählen. Dumm handeln diese Herren aber alle, denn Champion ruiniert sich damit komplett, und ist in einer Versammlung seiner eigenen Labour Electoral Association von der Tribüne herunter geschrien worden und mußte von zwei Polizisten geschützt werden. Natürlich famoses Wasser auf Hyndmans Mühle, aber ich glaube, diese Herren sind beide drunter durch. Wie's nun weiter geht, wird sich zeigen. Aber die Bewegung geht daran ebensowenig zugrunde, wie von der Niederlage der Gasstokers in Südlondon. Die Leute waren zu cocky,[5] es war ihnen alles zu leicht gemacht, jetzt können ein paar checks nicht schaden.

In Paris suchen unsere Leute noch immer ein Daily[6] zustande zu bringen. Das possibilistische „Parti ouvrier", von der Regierung gehaltenes Daily, ist eingegangen, on n'a plus besoin de ces messieurs.[7]

Bax' „Time" ist ein ganz gewöhnlich bürgerliches Ding, und er hat Todesangst, es sozialistisch zu machen. Das wird nun nicht so ohne weiteres fortgehen, aber für eine rein sozialistische Monatsschrift, besonders à 1 sh. das Heft, ist hier noch kein Raum. Sobald was Interessantes drin, schick ich's Dir.

Wir haben hier auch unsere Nationalisten, die Fabians, eine wohlmeinende Bande von gebildeten Bürgern, die Marx widerlegt haben mit der faulen Vulgärökonomie von Jevons, die so vulgär ist, daß man alles daraus machen kann, selbst Sozialismus. Ihr Hauptzweck ist, wie drüben, den Bürger zum Sozialismus zu bekehren und so die Sache peacefully and constitutionally einzuführen. Sie haben ein dickes Buch darüber veröffentlicht von sieben Verfassern.

— — — — — — — — — — — — — — — — — — —

Meine Augen scheinen sich zu bessern, ich habe 10 Pfund an Gewicht zugenommen, dagegen habe ich das Rauchen wegen Schlaflosigkeit so gut wie ganz aufgeben müssen, und finde nun auch, daß der Alkohol von Zeit zu Zeit ähnliche unangenehme Wirkungen hat. Es wäre doch bittere Ironie, wenn ich auf meine alten Tage teetotaler[8] werden müßte.

Herzliche Grüße an Deine Frau.

Dein F. E.

Schorlemmer darf auch nichts trinken.

* *

[1] So nannten sich die Anhänger von Bellamy in den Vereinigten Staaten.
[2] „Sie treiben hinein" (unbewußt, von selbst).
[3] Landjunker, auch Viehzüchter (in Mexiko und Kalifornien).
[4] Den erhaltenen Wert — ein auf Wechseln gebräuchlicher Ausdruck.
[5] Kampfmutig, übermütig.
[6] Tägliches Blatt.
[7] „Man braucht die Herren nicht mehr."
[8] Abstinenzler.

* * *

Am 4. April schrieb Engels an Sorge:

„In aller Eile. Sende „Time" mit Artikel von mir. In Deutschland geht's lustig, der débâcle hat angefangen und man wird schon sorgen, daß es nicht wieder zum Stillstand kommt. Schorlemmer ist hier und läßt Dich und Deine Frau herzlich grüßen. . . ."

169

Fr. Engels an Sorge.

London, 12. April 1890.

Lieber Sorge!

Brief vom 3./6. März dankend erhalten.

Die Sache mit Miquels Briefen[1] hat große Haken. „Wilhelm"[2] hätte sie auch gern, um damit bei ungelegener Zeit herauszuplatzen und uns damit das Druckmittel auf Miquel für ewig zu verderben. Denn ist der Skandal einmal vorbei, so pfeift Miquel uns was. Es ist mir aber viel mehr wert, den Kerl durch dies Druckmittel einigermaßen in der Hand zu halten, als nutzlosen Lärm zu schlagen, wodurch er frei käme und obendrein froh wäre, die Sache überstanden zu haben. Die ganze Welt weiß ohnehin, daß er Bundesmitglied war.

Nun aber habe ich mit amerikanischer Journalistik gar zu brillante Erfahrungen gemacht, als daß ich da anbisse. Würde es auf der „V.-Z." bekannt, daß diese Briefe in Amerika lägen, so ruhte und rastete das Sensationsvolk nicht, bis sie sie hätten — und der Versuchung und Tortur will ich niemand aussetzen. Außerdem wer garantiert mir, wie lange Schlüter an der „V.-Z." bleibt und ob man nicht gerade das Herausrücken mit diesen Briefen ihm als Bedingung des Bleibens stellt?

Kurz, ich kann mich auf diesen Handel unmöglich einlassen.

In Deutschland geht alles über die äußersten Wünsche hinaus. Die neue Ära ist wie geschaffen, die alte Wirtschaft gründlich in Unordnung zu bringen, den letzten Rest von Vertrauen bei allen Besitzenden — Junkern wie Bürgern — zu erschüttern und uns das Terrain in einer Weise vorzubereiten, wie selbst eine liberale Aera unter Friedrich III. nicht gekonnt hätte. Ihre Arbeiterfreundlichkeitsgelüste fallen bei unseren Leuten ganz rettungslos ab. Dazu hat das Sozialistengesetz gedient. Nach 1878 wäre damit noch einiges zu machen gewesen, einige Unordnung in unsere Reihen gebracht, jetzt aber unmöglich. Unsere Leute haben die preußische Faust zu sehr zu fühlen bekommen. Einige Schwächlinge und dann einige der 700000 Mann, die uns in den letzten drei Jahren neu zugelaufen, mögen in dieser Beziehung ein bissel wacklig sein, aber die werden rasch niedergestimmt, und ehe das Jahr aus, haben wir die schönste Enttäuschung der Regierung über ihre Macht über die Arbeiter und damit Umspringen der Liebe in Wuth, der Liebkosung in Verfolgung. Unsere Politik daher, jetzt alles Lärmen zu vermeiden, bis das Sozialistengesetz am 30. September abgelaufen; denn einen neuen Ausnahmszustand mit dem dann ganz auseinandergekommenen Reichstag fertig zu bringen, dürfte nicht angehen; haben wir aber erst wieder die gewöhnlichen bürgerlichen Rechte, so sollst Du eine neue Expansion sehen, die die am 20. Februar zutage getretene noch in den Schatten stellt.

Da die offizielle Arbeiterfreundlichkeit ergänzt wird durch Militärdiktaturgelüste (Du siehst, wie alle heutige Regierung nolens volens bonapartistisch wird), so haben wir dafür zu sorgen, daß sie dazu keine Gelegenheit bekommt. Wir haben bei den Wahlen gesehen, daß unsere Fortschritte auf dem Lande besonders da, wo großer Grundbesitz und daneben höchstens große Bauern bestehen, also im Osten, ganz enorm gewesen. In Mecklenburg drei Stichwahlen, in Pommern zwei. Die 85 000 Stimmen, die zwischen der ersten offiziellen Zählung (1 342 000) und der zweiten (1 427 000) noch anwuchsen, sind alle aus Landdistrikten, wo man uns absolut keine Stimme zutraute. Also Aussicht, daß wir jetzt bald das Landproletariat der Ostseeprovinzen erobern, und damit die Soldaten der „Kernregimenter". Dann ist die ganze alte Wirtschaft Kladderadatsch und wir herrschen. Die preußischen Generale müßten aber größere Esel sein als ich glauben kann, wenn sie das nicht wüßten, ebensogut als wir, und daher müssen sie vor Begierde brennen, uns durch eine solenne Schießerei auf einige Zeit unschädlich zu machen. Also doppelten Grund, äußerlich ruhig zu verfahren.

Ein dritter Grund ist, daß den Massen — namentlich den neu angeworbenen — der Wahlerfolg zu Kopf gestiegen ist und sie glauben, sie könnten jetzt alles im Sturm durchsetzen. Wird da nicht gezügelt, so passieren Dummheiten die Masse. Und die Bourgeois — vide die Kohlengrubenbesitzer — bieten alles auf, diese Dummheiten zu begünstigen und zu provozieren, und haben außer den alten Gründen dafür noch den neuen, daß sie hoffen, dadurch der offiziellen „Arbeiterfreundlichkeit" einen Strich durch die Rechnung zu machen.

Die oben am Rand angestrichenen Stellen bitte ich .... nicht mitzuteilen. Er hat einen gewissen Tatendrang und dann kenne ich die „V.-Z."-Leute, die rücksichtslos alles journalistisch vernutzen, was brauchbar ist. Diese Sachen aber dürfen nicht in die Presse, weder dort noch hier, wenigstens nicht in die deutsche, und am allerwenigsten als von mir herrührend.

Wenn unsere Partei in Deutschland also in nächster Zeit und auch mit Beziehung auf den 1. Mai scheinbar etwas abwiegelt, so weißt Du die Gründe. Wir wissen, daß die Generale den 1. Mai gern zum Schießen verwerten möchten. Dieselbe Absicht besteht in Wien und Paris.

In der „Arb.-Ztg." (Wiener) sind besonders Bebels Korrespondenzen aus Deutschland wichtig. Ich entscheide mich über keinen Punkt in Beziehung auf deutsche Parteitaktik, ehe ich nicht Bebels Meinung darüber in der „A.-Z." oder brieflich gelesen. Er hat eine wunderbar feine Nase. Schade, daß er nur Deutschland aus eigener Anschauung kennt. Auch der Artikel diese Woche „Deutschland ohne Bismarck" ist von ihm.

„Time" mit meinem ersten Artikel über russische Politik (gesandt heute vor acht Tagen) wirst Du erhalten haben.

Meine Nerven beruhigen sich wieder etwas, seit ich fast teetotal geworden bin, werde die Einschränkung auch noch bis Herbst einhalten müssen. Schorlemmer ist noch ganz Temperenzler. Er wie ich grüßen Dich und Deine Frau herzlich, er ist über Ostern hier, geht Montag wieder nach Manchester. Sam Moore geht's wohl in Afrika, übers Jahr kommt er auf sechs Monate Urlaub her.

Dein F. E.

* * *

[1] Engels war angegangen worden, die bekannten Briefe Miquels an Marx nach Amerika zu senden zu gelegentlicher Veröffentlichung.

[2] Unter „Wilhelm" versteht Engels Wilhelm Liebknecht.

170

Fr. Engels an Sorge.

London, 19. April 1890.

Lieber Sorge!

Den „Nationalist“ erhalte ich regelmäßig, es steht leider nicht viel drin. Es sind die Abklatsche der hiesigen Fabians. Flach und seicht wie der Dismal Swamp, aber eingebildet über die großartige Großmut, womit sie, jebildete Bourgeois, sich herablassen zur Emanzipation der Arbeiter, wofür aber diese letzteren auch hübsch kuschen und den jebildeten Cranks und ihren isms gehorsamst Order parieren müssen. Sie mögen ihr kurzes Pläsierchen haben, eines schönen Tages wischt die Bewegung das alles weg. Das ist doch ein Vorzug bei uns Kontinentalen, die wir den Einfluß der französischen Revolution ganz anders gespürt haben, daß bei uns so etwas nicht möglich ist.

Ich schicke Dir heute auch „The People's Press“, die, was Berichte über die neuen Trade Unions betrifft, an die Stelle von „Labour Elector“ getreten. Letzterer, wie Du gesehen haben wirst, bringt nichts Tatsächliches mehr, weil die Arbeiter platterdings nichts mehr mit ihm zu tun haben wollen. Was nicht hindert, daß Burns, Mann und andere (namentlich von den Dockers) im stillen noch viel mit Champion umgehen und sich von ihm beeinflussen lassen. „People's Press“ wird von einem blutjungen Fabian, Dell, redigiert, zweiter Hauptmann ist der Pfaff Morris, beide sollen soweit anständige Leute sein und kommen den Gasleuten sehr entgegen. Leiterin der Gasleute (im stillen) ist Tussy, und die Union scheint jedenfalls weitaus die beste. Die Dockers sind verdorben durch die Philisterbeihilfe und wollen's mit dem Bourgeoispublikum nicht verderben. Dazu ist ihr Sekretär Tillett Todfeind der Gasleute, deren Sekretär er vergebens zu werden suchte. Docker und Gasleute gehören eigentlich zusammen, eine Masse, sind im Sommer Dockers, im Winter Gasleute, daher schlugen letztere Kartell vor, daß wer Mitglied einer der beiden Unions sei, bei Arbeitswechsel nicht gezwungen werde, in die andere einzutreten. Dies schlugen die Dockers bis jetzt ab, verlangen, daß der Gasarbeiter, der im Frühjahr Docker wird, auch bei ihnen Eintrittsgeld und Beitrag zahle. Daher viel Unannehmlichkeit. Überhaupt lassen sich die Dockers von ihrer Exekutive verdammt viel bieten. Die Gasarbeiter and General Labourers nehmen alle Unskilled auf und in Irland drängen sich jetzt auch die Ackerbautaglöhner hinzu —

daher der Verdruß von Davitt, der nicht über Henry George hinausgeht und dessen irische Lokalpolitik sich hier bedroht sieht — obwohl ganz ohne Grund. Hier in London südlich der Themse sind die Gasleute von der South Metropolitan Gas Co. gehörig geschlagen worden; das war sehr gut, sie wurden zu üppig, glaubten alles im Sturm erobern zu können, ebenso ging's ihnen in Manchester; jetzt werden sie ruhiger, festigen erst die Organisation und füllen die Kasse. Tussy vertritt in der Union die Frauen und Mädchen von Silvertown (India Rubber etc. Works), deren Streik sie leitete, und wird wohl nächstens ihren Sitz auf dem London Trades Council einnehmen.

In so einem Lande alter politischer und Arbeiterbewegung ist immer ein kolossaler Haufen traditionell überkommener rubbish, der allmählich beseitigt werden muß. Da sind die Vorurteile der skilled Unions — Engineers, Bricklayers, Carpenters and Joiners, Type Compositors etc., die alle zu brechen sind; die Eifersüchteleien der einzelnen Gewerbe, die in den Händen und Köpfen der Leiter sich bis zu direkter Feindschaft und Bekämpfung unter der Hand zuspitzen; da sind die einander durchkreuzenden Ambitionen und Intrigen der Führer, der will ins Parlament, der auch, der in den County Council oder Schoolboard, der will eine allgemeine Zentralisation aller Arbeiter stiften, der will ein Blatt gründen, der einen Klub usw. usw., kurz, es gibt Reibung über Reibung; dazwischen die Soc. League, die auf alles herabsieht, was nicht direkt revolutionär ist (d. h. hier in England, wie bei Euch: Was nicht sich darauf beschränkt, Phrasen zu machen und sonst nichts zu tun), und die Föderation, die noch immer tut, als gebe es außer ihr nur Esel und Pfuscher, obwohl *sie* gerade durch den neuen Zug der Bewegung es erst wieder zu einigem Anhang gebracht hat. Kurz, wer nur die Oberfläche sieht, würde sagen, es sei alles Zerfahrenheit und Personenkrakeel. Aber die Bewegung geht *unter* der Oberfläche fort, ergreift immer weitere Schichten und gerade meist unter der bisher stagnierenden *untersten* Masse, und der Tag ist nicht mehr fern, wo diese Masse plötzlich *sich selbst findet*, wo es ihr aufleuchtet, daß sie diese kolossale sich bewegende Masse ist, und an dem Tage wird mit all der Lumperei und dem Krakeel kurzer Prozeß gemacht.

Natürlich sind obige Details über Personen und momentane Zerwürfnisse nur zu Deiner Information und dürfen um keinen Preis in die „V.-Z." *Dies ein für allemal* — ich habe nämlich schon hier Proben gehabt, daß Schlüter es in dieser Beziehung manchmal etwas zu leicht nimmt.

Auf den 1. Mai bin ich begierig. In Deutschland war es Pflicht der Reichstagsfraktion, den übertriebenen Gelüsten entgegenzutreten. Die Bourgeois, die politische Polizei, bei der es jetzt „um's Brot geht", die Herren Offiziere, sie alle möchten gern dreinschlagen und schießen, und suchen jeden Vorwand auf, dem jungen Kaiser zu beweisen, daß er nicht rasch genug schießen lassen kann. Das würde aber unser ganzes Spiel verderben. Erst müssen wir das Sozialistengesetz los sein, das heißt den 30. September überstanden haben. Und dann machen sich die Dinge in Deutschland gar zu prächtig für uns, als daß wir sie uns durch pure Renommage verderben sollten. Im übrigen ist die Proklamation der Fraktion schlecht, und der Blödsinn vom „allgemeinen Streik" ganz überflüssig. Aber einerlei wie, die Leute sind durch den 20. Februar so gehoben, daß sie einer gewissen Zügelung bedürfen, um keine Dummheiten zu machen.

In Frankreich kann der 1. Mai ein Wendepunkt werden, wenigstens für Paris, wenn er die große Masse der zum Boulangismus dort übergelaufenen Arbeiter zur Besinnung bringen hilft. Das haben unsere Leute sich selbst zu verdanken. Sie haben nie den Mut gehabt, dem Geschrei gegen die Deutschen, als Deutsche, gegenüberzutreten, und jetzt erliegen sie in Paris dem Chauvinismus. In der Provinz steht's glücklicherweise besser. Aber das Ausland sieht nur Paris.

Wenn mir die Franzosen ihre Sachen einschickten, so würde ich sie Dir schicken. Aber ich glaube, sie schämen sich der Dinger selbst. Well, it's in the French nature,[1] sie können keine Niederlagen ertragen. Sowie sie wieder ein bißchen Erfolg sehen, wird's mit einem Mal anders.

Herzliche Grüße an Deine Frau und Dich selbst.

Ditto an Schlüters.

Dein F. E.

Schorlemmer ist vorigen Montag nach Manchester zurück. Wir beide sind strenge Zwangstemperenzler. Quelle horreur![2]

* * *

[1] „Es ist französische Art."

[2] „Wie scheußlich!"

171

Fr. Engels an Sorge.

London, 30. April 1890.

Lieber Sorge!

Wenn hier in London nächsten Samstag eine Riesendemonstration für den Achtstundentag zusammenkommt, so verdanken wir das allein Tussy und Aveling. Tussy ist Delegierte für ihre Silvertown-Arbeiterinnen im Rat der Gas Workers and General Labourers Union, und in diesem Council so populär, daß sie nur our mother genannt wird. Die Gasleute — die beste der neuen Unions — waren sehr für die Achtstundendemonstration, da sie sowohl sich selbst die acht Stunden erkämpft, wie auch praktisch die Unsicherheit einer solchen bei erster Gelegenheit von den Kapitalisten umgestoßenen Errungenschaft kennen gelernt; für sie wie für die Miners ist die gesetzliche Feststellung die Hauptsache.

Also Gas Workers and Bloomsbury Socialist Society (die aus der Soc. League vor zwei Jahren ausgetretene beste Sektion, worin Leßner, Tussy und Aveling) regten die Sache an und bekamen starken Anhang unter den kleinen Trade Unions und den Radical Clubs, die sich mehr und mehr in sozialistische Arbeiterklubs und Bourgeois-Gladstonische scheiden. Ganz ehrlich verfahrend, trugen sie dem London Council an, sich zu beteiligen bei der geplanten Demonstration im Hydepark. Dieser, vorwiegend aus Vertretern der alten, skilled (gelernte) Trade Unions bestehend (nächstes Jahr haben wir ihn auch erobert), sah, daß die Sache nicht mehr zu umgehen war, und versuchte, sich ihrer durch einen Staatsstreich zu bemächtigen.

Er verständigte sich mit der S. D. Federation (Hyndman) und belegte den Hydepark für den 4. Mai bei dem Commissioner of Works, was die anderen noch nicht getan. Nämlich jedes im Park zu haltende größere Meeting muß dem C. of W. vorher angezeigt werden, und dieser bestimmt die Anzahl Plattformen, die aufzustellen sind usw. Da die Vorschrift zudem besagt, daß am selben Tage zu selber Zeit kein zweites Meeting stattfinden darf, dachten die Herren, sie wären jetzt Meister und könnten, nach Monopolisierung des Parks, dem ursprünglichen Komitee kommandieren. Sie hatten sieben Plattformen belegt, und davon der S. D. Federation zwei überlassen, damit also, wie sie glaubten, auch den Schein der Unparteilichkeit gegen die Sozialisten gerettet und obendrein einen sozialistischen Alliierten.

Sie beschlossen also, nur Trades Societies sollten mit Fahnen im Zuge erscheinen und Redner stellen, keine politischen Unions (also die Klubs ausgeschlossen). Sie redigierten die Resolution, worin the legal 8 Hours Day gestrichen und nur von durch Trade Unions-Aktion zu erkämpfenden acht Stunden die Rede war. Sie arrangierten den Zug, Marschrouten usw., und erst dann beriefen sie eine Delegiertenversammlung — nur von Trades Societies. Als dies kam, wurde 1. Tussy nicht zugelassen, weil sie nicht selbst in dem Geschäft arbeite, das sie vertrete! (und Herr Shipton, der Präsident des Trade Council, hat seit 15 bis 16 Jahren keinen Finger in seinem Fach gerührt!!); 2. ein Amendement, daß der legal 8 Hours Day wieder in die Resolution gesetzt, gar nicht zur Abstimmung oder Debatte zugelassen — dies sei bereits erledigt! 3. den Delegierten klärlich zu verstehen gegeben, Tr. Council sei the man in possession,[1] der Park gehöre ihm für den 4. Mai, und if they did not like it they could leave it alone.[2]

Große Wut und Bestürzung unter den Delegierten des ursprünglichen Komitees. Aber am nächsten Tage wurde der Spieß umgedreht. Aveling ging zum Commissioner of Works, erklärte, daß, wenn dem ursprünglichen Komitee nicht auch gleichzeitig eine Anzahl Plattformen bewilligt würden, es Krawall setzen würde; glücklicherweise sind die Tories am Ruder (die Liberalen hätten sich herausgelogen und nichts bewilligt) und nicht in der Lage, sich noch mehr Feinde unter den Arbeitern zu machen — Aveling erhielt sieben Plattformen bewilligt, und nun war es an den Herren vom Trades Council, klein beizugeben, denn ein Konflikt hätte nun erst recht gezeigt, wie schwach sie sind.

Unser Komitee ging nun energisch vor, arrangierte seine Pläne und Marschrouten im Detail und veröffentlichte sie sogleich, so daß es zuerst fertig war; gestern kamen Aveling und Shipton zusammen und arrangierten alles so, daß keine Kollision stattfinden kann, und so wird das Meeting Sonntag eines der größten, das je war.

Dies kannst Du in der „Volkszeitung" veröffentlichen lassen, auch im „Workman's Advocate"; es wäre mir sehr recht, wenn es den Herren englisch wieder zukäme von Amerika.

Ich schicke Dir nun einige „Stars",[3] die Dir nach obigem verständlich sein werden. (Notabene, in jedem Artikel sind gewöhnlich sowohl Nachrichten von unserer Seite wie von der anderen, und zudem die von Reportern erhaltenen alle ohne Trennung nebeneinander gestellt.)

Ferner „Time“ für Mai. Auch ein Paket „Combats“[4] (gehört uns, Guesde Chefredakteur) und darin die „Wiener Arbeiterzeitung“. Die in Bebels Korrespondenz enthaltenen Drohungen mit Hinauswerfen gehen auf Schippel.

Dies ist unser erster großer Sieg in London und beweist, daß wir jetzt die Massen auch hier hinter uns haben. Von der S. D. Federation, die zwei eigene Plattformen hat, marschieren vier starke branches mit uns und sind auch in unserem Komitee vertreten. Ebenso mit vielen skilled trades — die altüberkommenen Führer gehen mit Shipton und dem Trades Council, die Massen mit uns. Das ganze East End geht mit uns. Die Massen hier sind noch nicht sozialistisch, aber auf dem Wege dahin, und schon so weit, daß sie nur noch sozialistische Führer haben wollen. Der Trades Council ist die einzige der Rede werte Arbeiterorganisation, die noch antisozialistisch ist, aber auch da ist schon eine sozialistische Minorität, und sobald die Gasworkers drin sind — die bisher durch allerhand kleine Kniffe daraus fern gehalten —, geht's rasch. Ich bin überzeugt, daß nach dem 4. Mai die hiesige Bewegung einen ganz anderen Charakter erhält, und Du wirst dann mehr von Tussy hören in der Öffentlichkeit. Wir haben den Klünglern vom Trades Council und der S. D. Federation gezeigt, daß wir ihren Kniffen und Listen gewachsen sind, und so sehr das Volk uns haßt, so werden sie gegen die Tatsachen nicht ankommen. Jetzt endlich scheint das englische Proletariat in Masse in die Bewegung zu kommen, und ist das der Fall, so sind in einem Jahre all die kleinen Klüngler, Mogler und Gernegroße entweder an ihren bescheidenen Platz verwiesen oder weggeschwemmt.

Neue Auflage des Manifestes im Druck — ehe das Sozialistengesetz verschwindet, wollen wir noch eine Auflage von 5000 Exemplaren nach Deutschland werfen.

Prachtvoller Frühlingstag. In acht Tagen sind Nägelchen, Weiß- und Rotdorn, Goldregen und Apfelblüten heraus — Kirschen blühen schon seit fünf Tagen.

Halt Dich wohl samt Deiner Frau. Herzliche Grüße an Euch beide.

Dein F. E.

Du weißt, daß „Labour Elector“ kaputt — hatte 23000 Auflage während des Dockerstreiks — aber Torygeld verdarb's!

* * *

[1] „Der Mann im Besitz."
[2] „Und wenn ihnen das nicht gefalle, könnten sie's lassen."
[3] Ein Londoner Blatt.
[4] Ein damals in Paris erscheinendes tägliches Blatt.

172

Fr. Engels an Sorge.

London, 29. Mai 1890.

Lieber Sorge!

Brief vom 30. April und 15. Mai erhalten, ditto „Volkszeitung" mit Stellen aus meinem Brief — — — — — — — — — —
— — — — — — — — — — — — — — — — — —

— — — — — — — — — — — — — — — — — —

Nun noch eins: Ich muß für Neuauflage des „Ursprung usw." das letzte Werk von Morgan[1] haben, kann hier nicht im Britischen Museum von frühmorgens an den Romanlesern einen Leseplatz abkämpfen. Ich schicke Dir also inliegend Brief an das betreffende Departement und zwei Exemplare des Buches. Es fragt sich nun, wie diese Sachen — den Brief und ein Exemplar — abschicken, direkt an das Departement oder durch Vermittlung eines Dritten, der mich empfiehlt. Aveling meinte, Ely in Baltimore würde es gern tun. Du kennst den Mann besser, und überlasse ich Dir also die Entscheidung über die beste Prozedur. Für den Fall, daß Du einen Vermittler wählst, habe ich für diesen ein zweites Exemplar beigelegt. Lege auch zwei Zeilen an Ely bei für den Fall, daß Du es für geraten hältst, Dich seiner Vermittlung zu bedienen.

Es ist mir sehr lieb, daß „Volkszeitung" und „Workman's Advocate" die Sache über die Einleitung zum Hydepark-Meeting gebracht — —
— — — — — — — — — — — — — — — — — —

Übrigens wird die Sache hier nicht mit dem Meeting fallen gelassen. Aus der letzten „People's Press" wirst Du gesehen haben, daß das Zentralkomitee bleibt und eine Legal Eight Hours and International Labor League stiftete. Die Konstitution ist entworfen und wird am 22. Juni einer Delegiertenversammlung vorgelegt, zu der alle Londoner Arbeiterverbindungen, radikale Klubs usw. eingeladen sind. Die Konstitution verlangt: 1. Durchführung der Beschlüsse des Pariser Kongresses, soweit sie noch nicht Gesetz in England sind; 2. solche weitere Maßregeln zur Durchführung der vollständigen Emanzipation der Arbeiter, wie die Assoziation sie beschließen wird; 3. Stiftung einer besonderen Arbeiterpartei mit eigenen Kandidaten für alle Wahlposten, wo Chance ist. Das kannst Du veröffentlichen.

In der „Wiener Arbeiterzeitung“ (nächste Post!) habe ich einen längeren Artikel über die hiesigen Geschichten.

Grüß Deine Frau herzlich.

Dein F. Engels.

* * *

[1] „Houses and Houselife of the American Aborigines“, by Lewis H. Morgan.

173

Fr. Engels an Sorge.

London, 30. Juli 1890.

Schorlemmer und ich sind von unserer sehr hübschen und sehr interessanten Reise nach dem Nordkap und Norwegen überhaupt zurück, und von Samstag an werde ich die Sendungen wieder aufnehmen und Rückständiges abstoßen können. Morgan mit vielem Dank erhalten, und letzteren um so mehr, als die Vermittlung Elys vermieden wurde. Es ist immer unangenehm, so einem Zwischengänger verpflichtet zu sein. Die betreffenden Briefe ebenfalls zurückerhalten und vernichtet.

„People's Press“ wird auch wohl in 14 Tagen kaputt sein. War ein Versuch der Fabians, sich in die Leitung der Bewegung einzuschmuggeln, daneben viel guter Wille und noch mehr Abwesenheit von journalistischer und geschäftlicher Erfahrung bei den zwei eigentlichen Machern, so daß alles verfahren wurde. Es wird eine unangenehme Pause eintreten, aber hoffentlich zur Gründung eines Organs der neuen Unions führen.

Die beiden Gefechte in Leeds waren brillant. Das war eine prächtige Nachricht für uns bei der Rückkehr.

In Bergen existiert auch eine sozialdemokratische Organisation, hatte aber keine Zeit und Wege sie aufzusuchen; sah nur aus den Zeitungen, daß sie ein eigenes Lokal haben und um eine Bierschankkonzession eingekommen sind.

Unsere Reise ist uns famos bekommen. Tussy und Aveling gehen nächste Woche auch nach Norwegen.

Gruß von Schorlemmer und Deinem, besonders auch an Deine Frau,

F. E.

174

Fr. Engels an Sorge.

London, 9. August 1890.

Lieber Sorge!

Mittwoch vor acht Tagen schrieb ich Dir eine Postkarte, den Empfang von Morgan dankend anzuzeigen. Heute ein paar Zeilen vor Postschluß, soweit Zeit erlaubt. Die Reise nach dem Nordkap ist uns beiden sehr gut bekommen, und wenn ich noch drei bis vier Wochen Nachkur an der See halte — wohin wir nächste Woche gehen (ich bin hier durch allerhand Hausgeschäfte aufgehalten worden), so denk' ich wieder ganz auf dem Damm zu sein. Äußerlich bin ich sehr wohl, auf unserem Schiff (Dampfjacht von 2200 Tons), wo wir die ganze Zeit, hin und zurück, und in allen norwegischen Fjords waren, wollten es die drei Doktoren nicht glauben, daß ich dies Jahr 70 werde. Auch schlafe ich ohne Sulfonal — aber wie wird's vorhalten?

Tussy und Aveling sind Mittwoch auch nach Norwegen; für so begeisterte Ibsenianer wundert's mich, daß sie es so lange aushalten konnten, ehe sie das neue gelobte Land sahen. Ob's wieder eine Enttäuschung gibt wie in Amerika? Jedenfalls, wie Amerika gesellschaftlich, so ist Norwegen von Natur ein Grundpfeiler dessen, was der Philister „Individualismus" nennt. Alle zwei bis drei englische Meilen findet sich so viel lockerer Boden auf den Felsen, daß vielleicht eine Familie davon oben leben kann — und da sitzt denn auch so eine, abgeschlossen von aller Welt. Die Leute sind schön, stark, brav, beschränkt und — fanatisch religiös; das heißt auf dem Lande. Die Städte sind wie kleine holländische oder deutsche Seestädte. In Bergen besteht eine sozialdemokratische Genossenschaft, die zum Entsetzen der herrschenden Temperenzler das Recht verlangt, in ihrem Klub Bier auszuschenken. Ich las darüber einen entrüsteten Artikel in „Bergensposten".

In Deutschland präpariert sich ein kleiner Krakeel für den Kongreß. Herr Schippel und andere Literaten wollen der Parteileitung auf den Leib und eine Opposition bilden. Das wäre nun nach Abschluß des Sozialistengesetzes gar nicht zu verbieten. Die Partei ist so groß, daß absolute Freiheit der Debatte innerhalb ihrer eine Notwendigkeit ist. Anders sind die vielen neuen Elemente, die ihr in den letzten drei Jahren zugekommen und die stellenweise noch recht grün und roh, gar nicht zu assimilieren und auszubilden. Einem neuen Zuwachs von 700000 Mann in drei Jahren (nur die Wähler gerechnet) kann man nicht wie Schuljungen einpauken, da muß Debatte und auch ein bißchen Krakeel sein, das hilft am ersten darüber weg. Gefahr der Spaltung ist nicht im entferntesten vorhanden, dafür hat das zwölfjährige Bestehen des Drucks gesorgt. Aber diese naseweisen Literaten, die mit Gewalt ihren kolossalen Größenwahn befriedigen wollen, intrigieren und klüngeln aus Leibeskräften und bringen dadurch die Parteileitung, der sie viel ungewohnte Mühe und Ärger machen, in größeren Zorn, als sie verdienen. Die Parteileitung hat daher den Kampf keineswegs mit Geschick geführt, und Liebknecht wirft in einem fort mit „Herausschmeißen" um sich, und selbst Bebel, der sonst so taktvoll, hat im Zorn der Aufgeregtheit einen etwas unklugen Brief drucken lassen. Da schreien nun die Herren Literaten über Unterdrückung der freien Meinungsäußerung usw. Hauptorgane der neuen Opposition sind: „Berliner Volkstribüne", „Sächsische Arbeiterzeitung", „Dresdener" und „Magdeb. Volksstimme". Einigen Anhang finden sie in Berlin, Magdeburg usw., namentlich bei den Neuangeworbenen, die sich noch durch Phrasen bestechen lassen. Ich werde Bebel und Liebknecht wohl vor dem Kongreß hier sehen und das mögliche tun, daß ich sie von der Unklugheit aller Herausschmeißereien überzeuge, die nicht auf schlagende Beweise von die Partei schädigenden Handlungen, sondern bloß auf Anklagen der Oppositionsmacherei gegründet sind. Die größte Partei im Reich kann nicht bestehen, ohne daß alle Schattierungen in ihr vollauf zur Geltung kommen, und selbst der Schein der Diktatur à la Schweitzer muß vermieden werden.

Hier herrscht Sommerruhe, nur daß Hyndman, als Antwort auf meinen Maiartikel in der „Wiener Arbeiterzeitung," mich wieder als „Großlama von Regents Park Road" in seiner „Justice" mausetot geschlagen hat.

Lafargue schreibt, in Frankreich seien alle Generale im Ministerium, im Senat und der Kammer entschieden gegen jeden Krieg. Mit Recht. Käme es zum Krieg, so ist 3 gegen 1 zu wetten, daß Rußland und Preußen sich nach einigen Schlachten verständigten auf Kosten von Österreich und Frankreich, so daß jeder einen Bundesgenossen opferte.

Lafargues Artikel über die französische Bewegung in der „Neuen Zeit" ist sehr gut und allerliebst geschrieben. . . .

Soeben erhalte ich Exemplare der neuen deutschen Auflage des Manifestes, ich schicke Dir eins hiermit.

Viele Grüße auch von Schorlemmer an Deine Frau und Dich, sowie Schlüters von

Deinem F. Engels.

175

Fr. Engels an Sorge.

Folkestone, 27. August 1890.

Postkarten vom 9. und 13. August erhalten. Bei unserer Abreise[1] war so viel zu besorgen, daß manches verbummelt werden mußte. Zudem mußte ich Reiseziel ganz geheim halten, da der Kaiser gleichzeitig dort war und ich keine Lust hatte, mir das Pläsier durch Polizeischikane verderben zu lassen.

Wer ist Redakteur en chef der „V.-Z."? —

Die kleine Studentenrevolte in Deutschland ist von Bebel rasch gesprengt worden. Hat ihr sehr Gutes gehabt. Beweist, was wir zu erwarten haben von Literaten und Berlinern.

Dein F. E.

[1] Nach Norwegen.

176

Fr. Engels an Sorge.

London, 27. September 1890.

Deine beiden Briefe vom 10. usw. hier.

Heute habe ich den üblichen Zeitungen einige Exemplare der letzten Nummer des „Sozialdemokrat" beigelegt. Du wirst vielleicht gern einige extra Exemplare dieser historischen Nummer haben.

Wegen . . . . wird Deine Nachricht wohl richtig sein — — — — — — — — Es ist die alte Geschichte so vieler Russen: une jeunesse orageuse et une vieillesse blasée,[1] wie einer von ihnen es bezeichnet hat.

Der G . . . . ist Belletrist. Und die rebellischen Studentchen in Deutschland sind auch Belletristen (mehr triste als belle), die die ganze Literatur revolutionieren wollen. Das erklärt die ganze Geschichte mit dem „V.-Z."-Artikel, die mutual assurance Co.[2] dieser Herren umfaßt eben auch G . . . .

Ich habe den halben August und September in Folkestone bei Dover zugebracht, und diese Nachkur nach der Nordkapreise ist mir sehr gut bekommen, ich bin wieder frisch und aufgelegt, habe aber auch enorm viel zu tun — es wendet sich jetzt alles an mich.

Die Kongresse werden jetzt manches klären: Lille 9. Oktober französische Parti ouvrier (unsere), Calais 13. Oktober ditto Gewerkschaften, Halle 12. Oktober wird der wichtigste. Es ist nämlich folgendes im Werk (vertraulich für Dich, in die Presse darf davon absolut nichts):

Die Brüsseler, von den Possibilisten mit Berufung ihres Kongresses nach Belgien beauftragt, haben den Liverpooler Trade Unions-Kongreß eingeladen, der begeistert annahm. Dadurch sind die Engländer engagiert und uns ist eine gewisse Zwangslage gemacht. Ich habe also nach Beratung mit den hiesigen zuerst die Franzosen, dann die Deutschen aufgefordert, eine Vereinigung der beiden 1891er Kongresse anzubahnen, falls anständige Bedingungen erhaltbar. Souveränität des Kongresses, die uns voriges Mal von den Possibilisten verweigert wurde, Berufung durch beide Mandatare beider Kongresse von 1889, vorherige Regelung des Beschickungsmodus und noch einige Kleinigkeiten. Franzosen und Deutsche haben zugestimmt. Da nun ohnehin nach Halle verschiedene Repräsentanten ausländischer Parteien gehen, habe ich eine dort abzuhaltende Vorkonferenz vorgeschlagen, um die Präliminarien zu regeln.

Auch dies ist im besten Zug. Ich vermute nun, daß trotzdem allerlei Simpeleien dort gemacht werden, Tussy wird wahrscheinlich dort sein und manches verhindern, allein die Leute sind so gushing in internationalibus,[3] wo dies gerade unpassend, daß doch die Sache anders gehen mag, als ich sie eingeleitet. Wenigstens rechne ich darauf. Aber ich denke, es geht doch gut.

Erstens haben wir 1889 den Kleinen (Belgiern, Holländern usw.) durch unseren eigenen Kongreß gezeigt, daß wir uns nicht von ihnen auf der Nase tanzen lassen, und sie werden sich das nächstemal mehr in acht nehmen.

Zweitens aber scheinen die Possibilisten in voller Auflösung. Brousse, der die Clique der possibilistischen Stadträte und durch sie die Arbeitsbörse dirigiert, ist in offenem Krieg mit Allemane, der die Pariser Fachvereine dirigiert, und was das bezeichnendste, für Frieden mit unseren Leuten ist. An Stelle des abgekratzten Joffrin will Allemane in die Kammer, Brousse will Lavy oder Gély hinein haben. Der Krieg ist so arg, daß Brousse nicht gewagt hat, bei Joffrins Begräbnis zu erscheinen, wo Allemane das große Wort führte. Auch mit ihren paar

Anhängern in der Provinz sind sie im Krakeel. Und endlich hat ihr Auftreten als Gegner der 1. Maidemonstration ihnen bei den Belgiern und Holländern enorm geschadet. Brousse und Allemane bekriegen sich auch in ihren Blättern ganz öffentlich.

Die Verhältnisse liegen also so günstig — abgesehen von der enormen moralischen Stärkung, die die Deutschen durch ihren Wahlsieg und dessen Folgen: Sturz Bismarcks und des Sozialistengesetzes, erobert haben und die sie ganz direkt zur ausschlaggebenden Partei in Europa macht — daß wir selbst bei fehlerhafter Taktik zu siegen hoffen dürfen. Entweder gelingt die Fusion auf rationeller Basis, und dann beherrschen die deutschen und französischen Marxisten den Kongreß, oder aber die Possibilisten und ihre paar Anhänger werden so augenscheinlich ins Unrecht gesetzt, daß sie auch von den Engländern (den neuen Trade Unions) verlassen werden; denn dann könnten wir wieder hier eine Kampagne führen wie 1889 im Frühjahr und mit noch besserem Erfolg.

Es ist mir sehr lieb, daß Du für die „Neue Zeit" schreiben willst .... Die „Neue Zeit" kann ein sehr wichtiges Organ werden. Bernstein wird von hier schreiben, Lafargue von Paris, Bebel die Wochenübersicht über Deutschland machen, und daß er das kann, hat er in der „Wiener Arbeiterzeitung" gezeigt.

Der „Sozialdemokrat" läßt ein sehr großes Loch. Indes dauert's keine zwei Jahre, so haben wir offenen Krakeel mit ...., und dann kann's lustig werden.

Grüße von Schorlemmer, der hier ist, und von mir an Dich und Deine Frau.

Dein F. E.

4. Auflage „Kapital" I erwarte ich in kurzem, Du erhältst ein Exemplar sofort. Die Vorrede dürfte Futter für die „Volkszeitung" sein.

* * *

[1] „Wilde Jugend — blasiertes Alter."
[2] „Die gegenseitige Versicherungsgesellschaft."
[3] „So überschäumend in internationalen Dingen."

* * *

Am 4. Oktober 1890 schrieb Engels an Sorge:

.... Der „Socialiste" erscheint wieder — Ich schreibe an Lafargue, daß sie ihn Dir schicken. — Die Kongreßangelegenheit ist im besten Fluß, zwischen Deutschen und Franzosen volle Einigkeit. Guesde,

Nieuwenhuis, Tussy, ein Belgier und ein Schweizer gehen am 12. nach Halle und werden wohl alles ordnen. Die Possibilisten sind in offenem Krakeel — nächste Woche wird's bei denen zum Klappen kommen. Nimm[1] dankt für den Kalender, sie, Schorlemmer und ich grüßen Euch beide bestens.

Dein F. E.

[1] Die alte Haushälterin in der Familie Marx.

177

Fr. Engels an Sorge.

18. Oktober 1890.

Lieber Sorge!

Der Kalender ist angekommen. Lenchens Dank!

Heute einen ganzen Packen Allotria an Dich abgesandt über die Kongresse. Die Possibilisten sind kaputt, Allemane, Clement, Faillot usw., die Majorität der Pariser Arbeiter der Partei, haben Brousse, und Brousse hat sie dagegen ausgeschlossen. Also Spaltung. Brousse hat nur die von ihm abhängigen (durch Dokumente über die Schweinereien jedes einzelnen) Führer, also die Stadträte und die besoldeten Beamten der Bourse du Travail und — Herrn Hyndman, der sich zu meinem großen Gaudium mit Brousse in der letzten „Justice" solidarisch erklärt. Jedenfalls sind die beiden Fraktionen jetzt geliefert und in voller Auflösung, die hoffentlich nicht durch Einmischung unserer Leute gestört wird. Unsere Kongresse dagegen prächtig verlaufen. Erst Lille — die französischen „Marxisten" als Partei; dann Calais, die von ihnen dirigierten Trade Unions; dann Halle, the crowning of the whole.[1] Tussy war in Lille und Halle, Aveling in Lille und Calais. Wie die internationale Verhandlung in Halle verlaufen, darüber hab' ich noch keine Nachricht. Jedenfalls waren wir die ganze Woche erste Großmacht für die Presse der ganzen Welt.

Viele Grüße

Dein F. E.

[1] „Die Krönung des Ganzen."

178

Fr. Engels an Sorge.

London, 5. November 1890.

Heute habe ich Dir eine Trauernachricht zu melden. Mein gutes liebes treues Lenchen ist gestern Nachmittag nach kurzer und meist schmerzhafter Krankheit sanft eingeschlafen. Wir haben sieben glückliche Jahre hier im Hause zusammen verlebt. Wir waren die zwei letzten von der alten Garde von vor 1848. Jetzt steh' ich wieder allein da. Wenn während langer Jahre Marx, und in diesen sieben Jahren ich, Ruhe zum Arbeiten fand, so war das wesentlich ihr Werk. Wie es jetzt mit mir werden wird, weiß ich nicht. Ihren wunderbar taktvollen Rat in Parteisachen werde ich auch schmerzlich entbehren. Grüße Deine Frau herzlich und teile es Schlüters mit.

Dein F. E.

179

Fr. Engels an Sorge.

London, 26. November 1890.

Lieber Sorge!

Seit ich Dir den Tod meines guten Lenchens mitteilte, ist Luise Kautsky einstweilen zu mir gekommen und damit wieder etwas Sonnenschein aufgegangen. —

Jetzt kommen schon die Gratulationen zu meinem übermorgigen 70. Geburtstag, und nun melden sich auch noch Singer, Bebel, Liebknecht zum Besuch hier an. Ich wollte, die Geschichte wäre vorüber, es ist mir gar nicht geburtstäglich zumute und dabei nun noch der unnütze fuss, den ich sowieso nicht ausstehen kann. Und schließlich bin ich ja doch nur derjenige, der den Ruhm von Marx einerntet!

Der Haller Kongreß ist brillant verlaufen. Tussy war da ganz entzückt von den Delegierten, aber nicht besonders von der Fraktion. Einstweilen halten die Leute im Reichstag besser Disziplin, als zu hoffen war.

Unsere Kampagne wegen des Fusionskongresses von 1891 ist vollständig gelungen. Du wirst die auf der Haller internationalen Konferenz gefaßten Beschlüsse gelesen haben, Kongreß in Brüssel, vorausgesetzt volle Souveränität des Kongresses. Das ist alles, was wir verlangten, und der Belgier Anseele trug selbst darauf an, daß Schweizer und Belgier, die Mandatare der beiden 1889er Kongresse, vereint die Berufung ausstellen. Da die Possibilisten zudem rettungslos in sich zerfallen, in offenem inneren Kriege sind und beim Auseinanderfallen des Pariser Boulangismus die darin befangen gewesenen sozialistischen Elemente uns und nicht den Possibilisten zufallen, werden wir sozusagen walk over the course,[1] unbestritten siegen. Hyndman hat die unbegreifliche Dummheit begangen, sich mit dem edlen Brousse zu verbünden gegen Allemane, und das wird ihm auch enorm schaden.

Die Deutschen werden sich gewiß gern mit der Am. Fed. of Labour in Verbindung setzen, ich werde mit den Leuten hier sprechen und auf Fischer wirken, der im Parteivorstand sitzt.

Der Boykott gegen mich war ja schon von Rosenberg u. Ko. erklärt, und wenn jetzt die Nationalisten hineinfallen, geschieht mir's recht. Warum lasse ich denn nicht ab vom Klassenkampf! Gerade so geht's Marx und mir hier mit den Fabians, die auch die Befreiung der Arbeiter durch die „Jebildeten" bewerkstelligen wollen.

Die Artikel des „Labour Standard" über George hebe ich mir auf, bis ich Zeit finde, sie zu lesen, bis jetzt fehlt sie mir. Du hast keine Idee von dem Schwamm Blätter, Broschüren usw., die ich zugeschickt erhalte.

„Kapital" I ist polnisch erschienen bei Kasprovicz, Leipzig, und mir von Warschau zugeschickt.

Herzliche Grüße an Deine Frau.

Dein F. Engels.

* * *

[1] Ein von den Wettrennen übernommener Ausdruck, der bedeutet: Die Rennbahn gemächlich durchschreiten — wenn kein Konkurrent auftritt.

180

Am 20. Dezember 1890 schrieb Fr. Engels an Sorge:

L. S.! Deine Briefe bis zum 9. ds. erhalten. Meine Briefe benutze nach Gutdünken. — — — — — — — — — — — — —

Ich bin sehr überarbeitet, daher diese bloße Karte heute. Ich habe Herrn Brentano vor, und der muß „reinlich und zweifelsohne" abgeführt werden.

Luise Kautsky hat sich entschlossen, ganz bei mir zu bleiben. Ich bin natürlich hocherfreut. — — — — — Außer der Haushaltung führt sie mir auch ein gut Stück Sekretariat, gerade was ich brauchte. Du siehst also, vorderhand kann ich auf Eure freundliche Einladung zur Übersiedlung nach Hoboken noch nicht eingehen, ich miete eben mein Haus auf neue drei Jahre.

Ich hoffe, Deine Frau ist bei Ankunft ds. wieder ganz wohl. Schorlemmer kann auf diese Weihnachten wegen hartnäckigen Ohrenkatarrhs nicht kommen, um nicht taub zu werden. Also nächstens mehr. Vergnügte Feiertage.

Dein alter F. E.

181

Fr. Engels an Sorge.

London, 3. Januar 1891.

Lieber Sorge!

Avant tout, Prosit Neujahr Dir und Deiner Frau!

Datum meiner letzten Postkarte mit Antwort auf die dringendsten Punkte Deiner Briefe habe ich leider nicht notiert.

— — — — — — — — — — — — — — — — — —

Luise Kautsky bleibt bei mir. — — — — Ich kann wieder mit Ruhe arbeiten und besser als je, denn sie wird zugleich mein Sekretär. Für sie habe ich Beschäftigung genug; für einen Mann, der von draußen zu mir käme, nicht. So macht sich alles unerwartet günstig und behaglich, und die Sonne scheint wieder in meinem Hause, wenn's draußen auch noch so nebelt.

Ich glaube Dir schon geschrieben zu haben, daß Du meine Briefe ganz nach Belieben benutzen kannst.

Deine Reklamation nach Paris[1] prompt besorgt. Ob's hilft? Business is not their force![2]

Sam Moore, Oberrichter in Asaba am Niger, ist nach letzten Nachrichten nicht wohl. Er hatte das Klima so gut ertragen, und jetzt auf einmal hat er Diarrhöe, Fieber und Kongestion der Leber usw. — ich bin begierig auf nächste Post übermorgen. Er will im April wieder hier sein auf sechs Monate Urlaub.

Das wichtigste Ereignis seit drei Monaten in Europa ist Silverstoffs Abmurksung durch Padlewsky und dessen — von der Regierung gewollte — Flucht. Der Nachweis, daß Paris Hauptquartier der russischen Mouchards im Ausland, daß Spionage und infame Dienste der französischen Republik für den Zaren erste Bedingung der Allianz mit Rußland, endlich Padlewskys kühne Tat, die an alle sympathischen Fibern der französischen Tradition mächtig anschlug, das hat dem Faß den Boden ausgeschlagen. Die französisch-russische Allianz ist tot, ehe sie ausgetragen und geboren war, und zwar nicht sowohl, weil die

Bourgeoisrepublikaner sie nicht noch heute gern hätten, sondern weil man in Petersburg gesehen hat, daß sie im entscheidenden Augenblick versagt, also keinen Heller wert ist. Das ist für den Weltfrieden ein riesiger Gewinn.

Nebel — dunkel — muß schließen. Viele Grüße an Deine Frau und Dich selbst.

Dein F. E.

[1] Wegen Unordnung in Zusendungen und dergleichen.
[2] „Geschäftsmäßigkeit ist nicht ihre Stärke."

182

Fr. Engels an Sorge.

London, 17. Januar 1891.

Lieber Sorge!

Hiermit vierte Auflage „Kapital" (registriert) und ein Paket Zeitungen. Da Sam Moore wahrscheinlich schon auf der Rückfahrt vom Niger nach Europa ist — sechs Monate Urlaub in je zwei Jahren — so werden verschiedene Sachen für Dich frei, die er bisher erhielt. „Berliner Volkstribüne", die der kleine Konrad Schmidt in eine ganz gute Richtung gebracht und Paul Ernst bis jetzt noch nicht verdorben hat, „Cri du Travailleur", der den Hauptinhalt von „Le Socialiste" wiedergiebt, ferner ein „Vorwärts" mit unseren Enthüllungen über Herrn Reuß.

Seit 25. November fortwährend Schnee und Eis. Seit fünf Tagen sind die Wasserröhren unter der Straße gefroren, wir haben unsere liebe Not mit dem Wasser. In Nr. 17 der „Neuen Zeit" kommt eine Bombe: Marx' Kritik des Programm-Entwurfs von 1875. Du wirst Dich freuen, aber bei manchem in Deutschland wird's Zorn und Entrüstung setzen. Grüße an Deine Frau, Schlüters und Romms, wenn Du sie siehst.

Dein F. E.

Einige Jahre früher waren die fortschrittlichen Gewerkschaften, meistens deutsche, aus dem New Yorker Zentralkörper, der Central Labor Union, wegen politischer Umtriebe darin ausgetreten, hatten einen eigenen Verband gebildet, sich der American Federation of Labor angeschlossen und einen Charter (Freibrief) von der letzteren erhalten. Sie vereinigten sich bald wieder mit der Central Labor Union, gaben ihren „Charter" auf, traten nach kurzem wiederum aus, gründeten die sogenannte Central Labor Federation und verlangten ihren alten Freibrief von der A. F. L. zurück, der ihnen aber verweigert wurde, weil sie unterdessen eine Sektion der sozialdemokratischen Arbeiterpartei, die sogenannte amerikanische, als Sektion (nicht als Gewerkschaft) aufgenommen hatten. Sie appellierten an die in Detroit tagende Konvention der A. F. L., sandten dorthin als ihren Vertreter den Delegierten der amerikanischen Sektion und wurden nach langer Debatte zurückgewiesen.

183

Fr. Engels an Schlüter.

London, 21. Januar 1891.

Lieber Schlüter!

Endlich komme ich zur Beantwortung Deines Briefes vom 19. November. Besten Dank für Deine und Deiner Frau freundliche Glückwünsche. Ich wollte, Ihr wäret dabei gewesen. — — — — — — — — — — —

Sorges Einladung kann ich leider nicht nachkommen. Hier in Europa sitze ich mit so viel Wurzelfasern fest und habe so unendlich viel zu tun, daß Rückzug nach Amerika nur im äußersten Zwangsfall in Betracht kommen kann. Zudem ist mein Hauswesen wieder vollständig geordnet, seit Luise Kautsky bei mir ist.

Besten Dank für den Kalender.

Die Artikel in der „Cyclopaedia"[1] sind teilweise von Marx, teilweise von mir, und zwar fast oder ganz nur über militärische Themata, Biographien von Feldherren, Artikel Artillery, Cavalry, Fortification usw. Reine Geschäftsarbeit, weiter nichts, können ruhig begraben bleiben.

Daß es mit der S. A. P. dort abwärts geht, sehe ich hinreichend aus deren Verbrüderung mit den Nationalisten, gegen welche Leute die hiesigen Fabians — ebenfalls Bourgeois — noch radikal sind. Ich dächte, der „Sozialist" wäre doch kaum in der Lage, durch Begattung mit dem „Nationalist" extra Langeweile zu erzeugen. Den „Nationalist" schickt mir Sorge zu, ich kann aber trotz aller Mühe keinen Menschen finden, der sich hergibt ihn zu lesen. Auch versteh' ich den Krakeel mit Gompers[2] nicht. Seine Föderation ist, soviel ich weiß, eine Assoziation von Trade Unions und nichts als Trade Unions. Die Leute haben also das förmliche Recht, jeden abzuweisen, der als Repräsentant einer Arbeitervereinigung kommt, die keine Trade Union ist, oder Delegierte einer Verbindung abzuweisen, worin solche Vereine zugelassen sind. Ob es propagandistisch ratsam war, sich einer solchen Zurückweisung auszusetzen, kann ich von hier aus natürlich nicht beurteilen. Aber daß sie kommen mußte, war doch außer Zweifel, und ich wenigstens kann Gompers daraus keinen Vorwurf machen. Wenn ich aber an den nächstjährigen internationalen Kongreß in Brüssel denke, so sollte ich meinen, es wäre doch gut gewesen, sich mit Gompers, der jedenfalls mehr Arbeiter hinter sich hat als die S. A. P., gut zu halten und möglichst starke Vertretung Amerikas, auch seiner Leute, dort zu sichern. Die Leute sehen da manches, was sie an ihrem bornierten Trade Union-Standpunkt irre macht — und zudem, wo wollt ihr denn einen recruiting ground[3] finden, wenn nicht unter den Trade Unions?

Für die Silbergeschichten besten Dank. Kannst Du mir etwas finden, worin über die gegenwärtige Silberproduktion der U. S. Notizen sind, so wäre ich Dir dankbar. Die europäischen Doppelwährungs-Esel sind die reinen dupes der amerikanischen Silberproduzenten und ganz bereit, diesen die Kastanien aus dem Feuer zu holen. Leider umsonst — es wird nichts aus dem Schwindel. Siehe meine Anmerkung in vierter Auflage „Kapital" bei den edlen Metallen.

Gib mir doch nähere Details über die fragliche Marxsche Rede über Schutzzölle. Ich erinnere mich nur, daß, als im Brüsseler deutschen Arbeiterverein die Debatten schlaff wurden, Marx und ich uns verabredeten, eine Debatte zum Schein zu führen, worin er Freihandel, ich Schutzzölle verteidigte und sehe noch die erstaunten Gesichter der Leute, als sie uns beide auf einmal gegeneinander losfahren sahen. Möglich, daß diese Rede in der „Brüss. Ztg." gedruckt wurde. Sonst erinnere ich mich keiner anderen.

— — — — — — — — — — — Herzliche Grüße an Deine Frau und Dich von Luise Kautsky und Deinem

F. Engels.

* * *

[1] Ein in den fünfziger Jahren in New York herausgegebenes Nachschlagewerk.
[2] Präsident der American Federation of Labor (A. F. L.).
[3] „Rekrutierungsfeld."

184

Fr. Engels an Sorge.

London, 11. Februar 1891.

Lieber Sorge!

Brief 16. Januar erhalten.

Daß Du den „Nationalist" abschaffen willst, ist mir sehr lieb. Ich kann hier niemand, aber auch absolut niemand finden, der ihn lesen will, und ich selbst habe keine Zeit, die Weisheitsproben der verschiedenen respectable Gernegroße zu durchmustern. Ich hätte Dich schon längst dazu aufgefordert, aber ich dachte, wenn der Sorge mir das Ding schickt, so muß doch **endlich** einmal etwas drin sein.

Die Photographie rückt näher. Heinrich Scheu will mich in Holz schneiden und da habe ich mich neulich wieder vor die Linse setzen müssen. Von den sieben Aufnahmen wird wohl eine gut ausfallen —

— —

Von der American Edition of „Capital" kann ich Dir nichts schreiben, da ich sie nie gesehen habe und nicht weiß was drin steht. Daß die Leute dort uns nachdrucken *dürfen*, ist bekannt. Daß sie es *tun*, beweist, daß es eine gute Spekulation ist, und ist erfreulich, obwohl es für die Erben ein Verlust ist. Darauf mußten wir aber rechnen, sobald der Absatz dort bedeutend wurde.

Vierte Auflage wirst Du jetzt wohl erhalten haben.

Den Marxschen Artikel in der „Neuen Zeit" hast Du gelesen. Er hat bei den sozialistischen Machthabern in Deutschland anfangs großen Zorn verursacht, der sich aber schon etwas zu legen scheint, dagegen in der Partei selbst — mit Ausnahme der alten Lassalleaner — sehr viel Freude. Der Berliner Korrespondent der „Wiener Arbeiterzeitung", die Du mit *nächster* Post erhältst, dankt mir förmlich für den Dienst, den ich der Partei erwiesen (ich denke, es ist August Bebel).

— —

Inzwischen werde ich von den Herren geboykottet, was mir ganz recht, da es mir manche Zeitverschwendung erspart. Gar zu lange wird's ohnehin nicht dauern.

Aveling wurde nach Bradlaughs Tod aufgefordert, in Northhampton zu kandidieren, und zwar von der dortigen branch der Soc. Dem. Federation, also nominell Hyndmans Leuten! Die Fed. hat infolge des allgemeinen Aufschwunges der Bewegung seit 18 Monaten starken Zuwachs bekommen, diese Leute überlassen dem Hyndman u. Ko. gerne die auswärtige Politik (Klüngelei mit den Possibilisten usw.), wovon sie nichts verstehen, wissen aber gar nichts von den früheren Klüngeleien und Mogeleien jener Herren in Irland, und würden sicher alle Verantwortlichkeit dafür ablehnen — in fact nur dadurch, daß Hyndman u. Ko. seit jener Zeit sich im Innern ziemlich frei von Attacken gehalten, ist ihnen jener Zuwachs zugekommen. Daher jener Schritt der Northamptoner, der den Hyndman arg entsetzte, namentlich da die branch ihn der Zentralbehörde sofort anzeigte. Man klüngelte etwas, aber vergebens. Aveling ging hin, wurde brillant empfangen, aber es waren nur vier Tage bis zur Nomination und da sollte das Deposit für die Wahlkosten, 100 Pfund Sterling, aufgebracht werden. Zwanzig Arbeiter garantierten jeder 5 Pfund Sterling, und es fand sich ein Mann, der das Geld gegen diese Garantie vorschießen wollte. Aber als man der Sache auf den Grund ging, fand sich, daß dieser Mann ein Hauptagent der Konservativen war, und da wies Aveling das Geld mit dem nötigen Aufwand demonstrativer Entrüstung von sich und trat zurück. Das muß Hyndman doppelt ärgern, der ja vor fünf Jahren, mit Champion zusammen, 250 oder 350 Pfund Sterling von den Tories zu Wahlzwecken genommen hat. Jedenfalls ist Aveling jetzt stehender Kandidat der Arbeiter für Northampton und hat gute Chancen auf steigende Stimmenzahl. Diesmal würde er 900 bis 1000 bekommen haben.

Der Dir empfohlene junge Mann wird wohl schon bei Dir gewesen sein — — — — — — — — — — — — — — — — — —

Die Franzosen sind ganz zornig, daß die Deutschen diesmal am 3. Mai und nicht am 1. Mai feiern werden. Das ist alles dummes Zeug, die Feier des 1. Mai hat den Hamburgern, die an dem Tage die Arbeit einstellten, einen lockout eingebracht (die auftraglosen Fabrikanten lechzten nach einem solchen), der den Arbeitern dort 100000 Mark kostete — ohne die Beiträge von außen —, die Kraft ihrer bestorganisierten Trade Unions brach und sie auf lange lahm legte. Heute ist die Überproduktion in Deutschland in allen Zweigen der Industrie chronisch, und da eine allgemeine, nur durch Kontraktbruch mögliche Feier in ganz Deutschland am 1. Mai einen allgemeinen lockout herbeiführen, alle unsere Kassen entleeren, alle unsere Trade Unions sprengen, und statt Begeisterung Entmutigung hervorrufen würde, so wäre sie Blödsinn. Allerdings waren unsere Leute auf dem Pariser Kongreß so begeistert für den 1. Mai, daß dies jetzt wie ein Rückzug aussieht. Und dann ist auch der Aufruf der Fraktion ein jammervoll mattes Gewächs.

Hier in England wird der Tag nächsten Sonntag festgesetzt werden. Hyndman u. Ko., ihren Fehler vom vorigen Jahre einsehend, wollen sich diesmal womöglich an die Spitze drängen, und der 1. Mai wird viele Anhänger finden. Da aber auch hier die Kapitalisten jeden Vorwand begierig erhaschen, um die beiden gehaßtesten Trade Unions, die Dockers und ganz besonders die von Tussy ge-boss-ten Gas Workers and General Labourers zu sprengen, wird Tussy alles versuchen, auch hier den Vorwand des Kontraktbruchs zu umgehen und den 3. Mai vorschlagen als Sonntag. Die Gasworkers sind jetzt die mächtigste Organisation in Irland und werden bei der nächsten Wahl mit eigenen Kandidaten vorgehen, unbekümmert um Parnell oder Mac Carthy. Daß Parnell jetzt so arbeiterfreundlich tut, verdankt er einer Zusammenkunft mit eben diesen Gasworkers die ihm sehr ungeniert reinen Wein einschenkten. Auch Michael Davitt, der erst unabhängige irische Trade Unions wollte, ist von ihnen eines besseren belehrt worden: Die Konstitution, die sie haben, gibt ihnen vollkommen freie home rule. Sie haben das Verdienst, zum erstenmal die Arbeiterbewegung in Irland in Fluß gebracht zu haben. Viele ihrer branches bestehen aus agricultural labourers (Landarbeitern).

Beste Grüße an Deine Frau.

Dein F. Engels.

185

Fr. Engels an Sorge.

London, 4. März 1891.

Lieber Sorge!

Deinen Brief vom 19. Februar erhalten.

Du wirst inzwischen wohl ein Mehreres über die große Entrüstung der sozialdemokratischen Fraktion über die Veröffentlichung von Marx' Programmbrief in der „Neuen Zeit“ gehört haben. Die Sache spielt noch.

— —

Seinerzeit werde ich natürlich antworten, doch ohne unnötige Zänkerei, ohne eine leise Ironie wird's aber wohl kaum abgehen. Natürlich stehen alle theoretisch mitzählenden Leute auf meiner Seite — ich muß nur Bebel ausnehmen, der in der Tat nicht ganz unrecht hat, sich durch mich verletzt zu fühlen — aber das war unvermeidlich. Ich habe die „Volkszeitung“ seit vier Wochen nicht ansehen können wegen Überarbeit, weiß also nicht, ob's in Amerika Reflexblitze gegeben hat — in Europa schäumen die Lassalleanischen Reste — und deren habt Ihr ja genug.

Ich habe jetzt drei Broschüren fertig zu machen, Neudruck von 1. „Bürgerkrieg in Frankreich“, die Adresse des Generalrats wegen der Kommune. Diese lasse ich revidiert neu drucken und dabei die zwei Ansprachen des Generalrats über den deutsch-französischen Krieg, die heute mehr als je

Aktualität besitzen. Dann eine Einleitung von mir; 2. „Lohnarbeit und Kapital", von Marx, das ich auf die Höhe des „Kapital" erheben muß, weil es sonst in Arbeiterkreisen Verwirrung anstiftet — wegen der noch nicht vollkommenen Ausdrucksweise (zum Beispiel Verkauf der Arbeit statt Arbeitskraft usw.) und daher auch eine Einleitung nötig; 3. „Entwicklung des Sozialismus", von mir, dies wird nur womöglich etwas populärer.

Die Partei gibt sie heraus; Auflage jedesmal 10000. Das wird mir nach der Seite hin etwas Ruhe schaffen. Aber ich mußte die Sache übernehmen, weil dem ewigen Wiederabdruck Lassallescher Agitationsbroschüren entgegengetreten werden muß. Glücklicherweise wird die neue Lassalleausgabe mit Noten usw. erfolgen, und Bernstein wird's besorgen (unter uns!).

Damit mein Empfohlener nicht brach liegt, schicke ich Dir inliegend einen cheque für 10 Pfund Sterling, wogegen Du ihm nach Deinem Ermessen Zahlung machen kannst, sei es behufs Fortzugs in eine größere Stadt des Innern, was vielleicht für sein Fortkommen am besten, sei es, um ihn dort über Wasser zu halten.

Hyndman schäumt wieder mal über gegen mich, das kommt alle sechs Monate einmal, aber er kann sich auf den Kopf stellen und auf dem Kopfe um ganz London herum marschieren, ich antworte ihm nicht. Auch gegen Aveling geht er wieder los und bringt auch die amerikanische Geschichte vor. Glaubst Du, daß es jetzt möglich wäre, von der dortigen Partei, nachdem Rosenberg herausgeworfen, eine befriedigende Erklärung zu erhalten? Ich bitte nur um Deine Ansicht, ich bin nicht autorisiert, zu irgend welchen Schritten aufzufordern.

Die Franzosen sind wütend darüber, daß Deutsche und Engländer den Sonntag 3. statt Freitag 1. Mai feiern. Aber es geht nicht anders. Die 1. Maifeier in Hamburg voriges Jahr hat der Partei einen Streik eingebracht (oder vielmehr einen lockout), der den Hamburgern 100000 Mark gekostet hat — und jetzt gehen die Geschäfte noch miserabler, und die Bourgeois lechzen nach einem Vorwand, still zu setzen. Und hier sind die Dockers allmählich ganz klein gemacht und dürfen sich nicht mucksen, sonst ist ihre ganze Trade Union gesprengt — allerdings teils Folge ihrer eigenen Dummheiten, und die Gasworkers sind nur mit größter Vorsicht imstande, sich vor einem Streik zu bewahren, der auch sie sprengen würde. Die Verwandlung von Gasworks in städtische

Anstalten wirkt zunächst noch dahin, daß der Philister möglichst Profit herausschlagen will, um die Gemeindesteuern dadurch zu erniedrigen; der Gesichtspunkt, die Gasarbeiter, eben weil sie Arbeiter, von Gemeinde wegen gut zu zahlen, ist noch nicht durchgedrungen. Mit Gasworkers und Dockers aber ist hier die ganze seit zwei Jahren eingeleitete neue Trade Union gesprengt, und die alten konservativen Trade Unions, die reichen und eben deswegen feigen, bleiben allein auf dem Plan.

Die Franzosen haben nicht ganz unrecht. Auf dem Kongreß schwärmte alles für den 1. Mai. Aber warum müssen auch gerade die Franzosen, die so oft dick getan in Worten, denen kleine Taten folgten, jetzt auf einmal verlangen, daß die anderen nicht auch einmal ein bißchen flunkern? Der Kasus ist, die Lage für uns ist in Frankreich merkwürdig günstig, gerade jetzt, durch den Zusammenbruch der Possibilisten, und wenn der 1. Mai ein gleichzeitiger Welterfolg wäre, so könnte das die Possibilisten komplett kaput machen. Aber es wird auch so gehen.

Also bis nächstens.

Grüße Deine Frau herzlich, sie ist hoffentlich wieder ganz wohl.

— — — — — —

Dein F. E.

186

Fr. Engels an Sorge.

London, 21. März 1891.

Lieber Sorge!

— — — — — — — — — — — — — — — — —

Inzwischen wirst Du auch meinen Brief mit Anweisung für 10 Pfund erhalten und unter den Umständen haben nützlich verwenden können. Unter uns gesagt, glaube ich im Notfall noch einmal die gleiche Summe auftreiben zu können, damit wird's aber auch wohl ein Ende haben. Auch Euch läßt man bitten, in Geldsachen streng zu verfahren, damit die Person endlich merkt, daß der Bummel nicht ewig dauern kann.

Ich schicke Dir heute außer „Wiener Arbeiterzeitung“, „Volkstribüne“ und „Figaro“ (Pariser Meeting) eine italienische Übersetzung des Manifestes. „People's Press“ und „Commonweal“ sind beide kaputt.

Ich weiß noch nicht, ob ich auf den „Vorwärts“-Artikel[1] antworten werde oder nicht, fange aber an, nach Deiner Seite[2] zu neigen. Einige Sachen müßte ich eigentlich berühren, vielleicht läßt sich das jedoch auch anders machen.

Von 1. „Bürgerkrieg in Frankreich", 2. Marx' „Lohnarbeit und Kapital", 3. „Entwicklung des Sozialismus" muß ich Neuauflagen respektive neue Einleitungen machen, die deutsche Partei gibt sie heraus, à 10000 Exemplare die Auflage.

Meine Antwort auf Brentano kommt in zirka acht bis zehn Tagen bei Meißner heraus. Du erhältst sie sogleich.

Dann habe ich noch Neuauflage des „Ursprung der Familie usw." zu besorgen (5000 verkauft!) und dann geht's aber auch unwiderruflich und ohne Halt an den dritten Band.

Sam Moore ist vorgestern in Liverpool angekommen, wird wohl in zirka acht Tagen hier sein. Hat um Weihnachten eine eklige Krankheit überstanden, war aber wieder ganz wohl.

Hoffentlich ist Deine Frau wieder ganz wie sie sein soll. Grüße an sie und Dich.

Dein F. E.

* * *

[1] Liebknechts Artikel gegen Marx' Programmbrief.

[2] Sorge hatte ihm empfohlen: „Segui il tuo corso e lascia dire le genti".

187

Fr. Engels an Sorge.

London, 8. April 1891.

Lieber Sorge!

Heute endlich kann ich Dir ein paar neue Photographien schicken, zwei kleine hierbei, eine größere (sogenannte panel) geht als book packet registriert an Dich ab. Sie sind im Februar d. J. genommen, repräsentieren also den gegenwärtigen Stand der Dinge ziemlich genau.

Was Deine Bantingkur angeht, so ist die Gicht ganz normale Folge des verstärkten Konsums von Fleisch, Eiern und anderen stickstoffhaltigen Nahrungsmitteln. Diese sollen eigentlich nur dazu dienen, Muskelfleisch und andere stickstoffhaltige Körperbestandteile (Fibrin, kurz alle Eiweißkörper) zu erneuern, und deren Verschleiß wieder gut zu machen. Nimmst Du aber mehr als dazu nötig, so werden sie im Körper als gewöhnliche Nahrung zum Ersatz der Körperwärme verbrannt und lassen dann als Hauptrest nach der Verbrennung die sogenannte Harnsäure, die dann in größerer Quantität im Körper auftreten kann, als durch die Nieren ausgeschieden wird. Der Überschuß bleibt dann entweder in den Muskeln hängen oder kristallisiert in den Gelenken, und das heißt man dann Rheumatismus und Gicht. Entweder mußt Du Dir mehr Bewegung machen, oder aber Deine Diät ändern und mehr Brot usw. essen und weniger Fleisch und Eier. Bier solltest Du allerdings meiden.[1]

Dank wegen Antwort bezüglich Avelings. Die Sache wurde hier einmal, ich weiß nicht mehr von wem, hypothetisch angeregt, und damit nichts Voreiliges geschehe, übernahm ich's, Dich deswegen zu befragen.

Singer und Bebel haben in sehr liebenswürdiger Weise an mich geschrieben. Die Deutschen können sich noch immer nicht daran gewöhnen, daß jemand in Amt und Würden nicht Anspruch auf zarteres Anfassen hat als andere Leute. Das war im Grunde die Hauptsache der Kränkung.

Hier geht's gut voran, die Angriffe Hyndmans gegen Aveling können ihm teuer zu stehen kommen. H. ist unfähig, seine Kräfte im Vergleich zu dem, was er leisten soll, richtig abzuschätzen. — — — — — — — — — — Infolge des Liverpooler Trade Unions-Kongresses hat sich die Majorität des Londoner Trades Council zugunsten des Legal Eight Hours Day umgestaltet. H. suchte ihn gegen die Legal Eight Hours League auszuspielen, dies mißlang; seine Föderation war vertreten auf dem Legal Eight Hours Committee, aber er zog seine Delegierten zurück, und schrieb an den Trades Council, für die Föderation zwei sogenannte Rednertribünen im Park bei der Demonstration verlangend. Der Trades Council wird aber wahrscheinlich entschieden ablehnen, wie das Eight Hours Committee schon getan, und dann sitzt Hyndman zwischen zwei Stühlen.

— — — — — — — — — — — — — — — — — —
— — — — — — — — — — — — — — — — — —

Er beweist, wie nutzlos eine — theoretisch großenteils richtige — Plattform ist, wenn sie nicht an die wirklichen Bedürfnisse der Leute anzuknüpfen versteht. Obwohl die Leute hier Engländer, stehen sie doch fast ebenso außerhalb der wirklichen englischen Bewegung wie die S. A. P. in Amerika. Die Bewegung hier vollzieht sich in den neuen Trade Unions, vor allen den Gasworkers, und in der Legal Eight Hours (Achtstundenbill) Agitation und in beiden stehen Avelings an der Spitze. In beiden Agitationszweigen sind viele Leute, die auch der Soc. Dem. Federation angehören, aber gerade diese entziehen sich dem besonderen Einfluß Hyndmans und behandeln die S. D. F. als pure Nebensache.

— —

In Frankreich haben unsere Leute, dank der Spaltung unter den Possibilisten, augenblicklich, auch in Paris, das Heft in der Hand. Erst haben die Allemanisten (in Paris nach Lafargue die Mehrzahl, was ich aber bezweifle) Delegierte zur Maidemonstrationskommission geschickt, und dann endlich auch die Broussisten — sie bequemen sich also, einen marxistischen Beschluß auszuführen! Und da die Allemanisten die Broussisten herauswerfen wollen, sind unsere Leute in die Lage gekommen, als Verteidiger der gleichen Rechte der Broussisten aufzutreten!! Das beste ist, daß unsere Franzosen gegenüber den Possibilisten genau die Taktik befolgen, die Marx den Eisenachern gegenüber den Lassalleanern anempfahl! Und soweit mit Erfolg.

Der Pariser Bergarbeiterkongreß wäre beinahe am belgischen Blödsinn des Generalstreiks gescheitert. Um diesem zu entgehen, verlangten die Engländer Abstimmung nach Kopfzahl der vertretenen Arbeiter. Das hätte den Engländern die fast unbedingte Mehrheit gegeben, und da rebellierten die anderen. Ich wollte fast, die wallonischen Kohlenarbeiter, die den ganzen Generalstreik-Unsinn diesmal angestiftet, trieben es in Belgien zum Generalstreik wegen allgemeinem Stimmrecht,[2] sie würden heillos gehauen und der Unsinn wäre begraben. Aber die anderen in Deutschland und Frankreich würden die Folgen auszufressen haben.

Schorlemmer war acht Tage hier, ist sehr empfindlich gegen Wetterwechsel geworden, kämpft mit Taubheitsanfällen infolge von Erkältung, sollte einmal einen Winter im Warmen zubringen. Sam Moore ist in Derbyshire, ich erwarte ihn täglich. Aber arbeiten wird er hier schwerlich, er soll sich Kräfte holen für neue 1½ Jahre am Niger. Er soll übrigens das dortige Klima sehr angenehm finden und über das unserige schimpfen.

Herzliche Grüße an Deine Frau.

Dein F. E.

Das doppelte Bild ist für Schlüter, den Du grüßen willst.

* * *

[1] Unnötiger Rat, da Sorge seit 50 Jahren kein Bier trank.
[2] Ist 12 Jahre später wirklich geschehen.

188

Fr. Engels an Sorge.

London, 10. Juni 1891.

Lieber Sorge!

Ich sitze bis über die Ohren in der Neuauflage des „Ursprung der Familie usw.", habe die ganze betreffende Literatur seit acht Jahren neu durchmachen müssen und soll nun die Quintessenz in das Buch hineinverarbeiten, was kein Spaß, besonders bei den vielen Unterbrechungen. Doch habe ich das Schlimmste hinter mir, und kann dann endlich wieder an den dritten Band. Ich habe alle meine Korrespondenz beschneiden müssen, sonst komme ich gar nicht voran.

Was anderes. Stanislaus schreibt mir, Anna[1] habe sich nach Paris um Geld gewandt und auch welches erhalten oder werde es; diese Versuche der Auspressung seien doch zu arg, und man solle dies nach Amerika schreiben, damit dort nicht weitere unnütze Geldausgaben wegen der jungen Madame gemacht werden. Er habe deswegen schon an Dich geschrieben und bittet mich, dasselbe zu tun. Er nennt ihr, der Anna, Verfahren reine Erpressung.

Heute haben wir endlich einmal einen Versuch eines Sommertags; die Vegetation ist um einen vollen Monat zurück, wir haben in der Beziehung noch richtigen Frühling, obwohl wir sonst keinen gesehen haben.

Dank für die amerikanische Piratenausgabe. Schlüter hat mir Kurioses darüber geschrieben. Bitte, danke ihm für seinen ausführlichen Brief, ich kann ihn leider jetzt nicht beantworten.

Hier geht die Bewegung recht gut. Die Union der Gas Workers and General Labourers nimmt mehr und mehr die erste Stelle hier ein, dank namentlich Tussy. Die Bewegung geht englisch, systematisch, Schritt vor Schritt, aber sicher, und die komische Erscheinung, daß hier wie in Amerika die sich für die orthodoxen Marxisten ausgebenden Leute, die unsere Bewegungsgedanken in ein starres, auswendig zu lernendes Dogma verwandelt haben, daß diese hier wie bei Euch als pure Sekte figurieren, ist sehr bezeichnend. Noch mehr aber, daß diese Leute bei Euch Ausländer, Deutsche, hier aber Stockengländer, Hyndman u. Ko. sind.

Eben kommt Tussy, ich schließe also.

Gruß von ihr, Luise und Deinem Alten an Dich, Deine Frau und Schlüter.

F. E.

Tussy erzählt mir soeben, daß auch sie, gerade als sie zum Gasworkers-Kongreß nach Dublin ging, Pfingsten, einen ähnlichen Brief von der Anna erhielt, wie die Pariser. Natürlich no notice taken.[2]

* * *

[1] Pseudonym.

[2] „Nicht beachtet."

189

Fr. Engels an Sorge.

Ryde, Insel Wight, 9. August 1891.

Lieber Sorge!

Deine beiden Briefe 14. und 20. Juli sind mir hierher nachgeschickt. Ich bin seit 14 Tagen mit Schorlemmer hier bei Pumps,[1] deren Mann hier Agent für seine Brüder ist, gehe in zirka 8 Tagen zurück.

Sehr dankbar für die Information wegen des „Gl. of the K. of L."[2] — ich habe solch einen Haufen Zeitungen durchzusehen, daß mir ohne solche Benachrichtigung die Orientierung oft sehr schwer fällt. Ditto werden Gompers und Sanial, falls ich solche in London sehe, sehr wichtig.

Anna muß sehen, wie sie fortkommt, dieser Blödsinn übersteigt alles.

Der possibilistische Schwindel wird wohl auf dem Brüsseler Kongreß Fatales erleben. Die Spaltung der Possibilisten in Paris hat Brousse allen Boden entzogen. In der Provinz sind sie Null, in Paris geht die Masse mit Allemane gegen Brousse. Das hat dann dazu geführt, daß die Possibilisten beiderlei Art die Kontrolle über ihren letzten großen Stützpunkt, die Bourse du Travail verloren haben. So steht im „Socialiste" vom 24. Juli. Die Brüsseler, die selbst im innersten Herzen Possibilisten sind und so lange wie möglich zu ihnen gehalten haben, sind ganz umgesprungen; sie wollen Generalrat einer neuen Internationale werden und machen den alles überflügelnden „Marxisten" den Hof; daher possierliches Geheul seitens der Pariser und Londoner im Stich gelassenen Freunde. Ich fürchte, ich fürchte, Herr Hyndman wird aufhören, offiziell unser „Feind" zu sein und wird sich als unser „Freund" gerieren wollen. Das wäre schlimm, man hat eben nicht die Zeit, solch einem Klüngler stets und überall auf die Finger zu passen.

Tussy, Aveling, Thorne und andere von Gasworkers, Sanders (John Burns Sekretär) und diverse andere Engländer von unserer Seite gehen nach Brüssel. Wie's mit den alten Trade Unions steht, weiß ich nicht.

Die Dockers sind am Kaputtgehen. Ihr Streik war gewonnen einzig und allein durch die blindbeigesteuerten 30000 Pfund Sterling von

Australien; sie glauben aber, sie selbst hätten's getan. Daher machten sie Fehler über Fehler — zuletzt den, die Listen zu schließen, keine neuen Mitglieder mehr aufzunehmen, also selbst ihre eigenen scabs zu züchten. Dann weigerten sie den Gasworkers ein Kartell. Viele sind Dockers im Sommer, Gasworkers im Winter — die Gasworkers schlugen vor, das Ticket der einen Union sollte für beide gelten bei dieser abwechselnden Beschäftigung — abgeschlagen! Bis jetzt haben die Gasworkers das Ticket der Dockers trotzdem respektiert — wie lange noch, ist nicht zu sagen. Dann schreien die Dockers gegen die Einwanderung von foreign paupers[3] (russische Juden). Gelder sind keine vorhanden, Mitglieder fallen haufenweis ab, Disziplin ist verschwunden.

Aus Petersburg schrieb man mir vor einer Woche: We are on the eve of a famine.[4] Bestätigt gestern durch das Ausfuhrverbot von Korn aus Rußland. Das sichert uns erstens den Frieden auf ein Jahr, mit Hungersnot im Lande wird der Zar wohl säbelrasseln, aber nicht losschlagen. Wenn aber nächstes Jahr Gladstone hier ans Ruder kommt, was wahrscheinlich, wird versucht werden, England und Frankreich zu bewegen, die Schließung der Dardanellen gegen alle Flotten, auch im Krieg zu bewilligen, das heißt dem Sultan zu verbieten, sich gegen die Russen Hilfe zu holen. Das ist also das nächste Stück orientalische Frage, zweitens aber bedeutet das Verbot der russischen Kornausfuhr die Übertragung der Hungersnot ins roggenessende Deutschland; nur Rußland kann das kolossale Roggendefizit in Deutschland decken. Das heißt aber kompletter Zusammenbruch der Kornzollpolitik in Deutschland, und das bedeutet eine unabsehbare Reihe politischer Erschütterungen. Zum Beispiel der Latifundienadel verzichtet nicht auf seine Schutzzölle, ohne auch die Industriezölle der Bourgeois ins Wackeln zu bringen. Die Schutzzollparteien verlieren Kredit, die ganze Situation verschiebt sich. Und unsere Partei wächst riesig. — Diese Mißernte bringt uns um fünf Jahre vorwärts, abgesehen davon, daß sie den Krieg verhindert, der hundertmal mehr Opfer kosten würde.

Diese beiden Gesichtspunkte werden nach meiner Ansicht die europäische Politik zunächst beherrschen und wenn Schlüter in der „V.-Z." darauf aufmerksam machen will, so wäre dies sehr nützlich. Sobald der Kongreß vorüber, werde ich sie in der europäischen Presse auch zur

Sprache bringen. Nur kann ich natürlich nicht verantwortlich sein für das, was andere Leute dort aus diesen meinen Mitteilungen machen.

— — — — — — — — — — — — — — — — — —

Ich schließe den Brief noch nicht, morgen kann mehr zu schreiben sein.

11. Aug. Das Kornausfuhrverbot in Rußland ist noch nicht offiziell, aber doch sicher; die offizielle Proklamation wäre abzuwarten.

In Ostpreußen waren zwei Reichstagswahlen — enormer Zuwachs unserer Stimmen. Also die Landbezirke endlich eröffnet — ce la marche![5] Da können wir mit Hilfe der Teuerung bis 1900 was erleben, wenn wir nicht vorher kaput gehen.

Luise Kautsky ist in Wien, geht mit Wiener Mandat nach Brüssel, bringt Adler mit nach London, vielleicht auch Bebel, dem ich nach der Schweiz geschrieben, aber noch keine Antwort.

Tussys Bericht an den Brüsseler Kongreß im Namen der Gasworkers und anderer sehr gut, ich schicke ihn Dir. Tussy geht nach Brüssel mit Mandat des Dubliner Kongresses der Gas Workers and General Labourers, und vertritt also 100000 Mann. Auch Aveling hat drei bis vier Mandate. Wie's scheint, werden die alten Trade Unions schwach vertreten sein — um so besser diesmal!

Grüße von Schorlemmer und mir an Deine Frau.

Dein F. E.

[1] Spitzname einer Nichte von Engels' Frau.
[2] Organ der Arbeitsritter.
[3] „Fremde Hungerleider."
[4] „Wir sind am Vorabend einer Hungersnot."
[5] „Es geht vorwärts."

190

Fr. Engels an Sorge.

London, 2. September 1891.

Lieber Sorge!

— — — — — — — — — — — — — — — — — —

Bernsteins kommen heut wieder von Eastbourne. Sanial und Mac Vey sind hier, werden mich morgen besuchen. Ich war vier Wochen in Ryde bei Pumps mit Schorlemmer, der aber wieder nach Manchester ist. Er wird bei jeder Erkältung stark taub, und da ist nichts mit ihm anzufangen, sonst fehlt ihm nichts. Mir geht's gut, ich muß aber noch etwas heraus, um mich ganz wieder auf den Damm zu bringen. Adler von Wien und Bebel waren drei Tage hier, sehr fidel und zufrieden mit dem Kongreß.

Ich habe Dir einen Haufen Dokumente geschickt, auch die „Weekly Disp." mit einem Interview Lafargues in Paris durch Mutter Crawford. Dies Interview wird Skandal machen — — — — — —

Der alte Streit mit den Broussisten usw. ist verschwunden, die Br. waren in Brüssel gar nicht vertreten, Hyndman wagte auch nicht zu kommen, die Leute, die er schickte, zankten und blamierten sich, jetzt sucht er Stütze in dem toll gewordenen Nieuwenhuis, aber es geht zu Ende. Die Marxisten haben nach Prinzip wie nach Taktik auf der ganzen Linie gesiegt, es wird noch im stillen geklüngelt werden und man wird mich, Avelings usw. in „Justice" hoffentlich nach wie vor angreifen, aber öffentliche Opposition gegen uns als Masse gibt's nicht mehr.

Der Kongreßbericht der „B.-Tribüne" ist der ausführlichste.

Von Neuauflage von „Ursprung der Familie usw." habe ich schon sechs Bogen Korrektur gelesen. Außer der neuen Einleitung kommen starke Zusätze in Kap. 3 (Familie) und später auch noch einige.

Der Brüsseler Kongreß hat die Haager Beschlüsse[1] nochmals ratifiziert, indem er die Anarchisten abermals hinauswarf. Dies sollte dort in der Presse hervorgehoben werden. Andererseits hat er den englischen Trade Unions das Tor weit geöffnet, in das die Besseren unter ihnen wohl bald hineinspazieren werden. Dies sind die beiden wichtigsten Beschlüsse. Gottvoll, daß die Engländer jetzt die reaktionärsten sind und man ihnen zulieb die Pointe verhüllen muß! Aber man kann's, denn es ist jetzt nur noch Frage von Monaten, höchstens ein bis zwei Jahren, bis sie kommen. Der nächste Trade Unions-Kongreß wird zwar versuchen, den Legal Eight Hours-Beschluß von Liverpool umzustoßen, aber selbst wenn's gelingt — mit Hilfe der Textilarbeiter, die auf zehn Stunden schwören — so wird es nur um so mehr schüren. Die Sache marschiert — da ist nichts mehr zu machen.

Grüße Deine Frau herzlich.

Dein F. E.

* * *

[1] Von 1872.

191

Fr. Engels an Sorge.

Helensburgh, Schottland, 14. September 1891.

Lieber Sorge!

Ich bin hier auf einer Spritztour mit Pumps und Luise Kautsky, wir sind seit acht Tagen entweder im Hochgebirge oder auf dem Wasser und das bekommt mir vortrefflich. In acht Tagen sind wir wieder zu Hause.

— — — — — — — — — — — — — — — — —

Von amerikanischen Delegierten sah ich Mac Vey und Abraham Cahan, den Judenapostel, sie haben mir beide gut gefallen.

Der Kongreß ist after all ein glänzender Sieg für uns — die Broussisten sind ganz weggeblieben und die Hyndmanleute haben ihre Opposition in die Tasche gesteckt. Und am besten, daß sie die Anarchisten an die Luft gesetzt, ganz wie der Haager Kongreß. Wo die alte Internationale abbrach, gerade da setzte die neue, unendlich größere und deklariert marxistische, wieder an.

Auch der Trade Union-Kongreß in Newcastle ist ein Sieg. Die alten Unions, an der Spitze die Textilarbeiter, und die ganze Reaktionspartei unter den Arbeitern hatten alle Kräfte aufgeboten, den Achtstundenbeschluß von 1890 umzustoßen. Sie sind gescheitert, nur ein ganz kleines momentanes Konzessiönchen haben sie errungen. Das ist entscheidend. Die Konfusion ist noch groß, aber die Geschichte ist unaufhaltsam im Fluß, und die Bourgeoisblätter erkennen die Niederlage der bürgerlichen Arbeiterpartei vollständig und mit Schrecken, Heulen und Zähneklappern an. Besonders die schottischen Liberalen, diese intelligentesten und klassischsten Bourgeois des Reichs sind einstimmig in ihrem Geheul ob des großen Pechs und der rettungslosen Verkehrtheit der Arbeiter.

Herzliche Grüße Dir und Deiner Frau.

Dein F. E.

192

Fr. Engels an Sorge.

London, 30. September 1891.

Lieber Sorge!

Ich war mit Pumps und Luise Kautsky 14 Tage in Schottland und Irland, habe seitdem die Korrektur der Neuauflage vom „Ursprung der Familie" besorgt, erledige jetzt Briefschulden und mache dann dritten Band fertig. — — — — — — — — — — — —

Der Brüsseler Kongreß ist doch besser abgelaufen, als Du denkst ....

Auch der Trade Unions-Kongreß war ein Erfolg. Die „Alten“ hatten alles aufgeboten, den Achtstundenbeschluß von Liverpool umzustoßen, und daß es nur gelang, ein ganz kleines Eckchen abzubröckeln, ist da schon eine Niederlage für sie und ihre Bourgeoisalliierten. Du hättest die liberalen Blätter lesen sollen, besonders die schottischen, wie die jammerten über die Verirrungen der dem Sozialismus verfallenden englischen Arbeiter.

Das „People“[1] ist nicht zum Ansehen. So ein albern zusammengekramtes Blatt ist mir lange nicht vorgekommen. Wer ist der Übersetzer meiner „Entwicklung“?

Die Sendung an den „Socialiste“[2] mache ich und berichte darüber später.

Lafargue ist in Lille als Kandidat aufgestellt, und das gibt ihm das Recht, während der drei Wochen période électorale aus dem Gefängnis zu kommen und zu agitieren. Gewählt wird er schwerlich, aber seine Wahl im Departement du Nord bei allgemeiner Neuwahl ist ihm sicher ....

Herzliche Grüße an Deine Frau und Dich selbst.

Dein F. E.

* * *

[1] Der „Workman's Advocate“, Organ der S. A. P., war umgetauft worden in „The People“.

[2] Paris.

193

Fr. Engels an Sorge.

London, 24. Oktober 1891.

Lieber Sorge!

Deine Briefe vom 15. September, 2. und 9. Oktober habe ich vor mir.

— — — — — — — — — — — — — — — — — — — —

Um alles in der Welt tu mir den Gefallen und schicke mir keine amerikanische Monatsschrift regelmäßig zu. Ich schmachte danach, wieder einmal ein Buch lesen zu können; trotzdem ich nur ein Drittel der mir zugehenden Zeitungen ordentlich ansehen kann, fressen sie mir alle Zeit, — aber die Bewegung ist ja jetzt so riesig und au courant bleiben muß man doch! Dagegen schicke mir **.[1]

Daß es bei Euch wieder mal Ebbe gibt in der Bewegung, glaub' ich gern. Bei Euch geht alles mit großen ups and downs.[2] Aber jeder up gewinnt endgültig Terrain, und so kommt man schließlich doch voran.

So hat auch die gewaltige Welle der Knights of Labor und Streikbewegung von 1886 bis 1888 trotz alles Rückschlags uns im ganzen doch voran gebracht. Es ist doch ein ganz anderes Leben in den Massen als vorher. Das nächste Mal wird noch mehr Terrain gewonnen. Aber bei alledem ist die Lebenshaltung des native American working man[3] bedeutend höher als selbst die des englischen, und das allein genügt, um ihm noch für einige Zeit einen Posten im Hintertreffen anzuweisen. Dazu die Einwanderungskonkurrenz und andere Dinge. *Wenn* der Zeitpunkt erreicht ist, wird's drüben kolossal rasch und energisch gehen, aber bis dahin kann's noch etwas dauern. Wunder geschehen nirgends. Nun kommt noch das Pech hinzu mit den hochnäsigen Deutschen, die dort Schulmeister und Kommandant in Einem spielen wollen, und es den Eingeborenen verleiden, auch die besten Sachen von ihnen zu lernen.

Dem „Soc."[4] werde ich das Geld schicken, sobald ich erst weiß an wen; Lafargue sitzt, wie Du weißt, ich habe noch keine Antwort. Die „Entwicklung des Sozialismus" wird hier von Avelings übersetzt und von mir durchgesehen erscheinen (in Sonnenscheins „Social Series"); gegenüber dieser autorisierten Übersetzung wird die amerikanische Piratenausgabe, die ein ganz miserables Englisch leistet, ziemlich unschädlich. Sie ist dabei nicht einmal vollständig, was ihnen zu schwer, lassen sie aus.

— — — — — — — — — — — — — — — — — —

Die Biographie Bakunins wäre mir angenehm, man erfährt daraus, wie die heutige anarchistische Tradition von diesem Messias lautet.

Brief vom 12. c. auch noch erhalten. Dank!

In Erfurt ging alles sehr gut ab. Ich werde Dir das offizielle Protokoll zuschicken, sobald es heraus, Bebel sagt, die Reden seien in den Berichten sehr verhunzt. Die Opposition der schnoddrigen Berliner, statt anzuklagen, geriet sofort auf die Anklagebank, benahm sich elend feig, und muß jetzt *außerhalb* der Partei wirtschaften, wenn sie was will. Es sind ganz zweifellos *Polizeielemente* darunter, ein anderer Teil *versteckte Anarchisten*, die im stillen unter unseren Leuten werben wollten; daneben Esel, aufgeblasene Studenten und Durchfallskandidaten, Gernegroße aller Art. In allem keine 200 Mann.

Der Programmentwurf von Kautsky, von Bebel und mir unterstützt, ist zur *Grundlage* des Programms, theoretischer Teil, genommen worden. Wir haben die Satisfaktion, daß die Marxsche Kritik komplett durchgeschlagen hat. Mit Ausnahme einiger schwächlich redigierten

Stellen (wo aber nur der Ausdruck matt und allgemein), läßt sich nichts mehr über das Programm sagen, wenigstens nicht nach erster Lesung.

Daß Lafargue in Lille kandidiert, wirst Du gesehen haben. Das Resultat der morgigen Wahl erhältst Du lange vor diesem Brief. Wird er nicht gewählt, so ist ihm bei der nächsten allgemeinen Wahl ein Sitz im Nord-Departement sicher.

Trotz der russischen Hungersnot wird die Kriegsgefahr größer. Die Russen wollen die neue französische Allianz rasch und gründlich diplomatisch ausbeuten, und obgleich ich überzeugt bin, daß die russische Diplomatie keinen Krieg will und die Hungersnot ihn blödsinnig erscheinen lassen würde, so können doch militärische und panslawistische (jetzt von der sehr starken industriellen Bourgeoisie behufs Marktausdehnung unterstützte) Strömungen das Oberwasser bekommen und ebenso in Wien, Berlin oder Paris Dummheiten passieren, die den Krieg zum Ausbruch bringen. Über diesen Punkt haben Bebel und ich korrespondiert und wir sind der Ansicht, daß wenn die Russen Krieg mit uns anfangen, die deutschen Sozialisten à outrance[5] auf die Russen und ihre Bundesgenossen, wer sie auch seien, loshauen. Wird Deutschland erdrückt, dann auch wir, während der Kampf im günstigsten Falle ein so heftiger wird, daß Deutschland sich nur durch revolutionäre Mittel halten kann und daß daher sehr möglicherweise wir gezwungen werden, ans Ruder zu kommen und 1793 zu spielen. Bebel hat darüber in Berlin eine Rede gehalten, die in der französischen Presse viel Aufsehen gemacht. Ich werde versuchen, dies den Franzosen in ihrer eigenen Sprache klar zu machen, was nicht leicht ist. Aber obwohl ich es für ein sehr großes Pech halte, wenn es zum Kriege käme und wenn dieser uns vorzeitig ans Ruder brächte, so muß man doch für diesen Fall gerüstet sein, und es freut mich, daß ich da Bebel, der weitaus der tüchtigste unserer Leute ist, auf meiner Seite habe.

Nächste Woche geht's an den dritten Band.

Herzliche Grüße an Deine Frau und Dich selbst.

Dein F. E.

* * *

[1] In der nächstfolgenden Mitteilung findet sich, was Engels hier sagen wollte.
[2] „Auf und Ab, Hebungen und Senkungen."
[3] Eingeborene amerikanische Arbeiter.
[4] „Socialiste" in Paris.
[5] „Aufs äußerste."

194

Fr. Engels an Sorge.

London, 29. Oktober 1891.

In meinem Brief vom Samstag 25. Oktober wurde ich unterbrochen, als ich gerade Dich bitten wollte, mir von Zeit zu Zeit ein Frauenblatt oder Heft — natürlich aus der Bewegung der Bourgeoisweiber — zu schicken. Luise ist genötigt, zu Nutz und Frommen der deutschen und österreichischen und hiesigen Arbeiterinnenbewegung auch diesen Kram nicht ganz außer Augen zu lassen, und so wäre ihr ein gelegentlicher Einblick in das, was diese Dämchen dort treiben, sehr erwünscht. — Lafargue hat gute Aussichten: 5005 St., Depasse, Opportunist 2928, Bère (lies Beer), ditto Opportunist 1246, Roche, radikal 2274. Letzterer ist zugunsten Lafargues zurückgetreten und die extremen Radikalen der Kammer treten ein für Lafargue. — In Deutschland unterwirft sich alles dem Parteitag, die paar herausgeworfenen Klüngler werden nur noch einige hochnäsige Studentchen an sich ziehen — good riddance![1] Grüß Deine Frau.

Dein F. E.

* * *

[1] „Glücklichen Rutsch" oder „gut, daß wir sie los!"

195

Fr. Engels an Sorge.

London, 14. November 1891.

Lieber Sorge!

In aller Eile ein paar Zeilen vor Postschluß. Lafargues Sieg wirst Du per Kabel erfahren haben. Das hat Herr Constans fertig gebracht, der ebenso dummschlau und tölpelhaft ist wie Bismarck und noch mehr. 1. läßt er Lafargue in einem skandalösen Tendenzprozeß für die Schießerei der Regierung in Fourmies verantwortlich machen und zu einem Jahre verdonnern; 2. als er ihn dadurch im Departement du Nord enorm populär gemacht, und Lafargue in Lille bei der ersten Vakanz aufgestellt wird, behält er ihn gegen den zweiundzwanzigjährigen, vom Empire selbst eingeführten Gebrauch im Gefängnis, statt ihn für die Wahlperiode freizulassen; 3. als Lafargue im ersten Wahlgang 5005 Stimmen, nur 780 unter absoluter Majorität erhält, läßt Constans ihn noch nicht frei, obwohl er von der Kammer eine derbe Ohrfeige bekommt. Da nun auch der radikale Kandidat Roche, der 2274 Stimmen erhalten, zugunsten Lafargues zurücktritt, war Lafargues Sieg gewiß.

Das beste aber ist, daß der dumme Constans es fertig gebracht hat, außerdem noch die Wahl Lafargues zu einem événement zu machen und sich selbst dabei arg ins Wackeln zu bringen. Nämlich als 31. Oktober die Freilassung Lafargues in der Kammer verlangt wurde von Millerand, ging der Beschluß, darüber zur Tagesordnung überzugehen, durch mit 240 gegen 160 Radikale. Aber nur weil 170 Monarchisten nicht abstimmten. Dies war das erstemal, daß die Radikalen seit der Boulangiade gegen die Regierung stimmten und so den Beweis lieferten, daß die Regierung jeden Augenblick durch ein gemeinsames Votum von Radikalen und Monarchisten gestürzt werden kann. Und als am 9. November, nach Lafargues Wahl, wieder seine Freilassung beantragt wurde, ist die Regierung nur durch die Aussicht auf so ein vereintes Votum gezwungen worden, ihre Absicht aufzugeben, sich der Freilassung zu widersetzen. — Da nun aber im Kabinett kolossaler Zank existiert, Freycinet lieber seine Majorität durch die Radikalen, Constans aber durch die Monarchisten gegen die Radikalen herstellen will, da Constans sich durch sein Vorgehen seit 1. Mai bei den Arbeitern verhaßt gemacht und sein Freund Rouvier der verrufenste und korrupteste Kerl im Ministerium ist und auch Carnot den Constans nicht ausstehen kann, weil dieser jenem als Präsidenten der Republik nachzufolgen versucht, so sind alle diese parlamentarischen Schwankungen von Wichtigkeit: denn die Wiederherstellung der ministeriellen Unsicherheit in Frankreich ist eine neue Friedensgarantie, da der Zar sich hüten wird, Arm in Arm mit einer jeden Tag wackelnden Regierung in Paris Krieg anzufangen.

Andererseits sind diese Symptome wichtig wegen der inneren Lage in Frankreich. Ein großer Teil der Radikalen — Millerand, Hovelacque, Moreau usw. — sehen ein, daß es ohne die Arbeiter platterdings nicht geht, und daß das Gaukelspiel der Regierung: scheinbar arbeiterfreundliche Bills in der Kammer einzubringen, aber dafür zu sorgen, daß sie im Senat durchfallen, daß dies nicht mehr angeht. Kommt Lafargue nun da hinein und erhält damit die kleine sozialistische Gruppe von sieben bis acht Mann — lauter Kleinzeug und unfähig zur Initiative — einen Führer, so kann's bald was Neues geben; allerdings nur unter der Bedingung, daß unser Paul nicht selbst sein Achtel oder Zwölftel Niggerblut obenauf kommen läßt.

In Deutschland geht alles sehr gut. — — Die Opposition ist praktisch Null. — — — — — — — — — Alle entgegenstehenden Zeitungsberichte sind erlogen, besonders was Euch gefabelt wird; ich habe da kostbare Proben gesehen.

Wie's mit dem „Vorwärts" gehen wird, weiß ich nicht. Es hat sich gebessert, aber Hirsch kommt nicht hin. Ich halte das kaum für ein Unglück.

Grüße an Deine Frau. Dein F. E.

196

Fr. Engels an Sorge.

London, 21. November 1891.

Lieber Sorge!

Brief 6., Postkarte 8. November erhalten.

Die „Wiener Arbeiterzeitung" versprach mir Adler, als er mit Bebel von Brüssel hier war, Dir regelmäßig zu schicken, und die Wiener halten Wort. Ich muß jetzt, wo die österreichische Bewegung wichtiger wird, das Blatt selbst aufheben.

„Der arme Teufel" ' hat hier viel Heiterkeit erregt.

Es versteht sich von selbst, daß Du Marx' Briefe an Dich veröffentlichst, wenn es Dir beliebt, ohne mich oder sonst jemand zu fragen. Du solltest Deine Artikel über die amerikanische Arbeiterbewegung, sobald fertig — als Bändchen, in Dietz' Internationaler Bibliothek etwa — herausgeben, damit sie dauernd vereint bleiben.

— — — — — — — — — — — — — — — — — —

Bakunins Biographie dankend erhalten — noch nicht angesehen.

In einem Briefe bat ich Dich, mir keine amerikanische Bourgeoisrevue zu schicken, ich kann die guten hier alle bei . . . . . . haben, wenn was drin ist, und Tussy paßt auf. Dagegen wollte ich eine Bitte zusetzen, wurde aber unterbrochen und der Brief so zugemacht: Nämlich von Zeit zu Zeit einmal eine einzelne Nummer irgend eines — dieses oder jenes — Frauenrechtlerorgans zu schicken, — Luise sieht diesen Kram von Zeit zu Zeit an, um sich — und dadurch auch mich — einigermaßen auf dem laufenden dieses Schwindels zu erhalten.

In Berlin und anderen Städten wieder Stadtratwahlsiege — in Berlin Stimmenzahl verdreifacht.

Die Jungen haben sich konstituiert und geben ein Blättchen heraus: „Der Sozialist" — ist schnoddrig und dumm. Nichts als Klatsch und Lügen.

Auch hier sind bei den Munizipalwahlen allerlei kleine Siege erfochten: In West Ham (heißt West because East of the East End [2]) ist Will Thorne, Sekretär der Gasarbeiter, ein ganz famoser Kerl, gewählt usw. — — —

Herzliche Grüße an Deine Frau und Dich

von Deinem F. Engels.

* * *

[1] Herausgegeben von R. Reitzel in Detroit, Mich.
[2] Heißt „West, weil im Osten von Ostend".

* * *

In seinen Rückäußerungen hatte Sorge über die allgemeine Entwicklung und Bewegung weniger optimistische Ansichten ausgesprochen als Engels, auch verschiedene Mitteilungen gemacht über die damals wogende Farmerbewegung in den Vereinigten Staaten. — Der nächste Brief Engels' behandelt diese Punkte eingehend. — Die Zuschrift von Gompers bezog sich auf die Streitigkeiten zwischen der A. F. L. und der S. A. P.

197

Fr. Engels an Sorge.

London, 6. Januar 1892.

Lieber Sorge!

Unsere Neujahrswunschkarte hast Du hoffentlich erhalten. Heute beantworte ich Deine Briefe vom 20. und 23. November und 9. Dezember.

Meinen 71. Geburtstag habe ich glücklich überstanden und bin, alles in allem, gesunder und stärker als vor fünf bis sechs Jahren. Wenn ich noch bis 1900 leben sollte — wovon ich allerdings nicht weiß, ob's ein Glück oder Pech wäre — so denke ich noch allerlei zu erleben. Du hast in Amerika eine Bewegung, die sich in ups and downs bewegt, stets Enttäuschungen bereitet, und daher leicht zur Schwarzseherei führen kann. Ich habe hier die im großen und ganzen riesig fortschreitende europäische Bewegung, in ihrem Zentrum die mit unaufhaltsamer Naturgewalt ruhig fortschreitende deutsche, dicht vor Augen und neige daher eher zum anderen Extrem. Ich habe darüber etwas im französischen Kalender geschrieben, den ich Dir schicken werde, sobald ich ein zweites Exemplar bekomme.

Krieg mit Rußland ist glücklicherweise auf drei bis vier Jahre vertagt, wenn keine Tollheiten irgendwo passieren. Da uns die ruhige Entwicklung in Deutschland den Sieg unter den günstigsten Umständen, wenn auch etwas später, so doch um so sicherer verspricht, haben wir keinen Grund auf va banque-Spiel hinzuarbeiten, und va banque-Spiel müßten wir bei einem solchen Kriege spielen.

In Amerika ist, glaube ich, noch kein Raum für eine dritte Partei. Die Interessenverschiedenheit selbst derselben Klassenfraktion ist auf dem ungeheuren Gebiet so groß, daß in jeder der beiden Parteien, je nach der Lokalität, ganz verschiedene Fraktionen und Interessen vertreten sind, und zu sehr großem Teile fast jede besondere Schicht der besitzenden Klasse Vertreter in jeder der beiden Parteien hat, obwohl die Großindustrie im ganzen heute den Kern der Republik, wie der südliche Großgrundbesitz den der Demokratie bildet. Diese scheinbare Zufälligkeit der Zusammenwürflung gibt eben den famosen Boden ab für die Korruption und Staatsausbeutung, die dort so herrlich blüht. Erst wenn der Boden — die öffentlichen Ländereien — ganz in den Händen der Spekulanten, wenn also die Ansiedlung mehr und mehr erschwert, respektive der Prellerei verfallen ist, erst dann scheint mir bei ruhiger Entwicklung die Zeit für eine dritte Partei gekommen. Der Boden ist die Basis der Spekulation, und die amerikanische Spekulationswut und -möglichkeit ist der Hauptthebel, der die eingeborenen Arbeiter im Banne der Bourgeoisie hält. Erst wenn ein Geschlecht eingeborener Arbeiter da ist, das von der Spekulation nichts mehr erwarten darf, erst dann haben wir festen Boden in Amerika. Aber freilich, wer darf in Amerika auf ruhige Entwicklung rechnen! Da gibt's ökonomische Sprünge, wie politische in Frankreich — sie haben freilich auch dieselben momentanen Rückschläge.

Die kleinen Farmer und Kleinbürger werden es kaum je zu einer starken Partei bringen, sie bestehen aus zu rasch wechselnden Elementen — der Bauer dabei oft noch Wanderbauer, zwei, drei, vier Farmen in verschiedenen Staaten und Territorien nacheinander bebauend — Einwanderung und Bankrott befördern den Personenwechsel bei beiden — die ökonomische Abhängigkeit vom Gläubiger hindert auch die Selbständigkeit — aber dafür sind sie ein famoses Element für Politiker, die auf ihre Unzufriedenheit spekulieren, um sie nachher an eine der großen Parteien zu verkaufen.

Die Zähigkeit der Yankees, die sogar den Greenback-Humbug wieder aufwärmen, ist Folge ihrer theoretischen Zurückgebliebenheit und angelsächsischer Verachtung aller Theorie. Dafür werden sie gestraft durch den Aberglauben an jeden philosophischen und ökonomischen Unsinn;

religiöse Sektiererei und ökonomische blödsinnige Experimente, wovon aber gewisse Bourgeoiscliquen Vorteil ziehen.

Luise läßt Dich bitten, nur noch das „Woman's Journal" (Boston) zu schicken und auch dies nur noch bis zum 31. März, falls nicht anders bis dahin von uns geschrieben wird. Sie braucht es für die „Wiener Arbeiterinnenzeitung" (sie, Laura und Tussy sind der Hauptstab) und sagt, es könne ihr nicht einfallen, den Arbeiterinnen den Kohl der amerikanischen swellmobladies[1] aufzudrängen. Durch Deine freundlichen Zusendungen hat sie sich wieder au courant gesetzt und sich überzeugt, daß diese Damen noch ebenso hochnäsig und borniert sind wie je, und will nur noch dem einen Blatte ein paar Monate Probezeit gönnen. Inzwischen dankt sie Dir aufrichtigst für Deine Gefälligkeit.

Lafargue hat sich das erstemal in der Kammer etwas verblüffen lassen durch die Zwischenrufe und das Gebrüll. Wird's aber schon ausgleichen. Die Franzosen bessern sich immer im unmittelbaren Kampfe.

Die Geschichte mit Gompers ist so: Er schrieb mir und sandte mir ausführliche papers seiner Gesellschaft. Ich war damals — im Sommer — viel abwesend und dazwischen kolossal beschäftigt, war mir auch keineswegs klar in der Sache, ich dachte Iliacos extra peccatur muros et intra.[2] Dann heißt es, Gompers würde nach Brüssel kommen respektive hierher, ich dachte also mündlich zu erledigen. Nachher, als er nicht kam, hab' ich die Sache verbummelt. Werde aber die Papiere hervorsuchen und ihm dann antworten, ich dankte für die Rolle.[3] — — —

Der Blatchford ist aus der „Workman's Times" heraus, was ein großer Gewinn. Im übrigen zeigt das Blatt die Mängel, die ein Privatunternehmen der Art hier immer haben muß, solange nicht eine Partei dahinter steht, stark genug, es zu kontrollieren.

Jetzt hab' ich 1. Korrektur des Wiederabdruckes der „Condition of the Working Class in England 1844"[4] zu lesen, 2. Avelings Übersetzung der „Entwicklung des Soz." durchzusehen, 3. noch einiges Kleine, und dann geht's wieder an den dritten Band, wo ich gerade die schwierigsten Kapitel vor mir habe. Ich denke aber, mit energischer Abweisung aller Zwischenspiele wird's gehen. Was dann noch zu tun, wird mir, glaub' ich, nur formelle Schwierigkeiten machen.

Herzliche Grüße an Deine Frau und Dich selbst von L. K. und

Deinem F. Engels.

* * *

[1] „Damen des aufgeblasenen (oder geschwollenen) Pöbels."
[2] „Es wird überall gesündigt" (frei übersetzt).
[3] Des Schiedsrichters.
[4] „Lage der arbeitenden Klasse in England 1844."

198

Fr. Engels an Sorge.

London, 5. März 1892.

Lieber Sorge!

Deine Briefe vom 15., 22., 29. Januar, Postkarten vom 2., 4., 13. Februar erhalten. Auch die Zeitungen wegen Anna. Selbige ist offenbar an der Modekrankheit, an Größenwahn, kaputt gegangen. Sonderbar, diese Art Leute, ähnlich wie Hartmann und andere, taugen für eine Tat — good, bad or indifferent[1] —, und ist die abgemacht, so ist, wie Schorlemmer sagt, nix mehr ze wolle.

Deinen letzten Artikel in der „Neuen Zeit" habe ich leider noch nicht die Zeit gehabt zu lesen, muß aber dran, da ich nur durch Deine Hilfe die amerikanische Entwicklung verfolgen kann, ohne auf Abwege zu geraten.

Ich bin schauderhaft überbürdet mit allerlei Arbeiten und Lampereien. Du solltest den Haufen deutscher, französischer, italienischer, spanischer, polnischer, russischer, dänischer, amerikanischer, englischer und zuweilen rumänischer Zeitungen sehen, die mir zukommen und die ich doch wenigstens ansehen muß, um au courant der Bewegung zu bleiben. Daneben wirkliche Arbeiten, die mir den Rest von Zeit wegfressen. Und die Korrespondenz! Ich habe für eine Woche genug aufgespeichert. Und da soll der dritte Band fertig werden. Es ist schändlich. Aber es wird doch durchgesetzt. Nur müßt Ihr Geduld haben, wenn ich mal die Korrespondenz aussetze.

In Frankreich geht's sehr gut. Lafargue benutzt seine Diäten und seinen Eisenbahnfreipaß, um das ganze Land zu bereisen, von Lille bis Toulouse aufzuregen, und mit brillantem Erfolg. Alle anderen sozialistischen Fraktionen sind von der unseren in den Hintergrund gedrängt, auch in Paris treten die Possibilisten, dank ihrem inneren Gezänk und dem energischen Auftreten der Unseren, mehr und mehr zurück. Man denkt wieder an ein tägliches Journal als Parteiorgan, das jetzt bessere Chancen hat. Sehr gut ist, daß Constans vom Ministerium des Innern fortgejagt, der Kerl wollte mit Gewalt Schießereien provozieren, die können wir nicht gebrauchen. Da am 1. Mai unsere Demonstration mit den Munizipalwahlen in ganz Frankreich zusammenfällt, ist jedem Minister, der nicht auf den Augenblickseklat spekuliert wie Constans, das Schießen verboten.

Hier geht die alte Krakeelerei voran, aber trotzdem arbeitet sich die Sache durch, echt angelsächsisch, langsam aber sicher. Es verläuft immer alles in einzelne kleine Kämpfe, die nicht kurz zusammengefaßt werden können, bis ein Resultat da ist. Augenblicklich handelt es sich um die Maifeier. Unsere Leute hier, der Trades Council (die altfränkischen Trade Unions) und die S. D. Federation dort als unsere Gegner — die beiden Feinde vom vorigen Jahr haben sich gegen uns verbünden müssen, was auch schon ein Erfolg. Wir haben den Hydepark im Besitz — Possession is nine parts of the law.[1] Wie's weiter geht, wird sich zeigen. Wahrscheinlich haben wir die Gasworkers, eine Anzahl kleiner Unions und die Radical Clubs (fast nur Arbeiter) auf unserer Seite — wie's dann weiter geht, muß sich zeigen.

Nun aber Deutschland. Da geht es so famos, daß wir's gar nicht besser wünschen können, trotzdem daß wahrscheinlich auch bald derbe Hiebe fallen werden. Zum Glück richtet sich die Wut heute gegen uns und morgen gegen die Liberalen. Was können wir Besseres verlangen! Vor vier Wochen, als die Stummrede im Reichstag fiel, konnte man noch an eine neue Sozialistengesetzvorlage denken, aber jetzt geht das auch nicht mehr, denn man ist erboster über die Opposition der Bourgeois gegen Pfaffenvolksschulgesetz, als gegen alle Sozialdemokraten, und eher läßt man uns in Ruhe, als man jenen eine Konzession macht. In den Parlamenten sind es ja auch gerade die bürgerlichen Parteien, die die meiste Opposition machen, nicht wir 35 Mann im Reichstag, und in der preußischen Kammer sitzen wir ja gar nicht. Trotzdem kann es auch hier für uns einige harte Kämpfe setzen, aber was könnte Besseres kommen, als daß die Krone sich mit Bourgeois und Arbeitern gleichzeitig auf einen unhaltbaren Fuß setzte! Die Minister sind alle Leute zweiten und dritten Ranges, Caprivi ist ein braver Knote, aber seiner Stellung nicht gewachsen, und Miquel wird auch nicht klüger dadurch, daß er täglich mehr Dreck frißt. Kurz, wenn die Sache so vorangeht, so kann's bald eine Krise setzen.

Über Rußland und die haute politique habe ich meinem Artikel der „Neuen Zeit" nichts zuzusetzen.

Herzliche Grüße von Aveling, der gerade hier ist — Tussy ist auf Agitation in Plymouth. Luise legt zwei Zeilen bei. Grüß Deine Frau herzlich und haltet Euch wohl.

Dein F. E.

* * *

[1] „Gut oder schlecht oder indifferent."
[2] „Besitz ist gleich neun Teilen Gesetz."

199

Fr. Engels an H. Schlüter.

London, 30. März 1892.

Lieber Schlüter!

Vor allen Dingen habe ich Dir noch zu danken für Deinen vorjährigen Brief, der mir so viele wertvolle Mitteilungen überbrachte. Leider konnte ich darauf nicht mit gleicher Münze rückzahlen, die europäischen politischen Zustände sind im allgemeinen durch gutausgewählte Zeitungslektüre hinreichend zu erkennen, und um freie Zeit zum Arbeiten zu behalten, bin ich genötigt, mir alle Interna der einzelnen sozialistischen Parteien soviel wie möglich vom Halse zu halten, sonst käme ich zu gar nichts. Über die innere Parteientwicklung der verschiedenen Länder, soweit diese sich im Krakeel der Führer unter sich abspielt, wie das ja meist der Fall, kann ich also nichts berichten, denn selbst das Wenige, was ich darüber weiß, ist mir oft nur auf Maulhalten mitgeteilt.

Hätte ich gewußt, daß der „Figaro"-Artikel Euch drüben interessierte, ich hätte ihn Euch geschickt, da Lafargue mir ihn einsandte. Jetzt ist er längst verschollen und in den Abgrund gewandert; ich will nach Paris schreiben, glaub' aber schwerlich, daß ich noch ein Exemplar auftreiben und von Lafargue authentische Auskunft erhalten kann. Lafargue hat das wohl längst vergessen, er reist seit seiner Wahl rastlos in ganz Frankreich umher auf sein Freibillett und agitiert und propagiert (ich meine nicht die Race) und wie es scheint mit großem Erfolg. Der 1. Mai — wegen der gleichzeitigen Stadtratswahlen in ganz Frankreich außerhalb Paris — wird diesmal ein sehr entscheidender Tag für die Franzosen, sie sind von Ehrgeiz gestachelt, es den Deutschen gleich zu tun.

Was Euer großes Hindernis in Amerika ist, scheint mir, besteht in der Ausnahmestellung der eingeborenen Arbeiter. Bis 1848 kann man von einer eingeborenen, ständigen Arbeiterklasse nur als Ausnahme sprechen. Die wenigen Anfänge davon im Osten in den Städten konnten immer noch hoffen, Bauern oder Bourgeois zu werden. Jetzt hat sich eine solche Klasse entwickelt und hat sich auch großenteils trade-unionistisch organisiert. Aber sie nimmt immer noch eine aristokratische Stellung ein und überläßt, was sie auch kann, die ordinären schlechtbezahlten Beschäftigungen den Eingewanderten, von denen nur ein geringer Teil in die aristokratischen Trade Unions eintritt. Diese Eingewanderten sind aber in Nationalitäten geteilt, die sich untereinander und meistenteils auch die Landessprache nicht verstehen. Und Eure Bourgeoisie versteht es noch viel besser als die österreichische Regierung, eine Nationalität gegen die andere auszuspielen, Juden, Italiener, Böhmen usw. gegen Deutsche und Irländer, und jeden gegen den anderen, so daß, glaube ich, in New York Unterschiede der Lebenshaltung zwischen Arbeitern bestehen, wie sie sonstwo unerhört sind. Und dazu kommt die Gleichgültigkeit einer ohne allen gemütlichen Feudalhintergrund, auf rein kapitalistischer Basis erwachsenen Gesellschaft gegen die dem Konkurrenzkampf erliegenden Menschenleben: there will be plenty more, and more than we want, of these damned Dutchmen, Irishmen, Italians, Jews and Hungarians,[1] und obendrein steht im Hintergrund John Chinaman, der sie alle weit übertrifft in der Fähigkeit, von Dreck zu leben.

In einem solchen Land sind stets erneuerte Anläufe, gefolgt von ebenso sicheren Rückschlägen, unausbleiblich. Nur daß die Anläufe doch immer gewaltiger, die Rückschläge immer weniger lähmend werden, und im ganzen die Sache doch voran geht. Aber das halte ich für sicher: Die rein bürgerliche Grundlage, ohne allen ..... Schwindel dahinter, die entsprechende kolossale Energie der Entwicklung, die sich selbst in der verrückten Übertreibung des jetzigen Schutzzollsystems zeigt, wird eines Tages eine Wandlung herbeiführen, die die ganze Welt in Erstaunen setzen wird. Fangen die Amerikaner einmal an, dann aber auch mit einer Energie und Virulenz, dagegen wir in Europa Kinder sein werden.

Mit besten Grüßen

Dein F. Engels.

* * *

[1] „Es gibt mehr davon und mehr, als wir wollen, von diesen verdammten dutchmen (eigentlich Holländer, aber hierzulande als Schimpfwort für die ‚Deutschen' gebraucht), Irländern, Italienern, Juden und Ungarn." — (Phrasen, die man oft in den Vereinigten Staaten hört.)

200

Fr. Engels an Sorge.

London, 18. Juni 1892.

Lieber Sorge!

Ich weiß nicht, ob ich Dir schon den Empfang Deines Briefes vom 28. April mit Postanweisung und Karte vom 3. Mai angezeigt, ich habe so viel Korrespondenz gehabt und andere Zwischenfälle, daß ich etwas aus dem Geleise gekommen bin. Das Geld ist richtig angekommen und habe ich Mendels. die ihm davon zukommende Hälfte zurückgezahlt.

Die letzte Hälfte des Mai war Bebel bei mir, gleichzeitig Singer, der bei Bernsteins wohnte. Wir waren die Zeit über sehr fidel und haben alles durchgesprochen, was auf die deutsche Bewegung durchzusprechen war.

Die deutschen und österreichischen Bergarbeiterdelegierten zum hiesigen internationalen Kongreß waren ein paarmal bei mir: zwei Westfalen, ein Rheinländer von der Saar, ein Sachse, ein Tscheche. Meist nette tüchtige Leute, wie auch Siegel, der jetzt in Schottland arbeitet, ein sehr tüchtiger Kerl war. Mit den Bergleuten bekommen wir einen brillanten Zuwachs, alles stramme Kerls, meist gediente Soldaten und Wähler. Hemmnis sind die vielen eingewanderten Wasserpolacken und Polen (Kreis Dortmund 22000, Kreis Essen 16 bis 18000), die alle ultramontan sind und stockdumm, aber das ist nur momentan schlimm, auf die Dauer werden auch sie hineingerissen, und dann bilden sie das Gärungselement in Oberschlesien, Posen und Westpreußen.

Über den Verlauf des Stimmenschachers für Eure Präsidentenwahl bin ich begierig näheres zu hören, früher habe ich den modus operandi dabei nicht so verfolgen können, diesmal passe ich auf. Hat man das einmal im einzelnen ausgeforscht, dann versteht man's auch später.

Wegen Deiner Sache[1] habe ich noch nicht geschrieben.

— —

Nach meiner Ansicht sollte die Erweiterung[2] namentlich in Vervollständigung des tatsächlichen Materials bestehen, und könntest Du in dem Buche freier über die Torheiten der deutschen Sozialdemokratischen Arbeiterpartei sprechen, als Du in der „Neuen Zeit" für ratsam hieltest.

Ich freue mich, daß es Deiner Frau besser geht. Auch hier hat der Winter arg gewirtschaftet, namentlich wegen der Influenza. Unser Freund Schorlemmer ist von seinem Anfall nicht wieder genesen und hat jetzt

Lungenkrebs, so daß er wohl nicht wieder aufstehen wird. Der arme Kerl lag, als ich ihn vor 14 Tagen besuchte, mit abnehmenden körperlichen und geistigen Kräften im Bett, aber glücklicherweise ohne alle Schmerzen, und wir wollen hoffen, daß es so bleibt bis zum leider unvermeidlichen baldigen Ende.

Herzliche Grüße Dir und Deiner Frau von Luise und Deinem

F. Engels.

* * *

[1] Ein literarisches Unternehmen.

[2] Erweiterung der Artikel in der „Neuen Zeit" für eine Buchausgabe.

201

Fr. Engels an Sorge.

Ryde, Insel Wight, 23. August 1892.

Lieber Sorge!

Ich habe wegen Deines Buches noch nicht verhandelt.

Ich hatte mit Luise Kautsky, die in Wien, und mit Bebel, der bei seinem Schwiegersohn in St. Gallen ist, verabredet, daß Bebel und ich Ende dieses Monats zusammen nach Stuttgart gehen, und von da über Wien nach Berlin und L. K. von Wien mitnehmen.

Nun ist mir hier in Ryde, wo ich bei Pumps bin, mein altes Lendenleiden, das mich seit fünf Jahren in Ruhe gelassen, plötzlich wieder fühlbar geworden, derart, daß ich seit zirka zwölf Tagen lahm und bewegungsunfähig bin. Das hat mir die Reise verdorben, und ich weiß nun nicht, ob ich in zirka 14 Tagen, obwohl ich sichtbarlich besser bin, imstande sein werde, eine kleinere Tour zu unternehmen. Nach Stuttgart komme ich aber keineswegs.

Die Sache selbst ist ja schon in Ordnung, es handelt sich nur um die Einzelheiten. Du kannst also die Zusätze ruhig ausarbeiten, und je vollständiger diese werden desto besser. Namentlich wenn Du die Zeit seit 1870 etwas ausführlicher bearbeiten wolltest, wäre es gut, auch die Schicksale der ausgesprochen sozialistischen (deutschen) Partei und die von ihr begangenen Böcke zu schildern. Du mußt bedenken, daß Du für ein Publikum schreibst, das von dortigen Dingen absolut nichts weiß und klaren Wein eingeschenkt haben muß. Wenn dann die Herren Führer in New York und Cincinnati knurren, das kann Dir wurst sein, das bist Du ja lange gewohnt.

Eine Nachricht, die Du aber vor allen Preßleuten geheim halten mußt, bis ich Dir weiteres schreibe: Guesde und Lafargue haben mit einigen Kapitalisten einen Vertrag unterzeichnet, ein Tagesblatt im größten Stil herauszugeben, dessen directeurs politiques sie sind. Es sollen 500000 Franken darauf gewandt werden und am 1. Oktober erscheinen. Da ich aber in solchen Dingen immer etwas zweifle, auch neuerdings ohne Nachricht aus Paris bin, kann immer noch was dazwischen kommen, und so darf absolut nichts in die Presse.

Wie Du gesehen haben wirst bei den Munizipalwahlen vom Mai und Departementswahlen vom Juli, kommen die Franzosen immer mehr und mehr auf die Wege der Deutschen und lernen das allgemeine Stimmrecht benutzen, statt es auszuschimpfen. Und die Sache zieht sehr gut. Der Marseiller Kongreß wird den „Marxisten" eine ganz andere Stellung geben als vorher.

Dazu die famosen Fortschritte hier in England. Die Wahl hat durchgeschlagen. Du wirst gesehen haben, welch ein anderer Ton seit dem Anfang Juli in der „Workman's Times" herrscht, und wie Herr Burgeß (Autolycus) schon versucht, eine eigene „Independent Labour Party" unter seiner Leitung zu stiften, neben der, die die S. D. F. zu leiten prätendiert. Aus der „Wiener Arb.-Ztg." und „Neuen Zeit" wirst Du durch L. K. und Tussy das Nötige gesehen haben, noch einiges findest Du in der Vorrede zur Neuausgabe der „Lage der arbeitenden Klasse in England", die ich Dir schicke, sobald ich wieder in London bin. Der Trade Unions-Kongreß in 14 Tagen in Glasgow wird einen großen Fortschritt dokumentieren: 1. wegen des Effekts der Wahlen, der noch gesteigert wird dadurch, daß das Parliamentary Committee, das voriges Jahr in Newcastle gewählt wurde, und sonderbarerweise aus lauter alten old Unionists, alle politischen Beschlüsse desselben Kongresses mit Verachtung behandelt und unausgeführt gelassen hat, und 2. wegen des Umschwungs der Textilarbeiter, die voriges Jahr die Masse der Anti-Achtstundenleute ausmachten, jetzt aber infolge der schlechten Geschäftszeit plötzlich in Masse sich für acht Stunden erklärt haben. Vorige Woche hat ganz Lancashire abgestimmt, in allen Distrikten mit meist sehr großer Majorität für acht Stunden statt zehn. Kurz die Sache marschiert auch hier ganz famos, und nächstes Jahr wird hinter Deutschland nicht nur Österreich und Frankreich, sondern auch England marschieren, und das wird doch auch wohl endlich auf Eure Anglo-Amerikaner die gehörige Wirkung tun, namentlich wenn Eure Miliz noch etwas schießt, damit den Leuten der republikanische und great country Hochmut etwas ausgetrieben wird.

In Deutschland geht alles famos voran, verfolge im „Vorwärts" die Parteinachrichten, Du wirst sehen, daß wir unter der Landbevölkerung selbst im Osten, wo's am nötigsten ist, riesige Fortschritte machen.

Nun soll ich Dir sagen, ob ich nächstes Jahr komme![1] Nicht unmöglich, aber sicher nicht in der Hitze von Juli und August — ich hatte an dem einen August in New York genug. Bebel denkt an einen Besuch in Amerika nach dem Züricher Kongreß, also September bis Oktober. Geht er, so komme ich möglicherweise mit. Doch das sind alles Luftschlösser. Du siehst, mir ist schon mein diesjähriger Plan, 14 Tage nachdem er definitiv gefaßt, ins Wasser gefallen, wo soll ich da auf ein Jahr im voraus Pläne schmieden?

Herzliche Grüße an Deine Frau. Grüß auch Schlüter.

Dein F. E.

[1] Zur Weltausstellung in Chicago 1893.

202

Fr. Engels an Sorge.

London, 5. November 1892.

Du mußt meine Schreibfaulheit entschuldigen, ich habe diesen Winter den dritten Band fertig zu machen, das muß abgemacht werden, und kann nicht geschehen, ohne daß ich alle meine Korrespondenz in die Ecke stelle. Ich bin seit drei Wochen dran, und kann Dir nur sagen, daß die Arbeit über Erwarten flott geht; ich hatte, als ich das letztemal unterbrochen wurde, gut vorgearbeitet und das lohnt sich jetzt. Aber es ist noch ein Haufen Arbeit, indes ich bin so weit, daß ich das Ende absehen kann. Und niemand froher als ich, dies Stück Arbeit lag mir wie ein Alp auf dem Gewissen. Ich habe mir die freie Zeit — unter vier Monaten voller Freiheit von aller anderen Arbeit geht's nicht — gewaltsam genommen; ich weiß, tu ich's jetzt nicht, geht's überhaupt nicht, die Zeiten werden rebellisch und kriegerisch. Aber Du und alle anderen — Ihr müßt momentan darunter leiden — also verzeihe!

Dein F. E.

203

Fr. Engels an Sorge.

London, 31. Dezember 1892.

Lieber Sorge!

Vor Jahresschluß noch ein paar Zeilen. Deine Briefe, 18. November und 16. Dezember, erhalten, besten Dank. Hast Du das Bücherpaket erhalten, das ich Dir im September sandte per Post, enthaltend „Lage der arbeitenden Klasse“, neue Ausgabe, und „Socialism, Utopian and Scientific“, übersetzt von Aveling, mit Einleitung von mir? Wo nicht, schicke ich Dir eine zweite Sendung und eingeschrieben.

Hier im alten Europa geht es etwas lebhafter zu als in Eurem „jugendlichen“ Lande, das noch immer nicht recht aus den Flegeljahren heraus will. Es ist merkwürdig, aber ganz natürlich, wie in einem so jungen Lande, das den Feudalismus nie gekannt, das von vornherein auf bürgerlicher Grundlage emporgewachsen, wie fest da die bürgerlichen Vorurteile auch in der Arbeiterklasse sitzen. Grade aus Gegensatz gegen das — noch feudale Verkleidung tragende — Mutterland bildet sich auch der amerikanische Arbeiter ein, die traditionell überlieferte bürgerliche Gesellschaft sei etwas von Natur und zu allen Zeiten Progressives und Überlegenes, ein non plus ultra. Ganz so wie in Neu-England der Puritanismus, die Daseinsursache der ganzen Kolonie, eben deshalb traditionelles Erbstück und von ihrem Lokalpatriotismus fast unzertrennlich geworden ist. Die Amerikaner mögen sich sträuben und zerren wie sie wollen, sie können ihre allerdings riesengroße Zukunft nun einmal nicht diskontieren wie einen Wechsel, sie müssen die Verfallzeit eben abwarten, und gerade weil ihre Zukunft so groß, muß ihre Gegenwart sich hauptsächlich beschäftigen mit der Vorarbeit für die Zukunft, und diese Arbeit ist wie in jedem jungen Lande vorherrschend materieller Natur und bedingt eine gewisse Rückständigkeit des Denkens, ein Hängen an den mit der Gründung der neuen Nationalität zusammenhängenden Traditionen. Die angelsächsische Rasse — diese verdammten Schleswig-Holsteiner, wie Marx sie immer nannte — ist ohnehin schwerfällig von Gehirn und ihre Geschichte in Europa wie Amerika (ökonomischer Erfolg und politisch vorherrschend friedliche Entwicklung) hat das noch mehr befördert. Da können nur große Ereignisse helfen, und wenn jetzt zum ziemlich vollendeten Übergang des Nationallandbesitzes in Privatbesitz noch die Ausdehnung der

Industrie unter einer weniger verrückten Zollpolitik und die Eroberung auswärtiger Märkte kommt, so kann's auch bei Euch gut werden. Die Klassenkämpfe waren auch hier in England heftiger während der Entwicklungsperiode der großen Industrie und versiegten gerade während der Zeit der unbestrittenen industriellen Weltherrschaft Englands; auch in Deutschland fällt die Entwicklung der großen Industrie seit 1850 zusammen mit dem Aufschwung der sozialen Bewegung und in Amerika wird es wahrscheinlich nicht anders gehen. Es ist die Revolutionierung aller hergebrachten Verhältnisse durch die sich entwickelnde Industrie, die auch die Köpfe revolutioniert.

Im übrigen haben die Amerikaner der europäischen Welt seit längerer Zeit den Beweis geliefert, daß die bürgerliche Republik die Republik der kapitalistischen Geschäftsleute ist, wo die Politik ein Handelsgeschäft wie jedes andere, und die Franzosen, bei denen die herrschenden Bourgeoispolitiker dies längst gewußt und im stillen praktiziert, lernen diese Wahrheit endlich auch auf nationalem Maßstab durch den Panamaskandal. Damit aber die konstitutionellen Monarchien sich nicht tugendhaft in die Brust werfen, hat jede ihr kleines Panama: England die building societies scandals, deren eine, die Liberator, eine Masse kleiner Sparmichel von etwa 8 Millionen Pfund Sterling Ersparnissen gründlich „befreit" hat, Deutschland die Baare-Skandale und Löwe-Judenflinten, Italien die Banca Romana, die schon ein annäherndes Panama ist und zirka 150 Deputierte und Senatoren gekauft hat, Dokumente hierüber sollen demnächst, wie mir mitgeteilt wird, in der Schweiz gedruckt werden; Schlüter soll auf alles achtgeben, was über die Banca Romana in den Zeitungen erscheint. Und im heiligen Rußland entrüstet sich der Altrusse Fürst Meschtschersky über die Gleichgültigkeit, womit man in Rußland die Panamaenthüllungen hinnimmt, und kann sich das nur daraus erklären, daß russische Tugend durch französische Beispiele verdorben, und „wir selbst mehr als ein Panama zu Hause haben".

Die Panamageschichte ist aber doch der Anfang vom Ende der bürgerlichen Republik und kann uns bald in sehr verantwortungsvolle Lage bringen. Die ganze opportunistische und der größte Teil der radikalen Bande ist schmählich kompromittiert, die Regierung sucht zu vertuschen, aber das geht nicht mehr; die beweisenden Aktenstücke sind in den Händen von Leuten, die die jetzigen Machthaber stürzen wollen: 1. die Orleans, 2. der gestürzte und durch Enthüllungen über seine skandalöse Vergangenheit unmöglich gewordene Minister Constans, 3. Rochefort und die Boulangisten, 4. Cornelius Herz, der, selbst tief in Schwindel aller Art verwickelt, sich offenbar nur nach London geflüchtet hat, um sich dadurch loszukaufen, daß er die anderen hereinreitet. Alle diese haben mehr als genügende Beweise gegen die Diebsbande, halten aber zurück, erstens überhaupt um nicht ihr Pulver auf einmal zu verschießen und zweitens um der Regierung wie den Gerichten Zeit zu geben, sich unrettbar festzureiten. Dies kann uns nur recht sein; es kommt hinreichend Stoff nach und nach ans Tageslicht, um die Aufregung im Gange zu erhalten und die dirigeants mehr und mehr hineinzureiten, dann aber auch, um Zeit zu geben, damit der Skandal und die Enthüllungen ihre Wirkung tun bis in die entferntesten Winkel des Landes hinein noch vor der unvermeidlichen Kammerauflösung und den Neuwahlen, die aber nicht zu früh kommen dürfen.

Daß die Sache dem Zeitpunkt bedeutend näher rückt, wo unsere Leute in Frankreich die einzig möglichen Staatslenker werden, ist klar. Nur darf's nicht zu rasch gehen, unsere Leute sind in Frankreich noch lange nicht reif zur Herrschaft. Wie die Sachen jetzt liegen, läßt sich aber absolut nicht sagen, welche Zwischenstufen diesen Zwischenraum ausfüllen werden. Die alten republikanischen Parteien sind kompromittiert bis auf den letzten Mann, die Royalisten und die Klerikalen haben die Panamalotterielose massenhaft vertrieben und sich damit identifiziert — hätte der Esel Boulanger sich nicht erschossen, jetzt wäre er Herr der Lage. Ich bin begierig, ob sich die alte unbewußte Logik der französischen Geschichte auch diesmal wieder bewähren wird. Überraschungen wird's genug geben. Wenn nur nicht während der klärenden Zwischenpausen ein beliebiger General sich an die Spitze schwingt und Krieg anstiftet, das ist die einzige Gefahr.

In Deutschland geht der stetige unaufhaltsame Fortschritt der Partei ruhig weiter. Kleine Erfolge an allen Ecken und Enden, die den Fortgang beweisen. Wird die Militärvorlage im wesentlichen angenommen, so strömen uns neue Massen Unzufriedener zu; wird sie verworfen, aufgelöst, neugewählt, so erhalten wir mindestens 50 Sitze im Reichstag, was uns im Konflikt oft die entscheidende Stimme geben kann. Jedenfalls wird der Kampf, wenn er möglicherweise auch in Frankreich zum Ausbruch kommt, ausgekämpft nur in Deutschland. Aber es ist gut, daß der dritte Band jetzt endlich fertig wird — wann? kann ich freilich nicht sagen; die Zeiten werden unruhig und die Wellen fangen an hochzugehen.

Herzliches Prosit Neujahr Dir und Deiner Frau, auch von Frau Kautsky.

Dein F. E.

204

Fr. Engels an Sorge.

London, 18. Januar 1893.

Lieber Sorge!

Ich schicke Dir heute zwei alte Nummern der eingegangenen Berliner „Volkstribüne", die anderen sind im Weihnachtstrubel verlegt worden, falls ich sie finde, schicke ich sie Dir nach. Grund der Nichtsendung war der Bakuninartikel, der zuletzt mich zu einer Antwort zwang, da mußte ich die Nummer hier behalten für eine etwaige Polemik. Im letzten (zwölften) Artikel, der leider verlegt, wird noch mehr anarchistischer Lügenkram wiederholt und der Verfasser (ein gewisser Héritier, junger Genfer, den sich der alte J. Ph. Becker am Busen großgezogen hat) sucht auch auf meine Antwort sich zu rechtfertigen. Da er mir schrieb, antworte ich ihm und zeige ihm an, daß wenn er in dem angekündigten Opus ebenso verfährt, ich ihm derb auf die Finger hauen werde.

Hier war in Bedford Konferenz der Independent Labour Party, die Du aus der „Workman's Times" kennst. Die S. D. F. einerseits, die Fabians andererseits haben bei ihrem sektiererischen Verhalten den sozialistischen Andrang in den Provinzen nicht zu absorbieren vermocht, so war die Stiftung einer dritten Partei ganz gut. Nun aber ist der Andrang namentlich in den Industriebezirken des Nordens so groß geworden, daß diese neue Partei schon gleich auf diesem ersten Kongreß stärker auftrat als S. D. F. oder Fabians, wo nicht stärker als beide zusammen. Und da die Massen der Mitglieder entschieden sehr gut, da der Schwerpunkt in den Provinzen liegt, nicht im Klüngelzentrum London, und das Programm im Hauptpunkt das unsere, so hatte Aveling recht, sich anzuschließen und einen Sitz in der Exekutive anzunehmen. Wenn hier die kleinlichen Privatstrebereien und Intrigen der Londoner Gernegroße etwas im Zaume gehalten werden und die Taktik nicht zu verkehrt ausfällt, kann es der Independent Labour Party gelingen, die Massen der Social Democratic Federation und in den Provinzen auch den Fabians abspenstig zu machen und dadurch Einheit zu erzwingen.

Die Fabians sind hier in London eine Bande von Strebern, die Verstand genug haben, die Unvermeidlichkeit der sozialen Umwälzung einzusehen, die aber dem rohen Proletariat unmöglich diese Riesenarbeit allein anvertrauen und deshalb die Gewogenheit haben, sich an die Spitze zu stellen. Angst vor der Revolution ist ihr Grundprinzip. Sie sind die „Gebildeten" par excellence. Ihr Sozialismus ist Munizipalsozialismus; die Kommune, nicht die Nation, soll wenigstens vorläufig Eigentümerin der Produktionsmittel werden. Dieser ihr Sozialismus wird dann dargestellt als eine äußerste, aber unvermeidliche Konsequenz des bürgerlichen Liberalismus, und daher folgt ihre Taktik, die Liberalen nicht als Gegner entschieden zu bekämpfen, sondern sie zu sozialistischen Konsequenzen fortzutreiben, ergo mit ihnen zu mogeln, to permeate Liberalism with Socialism,[1] und den Liberalen sozialistische Kandidaten nicht entgegenzustellen, sondern aufzuhängen und aufzuzwingen respektive aufzulügen. Daß sie dabei entweder selbst belogen und betrogen sind oder den Sozialismus belügen, sehen sie natürlich nicht ein.

Sie haben mit großem Fleiße unter allerlei Schund auch manche gute Propagandaschrift geleistet und in der Tat das Beste, was die Engländer in dieser Beziehung geleistet. Aber sowie sie auf ihre spezifische Taktik kommen: den Klassenkampf zu vertuschen, wird's faul. Daher auch ihr fanatischer Haß gegen Marx und uns alle — wegen des Klassenkampfes.

Die Leute haben natürlich viel bürgerlichen Anhang und daher Geld, und haben in den Provinzen viel tüchtige Arbeiter, die mit der S. D. F. nichts zu tun haben wollten. Aber fünf Sechstel der Provinzialmitglieder stehen mehr oder weniger auf unserem Standpunkt und werden im kritischen Moment entschieden abfallen. Sie haben sich in Bedford — wo sie vertreten — entschieden mehrmals gegen die Londoner Exekutive der Fabians erklärt.

Du siehst, es ist ein kritischer Punkt für die hiesige Bewegung, und aus der neuen Organisation kann etwas werden. Sie war einen Augenblick nahe daran, unter Champions, der bewußt oder unbewußt ebenso für die Tories arbeitet wie die Fabians für die Liberalen — also unter Champions und seines Dir vom Haag her bekannten Bundesgenossen Maltman Barrys Fittiche zu geraten (Barry ist jetzt geständiger und ständiger bezahlter Toryagent und manager of the socialistic wing of the Conservatives![2]) — siehe „Workman's Times" vom November und Dezember, aber Champion hat schließlich vorgezogen, seinen „Labour Elector" wieder herauszugeben und sich damit in Gegensatz zur „Workman's Times" und zur neuen Partei gestellt.

Hardie hat einen gescheiten Streich begangen, indem er sich an die Spitze dieser neuen Partei stellte, und John Burns, dessen absolute Untätigkeit außerhalb seines Wahlbezirkes ihm ohnehin schon viel geschadet, beging eine neue Eselei, daß er sich auch hier zurückhielt. Ich fürchte, er reitet sich in eine unhaltbare Lage fest.

Daß auch hier Leute wie Keir Hardie, Shaw Maxwell und andere allerlei persönliche Ambitionsnebenzwecke verfolgen, versteht sich am Rande. Aber die daher entspringende Gefahr nimmt ab im Verhältnis wie die Partei selbst massenhafter und stärker wird und ist schon verringert durch die Notwendigkeit, den konkurrierenden Sekten Blößen zu geben. Der Sozialismus ist in den Industriebezirken in den letzten Jahren enorm in die Massen gedrungen, und auf diese Massen rechne ich, daß sie die Führer schon in Ordnung halten werden. Natürlich Dummheiten wird's genug geben, auch Klüngeleien aller Art, wenn's nur gelingt, sie in den gehörigen Grenzen zu halten.

Schlimmstenfalls hat die Gründung der neuen Organisation den Vorteil, daß bei drei konkurrierenden Sekten leichter eine Einigung herbeizuführen als bei zwei, die sich polarisch entgegenstehen.

Was Du am 23. Dezember wegen Polen[3] schreibst: Seit Kronstadt sind die Preußen auf einen Krieg mit Rußland gefaßt, daher polenfreundlich (haben uns auch Beweise davon gegeben). Dies werden die betreffenden Polen haben benutzen wollen, um den Krieg zu provozieren, der sie mit Hilfe Deutschlands befreien soll. Das will man aber in Berlin keinesfalls, und wenn der Coup losgehen sollte, wird Caprivi sie entschieden im Stiche lassen. Wir können augenblicklich einen Krieg absolut nicht brauchen, wir haben sicherere Mittel, voranzukommen, die der Krieg nur stören würde.

Herzliche Grüße an Deine Frau und Dich, auch von Frau K., die Dir am Samstag schrieb, leider zu spät für die Post.

Dein F. E.

* * *

[1] „Den Liberalismus mit Sozialismus zu durchtränken."
[2] Leiter des sozialistischen Flügels der Konservativen.
[3] Auch in den Vereinigten Staaten hatten Polen sich den Deutschen genähert.

205

Fr. Engels an Sorge.

London, 18. März 1893.

Lieber Sorge!

Wir waren vierzehn Tage an der See, in Eastbourne, hatten prächtiges Wetter, sind sehr erfrischt zurückgekommen, jetzt kann's wieder an die Arbeit gehen. Aber freilich, jetzt fängt auch die Besuchszeit an, nächsten Sonntag (morgen über acht Tage) ist Brüsseler Konferenz wegen des Züricher Kongresses, da wird Bebel von dort auf ein paar Tage einspringen, und um dieselbe Zeit kommen die Lafargues, ich bin froh, diesen Jüngling mal wieder herzubekommen, um die französischen Angelegenheiten gründlich mit ihm durchzusprechen. Indes so viel Zeit bleibt mir doch, den dritten Band fertigzumachen, da die Hauptschwierigkeit jetzt hinter mir liegt.

Die Geschichte mit dem „Socialiste"[1] ist in Ordnung gebracht.

Die Silbergeschichte scheint in Amerika nicht anders zur Ruhe kommen zu können als durch einen Krach. Cleveland scheint auch nicht Macht und Mut zu haben, diesem Bestechungsring den Hals zu brechen. Und es wäre wirklich gut, wenn es zum Äußersten käme. Eine so auf ihre Praxis eingebildete und dabei theoretisch so furchtbar vernagelte Nation — junge Nation — wie die Amerikaner, wird so eine eingewurzelte fixe Idee nur durch eigenen Schaden gründlich los. Die plausible Idee, weil man kein Geld hat, wenn man's braucht, sich einzubilden, das käme daher, daß überhaupt nicht Geld genug in der Welt wäre — diese dem Paper Currency-(Papiergeld-)Schwindel à la Kellogg und dem Silberschwindel gemeinsame Kindervorstellung wird am sichersten kuriert durchs Experiment und den Bankrott, der auch sonst ganz nützlich für uns verlaufen kann. Wenn nur irgend etwas Tarifreform diesen Herbst gemacht wird, könnt Ihr ganz zufrieden sein, das andere kommt dann schon nach, die Hauptsache ist, daß die amerikanische Industrie in die Möglichkeit kommt, auf dem Weltmarkt konkurrenzfähig zu werden.

Hier geht's sehr gut. Die Massen sind unzweifelhaft in Bewegung, die Einzelheiten erfährst Du aus Avelings allerdings etwas breiten Berichten in der „Volkszeitung". Der beste Beweis ist der, daß die alten Sekten den Boden verlieren und einschwenken müssen. Die Social Democratic Federation hat den Herrn Hyndman tatsächlich abgesetzt, er darf hier und da noch ein bißchen in internationaler Politik in „Justice" knurren und wehklagen, aber es ist aus mit ihm, his own people have found him out.[2] Der Mensch hat mich zehn Jahre lang persönlich und politisch provoziert, wo er nur konnte, ich habe ihm nie die Ehre einer Antwort angetan, überzeugt, er sei selbst Manns genug sich kaputt zu machen, und ich habe schließlich recht behalten. Nach all den zehnjährigen Anfeindungen haben sie neulich Tussy aufgefordert, in „Justice" Berichte über die internationale Bewegung zu schreiben, was diese natürlich ablehnte, solange nicht die infamen Verleumdungen, die „Justice" jahrelang gegen sie und Aveling gebracht, öffentlich revoziert.

Ebenso geht's mit den Fabians. Diesen Leuten, wie der S. D. F. sind die Zweigvereine in den Provinzen über den Kopf gewachsen, Lancashire und Yorkshire treten auch in dieser Bewegung, wie in der chartistischen, wieder an die Spitze. Die Leute wie Sidney Webb, Bernhard Shaw usw., die wanted to permeate the Liberals with Socialism,[3] müssen sich jetzt selbst gefallen lassen, to be permeated by the spirit of the workingmen members of their own society.[4] Sie sträuben und zerren sich, aber it's no use,[5] entweder bleiben sie allein, Offiziere ohne Soldaten, oder sie müssen mit. Ersteres das Wahrscheinlichere und auch Wünschenswertere.

Die Ind. Labour Party — als letztgekommene — hat weniger fixe Vorurteile mitgebracht, hat gute Elemente — die Arbeiter des Nordens entscheiden — und ist soweit der unverfälschteste Ausdruck der augenblicklichen Bewegung. Es sind unter den Führern allerdings allerlei komische Leute, und selbst die meisten der Besten haben die fatalen Klüngelgewohnheiten des parlamentarischen Regimes an sich, ganz wie bei Euch in Amerika, aber die Massen stehen hinter ihnen und werden sie entweder Mores lehren oder sie über Bord werfen. Böcke gibt's noch genug, aber die Hauptgefahr ist überstanden, und ich erwarte jetzt einen raschen Fortgang, der auch auf Amerika reagiert.

In Deutschland spitzt sich die Lage zur Krisis zu.

Nach den letzten Berichten über die Militärkommissionssitzungen ist kaum noch ein Kompromiß möglich; die Regierung macht es den Herren vom Zentrum und vom Freisinn unmöglich, umzufallen, und ohne 40 bis 50 davon ist keine Majorität möglich. Also Auflösung und Neuwahl. Ich rechne auf $2^1/_2$ Millionen Stimmen für uns, wenn's gut geht, da wir rasend zugenommen haben. Bebel rechnet auf 50 bis 60 Sitze, da wir die Wahlkreisgeometrie gegen uns haben und alle anderen gegen uns zusammenhalten, so daß wir auch starke Minoritäten bei Stichwahlen nicht in Majoritäten verwandeln können. Mir wär's lieber, die Sache ginge ruhig fort bis 1895, wo wir einen ganz anderen Effekt machen würden, aber was auch geschieht, alles muß uns voranhelfen.

Ein Jüngling aus Texas .... verlangte von mir, ich solle etwas erklären gegen die Aufstellung von Kandidaten „für Präsident“, da man doch den Präsidenten abschaffen wolle, das sei also eine Verleugnung des revolutionären Prinzips. Ich habe ihm Beiliegendes geantwortet.[6] — — — — — — — — — — —

Wir haben Dir die Zukunftsstaatsdebatte geschickt. Zeitungen etwas unregelmäßig, während wir fort waren, sollten aber komplett sein.

Hoffentlich geht's Dir und Deiner Frau jetzt mit der Gesundheit besser, Euch beiden herzliche Grüße von Frau K. und Deinem

F. E.

* * *

[1] Es handelte sich um eine Geldsendung an den Pariser „Socialiste“.
[2] „Seine eigenen Leute haben ihn erkannt.“
[3] „Die die Liberalen mit Sozialismus durchtränken wollten.“
[4] „Mit dem Geist der Arbeitermitglieder ihrer eigenen Gesellschaft durchtränkt zu werden.“
[5] „Es nützt ihnen nichts.“
[6] Die Beilage zu vorstehendem Briefe lautet:

Ich sehe nicht ein, welche Verletzung des sozialdemokratischen Prinzips notwendig darin liegt, daß man für irgend ein durch Wahl zu besetzendes politisches Amt Kandidaten aufstellt respektive für diese Kandidaten stimmt, selbst wenn man darauf hinarbeitet, dies Amt selbst zu beseitigen.

Man kann der Meinung sein, der beste Weg zur Abschaffung des Präsidentenamts und des Senats in Amerika bestehe darin, daß man in diese Stellen Männer wählt, die verpflichtet sind, diese Abschaffung zu vollziehen, und wird dann konsequenterweise auch demgemäß handeln. Andere können der Meinung sein, dieser Weg sei unzweckmäßig; darüber läßt sich streiten. Es mag Umstände geben, unter welchen jene Handlungsweise auch eine Verletzung des revolutionären Prinzips in sich schließen würde; warum das immer und überall der Fall sein sollte, leuchtet mir nicht ein.

Das nächste Ziel der Arbeiterbewegung ist doch: die Eroberung der politischen Macht für und durch die Arbeiterklasse. Sind wir darüber einig, so kann der Meinungsstreit über die dabei anzuwendenden Mittel und Methoden des Kampfes unter aufrichtigen Leuten, die ihre fünf Sinne beieinander haben, kaum noch zu prinzipiellen Differenzen führen. Nach meiner Ansicht ist in jedem Lande die Taktik die beste, die am kürzesten und sichersten zum Ziel führt. Aber von diesem Ziel ist man gerade in Amerika noch sehr weit entfernt, und ich glaube nicht zu irren, wenn ich eben aus diesem Umstande mir die Wichtigkeit erkläre, die dort noch manchmal solchen akademischen Streitfragen beigelegt wird.

— — — — — — — — — — — — — — — — — —

F. Engels.

* * *

Von wohlmeinender Seite war Sorge ersucht worden, den Wortlaut des Schreibens mitzuteilen, worin Lincoln dem Generalrat der J. A. A. zu London seinen Dank und Anerkennung ausgesprochen hatte. Durch die Veröffentlichung dieses Schreibens hoffte man die Begnadigung der noch im Zuchthaus sitzenden Chicagoer Verurteilten zu fördern, und deshalb hatte Sorge an Engels geschrieben, worauf Engels in folgendem antwortete:

206

Fr. Engels an Sorge.

London, 17. Mai 1893.

Lieber Sorge!

Die Geschichte mit Lincoln fiel vor, als ich noch in Manchester war — Ende 1864 — ich erinnere mich ihrer aber nur dunkel, und unter meinen und den Marxschen Papieren ist mir auch nie Lincolns Antwort zu Gesicht gekommen. Möglich, daß sie sich irgendwo versteckt findet, wenn ich einmal dazu komme, den kolossalen Wust zu ordnen und zu verarbeiten, aber ohne drei bis vier Wochen daran zu setzen, ist daran nicht zu denken. Alles was ich finden kann, ist in Eichhoffs Broschüre über die Internationale, Berlin 1868 (nach Notizen und Materialien von Marx) p. 53 folgendes:

„Die durch die Abstimmung[1] vom 8. November 1864 gesicherte Wiederwahl Lincolns gab dem Generalrat Gelegenheit zu einer Glückwunschadresse. Gleichzeitig berief er Massenmeetings für die Sache der Union. Deshalb hat Lincoln in seinem Antwortschreiben die Dienste der Internationalen Arbeiterassoziation für die gute Sache ausdrücklich anerkannt."

Ich kann überhaupt nur sagen, daß meine Materialien über die Int. A.-A. vor 1870 sehr mangelhaft sind, ein Teil der Generalratsprotokolle, Marx' und Leßners, auch teilweise Beckers[2] Sammlungen von Zeitungsausschnitten, endlich Marx' Briefe an mich. Nicht einmal die amtlichen Aktenstücke des Generalrats, Proklamationen usw. habe ich vollständig, geschweige die Korrespondenz der Sekretäre, die diese fast alle behalten. Offizielle Kongreßprotokolle existieren überhaupt nicht. Trotzdem ist es weit besser als was irgend ein anderer hat, und wird verarbeitet sobald ich kann. Aber wann?

Mit dem dritten Bande geht's stetig voran. Ich bin an den beiden letzten Abschnitten und glaube auch da die Hauptschwierigkeit hinter mir zu haben. Für einige Wochen Arbeit ist aber immer noch daran. Dann geht's an die Schlußredaktion, ich möchte noch vor den Sommerferien einen Teil zum Druck abschicken, weiß aber nicht, ob's gelingt. Die Schlußredaktion kann besorgt werden während schon gedruckt wird. Und die Sache wird dringend, die Dinge schauen aus, als ob wir in Deutschland Zeiten voll Unruhe und Kampf bekommen sollten, da muß das Ding vorher fertiggestellt sein.

Meine Ansichten über die deutschen Angelegenheiten kannst Du aus dem Interview in „Figaro" sehen, das ich Dir mit dieser Post schicke. Es ist, wie alle Interviews, im Wortlaut hie und da etwas abgeblaßt, im Zusammenhang hie und da lückenhaft, aber sonst korrekt wiedergegeben. Unter unseren Leuten in Deutschland herrscht eine ausgezeichnete Stimmung, für sie ist die Wahlbewegung ein wahres Glück und ein Vergnügen trotz aller Mühe und Anstrengung, die es kostet. Bebel, der Ostern acht Tage hier war nach der Brüsseler Konferenz, schreibt wie neugeboren, er ist außer in Hamburg in Straßburg im Elsaß aufgestellt, wo wir 1890 4800 gegen 8200 Stimmen hatten, und viele Französischgesinnte werden für ihn stimmen. Wir haben zirka 100 bis 110 Wahlkreise, wo wir mit über 1/3 der Gesamtstimmen eintreten werden (nach den 1890er Resultaten gerechnet), und ich denke, wir kommen in zirka 80 Wahlkreisen gleich durch oder in die Stichwahl. Wieviel in der letzteren hängen bleiben, hängt ab vom Gegenkandidaten. Gegen Konservative oder Nationalliberale haben wir große Chancen, gegen Freisinnige weniger, gegen Zentrum sehr wenig, falls der Kandidat der Gegner fest in Beziehung auf die Militärfrage. Bebel hofft auf 50 bis 60 Sitze in allem.

Die Stimmung in Deutschland hat sich sehr geändert; die Bourgeoispresse mag noch schreien im alten Ton, aber der Respekt, den sich unsere Leute im Reichstag erzwungen haben, hat ihnen eine ganz andere Stellung verschafft. Dazu kann man die Augen nicht verschließen vor der stetig anschwellenden Macht der Partei. Wenn wir bei den nächsten Wahlen wieder starkes Wachstum zeigen, wächst einerseits der Respekt, andererseits aber auch die Furcht. Und die treibt dann die Herren Spießbürger einmütig ins Lager der Regierung.

Hier war die Maifeier sehr nett; aber sie wird schon etwas Alltägliches oder vielmehr Alljährliches; die erste Frische ist weg. Die Borniertheit des Trades Council und der sozialistischen Sekten — Fabians und S. D. F. — zwang uns wieder zwei Demonstrationen auf, aber alles verlief nach Wunsch und wir — das Achtstundenkomitee — hatten weit mehr Zulauf als die vereinigte Opposition. Namentlich unsere internationale Tribüne war sehr gut mit Publikum versehen. Ich rechne, daß im ganzen 240 000 Menschen im Park waren, davon wir 140 000 und die Opposition höchstens 100 000 hatte.

Champion mit seinen von den Tories und liberalen Unionisten empfangenen Geldern (angeblich je 100 Pfund Sterling für jeden der 100 Arbeiterkandidaten, die sie in hoffnungslosen Wahlkreisen aufstellen wollen, bloß um den Liberalen Stimmen zu entziehen) ist gründlich blamiert worden durch unseren alten Maltman Barry. Dieser Ochse, aber schottische Spekulant, ist unter die Tories gegangen, deren bezahlter Agent er eingestandenermaßen ist, und scheint dem Champion, dem die Herren Geldtories doch nicht recht trauen, als stiller Kompagnon und Aufseher, was die Jesuiten socius nennen, zur Seite gestellt. Er hat nun während Champions Krankheit den „Labour Elector" allein redigiert und da so renommistisch aus der Schule geschwätzt, daß das Spielchen total verdorben und die Independent Labour Party einstweilen vor der Gefahr gesichert ist, der Spielball dieser Herren zu werden. Leider ist Aveling seit einem Monat ernstlich krank, bei den unendlichen Klüngeleien hier ist er schlecht zu entbehren. Er ist in Hastings, sich etwas auszukurieren.

Wenn wir starken Stimmenzuwachs in Deutschland haben, so wird das auch in Frankreich gut auf die Herbstwahlen wirken. Wenn unsere Leute dort ein Dutzend in die Kammer bringen (im Departement du Nord rechnen sie allein auf vier Sitze), so ist ein Kern da, stark genug, die Blanquisten und Allemanisten zum Anschluß zu zwingen.

Ich freue mich, daß es Deiner Frau und Dir wieder besser geht. Herzliche Grüße an sie und Dich von L. Kautsky und Deinem

F. Engels.

[1] Die Präsidentenwahl in den Vereinigten Staaten.
[2] Joh. Phil. Beckers.

Die Weltausstellung zur Feier der Entdeckung Amerikas vor 400 Jahren wurde in Chicago eröffnet. Mitten in den Pomp und Glanz der Feste, in den Taumel der von ihren industriellen Siegen berauschten Bourgeoisie fiel wie eine Bombe die Begnadigung und Freilassung der überlebenden Chicagoer Verurteilten Schwab, Fielding und Neeb durch Gouverneur Altgeld, der zu gleicher Zeit den Prozeß gegen Spieß und Genossen einer vernichtenden Kritik unterzog.

In Zürich fand der dritte internationale Kongreß der neuen Serie statt, dessen Schluß Engels vollzog.

207

Fr. Engels an Sorge.

London, 7. Oktober 1893.

Lieber Sorge!

Freitag 29. September sind wir wieder hier angekommen und erhielten bald darauf Deinen Brief vom 22. Ich war zwei Monate fort, fuhr mit Luise K. nach Köln, wo wir Bebel und Frau trafen, gingen zusammen über Mainz und Straßburg nach Zürich, von wo ich mich auf acht Tage nach Graubünden drückte, wo ich einen Bruder von mir traf. Aber ich hatte versprechen müssen, zum Kongreßschluß wieder da zu sein, und da machten sie dann malgré moi mit mir die Schlußgeschichte, von der Du gelesen hast. Damit war aber auch die Tonart für die ganze Reise gegeben und meine Absicht, als purer Privatmann zu reisen, total versalzen. Ich blieb noch 14 Tage in der Schweiz und reiste dann mit Bebel über München und Salzburg nach Wien. Hier fing die Paradegeschichte wieder an. Erst mußte ich zu einem Kommers, aber da war nur Raum für etwa 600, und die anderen wollten mich auch sehen, also am letzten Abend noch eine Volksversammlung, wo ich auch ein paar Worte sprechen mußte. Von da über Prag nach Berlin, und da kam ich, nach heftigem Protestieren gegen eine geplante Volksversammlung, mit einem Kommers davon, der 3000 bis 4000 Leute zusammenbrachte. Das war ja alles sehr nett von den Leuten, ist aber nichts für mich, ich bin froh, daß es vorüber ist, und werde das nächstemal ein written agreement verlangen, daß ich nicht vor dem Publikum zu paradieren brauche, sondern als Privatmann in Privatangelegenheiten reise. Ich war und bin ja erstaunt über die Großartigkeit des Empfangs, den man mir überall bereitete, aber das überlasse ich doch lieber den Parlamentariern und Volksrednern, bei denen gehört so etwas zu ihrer Rolle, bei meiner Arbeit aber doch kaum.

Sonst aber habe ich Deutschland nach 17jähriger Abwesenheit vollständig revolutioniert gefunden — die Industrie enorm entwickelt gegen früher, den Ackerbau — großen wie kleinen — sehr verbessert und als Folge davon unsere Bewegung ausgezeichnet im Gang. Unsere Leute haben sich das bißchen Freiheit, das sie haben, selbst erobern müssen — ganz speziell erobern gegenüber Polizei und Landräten, nachdem die betreffenden Gesetze schon auf dem Papier proklamiert. Und daher findest Du ein sicheres, festes Auftreten, wie es bei den deutschen Bourgeois nie vorgekommen. Im einzelnen ist da natürlich auch manches auszusetzen, zum Beispiel die Parteipresse steht namentlich in Berlin nicht auf der Höhe der Partei — aber die Massen sind vortrefflich und meist besser als die Führer oder wenigstens als viele, die in Führerrollen gekommen sind. Mit diesen Leuten ist alles zu machen, sie fühlen sich nur im Kampfe recht glücklich, sie leben nur für den Kampf und langweilen sich, wenn die Gegner ihnen keine Arbeit schaffen. Es ist positive Tatsache, daß die meisten ein neues Sozialistengesetz mit Hohngelächter, wenn nicht mit positivem Jubel begrüßen würden — da bekämen sie doch wieder tagtäglich was Neues zu tun.

Neben unseren Reichsdeutschen sind aber auch die Österreicher nicht zu vergessen. Im ganzen und großen sind sie nicht so weit wie die Reichsdeutschen, aber sie sind lebendiger, französischer, zu großen Taten leichter hinzureißen, aber auch zu Dummheiten. Einzeln genommen ist mir der Durchschnitts-Österreicher lieber als der Durchschnitts-Reichsdeutsche, der Durchschnitts-Wiener Arbeiter als der Berliner, und was die Frauen angeht, so ziehe ich die Wiener Arbeiterinnen bei weitem vor; die sind von einer naiven Ursprünglichkeit, gegenüber der die Berliner reflektierte Altklugheit unerträglich ist. Wenn die Herren Franzosen sich nicht in acht nehmen und bald wieder an ihre alte Tradition der revolutionären Initiative anknüpfen, dann kann passieren, daß die Österreicher ihnen den Wind aus den Segeln nehmen und bei der nächsten Gelegenheit den ersten Anstoß geben.

Im übrigen sind Berlin und Wien neben Paris die schönsten Städte der Welt geworden, London wie New York sind Drecknester dagegen, namentlich London, das uns ganz verwunderlich vorkommt seit unserer Rückkehr.

Messieurs les Français werden im November zeigen müssen was sie können. 12 Marxisten und Blanquisten, 5 Allemanisten und 2 Broussisten, nebst noch einigen Unabhängigen und etwa 24 Socialistes radicaux à la Millerand sind ein tüchtiger Klumpen Hefenpilz in der Kammer und sollten eine hübsche Gärung zustande bringen, wenn sie zusammenhalten. Aber ob das geschieht? Die 12 Marxisten sind großenteils total unbekannte Leute, Lafargue fehlt, wogegen Guesde drin ist, der ein weit bedeutenderer Redner, aber auch ein viel leichtgläubigerer Optimist ist. Ich bin sehr begierig. Unsere Marxisten haben vor der Wahl schon eine Art Kartell mit Millerand u. Ko. abgeschlossen, dem jetzt auch die Blanquisten, speziell Vaillant, sich durch Mitarbeit an Millerands „Petite Républ. Française" angeschlossen zu haben scheinen. Auch treten die Blanquisten jetzt sehr entschieden gegen die russische Allianz auf. Aber ich habe keine direkten Nachrichten über den augenblicklichen Stand der verschiedenen Parteien, wahrscheinlich weil sie selbst noch nicht klar sehen.

Hoffentlich geht es Dir und Deiner Frau gesundheitlich gut. Herzliche Grüße an Euch beide von

Deinem F. Engels.

De Léon und Sanial[1] sah ich in Zürich. Haben mir nicht imponiert.

* * *

[1] Zwei Delegierte aus den Vereinigten Staaten.

208

Fr. Engels an Sorge.

London, 11. November 1893.

Lieber Sorge!

— — — — — — — — — — — — — — — — — —

In der heutigen „Workman's Times" lies den Artikel auf der ersten Seite von Autolycus (Burgeß) über das Manifest der Fabians. Diese Herren, nachdem sie jahrelang erklärt: the emancipation of the working class can only be accomplished through the Great Liberal Party[1] und alle selbständige Wahlaktion, gegenüber auch liberalen

Kandidaten, für versteckten Torysmus ausgeschrien, und the permeation of the Liberal Party by Socialist Principles[2] für die einzige Lebensaufgabe der Sozialisten ausgegeben, erklären jetzt, die Liberalen seien Verräter, nix mit ihnen zu machen, und die Arbeiter sollten bei der nächsten Wahl, ohne Rücksicht auf Liberale oder Tories, eigene Kandidaten aufstellen mit Hilfe von 3000 Pfund Sterling, die inzwischen von den Trade Unions aufgebracht werden sollen — wenn diese, was sicher nicht geschieht, den Fabiern diesen Gefallen tun. Es ist ein vollständiges pater peccavi dieser hochnäsigen Bourgeois, die sich in Gnaden herbeilassen wollen, das Proletariat von oben herab zu befreien, wenn es nur so einsichtig sein will zu begreifen, daß so eine rohe ungebildete Masse sich nicht selbst befreien kann und zu nichts kommt außer durch die Gnade dieser gescheiten Advokaten, Literaten und sentimentalen Weibsleute. Und nun ist der erste mit Pauken und Trompeten als welterschütternd angekündigte Versuch dieser Herren so brillant gescheitert, daß sie es selbst zugeben müssen. Das ist der Humor von der Geschichte.

Herzliche Grüße Dir und Deiner Frau. Hoffentlich kommt Ihr besser über den Winter als das vorigemal. Hier fängt's schon an winterlich zu werden.

Dein F. E.

* * *

[1] „Die Emanzipation der Arbeiterklasse kann nur durch die große liberale Partei bewerkstelligt werden."

[2] „Die Durchtränkung der liberalen Partei mit sozialistischen Prinzipien."

209

Fr. Engels an Sorge.

London, 2. Dezember 1893.

Lieber Sorge!

Herzlichen Dank Dir und Deiner Frau für Eure freundlichen Wünsche und Brief vom 19. November.

Sehr leid tut es mir, daß Du an der Gicht leidest, ich hoffe, es gibt sich wieder mit der Zeit, es ist eine tückische Krankheit.

Die Abschaffung des Silberkaufgesetzes hat Amerika vor einer schweren Geldkrise bewahrt, und wird den industriellen Aufschwung befördern. Aber ich weiß nicht, ob es nicht besser gewesen wäre, wenn dieser Krach wirklich gekommen. Die Phrase vom cheap money[1] scheint Euren Bauern des Westens gar fest in den Knochen zu sitzen. Erstens bilden sie sich ein, wenn viel Zirkulationsmittel im Lande vorhanden sind, dann müsse der Zinsfuß sinken, wobei sie aber Zirkulationsmittel und disponibles Geldkapital verwechseln, worüber im dritten Band sehr aufklärende Dinge an den Tag kommen werden. Zweitens paßt es allen Schuldnern, erst in guter Währung Schulden zu machen und sie später in depreziierter Währung zurückzuzahlen. Daher schreien auch die preußischen verschuldeten Junker nach Doppelwährung, die ihnen eine verkleidete solonische Schuldenabschüttelung bringen würde. Hätte man nun in den Vereinigten Staaten mit der Silberreform warten können, bis die Folgen des Blödsinns auch auf die Bauern zurückgefallen wären, so hätte das doch manchem den vernagelten Kopf geöffnet.

Die Tarifreform, so langsam sie ins Werk gesetzt wird, scheint doch in Neuengland schon eine Art Panik unter den Fabrikanten verursacht zu haben. Ich höre — privatim und aus den Zeitungen — von zahlreichen Arbeiterentlassungen. Das wird sich aber legen, sobald das Gesetz und damit die Ungewißheit erledigt ist, ich bin überzeugt, Amerika kann in allen großen Industriezweigen die Konkurrenz gegen England kühn aufnehmen.

Mit den deutschen Sozialisten in Amerika ist es ein fatales Ding. Die Leute, die Ihr von Deutschland herüber bekommt, sind meist nicht die besten — die bleiben hier — und jedenfalls durchaus kein fair sample[2] der deutschen Partei. Und wie überall, fühlt sich jeder Neuankommende berufen, sofort alles Vorgefundene umzustoßen und neu zu gestalten, damit von ihm eine neue Epoche datiere. Dazu kommt, daß die Mehrzahl dieser Grünen in New York längere Zeit oder lebenslang kleben bleibt, stets durch neue Zufuhr verstärkt und der Notwendigkeit überhoben, die Landessprache zu lernen, oder die amerikanischen Verhältnisse ordentlich kennen zu lernen. Alles das tut sicher sehr viel Schaden, aber andererseits ist doch auch nicht zu leugnen, daß die amerikanischen Verhältnisse sehr große und eigentümliche Schwierigkeiten für eine stetige Entwicklung einer Arbeiterpartei einschließen.

Erstens die auf party government,[3] wie in England, gegründete Verfassung, die jedes auf einen nicht von einer der beiden Regierungsparteien aufgestellten Kandidaten fallende Votum als verloren erscheinen läßt. Und der Amerikaner wie der Engländer will auf seinen Staat einwirken, wirft seine Stimme nicht weg.

Dann und besonders die Einwanderung, die die Arbeiter in zwei Gruppen scheidet, die eingeborenen und fremden, und diese letzteren wieder in 1. Irländer, 2. Deutsche, 3. die vielen kleinen Gruppen, die sich jede nur untereinander verstehen, Tschechen, Polen, Italiener, Skandinavier usw. Und dazu noch die Neger. Um daraus eine einige Partei zu bilden, dazu gehören ganz besonders mächtige Antriebe. Manchmal plötzlich ein gewaltiger élan,[4] aber die Bourgeois brauchen nur passiv auszuhalten, und die ungleichartigen Elemente der Arbeiterschaft fallen wieder auseinander.

Drittens. Endlich muß auch das Schutzzollsystem und der stetig anwachsende innere Markt die Arbeiter einer Prosperität ausgesetzt haben, von der wir hier in Europa (außer Rußland, wo aber nicht der Arbeiter, sondern nur der Bourgeois davon profitiert) seit Jahren keine Spur mehr sehen.

Ein Land wie Amerika, wenn es wirklich für eine sozialistische Arbeiterpartei reif ist, kann sicher nicht durch die paar deutschen sozialistischen Doktrinäre daran gehindert werden.

Vom dritten Band ist Abschnitt I (246 Seiten Manuskript von ungefähr 1850) druckfertig. Dies unter uns. Es wird jetzt rasch gehen, hoffe ich.

Herzliche Grüße Dir und Deiner Frau und gute Besserung von L. K. und

Deinem F. E.

* * *

[1] „Billigen Geld."
[2] „Gutes Muster."
[3] „Parteiherrschaft."
[4] „Aufschwung" oder „Vorstoß."

* * *

An Schlüter schrieb Engels unter gleichem Datum (2. Dezember 1893):

„Besten Dank für Glückwünsche und für Zensus Kompendium I,[1] das mir sehr willkommen war, und dessen 2. Band mir noch willkommener sein wird. Also die Amerikaner sind auch nicht mehr so liberal wie früher,[2] und selbst ein großes Journal bekommt die Sachen nicht mehr auf bloßes Verlangen. Hier ist alles wohl, ich sitze am 3. Band und denke mit Vergnügen an meine letzte Sommerreise zurück. Jetzt seid Ihr doch endlich auf dem Wege, den Bimetallismus und den Mac Kinley-Tarif loszuwerden. Das wird die Entwicklung dort bedeutend befördern.

Obwohl zur Aufklärung des wunderbar dummen amerikanischen Bauern und seines cheap money ein tüchtiger Silberkrach auch recht gut gewesen wäre." —

* * *

[1] Vom Zensus des Jahres 1890.

[2] Es macht neuerdings Umstände, die größeren Werke der amtlichen Regierungsausgaben zu erlangen, was früher nicht der Fall war.

210

Fr. Engels an Sorge.

London, 30. Dezember 1893.

Lieber Sorge!

Postkarten vom 29. November und 17. Dezember dankend erhalten. Vor allem Dir und Deiner Frau herzliches Prosit Neujahr von L. K. und mir.

Du wirst nicht ohne einige Verwunderung gesehen haben, daß sich in der französischen Kammer eine sozialistische Fraktion von 54 bis 60 Mann (sie scheinen selbst nicht genau zu wissen, wieviel) aufgetan hat. Unmittelbar nach den Wahlen waren's, gut gezählt, 24, davon 12 aufs marxistische Programm gewählt; von diesen aber meldeten sich nur sechs zum Pariser Parteikongreß und nur vier haben bis jetzt ihren Diätenanteil laut Kongreßbeschluß in die Parteikasse zu zahlen eingewilligt (was auch noch nicht mit dem wirklichen Einzahlen identisch ist — in Frankreich, les cotisations ne rentrent pas![1] hieß es schon 1870). Nun sind's auf einmal an die 60, dank dem Anschluß der radicaux socialistes der Gruppe Millerand-Jaurès, die sich entschlossen haben, die Vergesellschaftung der Produktionsmittel als — für einige näheres, für andere jedenfalls sehr entferntes — Ziel in ihr Programm aufzunehmen. Konzentration ist jetzt in Frankreich die Losung, hieß es früher concentration républicaine (das heißt Unterordnung aller Republikaner unter den rechten Flügel, die Opportunisten), so heißt es jetzt concentration socialiste, und ich will sehr froh sein, wenn dies nicht heißt Unterordnung aller Sozialisten unter die Millerandisten, deren praktisches Programm sicher mehr radikal als sozialistisch ist.

Die erste Folge dieser Allianz ist die, daß unsere Leute die Chance so gut wie verloren haben, ein eigenes Tagblatt zu bekommen. Millerands „Petite Républ. Française" hat diesen Platz bereits eingenommen, da wird's schwer sein, ein Konkurrenzorgan zu schaffen — die Finanzen sind schwerer zu beschaffen und die anderen würden schimpfen. Das hieße die Partei spalten! Um so mehr, als die „Petite R. Fr." schlau genug ist, jeder sozialistischen Fraktion ihre Spalten zu öffnen!

Die zweite ist, daß in den Fraktionssitzungen die Millerandisten über die absolute Majorität verfügen, zirka 30 oder mehr gegen höchstens 24. Marxisten (12), Allemanisten (3 bis 5), Broussisten (2), Blanquisten (4 bis 6).

Trotz alledem krähen die Herren Franzosen wieder siegestrunken in die Welt hinaus und möchten wieder an die Spitze der Bewegung treten. Sie haben einen Antrag auf Verwandlung der stehenden Armee in ein Milizheer eingebracht (Vaillant) und Guesde will einen einbringen auf einen europäischen Entwaffnungskongreß. Der Plan ist, die Deutschen und Italiener sollen einen ähnlichen in ihren Parlamenten einbringen, wo sie dann natürlich als Nachtreter der „führenden" Franzosen erscheinen würden. Was die paar — noch dazu höchst konfusen — Italiener tun, ist wurst, ob aber unsere Deutschen sich so ohne weiteres ins französische Schlepptau begeben, ist zweifelhaft.

Wenn man seine Machtstellung durch 25jährigen harten Kampf erobert, und zwei Millionen Wähler hinter sich hat, so hat man das Recht, sich das scratch lot[2] etwas näher anzusehen, das so plötzlich kommandieren will. Um so mehr als die Herren Franzosen selbst äußerst kitzlich sind, sobald ihnen gegenüber die geringste Etikettenverletzung geschieht.

Nun, warten wir's ab. Es ist immer möglich in diesem unberechenbaren Frankreich, daß aus diesem plötzlichen Momenterfolg sich ein dauernder Fortschritt entwickelt. Aber abwarten wollen wir's doch lieber.

Dann habe ich Dir mitzuteilen — **aber strikt unter uns** — daß das erste Drittel des Manuskripts des dritten Bandes gestern in starke Wachsleinwand verpackt wurde (wie seinerzeit das berühmte Kölner Protokollbuch) und in den nächsten Tagen zum Druck befördert wird. Die beiden letzten Drittel brauchen noch die — meist technische — Schlußredaktion. Wenn alles gut geht, kommt das Buch im September heraus.

Nun noch etwas. Labriola in Rom, mit dem ich seit einigen Jahren in Korrespondenz stehe und den ich in Zürich traf, liest an der dortigen Universität einen Kursus über die Entstehungsgeschichte der Marxschen Theorie. Er ist strikter Marxist. Er hat sich zu diesem Behuf die sämtliche nötige Literatur angeschafft, aber „Die heilige Familie“ nie zu Gesicht bekommen können, obwohl er es im Buchhändlerblatt in Leipzig und sonst annonciert hat, daß er „jeden Preis“ dafür zahle. Ein Exemplar war ihm aus der Schweiz in Aussicht gestellt, zur Benutzung, aber der Eigentümer ist plötzlich verschwunden und soll in Ungarn herumreisen. Nun dringt er in mich, ich soll ihm um alles in der Welt ein Exemplar auf drei bis vier Wochen verschaffen. Ich habe aber selbst nur eines, und wenn das verloren geht, so bin ich absolut außerstande, die spätere Neuauflage in den beabsichtigten „Gesammelten Werken“ zu veranstalten. Dies eine Exemplar darf ich also um keinen Preis aus der Hand geben. Nun habe ich Dir vor einigen Jahren mein Reserveexemplar geschickt. Wärst Du so gut, es mir für diesen Zweck auf fünf bis sechs Wochen zu pumpen? Du könntest es mir schicken als book packet per Post registered, oder wenn Du vorziehst durch eine Express Agency versichert für einen beliebigen Betrag, und ich würde es Dir zurückschicken auf dem von Dir vorzuschreibenden Wege. Ich würde es nach Rom schicken, wenn es irgend angeht, durch eine Agentur, hoch versichert (sage 10 Pfund Sterling), wenn das nicht geht, per Post registered. Die Gebrauchszeit für Labriola dürfte auf höchstens vier Wochen festzusetzen sein. Daß der Mann den beabsichtigten Kursus nicht ohne Kenntnis dieses Buches machen kann und noch weniger die für später beabsichtigte Veröffentlichung der Vorlesungen, brauche ich Dir nicht zu sagen. In der ganzen deutschen Partei sind keine sechs Exemplare vorhanden und wer sie hat, ist mir unbekannt. Also bitte, überlege Dir die Sache.

Mein „Feuerbach“ wird von Laura Lafargue ins Französische übersetzt, erscheint demnächst in Paris.

Herzliche Grüße Deiner Frau und Dir von L. K. und

Deinem F. E.

Hoffentlich geht's besser mit der Gesundheit.

* * *

[1] „Die Beiträge gehen nicht ein.“

[2] Ausdruck für zusammengesuchte Haufen von allerlei Waren in Verkaufsmagazinen, „zusammengekratztes Häufchen“.

211

Fr. Engels an Sorge.

Eastbourne, 23. Februar 1894.

Lieber Sorge!

Ich bin wegen temporärer Lahmheit wieder ein paar Wochen hier, bin in sechs Tagen wieder in London.

Luises Heiratskarte wirst Du erhalten haben. — — — — — — — — — — — — — Einstweilen bleiben wir alle zusammen in Regents Park Road.[1]

Die „Heilige Familie“[2] ist in Rom richtig angekommen und geht Mitte März an mich zurück, wo Du sie dann sofort zugesandt erhältst.

Unsere sonderbare sozialistische Fraktion in der französischen Kammer ist noch immer etwas mysteriös. Weder Zahl noch Richtung ist bis jetzt sehr klar. Guesde bringt eine ganze Masse Gesetzentwürfe ein, von denen natürlich keiner durchgeht. Die ersten Sensationserfolge des Jaurès werden sich schwerlich wiederholen, da die Bombenwirtschaft der Herren Anarchisten es rasch fertig gebracht hat, dem Ministerium und der Sache der Ordnung eine geschlossene Majorität zu liefern.

Hier herrscht unter den offiziellen Politikern vollständige Auflösung, sowohl bei Liberalen wie Konservativen. Die Liberalen können sich nur halten durch neue politische und soziale Konzessionen an die Arbeiter; aber dazu fehlt ihnen der Mut. So versuchen sie es mit einem elective cry[3] gegen das House of Lords, statt payment of members,[4] payment of elective expenses by the Government,[5] und second ballot[6] vorzuschlagen. Das heißt statt den Arbeitern mehr Macht gegen Bourgeois und Lords zu bieten, wollen sie bloß den Bourgeois mehr Macht gegen die Lords geben und darauf fallen die Arbeiter nicht mehr herein. Im Sommer wird aber hier jedenfalls allgemeine Neuwahl sein, und wenn die Liberalen sich nicht sehr zusammenraffen und wirkliche Konzessionen an die Arbeiter machen, dann werden sie geschlagen und fallen auseinander; jetzt hält sie nur noch Gladstone zusammen, der jeden Tag abkratzen kann. Dann gibt's eine bürgerlich-demokratische Partei mit arbeiterfreundlichen Tendenzen und der Rest der Liberalen geht zu Chamberlain über. Und all das durch den bloßen Druck der selbst noch in sich gespaltenen und halb bewußtlosen Arbeiterklasse. Kommt diese allmählich zum Bewußtsein, dann geht's noch ganz anders.

In Italien kann es jeden Tag etwas Gewaltsames geben. Die Bourgeois haben alle Scheußlichkeiten des verfallenden Feudalismus aufrecht erhalten und ihre eigenen Infamien und Schindereien darauf gepfropft. Das Land ist am Ende seiner Ressourcen, es muß dort eine Änderung geben, aber die sozialistische Partei ist bis jetzt noch sehr schwach und sehr konfus, obwohl auch recht tüchtige Marxisten darunter sind.

Auch in Österreich haben wir was zu erwarten. Dort passiert das Komische, daß die Sozialisten sich auf den Kaiser stützen, der durch die Genehmigung des Taaffeschen Wahlreformplans sich für ein annähernd allgemeines Stimmrecht erklärt hat, und wirklich glaubt, dies sei ein notwendiges Ergänzungsstück der allgemeinen Wehrpflicht. Das Koalitionsministerium wird nichts fertig bringen, oder wenn es doch ein Wahlgesetz fertig bringt, so wird dies nur als Abschlagszahlung genommen, und die Bewegung geht, mit geheimer Genehmigung des Kaisers, ruhig fort, bis wenigstens Taaffes Reform durchgeführt. Und dann sorgen unsere Leute für den Rest.

Kurz, es geht überall lustig voran, und das fin de siècle präpariert sich immer schöner.

Die „Workman's Times" ist dem Anschein nach am Sterben. Die Independent Labour Party ist auch nicht viel lebendiger, es ist merkwürdig, wie langsam und im Zickzack hier sich alles bewegt.

Viele Grüße Dir und Deiner Frau von den beiden Freybergers und

Deinem F. Engels.

* * *

[1] Die langjährige Wohnung Engels': 122 Regents Park Road.

[2] Siehe den vorhergehenden Brief Engels' vom 30. Dezember 1893.

[3] Wahlparole.

[4] „Diäten" für die Abgeordneten.

[5] „Bezahlung der Wahlunkosten durch die Regierung" (die in England von den Kandidaten im voraus entrichtet werden müssen).

[6] „Zweiter Wahlgang", das heißt Stichwahl (in England ist nur eine Abstimmung, ein Wahlakt gesetzlich).

212

Fr. Engels an Sorge.

London, 21. März 1894.

Lieber Sorge!

Heute schicke ich Dir per Book Post registered die „Heilige Familie" mit bestem Dank zurück, nachdem sie ihre Römerfahrt glücklich bestanden.

Das Bax-Morrissche Buch und die Berliner Bernsteinsche Gesamtausgabe von Lassalle schicke ich Dir in einem Paket sogleich nach Ostern.

— — — — — — — — — — — — — — — — — — —

Die Pionierkalender dankend erhalten.

Hier geht's mit Macht auf die Parlamentsauflösung los. Bei der Neuwahl werden mehr Arbeiterkandidaten aufgestellt als je vorher, aber noch lange nicht genug, und ich bin nicht sicher, ob nicht wieder eine ganze Menge davon mit Torygeld aufgestellt werden. Die Liberalen wie die Tories halten beide fest an dem indirekten Wählbarkeitszensus, der in der Belastung der Kandidaten mit sämtlichen Kosten der Wahl liegt — von 100 Pfund Sterling im Minimum bis zu 400 bis 600 Pfund Sterling und selbst mehr allein für die amtlichen Kosten: polling places [1] usw. Wenn da die Arbeiter in Champions Klauen fallen, der ihnen 100 Pfund Sterling per Wahlbezirk offeriert (er hat das Geld von dem Seifenfabrikanten Hudson erhalten), so haben die Liberalen keinen Grund, sich zu beklagen. Überhaupt gehen sie der Wahl mit merkwürdig hartnäckiger Verkennung der Sachlage entgegen. Sie tun als wollten sie das Oberhaus abschaffen, aber weigern sich das Unterhaus so umzugestalten (durch Stärkung der Arbeitermacht), daß es allein imstande ist, etwas in Angriff zu nehmen. Andererseits sind die Tories so dumm wie noch nie, und das will viel sagen. Seit zwei Jahren haben sie mit der liberalen Regierung geradezu Schindluder im Unterhaus und Oberhaus getrieben; die Liberalen haben es sich ruhig gefallen lassen und der massenhaft konservativ gewordene Philister hat sich gefreut darüber, weil es unter dem Vorwand geschah, die hochverräterische reichsfeindliche Homerulebill und Homeruleregierung zu beseitigen. Aber jetzt setzen sie das Spiel auch fort bei ernstlichen englischen Maßregeln, und das könnte dem friedlichen Philister doch etwas zu arg werden. So daß die Sache sehr ungewiß steht und die Neuwahl jedenfalls überraschende Resultate ergeben wird, unter allen Umständen Stärkung der Arbeiter und Notwendigkeit für die Liberalen, den Arbeitern weitere Konzessionen zu machen.

In Österreich, Belgien, Holland ist ebenfalls Wahlreform auf der Tagesordnung, es wird bald kein europäisches Parlament mehr geben ohne Arbeitervertreter. In Österreich geht die Sache sehr gut, Adler leitet die Bewegung ganz ausgezeichnet geschickt, der Parteitag am Sonntag wird weiterhelfen.

Wenn bei Euch erst die Tarifgeschichte in einige Ordnung gebracht und der Zoll auf Rohstoffe beseitigt ist, wird die Krisis wahrscheinlich abnehmen und die Überlegenheit der amerikanischen Industrie über die europäische sich entschieden geltend machen. Dann erst wird's hier in England ernsthaft; dann aber auch rasch.

Mit den ersten beiden Dritteln des dritten Bandes wurde ich rascher fertig als ich erwartete, und da der Druck rasch voranging (12 Bogen Korrektur schon hier), war ich genötigt, die kurze Anzeige[2] zu machen. Das letzte Drittel ist noch nicht ganz schlußredigiert, nächste Woche komme ich wieder dran.

— — — — — — — — — — — — — — — — — —

Dein F. Engels.

Herzliche Grüße Dir und Deiner Frau von Luise und mir. Hoffentlich geht's besser mit der Gesundheit.

* * *

[1] Wahllokale.
[2] Das heißt Ankündigung des Erscheinens.

213

Fr. Engels an Sorge.

London, 12. Mai 1894.

Lieber Sorge!

Gestern schickten wir Dir pr. G. W. Wheatley & Co. (N. Y. Address U. S. Express Co. 49 Broadway) ein Paket mit Morris-Bax und dem Berliner Lassalle in 50 Lieferungen, was Dir hoffentlich bald zukommt. Carriage paid. Gleichzeitig ging der Rest des Manuskripts des dritten Bandes nach Hamburg ab und damit fiel mir ein schwerer Stein vom Herzen. Die letzten zwei Abschnitte haben mich noch „weidlich schwitzen machen". Es werden 60 Bogen, davon sind 20 schon gesetzt.

Sehr beruhigend war mir die Nachricht von der glücklichen Rückkehr der „Heiligen Familie" in Deinen Schoß nach ihrer wunderbaren Odyssee. Dagegen sehr betrübt hat mich die Nachricht wegen Deiner Augen. Ich hoffe, Du konsultierst einen guten Spezialisten, es ist da viel zu tun, wenn noch rechtzeitig eingeschritten wird. Seit 15 Jahren habe ich auch ab und zu mit den Augen zu tun gehabt, habe ärztlichen Rat befolgt und bin jetzt wieder soweit, daß die Sache mich gar nicht mehr geniert, wenn ich nur bei Licht nicht zu viel schreibe.

Ich habe dieser Tage eine Erkältung gehabt, die mir klar gemacht hat, daß ich endlich ein alter Mann bin. Was ich früher als eine Lumperei behandeln konnte, hat mich diesmal auf acht Tage ziemlich heruntergebracht und nachher noch volle 14 Tage unter medizinischer Polizeiaufsicht gehalten. Auch jetzt soll ich mich noch 14 Tage lang in acht nehmen. Es war eine gelinde Bronchitis und die ist bei alten Leuten nie leicht zu nehmen, namentlich wenn sie wie ich gern und lustig darauflos gekneipt haben. Das Inachtnehmen kommt mir allerdings schwer genug an, aber schließlich hat Freyberger doch recht, wenn er es mir vorschreibt und dann, was die Ausführung angeht, dafür sorgt die Luise, die mich mit doppelten und dreifachen Argusaugen überwacht. Ich glaube, ich habe Dir schon früher geschrieben, daß wir unsere häuslichen Einrichtungen so unverändert wie möglich gelassen haben, indem wir den jungen Ehemann in Kost und Logis genommen haben; das ist nun zwar ganz gut und fidel, aber leider nur solange man gesund ist; ich bin in meinem ganzen Leben nicht so viel medizinisch geschuhriegelt worden als diese letzten vier Wochen, und muß mich schließlich damit trösten, daß es alles zu meinem eigenen Besten geschah.

Dietzgen[1] und Frau waren hier auf ein paar Stunden Sonntag nachmittag, trafen Tussy leider nicht. Ich habe ihm Empfehlungen an Bebel und Kautsky gegeben. Waren sehr nette Leute. —

Hier geht's wie immer. Keine Möglichkeit, unter die Arbeiterführer irgend welche Einheit zu bringen. Aber trotzdem bewegen die *Massen* sich vorwärts, langsam zwar und erst nach Bewußtsein ringend, aber doch unverkennbar. Es wird hier gehen wie in Frankreich und früher in Deutschland: die Einigung wird erzwungen, sobald eine Anzahl unabhängiger (speziell nicht mit liberaler Hilfe gewählter) Arbeiter im Parlament sitzt. Dies zu verhindern, tun die Liberalen ihr möglichstes. Sie dehnen 1. das Stimmrecht nicht einmal auf die Leute aus, die es *auf dem Papier* schon jetzt haben, sie machen im Gegenteil 2. die Wählerlisten noch kostspieliger *für die Kandidaten* als bisher, da sie zweimal im Jahre aufgestellt werden sollen, und die Kosten einer *korrekten* Aufstellung auf die Kandidaten respektive Vertreter der politischen *Parteien* fallen, nicht auf den Staat; sie verweigern 3. ausdrücklich die Übernahme der Wahlkosten auf den Staat oder die Gemeinde, ferner 4. Diäten, und 5. Stichwahlen. Alle diese Erhaltungen alter Mißbräuche sind ein direktes Wählbarkeitsverbot für Arbeiterkandidaten in $^{3}/_{4}$ und mehr der Wahlkreise. Das Parlament soll ein Klub reicher Leute bleiben. Und das zu einer Zeit, wo die reichen Leute, weil zufrieden mit dem status quo, alle konservativ werden und die liberale Partei ausstirbt und mehr und mehr von der Arbeiterstimme abhängig wird; aber die Liberalen bleiben dabei, daß die Arbeiter nur Bourgeois wählen sollen, keine Arbeiter und erst recht keine unabhängigen Arbeiter.

Hieran gehen die Liberalen kaputt. Ihr Mangel an Mut entfremdet ihnen die Arbeiterstimmen im Lande, löst ihre kleine Majorität im Parlament auf, und wenn sie nicht noch in letzter Stunde sehr kühne Schritte tun, so sind sie wahrscheinlich verloren. Dann kommen die Tories dran und führen das aus, was die Liberalen eigentlich durchzuführen — nicht bloß zu versprechen — vorhatten. Und dann ist eine unabhängige Arbeiterpartei ziemlich sicher.

Die Social Democratic Federation hier teilt mit Euern deutsch-amerikanischen Sozialisten die Auszeichnung, die einzigen Parteien zu sein, die es fertig gebracht haben, die Marxsche Theorie der Entwicklung auf eine starre Orthodoxie heruntergebracht zu haben, zu der die Arbeiter sich nicht aus ihrem eigenen Klassengefühl heraus emporarbeiten sollen, sondern die sie als Glaubensartikel sofort und ohne Entwicklung herunter zu würgen haben. Daher bleiben beide bloße Sekten und kommen, wie Hegel sagt, von nichts durch nichts zu nichts. Ich habe die Polemik Schl.s[2] mit Euren Deutschen[3] noch nicht Zeit gehabt zu lesen, werde sie aber morgen vornehmen, nach früheren Artikeln in der „V.-Z." schien der richtige Ton getroffen.

Grüße Deine Frau herzlich und laß uns bald bessere Nachrichten hören.

Herzliche Grüße Dein F. E.

Herzliche Grüße von Luise.

* * *

[1] Eugen Dietzgen, der älteste Sohn des Philosophen Dietzgen.
[2] Schlüters, der eine Polemik führte mit dem Organ der S. A. P., dem
[3] „Vorwärts" in New York.

* * *

In den Vereinigten Staaten war 1894 ein sehr unruhiges Jahr und die Arbeiter machten mehrere bedeutungsvolle Vorstöße. Die Koke-Arbeiter, zum großen Teil Eingewanderte, traten in Ausstand, ebenso eine starke Abteilung der Kohlenbergleute. Ein sensationslüsterner Bürger, namens Coxey, führte einen abenteuerlichen Zug Unzufriedener nach Washington. Das bedeutendste, folgenschwerste Ereignis aber war der große Ausstand der Eisenbahnangestellten, der A. R. U., d. h. der American Railway Union, Pullmanstreik genannt, hauptsächlich in Chicago von Eug. Debs geführt. Präsident Cleveland ließ diesen Ausstand durch Bundesmilitär unterdrücken und rief damit Unruhen hervor.

Für Engels war das Jahr verhängnisvoll. Infolge der Veränderungen in seinem Haushalt gab er das von ihm seit beinahe 25 Jahren bewohnte Haus 122 Regents Park Road auf und bezog ein anderes. Bei seinem vorgerückten Alter war das ein gewagter Schritt. Er überlebte ihn nicht lange.

214

Fr. Engels an Sorge.

London, 41 Regents Park Road NW, 10. November 1894.

Lieber Sorge!

Aus obiger Adresse siehst Du, daß ich ausgezogen bin. Nach Luises Heirat wurde uns die alte Wohnung doch etwas eng, und da die Folgen des Heiratens sich bald einstellten, ging's nicht mehr. Wir haben also ein sich darbietendes größeres Haus, etwas weiter abwärts, dicht am Tor zu Regents Park genommen und sind nach vielem Trubel vor vier Wochen eingezogen — Trubel mit Hausagenten, Advokaten, Kontraktoren, Möbelhändlern usw. — und noch nicht fertig, meine Bücher noch sehr ungeordnet. Wir haben unten die gemeinsamen Wohnräume, im ersten Stock mein Arbeits- und Schlafzimmer, zweiten Stock Luise, ihr Mann und das am 6. ds. Dienstag angekommene kleine Mädchen mit Kindermädel, dritten Stock die beiden Hausmädchen, Rumpelkammer und Fremdenzimmer. Mein Arbeitszimmer vorn heraus, drei Fenster, so groß, daß ich fast alle Bücher (acht Kästen) darin unterbringen kann, und trotz der Größe sehr gut und leicht heizbar. Kurz, wir haben uns sehr verbessert. Luise und ihr Kleines sind den Umständen nach sehr wohl, es ist alles recht gut verlaufen.

Heute erhältst Du zwei dicke Pakete: drei „Sozialdemokrat" (Berliner), drei Pester „Volksstimme", den Rest der Parteitagsverhandlungen im „Vorwärts" und eine „Critica Sociale"[1] mit einem Brief von mir. Der Umzug hatte etwas Unregelmäßigkeit in die Sendungen gebracht. Die „Workman's Time" ist eingegangen. Sehr schade, Tussys Artikel darin waren die einzigen, worin den englischen Arbeitern die Wahrheit über die kontinentale Bewegung nicht verschwiegen oder verfälscht wurde.

Die hiesige Bewegung ähnelt immer noch der amerikanischen, nur daß sie Euch etwas voraus ist. Der Masseninstinkt, daß die Arbeiter eine eigene Partei bilden müssen gegen beide offizielle Parteien, wird immer stärker, hat sich bei den Munizipalwahlen am 1. November wieder mehr gezeigt als je. Aber die alten traditionellen Erinnerungen verschiedener Art, und der Mangel an Leuten, die diesen Instinkt in bewußte Aktion umzusetzen und über das ganze Land zusammenzufassen imstande wären, befördern das Verharren in diesem Vorstadium der Unbestimmtheit des Gedankens und der lokalen Isoliertheit der Aktion. Das angelsächsische Sektentum herrscht auch in der Arbeiterbewegung. Die Social Democratic Federation, ganz wie Eure deutsche S. A. P., hat es fertig gebracht, unsere Theorie in das starre Dogma einer rechtgläubigen Sekte zu verwandeln, ist engherzig abschließend. Die Independent Labour Party ist in ihrer Taktik äußerst unbestimmt, und ihr Führer Keir Hardie ist ein überschlauer Schotte. Er hat — obwohl ein armer Teufel von schottischem Kohlengräber — ein großes Wochenblatt gestiftet: „The Labour Leader“, das nicht ohne viel Geld einzurichten war, und dies Geld kommt ihm von torystischer oder doch liberalunionistischer, das heißt antigladstonischer und antihomerulischer Seite, daran kann kein Zweifel sein, und sowohl seine notorischen literarischen Verbindungen in London wie direkte Nachrichten, und seine politische Haltung, bestätigen dies. Infolgedessen kann er — durch Abfall der irischen und radikalen Wähler — sehr leicht seinen Sitz im Parlament bei der allgemeinen Wahl 1895 verlieren.

Sonst sind namentlich in der Provinz, sowohl in der Social Democratic Federation wie in der Independent Labour Party, sehr gute Elemente, aber zerstreut, obwohl sie wenigstens das durchgesetzt haben, daß alle Versuche der Führer, die beiden Organisationen gegeneinander zu verhetzen, immer wieder mißlingen.

John Burns steht politisch ziemlich allein, er wird sowohl von Hyndman wie von Keir Hardie wütend angegriffen und tut, als ob er an der politischen Organisation der Arbeiter verzweifle und nur noch auf die Trade Unions hoffe. Er hat allerdings mit jenen Erfahrungen gemacht und könnte verhungern, wenn ihm nicht die Engineers Union sein Parlamentsgehalt zahlte. Er ist eitel und hat sich von den Liberalen, das heißt vom

„sozialen Flügel“ der Radikalen etwas stark einseifen lassen und legt entschieden zu viel Gewicht auf die vielen Einzelkonzessionen, die er durchgesetzt hat, aber er ist bei alledem der einzige wirklich ehrliche Kerl in der Bewegung, das heißt unter den Führern, und hat einen durch und durch proletarischen Instinkt, der ihn, wie ich glaube, im entscheidenden Moment richtiger leiten wird, als die Schlauheit und interessierte Berechnung dies bei den anderen tun wird.

Auf dem Kontinent wächst mit den Erfolgen die Lust nach noch mehr Erfolg, und die Bauernfängerei im buchstäblichen Sinne wird Mode. Erst erklären die Franzosen in Nantes durch Lafargue nicht nur (was ich ihnen geschrieben), daß wir keinen Beruf haben, den Ruin der Kleinbauern, den der Kapitalismus für uns besorgt, durch direktes Eingreifen unsererseits zu beschleunigen, sondern auch: man müsse den Kleinbauer gegen Fiskus, Wucher und Großgrundbesitzer direkt schützen. Das können wir aber nicht mitmachen, weil es erstens dumm und zweitens unmöglich ist. Nun aber kommt Vollmar in Frankfurt und will den Bauer überhaupt bestechen, und zwar ist der Bauer, mit dem er in Oberbayern zu tun hat, nicht der verschuldete rheinische Kleinbauer, sondern der Mittel- und selbständige Großbauer, der Knechte und Mägde exploitiert, und Vieh und Getreide verkauft. Und das geht nicht ohne Aufgeben des ganzen Prinzips. Wir können den Alpenbauer, den niedersächsischen und schleswig-holsteinischen Großbauer nur bekommen, wenn wir ihm die Ackerknechte und Taglöhner preisgeben, und dabei verlieren wir auch politisch mehr als wir gewinnen. Der Frankfurter Parteitag hat sich in der Frage nicht entschieden, und das ist soweit gut, als die Sache jetzt gründlich studiert wird; die Leute, die dort waren, wußten von Bauern und von den nach den verschiedenen Provinzen so grundverschiedenen ländlichen Verhältnissen viel zu wenig, um anders als ins Blaue hinein beschließen zu können. Aber zum Austrag muß die Sache doch einmal kommen.

Dabei fällt mir ein: Der Pariser „Socialiste“, lebt er noch oder ist er tot? Niemand weiß es; als Tussy im Sommer in Paris war, war er noch nicht tot; aber wer ihn haben wollte, mußte ihn im Bureau abholen!! Ich habe seit Februar oder März nichts mehr davon gesehen. Dereure[3] ist verrückt geworden, er war Verwalter, und wie er die Sache in den Dreck geritten hat, so ist sie liegen geblieben. Echt französisch.

Nach den belgischen Wahlerfolgen präparieren die Belgier und die Franzosen eine regelmäßige Verbindung mit periodischen Konferenzen zwischen den sozialistischen Parlamentariern der verschiedenen Länder. Ob was draus wird, ist fraglich. Einstweilen tun die 50 französischen Parlamentarier (worunter zirka 26 bekehrte Radikale zweifelhafter Sorte) noch sehr groß, aber die Sache hat ihren Haken: unter den 24 Altsozialisten zanken sich die Marxisten einerseits mit den Blanquisten und Allemanisten (Possibilisten) andererseits im stillen nach Noten; ob's zum offenen Bruch kommt, ist ungewiß.

Außer den übrigen sozialistischen Blättern krieg' ich jetzt auch das rumänische („Muncaz“) und bulgarische (früher „Rabotnik“ [Arbeiter] jetzt „Socialist“) zugeschickt, und arbeite mich allmählich in die Sprachen hinein. Die Rumänen werden in Bukarest ein tägliches Blatt herausgeben.

Von anderen Weltereignissen wird der Tod des russischen Zaren wahrscheinlich eine Veränderung hervorrufen, sei es durch innere Bewegung, sei es durch die Finanznot und Unmöglichkeit Geld im Ausland zu erhalten. — — — — — — — — — — — — — — — —

Geht's aber in Rußland los, dann werden wir in Deutschland auch etwas Neues gewahr werden. Dann weht in ganz Europa ein liberaler Wind, der uns nur nützlich sein kann.

Der Krieg in China hat dem alten China den Todesstoß gegeben. Die Abschließung ist unmöglich geworden, die Einführung von Eisenbahnen, Dampfmaschinen, Elektrizität, großer Industrie ist schon aus Gründen der militärischen Verteidigung eine Notwendigkeit geworden. Damit aber fällt auch das alte ökonomische System kleiner Bauernkultur, wo die Familie auch ihre Industrieprodukte selbst machte, in Stücke, und damit das ganze alte gesellschaftliche System, das relativ dichte Bevölkerung erlaubte. Millionen werden an die Luft gesetzt und gezwungen zur Auswanderung; und die Millionen werden den Weg finden bis nach Europa, und das in Massen. Die chinesische Konkurrenz wird aber bei Euch und bei uns die Sache rasch auf die Spitze treiben, sowie sie massenhaft wird, und so wird die Eroberung Chinas durch den Kapitalismus zugleich den Anstoß geben zum Sturz des Kapitalismus in Europa und Amerika.

Ich hoffe, Dir und Deiner Frau geht's besser als nach Deinen letzten Nachrichten.

Mir geht's nicht schlecht, aber man merkt doch auch mit der Zeit, daß zwischen 73 und 37 ein starker Unterschied ist.

Herzliche Grüße Dir und Deiner Frau Dein F. Engels.

* * *

[1] Ein in Mailand erscheinendes Blatt.
[2] Mitglied der Kommune 1871 und Delegierter im Haag 1872.

215

Fr. Engels an Sorge.

London, 4. Dezember 1894.

Lieber Sorge!

Dank für Deine und Deiner Frau Glückwünsche! Der 75. läßt sich, unter uns, nicht ganz so stramm mehr an wie die früheren. Ich bin zwar noch frisch und flott auf den Beinen, auch arbeitslustig und relativ arbeitsfähig, aber ich finde doch, daß Magenbeschwerden und Erkältungen, die ich früher mit souveräner Verachtung behandeln durfte, jetzt sehr respektvolle Behandlung beanspruchen. Doch das ist nichts, wenn's weiter nichts ist.

Ich schicke Dir gestern drei Abdrücke „Vorrede" zum dritten Band. Eins für den unglücklichen Stiebeling, der mir seine Schreibereien in mehreren Exemplaren zugesandt hat. Eins für Dr. phil. Fireman, wenn Du seine Adresse weißt oder erfahren kannst.[1] Das dritte bitte nach Benützung an Schlüter zu geben, der es vielleicht verwerten kann. In zirka acht Tagen längstens hoffe ich Dir ein Exemplar des Buches selbst zuschicken zu können, es ist als unterwegs angezeigt.

Ferner heute in 1 Bookpost-Rolle:

1. „Sozialdemokrat."

2. „Justice", die ich Dir wieder regelmäßig schicken werde, wegen der Anrempelei mit den Deutschen, die sie nicht lassen können. Was das Blatt über Triumphe der S. D. F. sagt, ist fast alles gelogen, die S. D. F. nimmt relativ gegen andere Organisationen ab, besonders gegen die I. L. P.; wenn's so fortgeht, wird sie bald auch absolut abnehmen. Leider hat die I. L. P. kein ordentliches Blatt mehr.

3. „Glühlichter" aus Wien und „Wahrer Jacob" aus Stuttgart, damit Du auch den „Witz" kennen lernst, über den die Partei verfügt.

4. Bebels Rede in Berlin und seine vier Artikel gegen Grillenberger und Vollmar.

Dieser letztere Kasus ist das Interessanteste. Die Bayern, die sehr, sehr opportunistisch geworden und fast schon eine ordinäre Volkspartei (das heißt die meisten Führer und viel neuer Parteizulauf) sind, hatten für das Gesamtbudget im bayerischen Landtag gestimmt, und namentlich Vollmar hatte eine Bauernagitation eingerichtet, um die oberbayerischen Großbauern — Leute mit 25 bis 80 Acres Land (10 bis 13 Hektaren), die also ohne Lohnarbeiter gar nicht fertig werden können — einzufangen, nicht aber ihre Knechte. Sie erwarteten nichts Gutes vom Frankfurter Parteitag. Organisieren also, acht Tage vor diesem, einen bayerischen Spezialparteitag, und dort konstituieren sie einen förmlichen Sonderbund, indem sie abmachen, daß die bayerischen Delegierten in Frankfurt geschlossen nach den bayerischen, vorweg festgestellten, Beschlüssen stimmen sollen in allen bayerischen Fragen. So kommen sie hin, erklären, sie müßten in Bayern das Gesamtbudget bewilligen, das ginge nun einmal nicht anders, das sei zudem eine rein bayerische Frage, worin ein anderer sich nicht zu mischen habe. Mit anderen Worten: beschließt ihr etwas uns Bayern Unangenehmes, verwerft ihr unser Ultimatum, dann, wenn's Spaltung geben sollte, ist's eure Schuld!

Mit dieser in der Partei bisher unerhörten Prätension treten sie vor die übrigen, hierauf unvorbereiteten Delegierten. Und da das Einigkeitsgeschrei in den letzten Jahren bis aufs äußerste poussiert worden ist, war es kein Wunder, daß bei den vielen in den letzten Jahren zugelaufenen, noch nicht voll durchgebildeten Elementen diese Haltung, bei der die Partei nicht bestehen kann, ohne die verdiente entschiedene Zurückweisung durchschlüpfte und über die Budgetfrage kein Beschluß zustande kam.

Nun denke Dir, die Preußen, die die Majorität im Parteitag haben, wollten auch einen Vorkongreß halten, dort über die Haltung der Bayern, oder etwas anderes, Beschlüsse fassen, die für alle preußischen Delegierten bindend wären, so daß diese alle, Majorität wie Minorität, für diese Resolutionen auf dem allgemeinen Parteitag geschlossen stimmten, wozu wären dann allgemeine Parteitage überhaupt nötig? Und was würden die Bayern sagen, wenn die Preußen so genau dasselbe täten, was sie eben getan?

Kurz, so konnte die Sache nicht bleiben, und da ist Bebel in den Riß gesprungen. Er hat die Frage eben wieder auf die Tagesordnung gesetzt, und jetzt wird sie debattiert. Bebel ist weitaus der klarste und weitsichtigste Kopf unter ihnen allen; ich korrespondiere seit zirka 15 Jahren regelmäßig mit ihm und wir stimmen fast immer überein.

Luise und das Kleine sind wohl.

Herzliche Grüße Dir und Deiner Frau, und gute Besserung Deinen Augen und sonstigen Schädlichkeiten!

Dein alter F. E.

* * *

[1] Die Adresse konnte nicht ermittelt werden.

216

Fr. Engels an Sorge.

London, 12. Dezember 1894.

Lieber Sorge!

Heute ist an Dich abgegangen 1 Exemplar Marx' „Kapital" dritter Band, registriert pr. Book Post, was Du hoffentlich erhalten wirst.

Womit wir das unverdiente Glück verdient haben, daß unsere Leute wegen Sitzenbleibens-Majestätsbeleidigung im Reichstag verfolgt werden, ist mehr als ich verstehen kann. Einen größeren Dienst hätte man uns nicht erweisen können.

Bebel hat gesiegt. Vollmar hat erstens die Debatte nach Bebels Artikeln abgebrochen, zweitens ist sein Appell an den Vorstand sehr resolut abgewiesen worden, und drittens hat er an die Fraktion appelliert, diese aber, von Bebel für inkompetent erklärt, hat diese Inkompetenz anerkannt und so geht die Sache an den nächsten Parteitag, wo Bebel Zweidrittel- bis Dreiviertelmajorität sicher hat.

— — — — — — — — — — — — — — — — — —

Die Sitzenbleibungsszene im Reichstag hat den Franzosen mehr imponiert als die ganze dreißigjährige Arbeit der Partei. Unter uns gesagt, die Pariser — ich will nicht sagen die Franzosen, aber die Pariser sind sehr heruntergekommen. Diese Phrasenbrechslerei und dieser Respekt vor dem Melodramatischen werden mit der Zeit unerträglich.

Hoffentlich geht's Dir und Deiner Frau gut. Herzliche Grüße Euch beiden.

Dein F. E.

Als Dank für die mir gesandten Census Reports usw. habe ich an Schlüter auch ein Exemplar des dritten Bandes geschickt, registriert Book Post — — — — — — — — — — — — — — — —

Adr. „Volkszeitung" P. O. box 1512, N. Y. city . . . . Wärst Du wohl so gut, ihm dies mitzuteilen?

217

Fr. Engels an Sorge.

41 Regents Park Road NW.
London, 16. Januar 1895.

Lieber Sorge!

Erhalten Karte 6., Briefe 19. und 31. Dezember. Besten Dank und herzliche nochmalige Erwiderung der Neujahrswünsche von Dir und Deiner Frau.

Stiebeling hat mir als Neujahrswunsch seine groteske Erwiderung geschickt, ich solle veranlassen, daß sie in der „Neuen Zeit" abgedruckt werde!! Ich antworte, über deren Raum hätte ich keine Verfügung, aber ich hätte K. Kautsky gesagt (was wahr ist), er würde mir ein besonderes Vergnügen machen, wenn er dem Ding die möglichste Verbreitung sichere. Der Mann hat ein Brett vor dem Kopf.

Wie es möglich war, daß Du den dritten Band erst fünf Tage nach Schlüter erhieltst, ist mir unerklärlich. Ich gab beide zu gleicher Zeit, am 12. Dezember auf, die beiden Empfangscheine hängen noch zusammen, ich lege sie bei für den Fall, daß Du Dich beschweren willst.

Der temporäre Niedergang der Bewegung in Amerika ist mir schon seit einiger Zeit aufgefallen, und die deutschen Sozialisten werden ihn nicht aufhalten. Amerika ist das jüngste, aber auch das älteste Land der Welt. Ganz wie Ihr drüben die altfränkischen Möbelformen neben ganz eigen erfundenen, in Boston Droschken, wie ich sie zuletzt 1838 in London sah, im Gebirg stage coaches aus dem siebzehnten Jahrhundert habt, neben den Pullman cars, gerade so erhaltet Ihr auch alle in Europa abgelegten geistigen alten Kleider. Alles was hier sich überlebt, kann in Amerika noch zwei Generationen fortleben. Zum Beispiel Karl Heinzen, von religiösem und spiritistischem Aberglauben nicht zu reden. So leben bei Euch auch noch die alten Lassalleaner fort, und Leute wie Sanial, der heute in Frankreich antiquiert wäre, können dort noch eine Rolle spielen. Das kommt einerseits daher, daß Amerika jetzt erst anfängt, über der Sorge für die materielle Produktion und Bereicherung Zeit zu bekommen für die freie geistige Arbeit und die dazu nötige Vorbildung, andererseits aber auch von der Zwiespaltigkeit der amerikanischen Entwicklung, die einerseits noch mit der ersten Aufgabe beschäftigt ist: der Urbarmachung der enormen wildliegenden Bodenfläche, andererseits aber auch schon gezwungen ist, um den ersten Rang in der industriellen Produktion mitzukonkurrieren. Daher die ups and downs der Bewegung, je nachdem der Verstand des industriellen Arbeiters oder der des urbarmachenden Bauern das Übergewicht in den Durchschnittsköpfen erhält. In ein paar Jahren kommt's wieder anders, und dann wird ein großer Fortschritt zu konstatieren sein. Die Entwicklung der angelsächsischen Rasse mit ihrer altgermanischen Freiheit ist eben eine ganz eigentümliche, langsame, zickzackförmige (hier in England kleine, bei Euch kolossale Zickzacks), ein Lavieren gegen den Wind, aber vorwärts geht's darum doch. Hier in Europa wird's im neuen Jahre schon arg kraus. Die Bauernfrage in Deutschland ist in den Hintergrund gedrückt durch die Umsturzvorlage. Alles in Deutschland ist in Unordnung gebracht, kein Mensch weiß mehr woran er ist und was morgen sein wird, die Konfusion in den regierenden Schichten wie überhaupt in den herrschenden Klassen steigt täglich höher, so daß die einzigen, die bei der Umsturzbebatte heitere Gesichter machten, unsere Leute waren. Dabei aber haben diese mit Phrasen so protzigen Herren Köller und Konsorten so wenig Courage, daß sie schon jetzt allerhand Ängstlichkeiten empfinden und es immerhin fraglich ist, ob sie nicht auch im Moment der Aktion die Angst bekommen.

Und nun gar Frankreich! Dort wie in Italien hat die Bourgeoisie sich in einer Amerika beschämenden Weise kopfüber in die Korruption gestürzt. Seit drei Jahren dreht sich in beiden Ländern alles darum, ein bürgerliches Ministerium zu finden, das — nicht frei von Korruption — aber doch so wenig direkt in öffentlich gewordenen Skandalen kompromittiert ist, daß es ohne zu gewaltsame Verletzung des ordinärsten Anstandes unterstützt werden kann vom Parlament.

In Italien hält sich Crispi nur noch eine Zeitlang, weil der König und der Kronprinz ebenso tief in den Bankskandalen drinsitzen, wie er selbst. In Frankreich haben jetzt unsere 45 bis 50 sozialistischen Deputierten zum drittenmal ein Ministerium wegen direkter Korruption zu Fall gebracht, und Kasimir Périer ist nachgestürzt. Vermutlich will er sich als einziger Retter der Gesellschaft nochmals mit immenser Majorität neu wählen lassen und sich dadurch eine stärkere Stellung verschaffen. Das ist aber ein gewagtes Spiel. Jedenfalls wackelt auch in Frankreich alles, und wir können dies Jahr außer in England auch in Deutschland und Frankreich Neuwahlen bekommen, diesmal von entsche[illegible]nder Wichtigkeit. Dazu in Italien eine Krisis ersten Ranges, und in Österreich eine unvermeidliche Wahlreform, kurz, es wird kritisch in ganz Europa.

Sehr gefreut hat es mich, daß es Dir und Deiner Frau besser ging; ich hoffe, es hält an.

Dir und Deiner Frau viele Grüße von Freybergers und von

Deinem F. E.

* *
*

Am 5. August 1895 verschied Engels nach längerem Leiden.

Verlag von J. H. W. Dietz Nachf. in Stuttgart.

Aus dem literarischen Nachlaß von Karl Marx

(Im Erscheinen begriffen.)

Theorien über den Mehrwert

herausgegeben von Karl Kautsky

Erster Band

Die Anfänge der Theorie vom Mehrwert bis Adam Smith.

Preis broschiert Mk. 5.50, gebunden Mk. 6.—

Zweiter Band, erster Teil

David Ricardo. I.

Preis broschiert Mk. 4.50
" gebunden " 5.—

Zweiter Band, zweiter Teil

David Ricardo. II.

Preis broschiert Mk. 5.—
" gebunden " 5.50

Der Schlußband wird Anfang 1907 erscheinen.

Wir empfehlen ferner:

Aus dem literarischen Nachlaß von Karl Marx, Friedrich Engels und Ferdinand Lassalle

herausgegeben von Franz Mehring

Erster Band
Von März 1841 bis März 1844

Zweiter Band
Von Juli 1844 bis November 1847

Dritter Band
Von Mai 1848 bis Oktober 1850

Vierter Band
Briefe v. Lassalle an Marx u. Engels

Alle vier Bände komplett gebunden M. 20.—

Schriften von Karl Marx

Zur Kritik der Politischen Ökonomie. Herausgegeben von **Karl Kautsky.** XVI und 203 Seiten 8°. Preis gebunden Mk. 4.—

Das Elend der Philosophie. Antwort auf Proudhons „Philosophie des Elends". Deutsch von **E. Bernstein und K. Kautsky.** Mit Vorwort und Noten von **Friedrich Engels.** Dritte Auflage. XXXII und 188 Seiten 8°. Preis gebunden Mk. 2.—

Revolution und Kontre-Revolution in Deutschland. Ins Deutsche übertragen von **Karl Kautsky.** XXXII und 172 Seiten 8°. Preis gebunden Mk. 2.—

Schriften von Friedrich Engels

Herrn Eugen Dührings Umwälzung der Wissenschaft. Fünfte, unveränderte Auflage. XX und 354 Seiten. Preis gebunden Mk. 3.—

Ludwig Feuerbach und der Ausgang der klassischen deutschen Philosophie. Mit Anhang: **Karl Marx über Feuerbach vom Jahre 1845.** Dritte Auflage. IV und 63 Seiten 8°. Preis broschiert 75 Pfg.

Der Ursprung der Familie, des Privateigentums und des Staats. Im Anschluß an Lewis H. Morgans Forschungen. Zehnte Auflage. XXIV und 188 Seiten 8°. Preis gebunden Mk. 1.50.

Die Lage der arbeitenden Klasse in England. Nach eigener Anschauung und authentischen Quellen. Zweite, durchgesehene Auflage. XXXII und 300 Seiten 8°. Preis gebunden Mk. 2.50.

Zeitfracht Medien GmbH
Ferdinand-Jühlke-Straße 7
99095 Erfurt, Deutschland
produktsicherheit@kolibri360.de